BASTEI LÜBBE

Über den Autor:

Christoph Wagner, geb. 1954, ist Herausgeber des Gastronomieführers *Wo isst Österreich?*. Profil-Kolumnist, Mitarbeiter von *Geo, Merian, Marco Polo, WirtschaftsWoche* und Autor zahlreicher Kochbücher sowie Fachpublikationen zum Thema Esskultur.

Christoph Wagner

Fast schon Food

Die Geschichte des schnellen Essens

BASTEI LÜBBE

BASTEI LÜBBE TASCHENBUCH
Band 60490

1. Auflage: März 2001

Vollständige Taschenbuchausgabe

Bastei Lübbe Taschenbücher ist ein Imprint der Verlagsgruppe Lübbe

Lizenzausgabe: Verlagsgruppe Lübbe GmbH & Co. KG,
Bergisch Gladbach
Umschlaggestaltung: Gisela Kullowatz
Titelillustration: Stock Food
Satz: Textverarbeitung Garbe, Köln
Druck und Verarbeitung: Elsnerdruck, Berlin
Printed in Germany
ISBN 3-404-60490-3

INHALTSVERZEICHNIS

WAS STÖRT EINEN GOURMET SCHON AN EINER TOMATE?

Ein Vorwort in eigener Sache

Wie kommt einer, der sich seine Brötchen durch Testessen und Mützenverteilen in den besten Restaurants verdient, dazu, ausgerechnet ein Buch über Fast Food zu schreiben? Riskiert ein Gourmet, der sich in die Niederungen des *Junk* begibt, nicht seine ganze Reputation und Glaubwürdigkeit, wenn er sich zweihundertfünfzig Seiten lang im Dunstkreis von Ketchup, Frittieröl und Coca-Cola aufhält, anstatt sich, wie es ihm eigentlich zukommt, mit Kaviar, Hummerschwänzen und altem Bordeaux zu befassen?

Mein Hausarzt, ebenfalls ein großer Feinschmecker und einer meiner kompetentesten Tischgenossen, stellte, als ich ihm von meinem Ansinnen, ein Fast-Food-Buch zu schreiben, erzählte, augenblicklich eine vernichtende Diagnose. Er war angesichts dessen, was da auf meine Magen- und vor allem meine Geschmacksnerven zukommen würde, nicht nur ernsthaft um meine physische und psychische Gesundheit besorgt, sondern merkte lakonisch an: »Über Fast Food kann man keine Kulturgeschichte schreiben, weil es nämlich nichts mit Kultur zu tun hat.«

Diese Worte stürzten mich in eine kurzzeitige Sinnkrise. Sind die Töne, die ein unmusikalischer Klavierspieler seinem Instrument entlockt – so fragte ich mich – nicht dennoch Musik? Und wie könnte man je eine Kulturgeschichte, zu welchem Thema auch immer, verfassen, wenn man nicht auch die Kulturlosigkeit mit einbezöge?

Ich verließ den schwankenden Boden solcher gedanklicher Konstruktionen erst wieder, als ich mich eines Gesprächs mit dem Maler Christian Ludwig Attersee entsann, der nebenbei auch ein großer Gastrosoph ist. Ich saß mit ihm in einem Wiener Beisl – das ist die Sorte von Kneipe, in deren Untiefen sogar Kollege Siebeck neuerdings hinabzusteigen pflegt –, und wir aßen schauderhaft schlecht. Während ich meinen trockenen Fasan halb angenagt zurückschickte, verschlang er sein nicht minder ungustiös aussehendes Innereienragout bis zum letzten Bissen und tunkte dann auch noch die pampige Soße mit einem Stück fadem Brot auf. Auf meine Frage, wie er derlei denn überhaupt verdauen könne, antwortete Attersee mit einem Bonmot, das mich bis heute fasziniert und das ich daher auch gerne als Motto an den Beginn dieses Buches stellen möchte. Es lautete: *Auch schlechtes Essen hat ein Recht, gegessen zu werden.*

Da hatte Attersee mit tödlicher Treffsicherheit einen wunden Punkt meines in moralischer Hinsicht ohnedies etwas löchrigen Weltbilds als Gourmet getroffen. Tatsächlich frage ich mich ja selbst immer wieder, inwieweit es denn berechtigt sei, nur über die Leistungen und Fehlleistungen der besten Restaurants zu schreiben, wo sich doch geschätzte neunundneunzig Prozent meiner Mitmenschen in ihrem alltäglichen Leben keineswegs vom Besten, sondern allenfalls vom Nächstbesten ernähren.

Gourmets sind – ich muss es gestehen – schon per definitionem Snobs, vor allem dann, wenn die Gourmandise nicht nur ihre Leidenschaft, sondern womöglich gar Teil ihres Berufsbilds ist. Feinschmecker sind seit Lucullus, Archestratos und Apicius – um nur drei der größten Schlemmer des Altertums zu nennen – Zeitgenossen, die sich durch ein auf ganz besondere Weise extravagantes Verhalten von der Masse ihrer Mitmenschen abgrenzen. Die Gourmandise ist dafür ein probates Mittel, da die überwiegende Mehrheit der Menschen zwar vielleicht ganz gerne isst, aber sicherlich nicht aus Gourmets besteht. Dafür mag die Masse, wie sich statistisch leicht nachweisen lässt, Fast Food.

Wenn ich einigermaßen ehrlich zu mir selbst bin, muss ich zugeben, dass auch ich keineswegs mit Gänseleber hochgepäppelt wurde oder den Romanée Conti bereits mit der Muttermilch eingesogen habe. Mein feinschmeckerisches Bildungsgut habe ich mir bei Vorbildern wie Joseph Wechsberg, Craig Claiborne oder Klaus Besser mühsam erlesen und das Erlesene schließlich dadurch auch erlernt, dass ich mein (ursprünglich als Theaterkritiker) sauer verdientes Geld nicht auf die Bank trug, sondern es in meinen Geschmacks- und Verdauungsapparat investierte – empirisch, selbstredend.

Vielleicht wäre auch aus mir irgendwann ein perfekter kulinarischer Snob geworden, hätte ich nicht das zweifelhafte Glück gehabt, in den 50er- und 60er-Jahren in einer mittelgroßen österreichischen Industriestadt fernab jeder »großen Küche« aufzuwachsen. Wer damals sein Schülerdasein gänzlich ohne *Junk* hätte fristen wollen, der wäre dort sicherlich verhungert. Im selben Maße, wie es ihr nämlich an der primitivsten Delikatesseninfrastruktur fehlte, quoll die Stadt über von Würstelständen und Pommes-frites-Buden. Zu wissen, wo es die besten Bosnawürste und die knackigsten Weißwürste gab, bestimmte den schulischen Alltag mindestens ebenso sehr wie die Beherrschung von Accusativus cum infinitivo und des Logarithmus. Auch die genaue Kenntnis des Preis-Leistungs-Verhältnisses der besten Schinken-Käse-Toasts in den Cafés der Stadt konnte sich als hilfreich erweisen, wenn es darum ging, Mädchenherzen zu erobern.

Solche kulinarischen Prägungen aus Kindheit und Jugend vergisst man auch dann nicht, wenn man später einmal zum Berufsesser wird. Obgleich ich mich in den letzten Jahrzehnten zunehmend vom Snack abgewandt und mich dafür umso intensiver mit den Geheimnissen der großen Küche auseinander gesetzt habe, so zählt zu meinen kulinarischen Ur-Erfahrungen dennoch jenes doppelstöckige

Sandwich, das ich im grellen 68er-Jahr in der damals noch knallbunten Londoner Carnaby Street verzehren durfte. Abgesehen davon habe ich auch nicht vergessen, dass meine erste wirklich tief greifende Begegnung mit dem angelsächsischen Kulturkreis keineswegs jene mit den Kronjuwelen im Tower oder mit den Bärenmützen vor dem Buckingham Palace war, sondern vielmehr die mit einem Wimpy – wie damals die billigsten Hamburger hießen. Ich vermag mich heute nicht mehr zu erinnern, ob mir die faschierten Laibchen zwischen den Milchbrötchen tatsächlich mundeten, doch es war vom ersten Augenblick meines Eintretens in eine Wimpy-Bar klar, dass der Reiz des Hamburgers nicht so sehr in seinem Geschmack lag als vielmehr in dem großstädtisch-weltläufigen Lebensgefühl, das er vermittelte.

Auch wenn es mich immer wieder in seinen Bann zieht, so bin ich mir bis heute noch nicht ganz sicher, ob ich dieses Lebensgefühl wirklich mag. Tatsächlich steht mir das Wohlbehagen, das ein Landhaus in der Bourgogne oder der Toskana verströmt, wesentlich näher. Und dennoch ist mir die Unterscheidung, dass es sich bei letzterem um Kultur und bei Ersterem um Kulturlosigkeit handeln sollte, zu billig, vor allem jedoch zu hochnäsig. Denn so schlecht habe ich mich in den Wimpy-Bars nun wirklich nicht gefühlt.

Selbst Hamburger haben ein Recht, gegessen zu werden. Das allein wäre freilich noch kein Grund, ein Buch darüber zu schreiben. Den fand ich erst, als ich im Laufe meines Berufslebens immer deutlicher ein Phänomen zu beobachten glaubte, dem man in Kreisen der europäischen Spitzengastronomie, wie ich fürchte, immer noch zu wenig Beachtung schenkt. Etwas überspitzt auf den Punkt gebracht lautete es: Das klassische Restauranterlebnis befriedigt immer weniger und langweilt immer mehr Menschen.

Als in den späten 60er- und 70er-Jahren die Nouvelle Cuisine aufkam, wollte jeder, der davon hörte – und das waren ziemlich viele – einmal in einer dieser »Gourmetkirchen« gegessen haben, denen der (ungerechtfertigte) Ruf vorauseilte, dass man dort die Kalorienmenge einer Leberkäsesemmel zum Preis eines halben Einfamilienhauses konsumieren könne. Geburts- und Hochzeitstage wurden plötzlich vom gutbürgerlichen Ratsherrenkeller zu Witzigmann & Konsorten verlegt. Und zum Handwerkszeug jedes besseren Geschäftsessers gehörte es auf einmal, eine *Amuse-Gueule* von einem *Petit Four* unterscheiden sowie zur viel diskutierten Streitfrage, ob nun das *Tantris* oder doch eher die *Aubergine* Deutschlands bestes Lokal sei, eine fundierte Meinung abgeben zu können.

Doch der Charme der vergoldeten Trüffelsuppen verblasste verblüffend schnell. Die Rezession kam und mit ihr die Götterdämmerung für die Spesenritter. Mit einem Mal waren auch die Tafelrunden der teuren Feinschmecker-Gralsburgen immer schütterer besetzt. Gourmetpäpste, die sich zuvor noch an der aromatischen Disharmonie von Blumenschmuck und Spargelduft gestoßen hatten, fühlten sich plötzlich im Sauerkrautdunst elsässischer Kächeles und in bratenduftgeschwängerten Bistros pudelwohl. Und die großen Küchenchefs, mit denen man früher stundenlang über die Konsistenz von Soßen parlieren konnte, besuchten Seminare über so prosaische Themen wie Marketing und Erlebnisgastronomie.

Der Tenor der Überlegungen war immer derselbe: Warum haben die Menschen in Pizzerien und beim Chinesen, in Steakhäusern und sogar bei McDonald's offensichtlich mehr Spaß als dort, wo sie allererste Qualität geboten bekommen? Wirklich nur, weil es dort billiger ist?

Einige Studienreisen in die USA gaben mir die Gelegenheit, mich mit gastronomischer Trendforschung noch etwas eingehender zu beschäftigen. Warum gelang es beispielsweise dem gebürtigen Kärntner Starkoch Wolfgang Puck ausgerechnet mit der höchst dubiosen Kreation einer Gourmetpizza, in Los Angeles die gesamte Hollywoodprominenz anzulocken? Warum schlagen manche – sündhaft teure – New Yorker Gourmetlokale ihre Sitzplätze drei bis viermal pro Abend um, während vergleichbare Etablissements in Europa bei aller Qualität oft nicht einmal eine Belegung vollkriegen?

Die Antwort ist immer wieder dieselbe: Während europäische Gourmetrestaurants sich immer noch in erster Linie als Weihestätten empfinden, sehen sich ihre amerikanischen Antipoden längst als Funplaces. Und während in der Alten Welt gekocht wird, was gerade vorrätig ist, steckt hinter so gut wie jedem erfolgreichen Restaurant in den USA auch ein Konzept. Amerikanische Gastronomen (auch Spitzengastronomen) haben vom Erfolg der Fast-Food-Ketten gelernt und profitiert, ja sie bieten mitunter sogar selbst Fast Food an, wenngleich auf hohem und höchstem Niveau. (Den besten Hamburger meines Lebens habe ich beispielsweise im mit drei Gault-Millau-Mützen bedachten *Everest*-Restaurant in Chicago von dessen französischem Patron Jean Joho vorgesetzt bekommen.)

So verdichteten sich allmählich die Ansatzpunkte, mich mit der fraglos erfolgreichen Fast-Food-Gastronomie näher zu beschäftigen, um damit die Ursachen für die Baisse der europäischen Topgastronomie zu ergründen.

Und in der Tat stellte ich fest, dass wir »Kulturmenschen« dem schnellen Essen gegenüber oft unbegründete Vorurteile hegen. Was sollte ein Esser mit feiner Zunge denn tatsächlich gegen einen Hamburger haben, wenn das Rindfleisch eines von erster Qualität ist? Was sollte ihn an der Tomate in einem Sandwich stören, wenn sie saftig, fleischig und sonnengereift ist? Worin liegt das Problem einer systematisierten Restaurantkette mit ihren dutzendfach kontrollierten und in Konsumententests erprobten Standardgerichten, wenn dieselben aus perfekten Rohstoffen bestehen? Und was spricht gegen das neuerdings so populäre *Fancy Food* in den so überaus frequentierten *Fancy Restaurants* – jene multikulturellen Etablissements mit unleugbarem Showcharakter –, wenn die Küche gut ist und sich die Gäste dort wohl fühlen?

Ich versuchte also in zahlreichen Artikeln – darunter auch für eine Kolumne, die ich in der Schweizer Kochzeitschrift *Marmite* unter dem Titel *Die Champions* schrieb – Küchengeschichte unter einem neuen Aspekt zu beleuchten. Der Ansatzpunkt war dabei nicht in erster Linie die Qualität, sondern die Rezeption der Gerichte durch ein Massenpublikum, das seinen unbändigen Hunger auf Neues nicht nur durch *panem* – Brot –, sondern auch durch *circenses* – Spiele – stillen wollte.

Und schon hatte ich die Welt der Palastküchen weit hinter mir gelassen und war auf der Straße, auf den Märkten und Basaren, an den Würstchenbuden, bei den Eiswägelchen und rollenden Pastetenöfen angelangt. Ihre Geschichte ist, im Gegensatz zu jener der opulenten Renaissancetafeln, eitlen Meisterköche und singulären Jahrhundertgerichte, bis jetzt noch kaum beachtet worden.

Es ist freilich auch keine Geschichte des elaborierten Tafelns, sondern eine des schnellen und beiläufigen Essens. Es ist die Geschichte eines realen Schlaraffenlands der ständigen Verfügbarkeit einfacher Genüsse. Und es ist somit nicht nur die Geschichte der Stillung des Hungers, sondern auch jene einer – wenngleich gerade in unserer Zeit zunehmend kommerzialisierten – Glücksverheißung.

Ich möchte diese Geschichte in weiterer Folge in zwei größeren Abschnitten entwickeln. Der erste Teil ist notwendigerweise – wofür ich besonders eilige Leser und Liebhaber von Fast Books gleich von vornherein um Verzeihung bitte – ein wenig theorielastig und beschäftigt sich mit den historischen, ästhetischen und soziologischen Grundlagen, die die Entstehung von Fast Food erst wirklich möglich machten. Der zweite Teil schließlich befasst sich mit den

Weltmeistern der Fast-Food-Kultur: mit Historie und Histörchen, Bilanzen und Legenden von Hotdogs und Sandwiches, Hamburger und Pizza, Dim Sum und Sushi, Schaschlik und Döner Kebab, Eiskrem und Coca-Cola.

Daraus ergibt sich das bunte Patchwork einer Kulturgeschichte (ich insistiere allen Unkenrufen zum Trotz auf dem Wörtchen *Kultur*) jenes zugegebenermaßen oft genug auch schlechten Essens und Trinkens, das allerdings auch ein Recht hat, gegessen und getrunken zu werden und daraus seine Daseinsberechtigung zieht.

Gerade wer den leiblichen Genüssen gegenüber eine gewisse Sensibilität entwickelt hat, sollte – wie ich meine – dieser Art von Essen nicht gleichgültig gegenüberstehen, da es den Gaumen und damit auch das Essverhalten eines Großteils der Weltbevölkerung maßgeblich beeinflusst. Der Typus des Managers, der zu Mittag bei McDonald's schlingt und abends im Gourmetrestaurant tafelt, ist längst keine Ausnahmeerscheinung mehr. Und ebendiese Wechselwirkung zwischen Fast Food und großer Küche birgt daher auch eine Chance, produktiv genutzt zu werden.

Newsweek hatte Leser anlässlich einer Trendvorschau für das Jahr 2000 erst unlängst unter den vielen Hiobsbotschaften von Klimakatastrophe bis zu Rassismusgefahr auch mit einer Positivmeldung überrascht: Das Fast Food, so las man dort sinngemäß, werde in den nächsten Jahren qualitativ immer besser werden. Wird es dadurch aber schon zu *Slow Food?*

Dieser Frage widmet sich das abschließende Kapitel dieses Buches, das versucht, Widersprüche und Verwandtschaften zwischen Fast-Food- und Slow-Food-Ansätzen in der modernen Ernährung zu erschließen und zu analysieren, in welchen Bereichen vielleicht sogar eine Synthese zwischen Ernährungsbewusstsein und *Convenience Food,* zwischen schnellem und langsamen Essen und daher letztlich zwischen Qualität und Massennahrung möglich ist.

Wenn man bedenkt, dass es gerade das Fast Food (gemeinsam mit seinen engen Verwandten, der Systemgastronomie und dem vor allem auch im Privathaushalt zunehmend an Bedeutung gewinnenden Convenience Food) ist, das vor allem das Geschmacksverhalten junger Menschen maßgeblich prägt und daher auch für die Geschmacksentwicklung im nächsten Jahrtausend maßgeblich sein wird, so liegt darin – wie ich hoffe – auch die Chance, dass guter Geschmack dereinst nicht nur Privileg einer kleinen Schicht von Gourmets sein könnte, sondern Gemeingut einer im besten Wortsinn »kulinarischen« Gesellschaft.

Gerade Gourmets sollten sich also, anstatt darüber nur die Nase zu rümpfen, des Fast Food annehmen und Sorge dafür tragen, dass es nicht nur – als schlechtes Essen – mit Recht gegessen, sondern eines Tages vielleicht sogar tatsächlich zu gutem Essen wird.

1

DIE ENTDECKUNG DER SCHNELLIGKEIT

Anmerkungen zur Anatomie des kleinen Happens

IMBISS UND SNACK

Über den plötzlichen Appetit

Dieses Buch handelt von Kleinigkeiten. Nichts Großes, nichts Bedeutendes soll hier abgehandelt werden. Es ist ein Buch über das Flüchtige, im Vorbeigehen Mitgenommene, ohne Kontemplation und Tiefgang Genossene, das Vernaschte und Erhaschte, das in verschwenderischer Gleichgültigkeit Einverleibte und daher auch zuweilen durchaus Einträgliche – kurzum: über ein Thema, das nicht der Rede wert zu sein scheint.

Wenn man in den großen Kompendien der Kulinargeschichte, in Rezeptsammlungen oder in Kochbüchern nachschlägt, wird man unter Stichwörtern wie Fast Food, Snack, Imbiss, Jause, Picknick, Vesper, Brotzeit, Frittenbude, Stehbuffet, Quick Lunch, Finger- oder gar Junkfood[1] kaum fündig werden. Eher schon hat sich manch anthropologischer, ethnologischer oder soziologischer Ansatz gefunden, um sich dem spröden Thema zu nähern, das viele Menschen – vor allem solche, die sich zu Recht oder zu Unrecht für kultiviert halten – mit Abscheu, um nicht zu sagen mit Ekel erfüllt.

Fast Food stinkt ihnen – nach altem, überständigem Backöl ebenso wie nach industriell gefertigten Würzsoßen, Ketchup, Zwiebeln, Knoblauch, Oregano, nach bis an die Grenze zum Verbrannten geschmolzenem Käse, nach Fischfett und proletarischen Wursthäuten.

Wenn ich mich im Folgenden an einen so schwer überschaubaren Gegenstand herantaste, bestehe ich also erst gar nicht darauf, dass unbedingt von Fast Food, diesem *Four-Letter-Word* mit acht Buchstaben, die Rede sein müsse. Ich

Abb. 1: Wayne Thiebaud: Quick Snack (1963)

versuche vielmehr das Maß nicht an der Essgeschwindigkeit, sondern an der Attitüde zu nehmen, mit der gegessen wird.

Um die Geschichte dessen, was heute gemeinhin unter dem Begriff Fast Food subsumiert wird, zu erforschen, scheint es mir, um nicht von vornherein missverstanden zu werden, zunächst geboten, weniger dramatische Bezeichnungen als vorläufiges Hilfskonstrukt zu wählen. Ich schlage also vor, den Ausdruck »Fast Food« durch Umschreibungen wie »Snack« oder »Imbiss« zu ersetzen. Denn wer – und sei er ein noch so elaborierter Connaisseur mit einem noch so ausgebildeten Gaumen – sollte schon ernsthaft etwas gegen einen »Snack«, einen »Imbiss« oder gar einen köstlichen »kleinen Happen« einzuwenden haben?

Die Semantik des Snacks unterstellt beispielsweise weder, dass er in Eile konsumiert werden, noch gar, dass er billig und schäbig sein müsse. Snack bedeutet zunächst auch gar nichts Kulinarisches, sondern schlicht und einfach Teil oder Anteil. Wer einen Snack isst, der möchte keine vollständige Mahlzeit essen, kein ganzes Menü, sondern – sei's aus plötzlichem Hunger oder einer ebensolchen Laune – im Grunde nur eine Ergänzung zu seinem üblichen Speiseplan.

Unbewusst tut der Mensch damit zunächst etwas, wozu ihm heute jeder einigermaßen verantwortungsbewusste Arzt, vor allem aber jeder Ernährungsphysiologe raten wird. Er spart sich seinen Hunger nicht für ein, zwei große Mahlzeiten auf, sondern er splittet das Bedürfnis und seine Befriedigung in unterschiedliche Essakte: größere und kleinere, flüchtigere und substanziellere, schmackhaftere und solche, die nur der Stillung des Esstriebs dienen.

Ungefähr genauso facettenreich ist das Spektrum all dessen, was wir etwas gedankenlos als Fast Food bezeichnen. Das halbe Dutzend an der Strandpromenade oder auf den Champs-Elysées im Stehen geschlürfter Austern[2] zählt ebenso dazu wie die Bockwurst vor dem Zirkuszelt. Die Tramezzini mit Prosciutto di Parma oder die Blinis mit Belugakaviar vermögen die nämliche Begierde zu befriedigen, die andere ihre fetttriefenden Hühnernuggetts abwechselnd in Ketchup und Currysoße eintauchen lässt.

Die Aufteilung des Tages in Arbeits-, Ruhe- und Mahlzeiten ist dem Menschen denn auch durchaus angemessen. In seiner ursprünglichen Bestimmung ganz und gar beutesuchendes Raubtier, sättigt er sich, seinem Bedürfnis entsprechend, immer dann, wenn er Hunger verspürt. Sein ganzer Organismus ist wie der animalische auf prompte Befriedigung eines kurzen und heftigen, dabei aber ständig wiederkehrenden Hungergefühls angelegt. Die Teile des täglichen Nahrungsbedarfs – Snacks also im klassischen Sinne des Wortes – fügen sich erst im Lauf des Tages zu einem Ganzen zusammen. Das Leben in einer Umwelt, die schon in den ältesten Kosmogonien als zu größeren oder kleineren Teilen essbar empfunden wurde, ist, so betrachtet, nichts anderes als eine einzige große Mahlzeit. Dazwischen notwendigerweise auftretende Hungergefühle werden lediglich als Absencen im Gesamtkontext des Stoffwechsels, als kurz- oder längerfristiges Fehlen jenes »Snack« genannten Teiles erlebt, den erst der Essakt wieder ins Puzzle einer als homogen und geradlinig empfundenen Existenz einfügt.

Alles, was nicht dieser Gesetzmäßigkeit unterliegt, ist Erziehung, Brauch, Zivilisation. Der Mensch isst, wie er erkennt. Punktuell und selektiv zunächst, um erst danach durch deduktive Verfahrensweisen seine Gedanken in Gang zu setzen. Niemand denkt nur von zwölf bis zwei und von sechs bis acht Uhr, warum sollte er also nur zu bestimmten Tageszeiten essen?

Unsere Liebe zum Snack entspringt der Methodik ebendieses Denkens. Der Mensch liebt es zu schnappen und zu greifen – ob nach einem Bissen gebratenen Fleisches oder nach den Sternen, was spielt das in einer zu begreifenden

Welt schon für eine Rolle? Erkenntnis und Sättigung funktionieren genauso wie es die Engländer sagen: »One picks a nic«: Man schnappt sich eine Kleinigkeit.

Das deutschsprachige Pendant zum Snack – das Wort Imbiss – erweist sich da schon als wesentlich weniger präzis und deutet zunächst nur reichlich verschwommen an, dass es sich dabei auch um eine kleinere Mahlzeit handelt, deren ursprüngliche Bedeutung jedoch weniger auf das Beißen selbst, sondern auf das altsächsische Wort »anbitan« zurückgeht, was so viel wie kosten, aber auch genießen bedeutet. Die vollständige Mahlzeit wird in diesem Zusammenhang vom degustativen »Anbeißen« sehr wohl unterschieden. Auch hier spielt der Teil die bedeutendere Rolle als das Ganze, wenngleich das Wort »Imbiss« eine wesentlich größere semantische Breite aufweist als der englische »Snack«. So kann ein mittäglicher oder abendlicher Imbiss durchaus auch eine Hauptmahlzeit darstellen.[3] Und das alte Sprichwort »Hurtig zur Arbeit, hurtig zum Imbiss« lässt auf die Größenordnung des letzteren keinerlei Rückschlüsse zu.

Etwas detailliertere Informationen, was man zu seiner Zeit unter einem Imbiss verstanden hat, liefert uns da schon Freiherr Karl Friedrich von Rumohr[4], der wahrscheinlich bedeutendste Gastrosoph deutscher Zunge. Für ihn ist der Imbiss die Einleitung einer größeren Mahlzeit. An Fastentagen schlägt er dafür beispielsweise Räucherlachs, Kaviar, Aal oder Berchtesgadener Forelle vor, rät aber in Seegegenden auch zu Austern und Strandkrebsen. An Fleischtagen besteht ein guter Imbiss für Rumohr aus einigen Schnitten Schinken, Räucherwurst oder »Fleisch unter Gallert«. Beim – aristokratischen – Festmenü schließlich sollte der Imbiss, so meint er, »aus kleinen, meist kalten Speisen bestehen, welche die Magensäure aufregen und den schädlichen Heißhunger abstumpfen«. Die Replik auf die dumpfe menschliche Gewohnheit, ausgerechnet dann zu essen, wenn sich magenknurrend der Hunger meldet, ist unmissverständlich herauszuhören. Rumohr, für den Kochen Kunst ist, will den Esstrieb durch den Imbiss befriedigt wissen, bevor sich der solchermaßen von den Zwängen des Bedürfnisses Befreite dann mit dem nötigen Kunst- und Sachverstand dem ästhetischen Genuss der großen Küche hingeben kann. Die Hybris, mit der wahre Feinschmecker später von Fast Food sprechen werden, klingt hier schon durch, wenngleich Rumohr den Imbiss als etwas Notwendiges ansieht und ihn keineswegs ächtet.[5]

Dass dem Wörtchen Imbiss indessen keineswegs nur Banales, sondern etwas geradezu Metaphysisches anhaftet, hat Franz Werfel erkannt, der in seinem Reiseroman *Stern der Ungeborenen* eine regelrechte Ontologie der »Drei bedeutsamen Imbisse« entwarf: »... der heidnischen Mahlzeit von Wasser und Käse, der christlichen von Wein und Brot und der jüdischen von Milch und Honig.«[6]

Nicht nur bei Werfel, in der gesamten neueren, zumal auch in der deutschen, Literatur wurde der Imbiss in den letzten Jahrzehnten gegenüber den Beschreibungen konventioneller, mehrgängiger Mahlzeiten zunehmend aufgewertet. Allenfalls noch ein vom Großbürgertum geformter Schriftsteller wie Thomas Mann unterzog sich – von den *Buddenbrooks* bis zum *Zauberberg* – noch der Mühe, größere Menüfolgen einer ausführlichen literarischen Beschreibung zu würdigen. Die Literatur des 20. Jahrhunderts nimmt indessen immer seltener im Restaurant und dafür umso häufiger an der Imbissbude, in der Kantine oder im Schnellimbissrestaurant Platz, um dort die Essgewohnheiten der handelnden Personen unter die Lupe zu nehmen.

Der Germanist Wilhelm Johannes Schwarz hat beispielsweise mit Recht auf die häufige Erwähnung von Spiegeleiern mit Speck im Werk von Heinrich Böll hingewiesen.[7] Dass das kein Zufall ist, beweist auch ein Bekenntnis des Literaturnobelpreisträgers zur Imbisskultur, das er selbst in seinen »Frankfurter Vorlesungen« abgelegt hat, wo er feststellte: »Die Mahlzeiten in der Nachkriegsliteratur sind immer Imbisse von Vorübergehenden, denen das sesshaft und langweilig zeremoniell eingenommene Mahl als etwas weit Entferntes, etwas Makabres, nur satirisch Darstellbares erscheint.«[8]

Auch Robert Walser bekannte sich in der liebevollen Beschreibung der Berliner Bierkneipe beim »Aschinger« als leidenschaftlicher (und keineswegs nur literarischer) Fast-Food-Adept, den »der Essgedanke (…) zu dem blauweiß gestreiften Schnittwaren-Fräulein« treibt, von dem er sich »eine Auswahl Belegtes auf dem Teller verabreichen lässt«, zu dessen Genuss er »weder Gabel noch Messer (gebraucht), nur das Senflöffelchen, mit dem ich meine Schnitten braun anstreiche, worauf ich dieselben gemütvoll in den Mund hineinschiebe«[9]. Und Alois Wierlacher gelangt in seiner umfassenden Arbeit *Vom Essen in der deutschen Literatur* zu dem überraschenden Resümée, dass sich »die allermeisten Figuren der modernen deutschen Erzählliteratur (…) durch hastiges Essen«[10] auszeichneten.

Womit sie freilich in einer hohen literarischen Tradition stehen. Wie sagte doch schon der gute alte Sancho Pansa bei Cervantes? »Ich muss Euch sagen, gnädiger Herr, dass, wenn ich etwas Gutes zu essen habe, es mir im Stehen und so für mich weit besser schmeckt.«

MANNA ODER PESSACH?

Imbissraum und Imbisszeit

Bevor die – zugegebenermaßen nur spekulativ zu beantwortende – Frage nach der ersten Fast-Food-Mahlzeit in der Geschichte gestellt werden kann, bedarf der Terminus des »schnellen Essens« zunächst noch einer genaueren Begriffsklärung, die sich aus seiner Einordnung in das Raum-Zeit-Kontinuum ergibt.

Fast Food verdankt seinen Namen nämlich nicht etwa seinem Geschmack, sondern der Geschwindigkeit, mit der es verzehrt wird. Nicht die Nahrung selbst steht also im Vordergrund, sondern die Haltung des Essers. Eine Geschichte des Fast Food kann folgerichtig auch nicht – wie jede andere Kulturgeschichte – einfach den Faden bei ihren frühesten Erscheinungsweisen in der menschlichen Zivilisation aufnehmen, sondern muss es vielmehr dort tun, wo der Mensch, sei's aus Notwendigkeit oder Gewohnheit, damit begann, den Essakt zeitlich zu strukturieren.

Die erste Lehre der Zivilisation bestand dabei zweifellos darin, dem Menschen beizubringen, dass er sich fürs Essen jene Zeit nehmen sollte, die ebendiese Zivilisation, nachdem der Mensch ihr Gebot begriffen hatte, dann Schritt für

Abb. 2: War das Manna, das Gott für sein erwähltes Volk vom Himmel fallen ließ, das erste Fertiggericht?

Schritt wieder einschränkte. Aus der zunächst als punktuell verstandenen individuellen Befriedigung des Hungergefühls durch Sättigung wurde allmählich der linear fortschreitende Ritus der kollektiven Mahlzeit. Diese Form von Tischgemeinschaft wurde schließlich, solange das Funktionieren der Zivilisation dies bedingte, weiter vertieft und reglementiert. Erst als im Zuge der Aufklärung die Vernunft ihre ersten Etappensiege über den Mythos errang und in weiterer Folge der Sachzwang als höchster aller Werte institutionalisiert werden sollte, zerbrach die Tischgemeinschaft[11] allmählich und verlor ihren kontinuitätsstiftenden Charakter.

In *Kleine Frankfurter Schule des Essens und Trinkens* hat sich auch Detlev Claussen dieses auf den ersten Blick etwas spröden Themas angenommen. »Das Wahrnehmen spezifischer Differenz setzt Zeit voraus«, schreibt er, um daraus zu folgern: »Unter dem Druck der Zeit wird alles eins. Vom Pfauenbraten bis zum Hamburger ist es ein weiter Weg, vom hessischen Schlösschen bis in die Schluchten von Manhattan, vom Feudalismus bis zum Spätkapitalismus. Zeit ist alles und Geschmack ist nichts.«[12]

Das gilt für die »Zeitmaschine Konserve«[13] ebenso wie für Halbfertigprodukte oder Tiefkühlnahrung. In jedem Fall werden Nahrungsmittel, deren Entstehung in die Zyklen des Jahreslaufs eingebettet ist, dem Raum-Zeit-Kontinuum entrissen und dadurch leichter handhabbar, sprich: »schneller« gemacht.

Die Beschleunigung des Zeitfaktors bei der Zubereitung und Distribution von Nahrung darf allerdings nicht nur unter rein mechanischen Vorzeichen gesehen werden, sondern findet auch vor dem Hintergrund aufgeklärten Denkens statt. Das Zeitalter der Aufklärung und das Zeitalter des Fast Food bedingen einander. Möglichst viele möglichst schnell satt machen: Welchem aufgeklärten Denker wäre das kein Herzensanliegen gewesen?

Der Schnellimbiss ist in dieser Hinsicht nichts anderes als die Fortsetzung des guten alten Imbisses an einem öffentlichen Schnittpunkt von Raum und Zeit. Die Einführung der Schnelligkeit beginnt schon mit der Idee des bürgerlichen Restaurants, das dem Esser die Möglichkeit eröffnete, seine Reise zu beschleunigen, indem er nicht aufwendig bei Verwandten einkehrte, sondern in der weniger zeitraubenden Anonymität eines Restaurants.[14]

Der Rationalisierung des Essakts ging jene Entwicklung voraus, in welcher die Uhr, wie es der amerikanische Sozialhistoriker Richard Sennett einmal so griffig formulierte, »ein Gitter über die Zeit gelegt«[15] hat. Streng genommen wurde Fast Food erst möglich, als Zeit nicht mehr nur ganzheitlich erlebbar, sondern auch teilbar und vor allem – auf dem Zifferblatt – sichtbar wurde. Zum Begriff des Fast Food gehört daher nicht nur ein öffentlicher Raum, sondern auch zeitlicher Druck. So gesehen ist das biblische Pessachmahl, das nach Gottes Gebot »mit gegürteten Hüften, die Schuhe an den Füßen und den Stab in den Händen«, also »in Eile«[16] gegessen werden musste, die erste erwähnte Fast-Food-Mahlzeit der Geschichte, wenngleich dabei durchaus gewaltige Bratenstücke vertilgt worden sein mögen. Das Manna indessen, das viel eher der Philosophie des »kleinen Happens« verpflichtet ist, konnte ohne zeitlichen Druck aufgesammelt werden, da das Ziel des »gelobten Landes Kanaan« räumlich noch fern lag und während der vierzigjährigen Wanderschaft zeitlich noch nicht wirklich fassbar war. Manna war als »Essen im Freien« dem Fast Food in räumlicher Hinsicht gewiss verwandt, klassisches Fast Food im zeitlichen Kontext war es allerdings nicht.

Wann soll und kann man ihn also ansetzen, den Beginn der Fast-Food-Geschichte? Mit dem Sündenfall, der den Menschen nicht nur aus dem Paradies vertrieb, sondern ihn durch die Einführung des Faktors Arbeit auch erstmals unter Stress setzte? Oder mit der Entwicklung der Taschenuhr und endgültigen Etablierung einer »vom Menschen gemachten Zeit«[17], anhand derer etwa auch der Kunsthistoriker Jakob Burckhardt das Zeit-Bewusstsein der Renaissance von jenem des Mittelalters abgrenzte?[18]

In all diesen Zusammenhängen handelt es sich um eine historische Betrachtung des Zeitfaktors und seiner Auswirkung auf die Beschleunigung des Essakts. Das darf freilich nicht den Blick darauf verstellen, dass es auch noch andere, ganzheitlichere Sichtweisen auf dieses Phänomen gibt, wie wir sie etwa aus der ethnologischen Betrachtung im Gefolge von Claude Lévi-Strauss kennen. Seine Strukturierung des Zeitbegriffs läuft nämlich nicht auf ein Nacheinander von einzelnen Abschnitten, sondern auf die Unterscheidung einer umkehrbaren, zyklischen Zeit und einer nicht umkehrbaren, linearen Zeit hinaus. Die Zeit, so Lévi-Strauss, ist nur der Raum, in dem die Strukturen des Denkens ihre Permutationen und Kombinationen erfahren.[19] Das schnelle Essen ist letztlich nichts anderes als eine davon.

STRASSEN, MÄRKTE, ARENEN UND BASARE

Zur Geographie des Fast Food

Fast Food signalisiert nicht, wie etwa das Wort Mahlzeit, ein Innehalten, sondern vielmehr eine Bewegung. Es will keine Haupt-, sondern eine Nebensache sein, etwas Beiläufiges und Marginales. Ohne das ihm innewohnende Movens ist Fast Food nahezu undenkbar: Die Orte, an denen man es sich einverleibt, liegen stets irgendwo am Straßenrand, am Wochenmarkt, im Kaufhaus, in der Fußgängerzone, im Stadion, auf dem Rummelplatz. Imbissbuden lieben die Atmosphäre von Durchhäusern[20] und Arkaden, Bahnhöfen und Unterführungen, Passagen und Einkaufszentren, Autobahnen und Tankstellen.

Wenngleich Fast Food heute an vielerlei Orten erhältlich ist, so hat es seinen Ursprung doch nicht am – statischen – Platz, sondern auf der – mobilen – Straße. Auf ihr war auch schon lange vor der Erfindung der abendländischen Zeitmessung Beschleunigung notwendig: die ureigentliche Voraussetzung für Fast Food und somit auch für dessen archaische Formen.

Beginnen wir also auf der Straße und damit an jenem Ort, wo zum ersten Mal die ehernen Gesetze der häuslichen Tischgemeinschaft aufgebrochen wurden. Der Reisende hatte andere Bedürfnisse als der Sesshafte, ohne dass sie deswegen jenen des Nomaden geglichen hätten. Im Gegensatz zu Letzterem versuchte er nämlich, seine sesshaften Gewohnheiten auch unterwegs einigermaßen beizubehalten, was zu einer neuen Kultur des Schlafens und Essens auf und an der Straße führte. Die neue Institution der Straße konnte bald gar nicht anders, als Möglichkeiten zum Essen und

Schlafen vorzusehen, mochten sie auch noch so primitiv sein. Gastronomie und Hotellerie sind einander zum ersten Mal auf der Straße begegnet. Und die beiden wesentlichen Koordinaten des Fast Food – Zeitdruck und Öffentlichkeit – waren gegeben.

Zu den bekanntesten Straßen des Altertums zählten die beiden Reise- und Handelswege von Athen nach Eleusis und Piräus. An diesen frühen Verkehrsrouten lagen nicht nur – meist übel beleumundete – Gasthäuser und Schankwirtschaften, es wurden für Fußwanderer und berittene Reisende auch die ersten »schnellen Happen« angeboten: gefüllte Feigenblätter etwa, Gerstenkuchen mit Honig, Bratfische, Breie und Brote.

Im Imperium Romanum verbesserte sich zwar die Technologie des Straßenbaus erheblich, und es wurde außerdem auch für eine bessere Infrastruktur wie Post- und Vorspannstationen, Tempel, Hospize und Entfernungsmessung durch Meilensteine gesorgt. An dem bereits von Plato, Martial, Petronius Arbiter und Lucius Apuleius immer wieder kritisierten schlechten Ruf der Gasthäuser und Schänken am Wegesrand änderte sich indessen nichts.[21] Ihrer Funktion nach sowohl Matratzenlager und Bordelle als auch Garküchen, bewirkten sie, dass wirklich wohlhabende Reisende für gewöhnlich lieber mit Gefolge und mobiler Zeltausrüstung reisten.

Das war auch im Mittelalter nicht wesentlich anders, als die Straßen zunehmend von Vaganten, Pilgern und Flagellanten in Beschlag genommen wurden. In erster Linie dienten sie freilich Salz-, Bernstein-, Seiden- oder Tuchtransporten. Reisen war anstrengend, zeitraubend und gefährlich. Das Essen auf Reisen war es vermutlich nicht minder.

Da auf den Straßen ein internationales und im heutigen Sinne durchaus mulitkulturelles[22] Sprachengewirr herrschte, waren damals auch schon erste »Sprachführer« verbreitet, in denen die wichtigsten Vokabeln für die Verständigung auf Reisen in Althochdeutsch und Lateinisch erläutert wurden. In den *Altdeutschen Gesprächen* aus dem neunten und zehnten Jahrhundert fanden sich auch immer wieder Wendungen aus dem kulinarischen Bereich wie etwa »follo guanbe«, was so viel wie voller Wanst bedeutet oder: »Erro, e guille trenchen« – neuhochdeutsch: Ich möchte etwas trinken.[23]

Für Imbisse am Wegesrand sorgten jedoch nicht nur Garküchen und Kneipen, sondern vor allem die Klöster. Speck, Brot, Käse, Bohneneintopf oder Hirsebrei wurden keinem, der an der Klosterpforte darum bat, verweigert. Es war allerdings auch üblich, dass man dem Reisenden keine Mahlzeit anbot, sondern ihm – eine Frühform des Selbstbedienungskonzepts – lediglich die Rohstoffe und eine Feuerstelle zur Verfügung stellte, an der er sich sein Essen selbst zubereiten musste. Einer der Prominentesten, die von dieser Möglichkeit Gebrauch machten, war der Britenkönig Richard Löwenherz, der sich auf der Flucht vor seinem babenbergischen Widersacher Leopold V. in Wien sogar dem »servile opus« des Hendlbratens unterzog, dabei jedoch unvorsichtig genug war, sich erkennen und verhaften zu lassen. Die Idee des Brathuhns in der Raststätte, die – ebenfalls von Österreich ausgehend – vom »Wienerwald«-Gründer Friedrich Jahn rund neunhundert Jahre später popularisiert werden sollte, war also schon im Mittelalter ansatzweise vorhanden.

Doch es gab nicht nur die Überlandstraßen, sondern auch jene Straßenteile, die durch Dörfer und an Stadtmauern vorbeiführten. Hier berührten sich urbane und ländliche Lebensbereiche, um in der Folge zu ganz besonderen Kristallisationspunkten früher Imbisskultur zu werden. In China bildeten sich entlang solcher Straßen endlose Reihen von Essbuden und Garküchen heraus. Und wo auch immer es in Europa Prozessionen, Umzüge und Aufmärsche gab, waren Vesperbrotverkäufer und fliegende Imbisshändler mit von der Partie. »Die ganze Landstraße ist eine ununterbrochene Kette von Dörfern und Gasthäusern«, schrieb der Chronist Abu Al-Hassan Muhammad Ibn Jubayr bereits im 12. Jahrhundert.[24]

Wo sich Straßen bündelten, öffneten sich auch Plätze und Märkte, Nachfolgerinnen der athenischen Agora[25], wo man, wie der athenische Staatsmann Eubulos (ca. 405–330 v. Chr.) schrieb, »Feigen, Zeugen für Gerichtsverhandlungen, Trauben, Rüben, Birnen, Äpfel, Denunzianten, (...) Kichererbsen, Prozesse, (...) Wasseruhren, Gesetze und Anklagen«[26] käuflich erwerben konnte. Ähnliches galt für das später entstandene Forum Romanum an der Kreuzung von Via Sacra und Vicus Tuscus. Das eigentliche Marktleben fand jedoch unter den notorisch einsturzgefährdeten Zuschauerrängen des Circus Maximus statt. Unter den Sitzreihen, die etwa 180 000–190 000 Zuschauer fassten, bildeten sich basarartige Ladenstraßen, in denen Souvenirs, Obst, Pasteten und andere Imbisse[27] verkauft wurden.

Als nachgerade idealer Ort, um kleine, delikate Happen zu sich zu nehmen, entpuppte sich auch das Theater. Caligula war, wie sein Biograf Sueton berichtet, dafür berühmt, dass er in den Pausen mancher Theatervorstellungen das ganze Publikum mit Wein und Appetithäppchen freihielt und im Theater mitunter sogar ganze Lebensmittelkörbe herumgehen ließ. »Einem römischen Edelmann«, liest man daher bei Sueton, »der Caligula während einer kostenlosen Theaterbewirtung gegenübersaß, schmeckte es außerordentlich gut. Das gefiel dem Kaiser, und er ließ dem Manne mit dem großen Appetit zusätzlich sein eigenes Essen bringen.«[28]

Praktische Schnellverpflegung war jedoch nicht nur in Theatern und Arenen, sondern auch in den großen Badehäusern, den Thermen, gefragt. In der Architektur dieser weitläufigen Vergnügungsanlagen waren auch eigene »popinae« vorgesehen – Schlemmerstuben, Kneipen und Garküchen also, in denen Erfrischungen, Würstchen, Kuchen und vor allem Wein für die Saunagäste bereitstanden.

Das aus den Satiren des Juvenal stammende Schlagwort »panem et circenses« – Brot und Spiele – schloss allerdings noch viel mehr ein als nur kleine Häppchen an öffentlichen Orten. Die Regierung sorgte darüberhinaus durch große, regelmäßige Getreideverteilungen für den Unterhalt des Volkes, was schließlich zur Folge hatte, »dass sie auch die Sorge für seinen Zeitvertreib übernehmen musste.«[29] Essen und Freizeit hingen offenbar schon damals eng miteinander zusammen. Und was den Römern ihr »panem et circenses« war, das scheint den Amerikanern heutzutage jene Verquickung von *Food* und *Fun* geworden zu sein, zu der das neuerdings so populäre *Fancy Food*[30] ebenso zählt wie das Fast Food, zu dessen Erfolgsgeheimnis zweifellos auch sein hoher »Unterhaltungswert« gehört.

Freilich: Die Thermen, Stadien und Zirkusarenen der Antike sollten nach dem Untergang des Römischen Imperiums erst mit den Errungenschaften der industriellen Revolution wiederkehren. Die Römerstraßen verfielen und wurden erst allmählich wieder restauriert oder neu errichtet. Die kontinuierlichen Märkte entwickelten sich indessen weiter, und der Marktplatz gedieh im Mittelalter neben der Kathedrale zum gleichberechtigten Mittelpunkt allen öffentlichen Lebens.

»Die säkulare Stadt des Mittelalters jenseits der Kirchensphäre«, schreibt Richard Sennett in *Civitas*, war »ein einziger Markt«[31]. In ihm und vor allem auch in seiner orientalischen Variante, dem Basar, verschlüsseln die Städte das Geheimnis ihrer Individualität. »Der Reisende, der die Stadt noch nicht kennt«, bemerkte Italo Calvino daher auch folgerichtig, fragt sich, bevor er die Stadtmauern durchschreitet, »wie wohl das Königsschloss sein wird, die Mühle, das Theater, der Basar.«[32]

Dass es auf den Basaren des Mittelalters tatsächlich so zugegangen sein mag, wie wir es uns – durch Scheherazades Märchen aus Tausendundeiner Nacht inspiriert – ausmalen, hat der Reisende Lionardo Frescobaldi im vierzehnten Jahrhundert äußerst anschaulich beschrieben: »Viele Reichtümer gibt es in dieser kaiserlichen Stadt Kairo, vor allem Zucker und Gewürze aller Arten. Dennoch sind mehr als 100 000 Personen obdachlos und verbringen ihre Nächte im Freien. Kairo hat mehr Einwohner als die ganze Toskana; und in mancher Straße wohnen die Leute enger aufeinander als selbst in Florenz. Es gibt viele Köche, die draußen auf der Straße prächtige Fleischstücke kochen, in der Nacht wie am Tag, in großen Kupferkesseln. Und kein Bürger, wie reich er auch sein mag, kocht bei sich zu Hause. So halten es alle Heiden; sie lassen ihr Essen in diesen Basars holen, wie sie sie nennen. Oft setzen sie sich einfach auf die Straße und essen dort; sie breiten ein Stück Leder aus, auf dem sie sich mit gekreuzten Beinen niederlassen, und tun die Speisen in ein Schüsselchen. Wenn sie sich den Mund beschmiert haben, lecken sie ihn mit der Zunge sauber, wie die Hunde.[33]

Diese Beschreibung mag durch die sichtliche Fabulierfreude ihres Erzählers möglicherweise ein wenig übertrieben scheinen. Dennoch gibt Frescobaldi nahezu eine Bilderbuch-Darstellung dessen, was man heute auch gerne als *Roadside Food* bezeichnet: ein schnelles Essen, das im Freien oder in einem einfachen Verschlag am Straßenrand zubereitet und für gewöhnlich ohne Zuhilfenahme von Besteck gegessen wird. Außerdem finden wir bei Frescobaldi auch eine relativ frühe Definition dessen, was wir heute *Takeaway-Food* (»sie lassen sich ihr Essen in diesen Basars holen«) oder *Catering* (»kein Bürger kocht bei sich zu Hause«) nennen würden.

Zudem ist der Basar der Entstehungsort zahlreicher Gerichte, die heute häufig als Ethno-Fast-Food angeboten und propagiert werden. *Falafel, Dönerkebab, Siskebab, Suvlaki, Köfte, Couscous, Tajine, Bagels* – all diese Köstlichkeiten aus dem Morgenland atmen den unverwechselbaren Duft des Basars, der in den meisten Fällen auch heute noch so wahrgenommen werden kann wie ihn ein Reisender des 19. Jahrhunderts beschrieben hat: »Auch an zahlreichen Garküchen fehlt es nicht, deren bereitete Speisen und Backwerk durch ihren Wohlgeschmack berühmt sind. Geht man durch die Basare, so tritt Einem jeden Augenblick Allerlei zur Befriedigung der leiblichen Bedürfnisse entgegen. Hier wird aus süßer Milch bereitetes Eis feil geboten (...), dort bietet Einer Scherbet, hier ein Anderer Honigwasser an. Große weiße Geleekuchen, welche kühlend sind und ganz angenehm schmecken, sind auf Tischen ausgebreitet.«[34]

Der Markt ist das europäische Gegenstück zum Basar. Er ist ihm verwandt und gleicht ihm an Buntheit und Lebensfreude. Doch der Basar ist – auch wenn es dort mitunter vielleicht sogar noch lauter zugehen mag als auf einem Pariser oder Berliner Markt – letztlich doch ein kontemplativerer Ort. Zeitdruck scheint auf ihm kaum zu lasten. Vielleicht also darf der Basar doch eher die Geburtsstätte des Slow Food genannt werden, während der europäische Markt – nach dem durchaus nicht ohne Grund die ganz und gar nicht kontemplative »Freie Marktwirtschaft« ihren Namen trägt – das Privileg für sich in Anspruch nehmen kann, an der Wiege des Fast Food Pate gestanden zu haben.

Darüber, wie es auf alten Märkten zuging, gibt es zahlreiche literarische und bildliche Quellen. Die älteste davon findet sich um 750 v. Chr. bereits in Homers Ilias, wo vom »Volk«, das »dicht um den Markt geschart«[35] war, die Rede ist. Deutlich lässt sich auf vielen Darstellungen alter Märkte immer wieder erkennen, dass das Volk hier nicht nur einkaufte, sondern auch seinen »schnellen Hunger« befriedigte. Pieter Brueghels (d. Ä.) 1559 entstandener *Kampf zwischen Fasching und Fasten* zeigt im Trubel des Marktlebens zwischen den Verkaufsständen deutlich eine Frau, die über offenem Reisigfeuer mit einem Waffeleisen süße Happen für den Sofortverzehr backt.[36] Zahlreiche Darstellungen aus dem Italien der Renaissance sind den Kuttelfleckenverkäufern gewidmet, deren letzte Nachfahren noch bis zu Beginn unseres Jahrhunderts weithin mit ihren »Trippe, trippe«-Rufen vernehmbar waren.[37] Und als Goethe sich während seiner italienischen Reise auf dem Marktplatz von Neapel umtat, schien er jedenfalls Appetit bekommen zu haben: »An der Ecke fast jeder großen Straße sind die Backwerksverfertiger mit ihren Pfannen siedenden Öls, besonders an Festtagen, beschäftigt, Fische und Backwerk einem jeden nach seinem Verlangen sogleich zu bereiten. Diese Leute haben einen unglaublichen Abgang, und viele Tausend Menschen tragen ihr Mittag- und Abendessen von da auf einem Stückchen Papier davon.«[38] Schließlich schuf sich der Markt auch im alten Wien seine unverwechselbaren, auch »Volkstypen« genannten Charaktere, zu denen etwa die Edelkastanien röstende Maronfrau ebenso zählt wie der zumeist aus Italien stammende Salamiverkäufer, genannt Salamutschimann, der Senfgurkenverkäufer, der Würstelmann oder die Erdäpfelbraterin.

Als der Markt allmählich den Marktplatz verließ und ins Großkaufhaus übersiedelte, hat er die Nachfolger der antiken »tabernae« dabei keineswegs auf der Strecke gelassen. Schon beim Eingang zu Hertie oder Woolworth riecht es meist nach Back- und Bratfett sowie den jeweils leichter oder schwerer dechiffrierbaren Düften in- und ausländischer Snacks. Und im Inneren findet man von der Schlemmerecke über die Saftbar bis zum Schnellimbiss jede Menge neuer, aus dem alten Marktleben abgeleiteter Fast-Food-Formen.

DRAUSSEN IM FREIEN

Vom Picknickkorb zum Roadside Food

Wenn man nach typischen Wesensmerkmalen von Fast Food sucht, so mag einem in dessen Umgebung in der Regel eine merklich höhere Luftzirkulation auffallen. Selbst wenn Hamburger, Hotdogs, Currywürste, Sandwiches und Pizzaschnitten nicht an der Imbissbude, im Stadion, im Auto, auf der Parkbank oder am Strand – also durchwegs im Freien – verzehrt werden, haftet dem schnellen Essen doch fast immer etwas Zugiges und zumindest halb Offenes an.[39] Die wenigsten machen sich im Hamburger-Restaurant die Mühe, Jacke oder Mantel an der Garderobe abzulegen. Zumeist behält man sie beim Essen an, oder man wirft Parka, Mantel und Anorak möglichst leger über die nächste Stuhllehne.

Die oft geradezu hermetische Abgeschlossenheit des bürgerlichen Restaurants ist in der Imbissgastronomie so gut wie unbekannt und hier auch gar nicht herzustellen. Die Schwing- und Schiebetüren gehen viel zu oft auf und zu, als dass man den Austausch zwischen Frischluft und solcher, die aus der Klimaanlage geblasen wird, wirklich verhindern könnte.

Auch wenn das Picknick im Freien kein »schnelles Essen« im klassischen Sinn ist, weil – wenn nicht gerade ein Gewitter aufzieht – kein Zeitdruck und oft genug auch keine Öffentlichkeit vorhanden ist, so besteht doch, zumindest was den Habitus der Essenden anbetrifft, eine offensichtliche Verwandtschaft. Starre, festgeschriebene Tischsitten werden in beiden Fällen zwangsläufig durch Improvisation ersetzt. Der »Erdnähe« des Picknicks entspricht die »Volksnähe« im Fast-Food-Restaurant. Und da wie dort wird allein schon vom Ambiente her das Gebot der Zwanglosigkeit verordnet.

Ein herkömmliches »schnelles Essen« ist das Picknick also gewiss nicht. Andererseits hätte Fast Food ohne die historischen Verdienste des Picknicks um eine zwanglose, von den Fesseln der Anstandsbücher befreite Esskultur wohl niemals entstehen können. Die zahllosen Tüten und Päckchen, die Pappbecher und Schächtelchen, die tragbaren und leicht zu entsorgenden Behältnisse, die aus der Kultur des Fast Food nicht wegzudenken sind – sie alle wurden zunächst für das Picknick entwickelt.

Da viele Fast-Food-Formen auf der Straße, auf dem Markt, auf dem Schiffsdeck oder auf dem Rummelplatz entstanden sind, besteht schließlich auch eine enge stilistische Verwandtschaft zwischen Picknick- und Fast-Food-Gerichten, die einander oft zum Verwechseln ähneln. »Schnelle Happen« wie *Muffins, Pan Bagnat, Pita, Chutneys, Corned Beef,* Truthahn- und Schinkensandwiches, Pastetchen, Würste, Leberkäsesemmeln, Gegrilltes, Schnellterrinen, Apfelkuchen, *Crab Cakes* und Pizzaschnitten zählen auch zu den Favoriten im Picknickkorb. Und Limo- oder Coladosen begleiten nicht nur zahllose Snacks, sondern gehören auch zum Standardgepäck der Picknick-Gesellschaft, so diese sich nicht ausnahmsweise einmal snobistisch gibt und es vorzieht, eine Flasche Bordeaux oder Champagner in freier Natur zu entkorken.

Freilich tun sich gerade beim Picknick auch gewisse soziale Abgründe auf, wie sie das Fast Food sonst eher verdeckt. Während es etwa bei McDonald's durchaus vorkommen kann, dass der Generaldirektor seinen Big Mäc neben dem Bürodiener verdrückt, so sind Picknick-Gesellschaften letztlich stark sozial voneinander separiert. Das proletarische Picknick mit Stulle und Bier hat in Gottes freier Natur ebenso seinen Platz wie jenes, das in Smoking und Abendkleid auf der Wiese vor dem Opernhaus von Glyndebourne »zelebriert« wird und kaum ohne Lachs und Kaviar[40] auskommt. Andererseits ist auch klassisches Fast Food nicht immer so demokratisch wie bei McDonald's. Wie später noch zu zeigen sein wird, umfasst auch das schnelle Essen eine weite soziale Spannbreite, die man zwischen klassischem *Roadside Food* und *Fast Food à la gourmandise* ansiedeln kann.[41]

Wenn vom britischen Picknick oder vom französischen *Déjeuner sur l'herbe* (dt. Frühstück im Grünen) die Rede ist, denkt man fast zwangsläufig an bessere Kreise.[42] Dennoch ist die soziale Komponente kein wirkliches Picknick-Kriterium, da die freie Natur grundsätzlich jedermann für jegliche Art von Nahrungsaufnahme offen steht. Eine wesentlich wichtigere Voraussetzung für das Entstehen einer klassischen Picknicksituation ist indessen die nötige Vorplanung, die, auch wenn sie nur einer halben Stunde bedarf, doch in einem gewissen Gegensatz zur Spontaneität der Fast-Food-Mahlzeit steht.

Ebenso essenziell wie die Planung ist der Aufbruch, da das Picknick stets auch eine miniaturisierte Reise ist, selbst wenn diese zuweilen nur von der Haustür bis zu einer schattigen Laube im Garten führt. Vor allem aber definiert sich das Picknick dadurch, dass die in seinem Verlauf genossenen (zumeist kleinen) Mahlzeiten ihrer Form und Funktion nach exakt der Essenssituation angepasst sind. Kaum jemand wird auf die Idee kommen, bei einem Picknick eine Lammkeule zu braten oder eine Soße Bérarnaise zuzubereiten. Was das Picknick also mehr als alles andere in die Nähe des Fast Food rückt, ist die Zweckorientiertheit seiner kulinarischen Sensationen.[43]

Dass es sich beim Picknick jedoch nicht um eine bloße Mode oder Zeitgeisterscheinung, sondern tatsächlich um einen kulinarischen Archetypus handelt, beweist allein schon die Tatsache, dass der Name Picknick wesentlich jünger als das Vergnügen ist, das er beschreibt. Und gleichgültig, ob der Ursprung dieses schönen Wortes nun auf das französische »pique-nique« (dt.: nichts Besonderes) oder das englische »pick a nic« (dt.: schnapp dir eine Kleinigkeit) zurückgeht, die Geschichte dieser kleinen, flüchtigen Mahlzeit[44] im Freien beginnt keineswegs irgendwo im achtzehnten oder neunzehnten Jahrhundert, sondern bereits viel früher.

Das erste klassische »Picknick«, das auch in der Literatur nachzulesen ist, finden wir, wie schon erwähnt, in der Bibel. Die Wüstenwanderung der Israeliten begann nämlich nach dem Auszug aus Ägypten in kulinarischer Hinsicht recht vielversprechend. In der Wüste Schur verwandelte Gott Jahwe die zwölf Quellen unter den siebzig Palmen[45] in »süßes Wasser«. Außerdem schickte er Wachteln und – als eine Art äußerst vielseitig verwendbares *Convenience-Food* – das Manna.[46] Etwas vereinfacht könnte man auch sagen, dass Gott damit drei Zutaten sandte, die bis heute das Geheimnis jedes Schnellimbiss-Restaurants sind: Brot, Fleisch und Limo.

Dieses »biblische Picknick« sollte nicht das Einzige in der alten Welt bleiben. Die Sitte, wie auf Edouard Manets berühmtem Gemälde *Sur l'herbe* – also auf Gräsern und Wiesenkräutern – zu speisen, erfreute sich auch in der griechischen Antike regen Zuspruchs: »Eranos« nannte man damals eine üppige »Göttermahlzeit« im Reich des Hirtengottes Pan, für die sich reiche Athener Bürger in Begleitung von Köchen, Lyraspielern und schönen Frauen ins zerklüftete Felsengebirge begaben. Die Römer entwickelten daraus ihr »Prandium« – ein mehr oder minder orgiastisches Mahl, das nur aus kalten Speisen bestand und zwischen Morgen- und Mittagsstunden zumeist unter freiem Himmel eingenommen wurde.[47]

Der Siegeszug des gerade in seiner Frühzeit eher freudlos-asketischen Christentums sorgte dann für den Wegfall der orgiastischen Komponente und hinterließ lediglich ein zumeist recht kärgliches Liebesmahl namens »Agape«, das gleichwohl ebenfalls häufig in freier Natur stattfand und zu dessen späten Nachfolgern die heute noch in den USA populären *church suppers*[48] vor der Kirchentür zählen.

Erst als Renaissance und Barock die Lust an antiken Frischluft-Schlemmereien neu für sich entdeckten, kam das, was wir heute Picknick nennen, mit den Schäferidyllen der künstlich geschaffenen Naturlandschaften wieder in Mode. »Oftmals speise auf Wiesen im Schatten des rauschenden Laubes, / Liebreich Freunden gesellt, wo Diener rüsten das Gastmahl! / Zirpend klinge die Zinke und süßer erschalle die Harfe, / Samt dem Saitengespiele der Geigen und Knieviolinen; Rundlicher Hörner Gedröhn durchbrause die Lüfte. / Lieder begleiten das Mahl. Laut jubeln die Pfeifen und Pauken: / Heiliger Vogelgesang durchzwitschert zärtlich die Zweige.«[49] So läutete schon der spätmittelalterliche Dichter Orfino di Lodi um 1230 die Renaissance des kulinarischen Wiesenfestes ein. Die höfische Gesellschaft schuf sich, ganz von diesem Geist erfüllt, eine Bilderbuchwelt aus Schäferidyllen. Und wie wir auch später häufig die Versuche der Wohlhabenden finden werden, das »Fast Food« der einfachen und armen Leute für vornehmere Zwecke zu adaptieren, so suchte man in den geschniegelten Ziergärten von Renaissance und Barock, den Alltag des »kleinen Mannes« lustvoll zu imitieren. Der Baron wurde zum Schäfer, die Baronesse zur Schäferin. Und beide verschwanden, mit einem Korb voller Früchte und kleiner Imbisse bewaffnet, im bühnenbildartigen Prospekt des ländlichen Idylls.

Der wesentliche Beitrag der Engländer zur Institution des Essens im Freien war zweifellos die Erfindung des Picknickkorbs. Er erhielt im 1908 erschienenen Kinderbuch *Wind in den Weiden* auch eine literarische Würdigung; dort finden die beiden Protagonisten, ein Maulwurf und eine Ratte, eines Tages einen Picknickkorb mit kaltem Huhn und »KALTEZUNGEKALTERSCHINKENKALTESROAST-BEEFGEWÜRZGURKENGRÜNERSALATBRÖTCHEN-KRESSESTULLENEINGELEGTESFLEISCHINGWERBIERZITRONENSAFTSODAWASSER«[50].

Trotz des unleugbaren Einflusses britischer Lebensart auf die Picknicktradition, existiert der Gedanke des Essens im Freien jedoch in allen Kulturen: Die Japaner ziehen jedes Jahr zur Zeit der Kirschblüte los, um unter den blühenden Knospen der Baumkronen, möglichst mit Blick auf den Fujijama, ganze Körbe voll Sushi zu verspeisen und dazu Sake zu trinken. In Lappland geraten die Rentier-Barbecues unter freiem Himmel zum veritablen Volksfest. Die texanischen *Chili-cook-offs,* die rund um einen riesigen Fleischtopf tobenden Burgoo-Feste in Kentucky, die *Mechoui* genannte saudi-arabische Picknickvariante, bei der ein ganzer Hammel gebraten und mitten in der Wüste auf einem Teppich gegessen wird, der tragbare Gulaschkessel der ungarischen Hirtennomaden – das alles zählt im engeren oder weiteren Sinne zum Picknick, auch wenn es weder *very British* sein mag noch französisches *Savoir-vivre* erkennen lässt. Nicht zu vergessen übrigens die gute deutsche »Landpartie« die auch die österreichische Sonderform der biedermeierlichen »Schubertiade« einschließt, jener nach dem Liederfürsten Franz Schubert benannte Ausflug vor die Tore der Stadt, zu dem ein Fiaker ebenso gehörte wie ein paar hübsche Musen und entsprechend viel Proviant.

Dass dem Picknick mit seiner Stimmungslastigkeit und seinen romantischen Konnotationen ein gewisses musikalisches Potenzial innewohnt, hat übrigens auch Anton Bruckner erkannt, der einmal erzählte, dass ihm das Leitmotiv zu seiner Achten Symphonie ausgerechnet in jenem Moment eingefallen sei, als er die Wiener, mit Körben voll kalten Schnitzeln und Kartoffelsalat bewaffnet, hinaus ins Grinzinger Krapfenwaldl pilgern sah. Unsere Vorstellung von Romantik mag sich mittlerweile gewandelt haben. Aber wenn sich zwei junge Leute heute in einem Cabrio im Autokino unter freiem Himmel ein Road Movie anschauen und sich zwischen Schmusen und Gucken ein paar Big Mäcs und ein paar Riesenbecher Coke »reinziehen«, so erliegen sie damit einer Faszination, die der der biedermeierlichen Idylle gar nicht so unähnlich ist.

LICHTER DER GROSSSTADT

Die Entstehung der urbanen Imbisskultur

Auch wenn manche seiner Wurzeln im Rustikalen und Bodenständigen liegen mögen, so ist Fast Food, wie wir es heute verstehen, seinem Wesen nach metropolitan. Man mag einwenden, dass die ersten Hotdogbuden nicht in Manhattan, sondern auf der Glitter- und Glamourinsel Coney Island standen, und die erste McDonald's-Filiale nicht in Chicago, sondern im verschlafenen Vorort Des Plaines eröffnet wurde. Doch auch hier bedurften Würstchen und Buletten zumindest des Weichbildes zweier Großstädte, um ihre heutige Berühmtheit zu erlangen. In der flächigen, unkonturierten Dimension des Landes wären die Ikonen des schnellen Essens vereinzelte Straßen-Randerscheinungen geblieben.

Zu den bereits erwähnten Nährböden für die Entstehung von Fast Food – Öffentlichkeit, Zeitdruck und Außenluft – tritt im Laufe des neunzehnten Jahrhunderts noch ein vierter: die Beleuchtung.

Fast Food – oder zumindest das, was wir heute darunter verstehen – ist ein Kind der Gaslichtepoche und ihrer Folgen, ein Kind, das erst wirklich erwachsen werden konnte, als die öffentliche Sphäre durch Straßenbeleuchtung und Leuchtreklame der Herrschaft der Nacht- (und damit auch der Sitten-)Wächter entrissen und in ein grelles, durch die Erfindung der Neonröhre im Jahre 1898 zunehmend auch verführerisch lockendes Licht getaucht wurde.

Seit im Jahr 1813 das erste Gasunternehmen der Welt in London seinen Betrieb aufnahm, flutete allmählich Helligkeit durch die zwischen Einbruch der Dunkelheit und Morgendämmerung oft reichlich düsteren Straßen und Plätze, vor allem jedoch auch durch die im Gefolge der industriellen Revolution entstandenen Markthallen, Bahnhöfe, Einkaufspassagen, Messepaläste, Galerien und Korridore. Der Alltag befreite sich von den Fesseln des Tageslichts. Spätestens nachdem Thomas Edison das Licht der von ihm (mit) ersonnenen Glühbirne durch ein Stromverteilernetz auch auf die Straße und in die Gebäude brachte, begannen sich neue, ganz und gar unbourgeoise Paläste zu etablieren, deren Hauptaufgabe nicht mehr die Repräsentation des politischen Status quo war, sondern die Optimierung des Warenumsatzes. Und in ehemals finsteren, unbegangenen Nischen fand sich plötzlich Platz für Nahversorgung unterschiedlichster – auch kulinarischer – Art.

Das Licht gestaltete das öffentliche Leben jedoch nicht nur geschäftsmäßiger, sondern auch demokratischer. Nichts

Abb. 3: Wo die Lichter der Großstadt das Alltagsleben beleuchten, gedeiht auch die Snackkultur.
Fotografie von Walker Evans.

Aristokratisches haftete den hell erleuchteten Kaufhäusern oder den aus der Laterna Magica entwickelten ersten Kinopalästen und Lichtspieltheatern mehr an. Die neuen Wände waren nicht mehr in Kristall, sondern mit Talmi verspiegelt, und die Kandelaber der Festsäle einer dahindämmernden Klasse wichen den bunten, proletarischen Glühlämpchen italienischer Nächte in Biergärten und Tanzhallen.

Durch die Ausdehnung der Helligkeit über die natürlichen Tag-Nacht-Grenzen hinaus konnten jedoch nicht nur die Umsätze und das Lebenstempo gesteigert werden, sondern es wurde andererseits auch – früher in nächtlicher Dunkelheit verbrachte – produktive Lebenszeit gewonnen. Das bekamen vor allem die Arbeiter in den Fabriken zu spüren, es führte aber auch zur Herausbildung eines vom Dandyismus geprägten neuen Typus des Stadtmenschen, der das Aneinanderrücken von Tages- und Nachtzeit geradezu exzessiv für sich zu nutzen wusste: Die Rede ist vom Flaneur.[51] Für ihn und seinesgleichen entstanden in neuen urbanen Konstruktionen auch neue Gastronomieformen wie Pubs, Cafés und Bars, in denen zum Smalltalk auch meist aus der Hand Essbares gereicht wurde.

Die Beschleunigung allen öffentlichen Lebens wurde vom Flaneur, zumindest so weit er sich zur besitzenden Klasse zählen durfte, zunächst als Paradoxon empfunden. Und ganz so, als gälte es das alte, paradoxe Rechenexempel von Achilles und der Schildkröte ins tägliche Leben zu übertragen, kam es im 19. Jahrhundert sogar in Mode, beim Bummel durch Passagen und Galerien eine Schildkröte als Haustier an der Leine mit sich zu führen[52], um möglichst anschaulich unter Beweis zu stellen, dass man den neuen Prestige- und Luxusfaktor Zeit geradezu spielerisch im Griff hatte.

Doch Flaneure sollten mit ihren retardierenden Versuchen der Zeitbewältigung oder besser: des Zeit-Totschlagens in der Minderheit bleiben. Für die überwältigende Mehrheit der städtischen Bevölkerung war mit dem vermehrten Licht in den Städten auch eine spürbare Beschleunigung des gesamten öffentlichen Lebens verbunden. Arbeitsabläufe wurden mechanisiert, Denk- und Rechenprozesse liefen zunehmend schneller ab, Entfernungen verkürzten sich.[53] Das Leben wurde ganz einfach von Tag zu Tag schneller, und mit ihm auch das Essen. Die durch die Aufsplittung privater und beruflicher Lebensbereiche notwendig gewordene Fahrt von und zur Arbeit erfolgte immer öfter mit öffentlichen Verkehrsmitteln, mit Stadtbahnen, Omnibussen, U-Bahnen und Vorortzügen, in denen man die unproduktive Zeit, um sie nicht tatsächlich totschlagen zu müssen, mit dem Naheliegendsten verbrachte: mit dem Essen, für das einem unter dem Druck des Arbeitstages in der Fabrik oder im Kontor kaum noch Zeit blieb. Die hellen, freundlichen Kioske in den Bahnhofsstationen und die vor den Fabriktoren oder auch mitten in der Stadt gelegenen Imbissbuden mit ihren bunten, verheißungsvollen Reklameschildern mochten so manchem, der zehn oder gar zwölf Stunden gearbeitet hatte, als ein Licht am Ende des Tunnels erschienen sein.

HENKELMANN ODER SUSHI-BAR?

Von der Armeleuteküche zum Nobel-Fast-Food

Die »Lichter der Großstadt« leuchten für den Stadtstreicher Charlie Chaplin ebenso hell wie für die Vanderbilts, und es ist in *Modernen Zeiten* gut möglich (und im Übrigen eine klassische Slapsticksituation), dass der Trebegänger und der Millionär ihren Snack in trauter Nachbarschaft am selben Tresen einnehmen. Das schnelle Essen ist a priori nicht klassenspezifisch. Der Schnellimbiss kann als Topos bürgerlicher Leistungsethik, deren Streben nach Effizienz bis hinein in den Stoffwechsel reicht, interpretiert werden, aber auch als Ort der Verweigerung bürgerlicher Verhaltensweisen. Spätestens seit die notorisch zeitknappen Yuppies ihre Liebe fürs mittägliche Sushiknabbern und Austernschlürfen entdeckt haben, kennen wir auch eine sündhaft teure, exklusive und nur einer relativ kleinen urbanen Oberschicht vorbehaltene Fast-Food-Variante.[54] Andererseits zeigt die Geschichte nahezu aller Fast-Food-Gerichte (Sushi und Austern[55] mit eingeschlossen), dass schnelle Gerichte ursprünglich so genannte Armeleutegerichte waren, wie man sie in den Slums unter offenem Himmel mit einfachsten Mitteln auf den simpelsten Feuerstellen zubereiten konnte. Imbisse aus Reis und Meeralgen zählen ebenso dazu wie *Tortillas, Tacos, Chilaquilas, Couscous, Pilafs, Jiaotzous,* Frikadellen und Würstchen.

Die chilenischen Rotos (dt.: Zerlumpte) und die mexikanischen Flagellados (dt.: Geschlagene) haben mit den chinesischen Reisbauern, den Pariser Clochards, den Wiener Sandlern und zahllosen anderen Bewohnern der Straße eines gemeinsam: dass sie durchwegs – wenngleich gezwungenermaßen – Fast-Food-Konsumenten der ersten Stunde waren. Und das häufig als Synonym für Fast Food gebrauchte Wörtchen Junk Food (wörtlich etwa Müll-Essen) erhält eine noch tiefere Bedeutung, wenn man bedenkt, dass sich manche armen Völkerschaften etwa auf den pazifischen Inseln auch von essbarer Erde ernähren, die sie zu kleinen Küchlein oder mithilfe von Fruchtsaft zu marmeladenartiger Konsistenz verarbeiten. Der in den USA gebräuchliche Ausdruck *food porn,* der als Kolumnentitel auch die letzte Seite der Fachzeitschrift *Nutrition Action* ziert[56], hat also – im Hinblick auf die Ernährungslage weiter Bevölkerungsschichten in der Dritten Welt – durchaus seine Berechtigung.

Die proletarische, ja in gewisser Hinsicht sogar klassenkämpferische Vergangenheit des Fast Food muss nicht

Abb. 4: »Betriebsverpflegung« aus dem Henkelmann (fotografiert vor einem Fabriktor in Schottland um 1900).

zuletzt vor diesem Hintergrund gesehen werden. Da es in einer Klasse entstanden ist, der die zynische »Pflicht zum Genuss« der Oberschichten seit jeher fremd war, ist Fast Food zumindest so lange antibürgerlich gewesen, wie die Arbeiterklasse sich ebenso begriff.[57] Mit dem sozialen Aufstieg breiter Arbeiterschichten in die Mittelklasse haben sich auch die Anmutungen des Fast Food verändert, das sich gleichwohl seinen Stellenwert als lebensnotwendiger Kitt für Körper und Seele der breiten Massen erhalten hat. Antibürgerlich ist das inzwischen perfekt sozialisierte schnelle Essen längst nicht mehr, es sei denn im Sinne eines eher halbbewussten Aufbegehrens gegen tradiertes aristokratisches und bürgerliches Essverhalten.

Auseinander entwickelt haben sich bürgerliche und proletarische Essstile vor allem unter dem Druck der Maschine, die Lebens- und Arbeitszeit seit dem Ende des 18. Jahrhunderts ebenso auseinander driften ließ wie bäuerliche und urbane Ernährungs- und Lebensformen. Waren Arbeits- und Freizeitphasen in der patriarchalisch-zünftisch organisierten Haushaltsform noch durch die Einheit des Ortes und der Zeit geprägt, so wurden vordem neben-, nach- und aneinandergeschichtete Tages- und Lebensabschnitte nunmehr endgültig voneinander geschieden. Die Sprengung der Einheit des Ortes brachte zunächst einmal zeitliche Reibungsverluste mit sich: Der notwendig gewordene Weg zur Arbeit und zurück war im patriarchalisch-zünftischen Lebensmodell nicht vorgesehen und kostete unproduktive Zeit, die wieder eingebracht werden musste. Da an der Arbeitszeit selbst nicht gespart werden konnte, wurde das notwendige Zeitbudget naheliegenderweise von den Mahlzeiten abgespart. Sie wurden, wenn zu Hause eingenommen, zwangsläufig schneller gegessen, oder aber von vornherein nach auswärts verlegt. Man wich auf unterschiedliche Formen der Selbstverpflegung aus, deren Bedürfnisse vom bürgerlichen Restaurant, wie wir es etwa seit der Mitte des 18. Jahrhunderts kennen, nur unzulänglich und vor allem mit viel zu hohem Kostenaufwand zufrieden gestellt werden konnten.

Jene »kurze Pausen, die von der Maschine diktiert wurden« und »keine Mahlzeit im eigentlichen Sinne«[58] erlaubten, ließen also eine gastronomische Lücke entstehen, die sinnvoll zu füllen man sich etwas Neues einfallen lassen musste. Die Gastronomie musste sich daher unmittelbar auf geänderte Bedürfnisse ihrer Klientel einstellen, und die waren vor allem: schnell, preisgünstig und nahrhaft essen.

Freilich konnte von einer »Gastronomie« im Zusammenhang mit Fabrik- oder auch Büroverpflegung noch lange nicht wirklich die Rede sein. Im Gegenteil: »Das Wurstende, das Stück Speck und der Schluck aus der flachen Branntweinflasche (...) haben nach übereinstimmenden Aussagen der Fabrikinspektoren oft genug dem städtischen Industriearbeiter Frühstück und Mittagessen ersetzen müssen ...«[59] Als »vorgastronomische« Art der Betriebsverpflegung entwickelte sich daher der so genannte »Henkelmann« – ein Kochgeschirr, das von den Frauen und Kindern in den Pausen an die Fabriktore getragen wurde und immerhin noch eine Art von Brücke zwischen Arbeitsplatz und Familie darstellte. Dennoch waren die Kriterien »schnell – öffentlich – ambulant – transitorisch« und somit sämtliche Merkmale, die später auf den Schnellimbiss zutreffen sollten, bereits damals erfüllt.[60]

Egon Erwin Kisch, der Vater der. modernen Sozialreportage, hat eine solche frühe Fast-Food-Situation 1929 in den Ford-Werken von Detroit beobachtet und mit der ihm eigenen Präzision geschildert: »Die Mittagspause in den Betrieben mit drei Schichten ist fünfzehn Minuten. Danach müssen die heiße Suppe im Papierbecher, die Brötchen, der Kaffee (wird aus der Flasche getrunken) und allenfalls ein Apfel binnen sieben Minuten verzehrt werden. Stehend oder auf der Erde kauernd. Bänke oder Stühle gibt's nicht.«[61] Am Schluss dieser Entwicklung steht schließlich der endgültig wohl erst in den Jahrzehnten nach dem Zweiten Weltkrieg[62] erreichte Zustand, dass das Essen »weitgehend zu einer Begleiterscheinung des täglichen Lebens geworden« ist und nicht mehr »in seinem Mittelpunkt steht. Die Regelmäßigkeit der Mahlzeiten, vor allem auch die Konzentration auf Hauptmahlzeiten zu bestimmten Essenszeiten, ist aufgegeben worden; man isst, wenn man hungrig ist und gerade die Gelegenheit dazu hat.«[63] Der ursprüngliche, vorzivilisatorische Zustand der spontanen Sättigung ist somit, so scheint es zumindest, wieder hergestellt.[64]

Letztlich ist damit nicht nur ein über Jahrtausende erlerntes Verhaltensmuster obsolet geworden, sondern es hat sich auch eine alte aufklärerische Utopie erfüllt. »Die Industrialisierung der Nahrungsmittelherstellung, wie sie in den Fast-Food-Restaurants entwickelt wurde«, bedeutet nach Kleinspehn nämlich »nur die Zuspitzung eines Wandels, in dem sich eine Entfremdung von der Ernährung vollzieht und in dem der Faktor Zeit und die Optimierung der Sättigung in den Vordergrund rückt«, was letzlich der »Vollendung der Maschinenvorstellungen und der Idee der Mangelbeseitigung des 17. und 18. Jahrhunderts« entspricht.[65]

Vor allem der europäische, sich auf abendländische Werte berufende Konservativismus hat sehr wohl begriffen, dass sich die aus den USA nach Europa überschwappende Fast-Food-Welle direkt gegen sein Weltbild richtete. War sie doch nicht nur – zumindest ursprünglich – von klassenkämpferischem Geist durchdrungen, sondern überdies auch zutiefst »dekadent«. Fast Food ist nicht zuletzt auch (Tisch-)Sittenverfall. Während Tischgemeinschaft jedoch stets affirmativ und gemeinschaftsstiftend wirkt, ist Fast Food mit der ihm innewohnenden Tendenz zur Destruierung gemeinschaftlichen Handelns seinem Wesen nach anarchisch.[66]

Totalitarismus und Fast Food scheinen so betrachtet jedenfalls kaum zusammenzupassen. Der von der NSDAP zugunsten der Winterhilfe propagierte Eintopfsonntag einmal im Monat ist das Gegenteil vom schnellen Happen bei McDonald's.[67] Wo die von der NS-Ideologie geprägte (wie auch jede andere patriarchale) Tischgemeinschaft durch den sozialen Druck der Volksgemeinschaft zu binden versucht, dort löst die Fast-Food-Gesellschaft alle Bindungen, um andererseits neue – nunmehr allerdings nicht mehr an Personen und Gemeinschaften, sondern an Produkte – zu schaffen. Und wo erst einmal Markenzeichen entstanden sind, da ist es nicht mehr so wichtig, ob sie auf die »Armeleuteküche« zurückgehen oder sich auf die neuesten Vorlieben der Yuppie-Generation begründen.

FAST FEMINISMUS

Der Schnellimbiss als »Mother's Little Helper«

In ihren Untersuchungen über die Rolle, die der Haushalt in der antiken Polis spielte, stellte Hannah Arendt die These auf, dass »das natürliche Zusammenleben im Haushalt (...) seinen Ursprung in der Notwendigkeit« hatte. Im Gegensatz dazu war die Polis »das Reich der Freiheit, und sofern es überhaupt einen Bezug zwischen diesen beiden Bereichen gab, so galt für ihn natürlicherweise, dass die Beherrschung der Lebensnotwendigkeiten innerhalb eines Haushalts die Bedingungen für die Freiheit in der Polis bereitstellte«[68]. Die, wie man hinzufügen muss, ausschließlich eine Männerfreiheit war.

Im selben Maß, wie sich die Lebensnotwendigkeiten im Haushalt allmählich wandelten, wurde die Freiheit der Polis spät (nämlich erst in unserem Jahrhundert), aber doch auch für Frauen greifbar. Und es waren nicht zuletzt gravierende Veränderungen in den Ess- und Kochgewohnheiten, die dabei eine zumindest unterstützende, wenn nicht sogar entscheidende Rolle spielten.

Der Innenraum der familiären Tischgemeinschaft schrumpfte etwa seit den 20er-Jahren von Dekade zu Dekade und wich zunehmend unterschiedlichsten Außenräumen, welche die Frau der Sorge um die Familienverpflegung nach und nach enthoben. Der Haushalt wurde vom Produktangebot wie von den Gerätschaften, die zur Verfügung standen, mehr und mehr rationalisiert, das Außer-Haus-Essen zunehmend attraktiver. Bei der Entlastung der Hausfrau spielte allerdings nicht das bürgerliche Restaurant die Hauptrolle (das letzlich nichts anderes ist als eine oft sogar besonders formalisierte und ritualisierte Verlängerung der patriarchalen Tischgemeinschaft), sondern das Fast-Food-Restaurant oder, noch präziser formuliert: »Der Antihaushalt des Steh-Snacks in Kaufhaus-Basements oder in den getarnten Ketten-Schlemmerlädchen des Fast-Essens.«[69]

Convenience- und Fast Food unterhöhlten die dienende Rolle der Frau am Familientisch und sorgten dafür, dass sich immer mehr Schlupflöcher aus den hermetisch abgeschlossenen, sozial kontrollierten Keimzellen der patriarchalen Gesellschaft auftaten. Diese Entwicklung ist gewiss noch nicht abgeschlossen und geht im urbanen Milieu nach wie vor mit wesentlich höherer Geschwindigkeit voran als im ländlichen Bereich. Ebenso gewiss lässt sich Mutters Befreiungsprozess nicht allein auf die zunehmende Verfügbarkeit von Fast-Food-Restaurants, Küchentechnik und Schnellgerichten zurückführen. Diese förderten lediglich Mutters Selbstbewusstsein und ermöglichten ihr somit – um noch einmal Hannah Arendt zu bemühen – den Ausbruch aus der schicksalhaften Notwendigkeit des griechischen Dramas.

Die Emanzipation der Frau von Küche und Haushalt ging jedoch keineswegs kontinuierlich, sondern eher schubweise vor sich und hatte auch ihre Durststrecken und Niederlagen. Einer ihrer größten Rückschritte war unmittelbar mit der großen Depression verknüpft, die auf den Börsenkrach im Jahre 1929 folgte. Der von Massenarbeitslosigkeit geprägte Zeitgeist äußerte sich am entlarvendsten in einem Artikel, der 1937 im *Scribner's* erschien und Frauen unter dem Titel »The New Woman Goes Home« den Ratschlag erteilte, dass »die Durchschnittsfrau, die zu Hause kocht, einweckt, bäckt und wäscht, mehr zum Wohlstand ihrer Familie beitragen kann, als sie es jemals durch Geldverdienen schaffen würde.«

Appelle dieser Art führten schließlich dazu, dass eine durchschnittliche Hausfrau in den vierziger Jahren trotz zahlreicher technischer Erleichterungen und ihres seit den zwanziger Jahren wesentlich gestiegenen Bildungsniveaus täglich etwa vier bis fünf Arbeitsstunden mit der Herstellung der klassischen drei Mahlzeiten – Frühstück, Mittag- und Abendessen – beschäftigt war. Die große Ära der Restaurantketten und des industrialisierten Fast Food hatte damals gerade erst begonnen. Das Essen am Arbeitsplatz war für die meisten daher immer noch identisch mit dem von der Ehefrau zubereiteten Lunchpaket oder dem Jausenbrot, das der arbeitende Mann in der Pause aus seiner Aktentasche holte. Als Präsident Roosevelt nach dem Angriff auf Pearl Harbor 1941 den Eintritt der USA in den Zweiten Weltkrieg erklärte, konnte die Versorgungslage der Nation allerdings nur aufrecht erhalten werden, indem sechs Millionen Frauen erneut berufstätig wurden. Familien wurden getrennt, Wohnsitze wurden gewechselt. Und es entstand eine neue Mobilität, die auch ihren Einfluss auf die Essgewohnheiten nicht verfehlen sollte.

Restaurants alleine zu betreten galt in den vierziger Jahren für Frauen allerdings noch als unschicklich. Manche verfügten sogar über eigene Eingänge für weibliche Gäste. Die außer Haus arbeitenden und dadurch von ihren Küchen abgeschnittenen Frauen hatten sich jedoch schon seit den zwanziger Jahren eine auf die Ansprüche Berufstätiger zugeschnittene Gastronomie gesucht – und sie in Tea- und Coffeeshops sowie den ersten Pizzerias und Delis auch gefunden. Selbst die YWCA (Young Women's Christian Association) eröffnete in den großen amerikanischen Städten eigene *Food Outlets,* in denen Frauen ihren Lunch einnehmen konnten, ohne dabei ihren guten Ruf einzubüßen. Der Krieg brachte mit seinen Essensrationierungen und Versorgungsproblemen für viele Frauen die Notwendigkeit mit sich, sich häufig preisgünstig außer Haus verpflegen zu müssen. Viele amerikanische Frauen nutzten den Trend der Zeit auch, um einen der schmucklos-schlichten und daher auch preisgünstigen *Lunchrooms* zu eröffnen, aus denen sich in

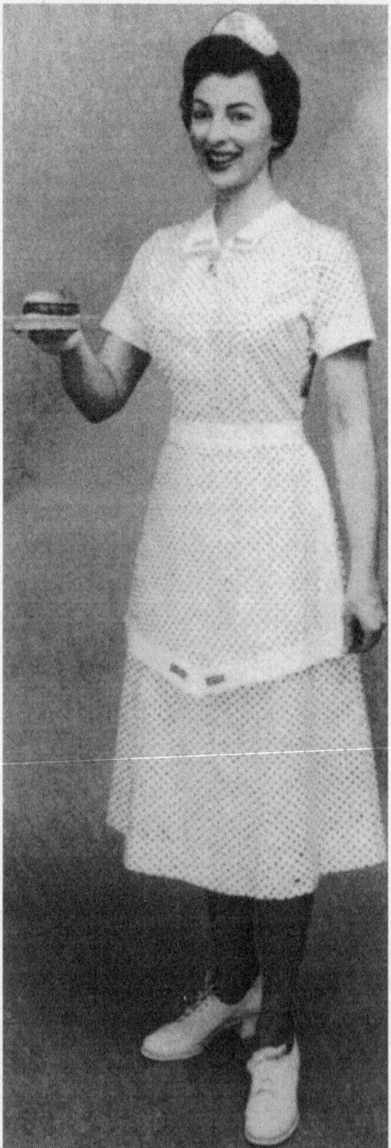

Abb. 5: Fast Food schaffte Arbeitsplätze für Frauen und ermöglichte vielen Frauen, arbeiten zu gehen. Doch was nützte es der Frauenbewegung wirklich? Feministinnen melden ihre berechtigten Zweifel an.

einigen Fällen erfolgreiche Fast-Food-Ketten wie *Child's, Schrafft's* oder *Waldorf* entwickelten.[70]

In den Nachkriegsjahren tat die Industrie dann, was in ihren Kräften stand, um den Frauen ihre – gesellschaftlich erwünschte – Rückkehr an den Herd durch neue Haushaltsmaschinen wie Toaster oder Entsafter sowie ein wesentlich verbreitertes Angebot an *Convenience*-Produkten so attraktiv wie möglich zu gestalten. »Frauen, die von der Mühsal der Hausarbeit befreit waren«, würden, so hoffte man zumindest, »mehr Zeit haben, um sich um ihre Kinder zu kümmern und für ihre Männer hübsch zu machen. Die überarbeitete Frau, so warnte die einschlägige Fachliteratur, sei weniger in der Lage, das sexuelle Interesse ihres Ehemanns wach zu halten oder könne gar in Versuchung geraten, das häusliche Nest zu verlassen.«[71]

Allein: Die Frauen nützten ihre durch arbeitssparende Geräte und Produkte neu gewonnene Freiheit keineswegs zur Verschönerung ihres Strohwitwen-Daseins. Ganz und gar nicht im Sinne der patriarchalisch orientierten Konsumindustrie machten sie sich in ihrer Freizeit nicht für den Göttergatten schön, sondern begannen sich Beschäftigungen und Nebenbeschäftigungen zu suchen, um so nicht nur das Familieneinkommen, sondern auch ihre eigene Unabhängigkeit zu erhöhen.[72]

Jean Mayer, die Esskolumnistin der *Washington Post,* wies Ende der sechziger Jahre als eine der Ersten darauf hin, dass es gerade der Siegeszug des *Convenience Food* war, der auch der Frauenbewegung den Rücken stärkte. »Die Frauenbewegung«, schrieb sie, »wurde erst dadurch möglich, dass arbeitssparende Erfindungen erwachsene Frauen von den Bedrängnissen des Haushalts befreiten. Kühlschränke machten den früher notwendigen täglichen Einkauf überflüssig, und moderne Herde sowie Geschirrspülmaschinen reduzierten die Zeit, die man mit Kochen verbringen musste. Die Entwicklung von *Convenience-Food* war es indessen, die einen Quantensprung in der Befreiung der Hausfrau von der Pflicht, viele Stunden pro Tag als Köchin der ganzen Familie zu verbringen, bewirkte.«[73]

Freilich erwies sich diese Argumentation schon bald als etwas verkürzt, und es dauerte nicht lange, bis engagierte Feministinnen dagegenhielten, dass Frauen nach all den Segnungen, die ihnen ein automatisierter und bequemerer Haushalt beschert hatte, keineswegs deshalb zur Arbeit gingen, weil ihnen plötzlich mehr Zeit zur Selbstverwirklichung zur Verfügung stand. Im Gegenteil: Der automatisierte Haushalt und das *Convenience-Food* verursachten derartige Mehrkosten, dass ihnen gar nichts anderes übrig blieb, als arbeiten zu gehen, um sich diese Dinge leisten zu können. Die häufigen Familienessen im Fast-Food-Restaurant, die schnellen Fertiggerichte aus der Mikrowelle, der Pizzaservice bis an die Haustür – das alles schuf letztlich nicht nur das Gefühl einer neuen Freiheit, sondern auch neue ökonomische Abhängigkeiten.

Im Nachkriegsdeutschland präsentierte sich die Situation mit dem üblichen »transatlantischen Verzögerungseffekt« als durchaus jener in den USA vergleichbar. Die »Bildungsexplosion« setzte bei den Frauen hier zwar erst ein wenig später ein, doch sorgte auch hier der kriegsbedingte Mangel an Arbeitskräften dafür, dass sich Frauen schon während des Zweiten Weltkriegs ihre eigenen Qualifikationen erarbeitet hatten und diese auch nach Kriegsende nicht mehr brachliegen lassen wollten. Im Jahr 1960 war jedenfalls auch in der damaligen Bundesrepublik etwa ein Drittel aller Frauen berufstätig, und »das zusätzliche Einkommen der Frau erhöhte das Gesamtbudget einer Familie um den entscheidenden Teil, der neben den unerlässlichen Anschaffungen jetzt für Gaststättenbesuche zur Verfügung stand«[74].

Die neue Lebens- und Ernährungsweise brachte jedoch neben Figurproblemen noch weitere Komplikationen mit sich. Zwischen Schwiegermüttern und Schwiegertöchtern bahnte sich in den fünfziger Jahren ein Konflikt unter dem Motto »Du fütterst meinen Sohn aus der Dose, ich habe meine Familie immer ordentlich ernährt« an. Und viele Frauen der ersten echten Fast-Food-Generation entwickelten in den sechziger und siebziger Jahren schon bald eine durchaus gesunde Skepsis gegenüber den von der Werbung durchwegs als zuträglich und ansprechend gepriesenen Produkten der Nahrungsmittelindustrie. Die feministische Ökologie rückte immer mehr von Jean Mayers Theorie der Fertignahrung als *little helper* der Frauenbefreiung ab und stellte sich vielmehr die Frage, ob mit einer Wiederentdeckung der »alten Kochkünste« ohne alle technischen Errungenschaften nicht auch eine Wiedererlangung verschütteten weiblichen Selbstbewusstseins und matriarchalischer Urkraft verbunden sein könne, die im Kampf gegen die Männerdomänen Politik und Wirtschaft entsprechend Nutzen bringend einsetzbar war. »Wir wollen durch Sport, gesunde Ernährung und Training (...) körperlich gesund, stark und widerstandsfähig werden«, schrieb das Bostoner Frauenkollektiv 1970 im Handbuch *Our Bodies, Ourselves,* »wir möchten stolz auf uns sein, weil wir uns selbst gut fühlen, und nicht, weil wir für andere gut aussehen wollen.«[75]

Die »gesunde Ernährung«, die hier gemeint war, hatte freilich mit dem Fast Food der Lebensmittelketten und Konzerne (selbst wenn diese sich die gesundheitliche Zuträglichkeit ihrer Produkte immer wieder in teuren medizinischen Studien bestätigen ließen) nichts im Sinn. Und so sind Fast und *Convenience-Food* auf dem langen Marsch der Frauen aus dem häuslichen Reich der Notwendigkeit in die Freiheit der Polis zwar zeitweilige Wegbegleiter gewesen, intime Freunde der »neuen Frau« sind sie indessen nicht geworden. Letztlich war es eben doch nur »fast Feminismus«, den sie ihr zu bieten hatten.

SCHAFFT ZWEI, DREI, VIELE IMBISSBUDEN

Die Mobilmachung der schnellen Küche

Die Würstelbude auf der steinernen Brücke von Regensburg erfreut sich, wenn man ihren Besitzern Glauben schenken darf, nunmehr schon seit über 900 Jahren größter Beliebtheit. Sie soll bereits 1134 errichtet worden sein und den Bauarbeitern von Brücke und Regensburger Dom als Quelle dessen, was man heute wohl Betriebsverpflegung nennen würde, gedient haben. Auch wenn die selbst gewählte Bezeichnung »älteste Würstchenbude der Welt« angesichts der antiken Wurstkultur etwas übertrieben scheinen mag, so darf sich die historische Wurstküche von Regensburg doch mit einer gewissen Berechtigung als Deutschlands älteste Fast-Food-Institution betrachten.

Damals wie heute war es vor allem der Gedanke der Selbstbedienung, der im Vordergrund stand. Bedienung – das gilt für das Mittelalter wie für die Gegenwart – hält nämlich, selbst wenn sie noch so flink sein mag, auf und verteuert außerdem das Essen. Was auf Märkten und Basaren eine Frage des gesunden Menschenverstands war, wurde allerdings im 19. Jahrhundert – wie praktisch alle Lebensbereiche – industrialisiert.

Im viktorianischen England, wo die Industrialisierung am weitesten fortgeschritten war, waren es allerdings nicht so sehr Würstchen- als vielmehr Fish-and-Chips-Buden, die gegen Ende des 19. Jahrhunderts das Straßenbild prägten. Bereits 1888 schätzte man dort den Bestand an Fish-and-Chips-Bratereien auf 10 000 bis 12 000 Stück – eine Zahl, die mancher amerikanischen Fast-Food-Kette auch heute noch alle Ehre machen würde.

Wie wichtig diese Kleinstbetriebe für die Nahversorgung von Arbeitervierteln und Fabriken mit »Betriebsverpflegung« waren, lässt sich allein schon daraus schließen, dass das englische Parlament nach Ausbruch des Ersten Weltkriegs – damals zählte man sogar über 25 000 solcher Fischbratbuden – ernsthaft erwog, ob man deren Betreiber nicht besser von der allgemeinen Wehrpflicht freistellen sollte.[76] Ähnliche Überlegungen wurden in Deutschland sicherlich nicht angestellt, wo die Imbissgastronomie gewiss keine geringere Tradition hatte. Der Philosoph Karl Rosenkranz (1805–1879), der als Verfasser einer *Ästhetik des Hässlichen* (1853) ein für seine Epoche überaus geschärftes Sensorium für frühe Formen der Schnellverpflegung hatte, gibt von der Imbissgastronomie der Vormärzzeit in den Königsberger Skizzen eine recht lebendige Schilderung: »Eine sehr wichtige Einrichtung für das Volk sind die kleinen Buden, welche sich, meist rot angestrichen, oft in Häusern, in Gartenmauern, in Durchgängen eingebaut, durch die ganze Stadt zerstreut, am häufigsten aber jedoch an dem Sachheit [Arbeiterviertel] finden. Diese Boutiquen haben ein seltsames Allerlei zum Verkauf, vom groben Brot bis zu Leckereien für Kinder, Semmeln, Brezeln, Kringel, etwas Obst, Rosinen, von Mehl und Zucker, Gebratenes, Wurst, Speck, Eier, Schnaps usw. Ein altes Weib, deren früheres Geschäft der Straßenverkauf war, ist die Inhaberin.«[77]

Aus Anfängen wie diesen hat sich die deutsche Imbissgastronomie seither entlang mehrerer Hauptstränge entwickelt: Da sind zunächst die mobilen Imbisse, deren Betreiber zum Schaustellergewerbe gehören und sich bei jedem Volksfest, Jahrmarkt oder jeder Kirmes um eine eigene Betriebsgenehmigung bemühen müssen. Sie sind unmittelbare Nachfolger der fliegenden Händler und Marktfahrer früherer Jahrhunderte und benötigen »zum Betreiben des mobilen Standes (…) vielseitiges technisches Wissen und eine große Portion Idealismus. Auf der anderen Seite schät-

Abb. 6: Ob sie nun Wurstmaxe, ißwas! oder heisse Kiste heißt – die Würstchenbude hat als »deutsches Kulturgut« schon an die tausend Jahre auf dem Buckel.

zen die meisten dieser Wirte, von denen viele einen traditionsreichen Familienbetrieb leiten, das abwechslungsreiche Leben. Manche haben ein festes Speisenprogramm im Angebot, andere variieren nach dem Standort und den regionalen Vorlieben, nach Anlass oder Thema eines Festes und dem Angebot anderer Buden.«[78] Zum Verkauf gelangen heute zumeist vorgefertigte *Convenience*-Produkte, die jedoch für gewöhnlich erst an Ort und Stelle fertig gestellt werden. Ähnliches gilt für jene stationären Fritten- und Bulettenbuden, die man unter eher gargantuesken Namensbezeichnungen wie »Wurstmaxe«, »Dicker Heinz« oder »Futterkrippe« allenthalben am Straßenrand, auf Parkplätzen, im Nahbereich von Fußball-, Eislauf- und Sportplätzen oder Schulen findet. Ihr Standardangebot ist reichhaltiger, als man gemeinhin glauben könnte. In Schleswig-Holstein wurde zu Beginn der achtziger Jahre beispielsweise das folgende Warenangebot erfasst: Currywurst, Schinkenwurst, Thüringer und Nürnberger Rostbratwurst, Bockwurst, Hotdogs, Hamburger, Schaschlik, Frikadellen, Pommes frites, Kartoffelsalat, Brötchen, Meterbrot, gegrillte Hähnchen, Kotelett, Schnitzel, Gyros, Holländische Fleischrolle, Fleischspieße, Frühlingsrolle, Bami-Scheiben, Fish-and-Chips und Nudelsalat.[79]

Die Standardform dieser »mobilen Futterkrippen« und damit der Inbegriff der neueren *Cash & Carry*-Esskultur hat sich dabei aus dem Wohnwagen heraus entwickelt.[80] Es handelt sich durchweg um mehr oder minder umgebaute und dekorierte fahrbare Kisten, wie sie bereits zu Kaiser Wilhelms Zeiten bei Radsportereignissen und Traberderbys vorfuhren und die Zuschauer mit Bratklopsen, Gurken oder Rollmöpsen versorgten.[81] »Die erste mobile Imbissbude rollte schon im vorigen Jahrhundert durch die Reichshauptstadt – in Form einer ›Wurschtlokomotive‹ von einem stämmigen Pony gezogen.«[82]

Als in den 20er-Jahren für den Koffertransport auf der Reichsbahn der Elektrokarren erfunden wurde, erkannten die Imbisshändler sehr schnell die Zeichen der Zeit und setzten das neue Know-how auf ihre rollenden Ess- und Trinkhallen um. Die Nationalsozialisten verordneten den Imbisshändlern dann allerdings aufgrund von Nahrungsrationierungen, politischer Verfolgung des fahrenden Volkes und ihres grundsätzlich gestörten Verhältnisses zu allen als »artfremd« empfundenen Formen der Schnellverpflegung eine mehrjährige Zwangspause.[83]

Erst in den Nachkriegsjahren kam mit der »Erfindung« der Currywurst wieder Leben in die Imbissszene. »Der Umbau eines Caravans zur Wurst- und Schaschlik-Station war denkbar einfach und geschah im Do-it-yourself-Verfahren. Mit der Säge wurde dem glatten Seitenteil des Wohnwagens zu Leibe gerückt und anstelle des Mini-Ausgucks für Urlauber eine geräumige Futterluke eingelassen.«[84]

In weiterer Folge wurden dann auch Fritteusen, Grillplatten, ganze Batterien von Ketchupeimern und sogar elektrische Pizzaöfen oder Mikrowellenherde in alte Wohnwagen eingebaut, die vom TÜV für den Campingbetrieb ausgemustert worden waren.[85]

Während sich solche mobilen Imbissbetriebe und ihre stationären Ableger in vielen europäischen Ländern und selbstverständlich auch in den USA finden, kann man den zweiten – ausschließlich stationären – Hauptstrang nahezu als deutsch-österreichisches Spezifikum bezeichnen. Die Rede ist von der zentralen Rolle, die die Metzgerei in der Imbisskultur spielt. Sie ist viel mehr als nur Produzent klassischer Fast-Food-Zutaten wie Würstchen, Hackfleisch oder Toastschinken, sondern selbst ein »stationärer Imbiss«. Fast ein Fünftel des Gesamtumsatzes des deutschen Fleischerhandwerks entfällt auf Imbissaktivitäten. Und wenn man »bereits das Verkaufen belegter Brötchen als Imbiss betrachtet … [so] … gehören 75 % aller Metzgereien mit dieser Aktivität zur Schnellgastronomie. Stellt man höhere Anforderungen und spricht erst dann von Imbiss, wenn sich eine Metzgerei in großem Stil an diesem Geschäft beteiligt, dann beträgt der Anteil nur 25 %.«[86] Ähnliches wie für die Metzgereien gilt sinngemäß übrigens auch für andere Handels- und Handwerksbetriebe, etwa Bäckereien, Warenhäuser und Verbrauchermärkte.

Einen dritten Hauptstrang bilden schließlich die unterschiedlichsten systemgastronomischen Ansätze, zu denen nicht nur bekannte Namen wie *Grillmaster, Becker, Heiße Kiste* oder *Nordsee* zählen, sondern etwa auch *Wienerwald* und vor allem *Mövenpick* (in Österreich auch *Rosenberger*), die internationale Fast-Food-Erfahrungen aufgegriffen und erweitert haben.

Bleibt also nur noch jene Form von Fast Food zu erwähnen, die es in Deutschland sicherlich nicht in dieser Form gäbe, wäre der Hamburger nicht von seiner langen Reise über den Atlantik in der Nachkriegszeit als – mittlerweile reich und berühmt gewordener – Big Mäc zurückgekehrt. Ohne ihn und seine teilweise recht weit verzweigte Verwandtschaft wäre die gegenwärtige deutsche Imbisskultur nicht nur um eine wesentliche Facette ärmer, sondern schlichtweg undenkbar. McDonald's, aber auch anderen Ketten wie Pizza Hut oder Burger King ist es wohl letztlich zu verdanken, dass heute in den deutschsprachigen Ländern immer seltener von Imbiss und immer häufiger von Fast Food die Rede ist. Es lohnt sich also gerade in diesem Zusammenhang, über den großen Teich zu schauen und kurz Revue passieren zu lassen, wie sich die Imbiss- und Selbstbedienungsgastronomie in den Vereinigten Staaten entwickelt hat.

CHRISTLICHE MÄDCHEN UND HARTE MANAGER

Vom Lunch Counter zum Big Business

In den USA fand die Idee der Selbstbedienung sowohl bei Gastronomen als auch bei Lebensmittelhändlern bereits vor der Jahrhundertwende einigen Anklang, allerdings keineswegs nur bei diesen. Den Kuratorinnen der Young Women's Christian Association etwa stand gewiss nichts ferner als eine Laden- oder gar eine Restaurantkette aufzuziehen, während sie in den neunziger Jahren des vorigen Jahrhunderts ihre ersten Cafeterias mit Selbstbedienung eröffneten, um berufstätige Frauen vor der verrufenen Gastronomie der Männerwelt in Schutz zu nehmen.

Weniger altruistisch handelten da schon die beiden Geschäftsleute Joseph Horn und Frank Hardart, die 1902 – inmitten einer maschinenseligen Epoche – auf die Idee kamen, dass die letzte Konsequenz der Selbstbedienung nur ein Essautomat sein könne. Unter großem öffentlichen Aufsehen errichteten sie in Philadelphia das erste Automatenbuffet der Geschichte, in dem man für einen Nickel (5 Cent) zwischen Dutzenden von Imbissen wählen konnte, die kleinen Schächten hinter einem Glastürchen entnommen werden konnten, das sich nach dem Einwurf der Münze von selbst öffnete. Da diese Schächte entweder warm gehalten oder auch gekühlt werden konnten, war der Automat in der Lage, seine Gäste sowohl mit heißen als auch mit kalten Snacks zu bewirten, die sie wie im Selfservice-Restaurant auf einem Tablett herausnehmen und im Stehen oder Sitzen verzehren konnten. Der große Erfolg des Probelaufs von Philadelphia führte schließlich dazu, dass am 2. Juli 1912 auch mitten in Manhattan, am Times Square, ein noch größeres und besser sortiertes Automatenbuffet eröffnet wurde. Doch obwohl das automatische Wunderding bald zu einer der beliebtesten Sehenswürdigkeiten des Big Apple avancierte, funktionierte das Konzept in anderen Städten wie Boston, Chicago oder Washington nicht.[87]

Anderswo waren die immer dichteren Netzwerke der ersten Restaurantketten wohl schon zu erfolgreich. Seit 1916 breiteten sich von Wichita in Kansas als erste echte Hamburger-Kette die Outlets des White-Castle-Konzerns aus, der es bis in die 30er-Jahre immerhin auf 115 Filialen brachte. Der Erfolg fand bald seine Nachahmer, darunter etwa die seit 1926 bestehende White-Tower-Kette sowie die ersten Filialen von Richard und Maurice McDonald, die 1937 ihr erstes Hamburger-Drive-in im Osten von Pasadena eröffneten und damit eine Idee verwirklichten, die seit den zwanziger Jahren zunehmend an Popularität gewonnen hatte. Selbst Raymond Chandler hat ihnen in *The Little Sister* ein (nicht nur schmeichelhaftes) Denkmal gesetzt: jenen »kreisförmigen Drive-in-Lokalen, die sich fröhlich ausnahmen wie Zirkusse, mit den zirpenden Auto-Serviererinnen mit metallischen Augen, mit schimmernden Theken und den verschwitzten, fettigen Küchen, wo selbst Kröten sich vergiften konnten.«[88]

Die ersten Drive-ins gab es bereits 1921. Ihre Spezialität waren das *Dallas Barbecue Sandwich,* und weil ausschließlich Schweinefleisch verarbeitet wurde, hießen die von rollschuhfahrenden Servierern betreuten Kulinarparkplätze schlicht *Pig Stands.*[89]

Insgesamt spielten Ketten in den ersten drei Jahrzehnten der amerikanischen Fast-Food-Geschichte jedoch längst nicht jene wirtschaftliche Rolle, die ihnen später zukommen sollte. Die meisten Lokale waren damals in den Händen jeweils eines einzigen privaten Besitzers. Manche entstanden, wie die ersten Pizza-Parlors, nach 1905 in ethnischen Bezirken wie Little Italy, wurden aber im weiteren Verlauf immer häufiger auch von Gästen anderer nationaler Herkunft frequentiert.

Bis in die vierziger Jahre hatten billigere Selbstbedienungsrestaurants – im Volksmund nannte man sie scherzhaft *Smash-and-grab places* (Schlag- und Grapschplätze) – keinerlei kulinarische Zielsetzung und zumeist auch kein stringentes ökonomisches Konzept. Ihr Ziel war es vielmehr, ihre Klientel möglichst schnell und preiswert mit gesundheitlich zuträglicher Nahrung zu versorgen. Vor allem auch mit Gemüsen und Salaten voll gestopfte Sandwiches wurden daher in *Drugstores* verkauft, wo man an speziellen *Lunch Counters* einen kleinen oder größeren Snack zu sich nehmen konnte.

In den fünfziger Jahren taten sich mit den ersten großen Einkaufszentren neue Lokalitäten für die Fast-Food-Industrie auf. Komfortabler ausgestattete *Coffee Houses* und *Coffee Shops*[90] lösten allmählich die einfachen alten *Tea Shops* ab. Und da es mit zunehmendem Wohlstand immer schicker wurde, abends vornehm essen zu gehen, stieg auch der Standard des bürgerlichen Restaurants, während das herkömmliche einfache Lokal und mit ihm altväterliche Restaurantketten wie *Stouffers* oder *Wild Turkey* allmählich verschwanden. Man entschied sich entweder für einen Abend im etwas besseren Restaurant oder eben gleich für Fast Food. Was dazwischenlag, verlor in der Folge zunehmend seine ökonomische Berechtigung. Bevor man seine Mittagspause in einem Lokal mit mittelmäßiger Küche und womöglich auch noch schlechter Bedienung verbrachte, bezog man lieber gleich den Hocker am *Lunch Counter* und zahlte einen wohlfeilen Vierteldollar für ein heißes Käsesandwich vom Grill und eine Coke.

Dass die fünfziger Jahre die große Dekade von *McDonald's* waren und dem – trotz der Konkurrenz von *Burger King* – unumstrittenen Hamburger-König Ray Kroc 1955 in Des Plaines einen fulminanten Start verschafften, davon

Abb. 7: Ein Drive-in in den Südstaaten um 1942.

wird später noch ausführlich die Rede sein. McDonald's war jedoch keineswegs der einzige Konzern, dessen schnellen, unkomplizierten Gerichten der Zeitgeist der Fünfziger besonders hold war. Das Drive-in-Konzept hatte dafür den Boden seit den 20er-Jahren bereitet. Doch erst jetzt schlug die Stunde des professionalisierten Fast-Food-Restaurants: 1950 startete *Dunkin' Donuts,* 1952 *Church's Fried Chicken* und das auch außerhalb der USA erfolgreiche *Kentucky Fried Chicken,* 1953 der *Burger King,* 1954 die Pizzakette *Shakey's,* 1955 *Mister Donut,* 1958 *Pizza Hut* und *Burger Chef.*

Die pionierhafte Naivität der fünfziger Jahre hat die Fast-Food-Industrie in den folgenden Jahrzehnten allerdings nie wieder erreicht. Immer lauter wurden jene Stimmen, die dem *junk* nicht nur die Fütterung der Nation mit »leeren Kalorien« (Kalorien ohne jeden Nährwert), sondern auch weitere niedere Motive wie etwa die Ausbeutung von Regenwäldern und Entwicklungsländern[91] unterstellte. Der Siegeszug der Fast-Food-Industrie, die viele dieser Attacken durch Einführung von Low-Cholesterol-Produkten, Salatbars[92], Fischgerichten oder umweltfreundlichen und biologisch abbaubaren Verpackungen ebenso souverän wie kostenaufwendig zu parieren wusste, konnte von ihren Kritikern allerdings kaum abgebremst werden. Die Zeit und die zunehmende Mobilität der Gesellschaft arbeiteten ganz einfach für die Fast-Food-Idee. Bereits zu Beginn der sechziger Jahre wurden 40 Prozent aller amerikanischen Mahlzeiten außer Haus konsumiert. Und allein zwischen 1958 und 1972 hatte sich die Zahl der Fast-Food-Restaurants in den USA verdoppelt, während immer mehr, verächtlich *Mom-and-Pop-Restaurants* genannte Einzelbetriebe, aber auch viele der mittlerweile aus der Mode gekommenen Drive-ins ihre Pforten schließen mussten.

Gleichzeitig wurde zentralisiert. Teilten sich die hundert bedeutendsten Fast-Food-Ketten noch 1970 rund 25 Prozent der kommerziellen Nahrungsversorgung der USA untereinander auf, so waren es 1978 bereits 40 Prozent und 1982 sogar schon 50 Prozent. Schon 1977 – ein Song mit dem Titel *Junk Food Junkie* hatte damals wohl nicht ganz zufällig die Hitparaden erobert – entfiel rund ein Drittel des gesamtamerikanischen 23-Milliarden-Dollar-Umsatzes der Fast-Food-Industrie auf nur fünf Konzerne: *McDonald's, Kentucky Fried Chicken, Pillsbury*[93], *International Dairy Queen* und *Big Boy*[94]. Dennoch schien immer noch Platz für neue Fast-Food-Ketten zu sein. Der 1969 gegründete Hamburger-Konzern *Wendy's* etwa schaffte zwar in den ersten drei Jahren seines Bestehens nur spärliche vier Filialeröffnungen, vergrößerte sich aber allein zwischen 1972 und 1979 auf 1 818 Outlets.[95] Und zu den Klassikern Hamburger, Pizza, Hotdog, Fried Chicken und Donut gesellten sich bald auch Newcomer wie Croissants, Tortillas, Baked Potatoes, Frühlingsrollen und Schnellsalate wie etwa der immer erfolgreichere *Cole slaw*.[96]

Ende der achtziger Jahre setzte die amerikanische Fast-Food-Industrie schließlich rund 60 Milliarden US-Dollar pro Jahr um. Eine Studie aus dem Jahr 1988 spiegelt das neue Essverhalten deutlich wider: Rund 40 Prozent aller amerikanischen Familien schafften es damals schon nicht mehr, wenigstens einmal am Tag miteinander zu essen, während dreiviertel aller Amerikaner andererseits bereits 20 Prozent ihres gesamten Energiebedarfs mit Snacks deckten. Zu Beginn der neunziger Jahre hat sich die Fast-Food-Statistik schließlich noch einmal verbessert. Die *National Restaurant*

Abb. 8: Einen der ältesten und berühmtesten Hotdog-Stände der USA findet man heute noch in Los Angeles.

Association projektierte allein für die USA im Jahr 1994 einen Schnellimbissketten-Umsatz von 84 Milliarden US-Dollar, was mehr als dem Doppelten des Jahreseinspielergebnisses von Hollywood entspricht.

Einer der Hauptgründe dafür ist gewiss im Zunehmen neuer, individueller Lebensformen während der achtziger und neunziger Jahre zu sehen. Die Fast-Food-Konzerne reagierten auf höhere Scheidungsraten, das Zunehmen der statistischen Zweieinhalbpersonenhaushalte und den Aufbruch der Singles, indem sie den Schwerpunkt der neuen Filialeröffnungen von den Vorstädten in die Einkaufs- und Büroglaspaläste der Stadtzentren verlegten. Zumindest in den großen Städten hat der Hamburger oder die Pizza nach Dienstschluss das häusliche Abendessen am Familientisch längst an Popularität eingeholt, wenn nicht gar überrundet. Da Ähnliches auch für die Frühstücksgewohnheiten gilt, erweiterten zahlreiche Fast-Food-Ketten ihr Produktangebot auch um Ham-and-Eggs, oft sogar um Müsli und andere gesunde Gerichte.

Der Kampf »Tischgemeinschaft contra Fast Food« scheint – zumindest für dieses Jahrhundert – eindeutig zugunsten des schnellen Essens entschieden worden zu sein. Die Automatisierung des Essakts wurde in einem solchen Maße perfektioniert, dass die einst so hypermodernen Automatenbuffets wie Pat Boone's *Dine-O-Mat* oder *White Tower's Tower-O-Matic* heute wie die Jules-Vernesche Mondrakete wirken. Der moderne Betrieb einer Fast-Food-Kette verfügt vom Einkauf bis zur Technik über soviel unsichtbare Automatisierung, dass selbst das eingefrorene Lächeln des Mädchens an der Kasse so wirkt, als sei es ein Teil der Hardware des Betriebs.

Dabei könnte uns, so steht zumindest zu befürchten, selbst das noch verloren gehen. Im Berliner *Tagesspiegel* vom 23.12.1989 war beispielsweise folgendes bedrohliches Szenario nachzulesen, das wie aus einem mittelmäßigen Science-

Fiction-Film abgekupfert wirkt: »Wo früher versucht wurde, Minuten zu sparen«, heißt es dort, »geht es heute um Sekunden.«[97] Fast Food ist längst nicht mehr schnell genug. Die von Atlanta im Bundesstaat Georgia aus gesteuerte Kette *Arby's* hat jetzt das erste Lokal eingerichtet, in dem der Kunde endlich der lästigen und zeitraubenden Mühe enthoben ist, ein Wort mit der Bedienung zu wechseln. An die Stelle, an der vorher zum gesetzlichen Mindestlohn arbeitende Teenager Bestellungen aufnahmen, sind Computerbildschirme getreten, auf denen man die gewünschten Speisen eintippt. Der Besucher drückt nur auf eine Taste, auf der das Gewünschte abgebildet ist. Kaum hat er hochgeschaut, steht die Mahlzeit bereit. Auch in den Küchen wird daran gearbeitet, kostbare Zeit zu sparen. Ein neuer computerisierter Pizzaofen hat die Zubereitungszeit für das warme Mahl auf drei Minuten reduziert, McDonald's experimentiert mit einem Roboter, der Pommes frites zubereitet. Damit keine Zeit beim Herunterschlingen der Speisen verschwendet wird, richten die Imbissketten zunehmend Stehplätze ein und gestalten die verbleibenden Sitzplätze so, dass sie nach kurzem Sitzen ein unbequemes Gefühl verursachen. »Der einzige Zeit raubende Faktor, den die Industrie noch nicht in den Griff bekommen hat, ist jetzt das Kauen.«[98]

In eine ganz ähnliche Kerbe schlug auch der amerikanische Ernährungsexperte Michael Culp, der sich die folgende Situation ausmalte, die der Wirklichkeit fast schon näher ist als der Fantasie kreativer Science-Fiction-Autoren: »Nun, wenn man sich das mal als Extrem vorstellt, dann könnten Sie in ein Restaurant hineingehen, und es wäre überhaupt niemand hinter der Theke, man würde seine Bestellung in einen Computer reinlochen, oder man spricht mit Worten, und der Computer nimmt die Bestellung an, und irgendeine Maschine hinten würde dann das Essen kochen und auf ein Transportband stellen, und dann würde es rauskommen, und man lässt sein Geld in einem elektronischen Kassierautomaten, und dann geht man. (...) Ich denke, die Restaurants entwickeln sich immer mehr in die Richtung einer raffinierten Technologie und einer verringerten Abhängigkeit von Arbeitskräften und dem menschlichen Faktor des Geschäfts.«[99]

FAST AESTHETICS

Ist Fast Food Kitsch?

Die Modernität ist das Vergängliche, das Flüchtige, das Zufällige.« Als Charles Baudelaire diesen Satz schrieb, hat er dabei wohl kaum an den schnellen Happen im Café um die Ecke gedacht. Dennoch traf er damit auch eines der Wesensmerkmale der Snackkultur: Fast Food und Modernität stehen – historisch wie ästhetisch – in einer wechselseitigen Beziehung zueinander, die sich vor allem in einer gemeinsamen Bildkraft äußert. »Mode gibt es nur im Rahmen der Moderne«, sekundiert auch Jean Baudrillard. »Das heißt in einem Schema von Bruch, Fortschritt und Innovation, Altes und Neues alternieren in jedem beliebigen Kontext.«[100]

Eine ähnliche Definition ließe sich auch für Fast Food erstellen. Seine Genese fußt auf dem Schnittpunkt zweier offensichtlicher Gegensätze: nämlich dort, wo sich die »lineare Zeit des technischen Fortschritts« mit der »zyklischen Zeit der Mode« kreuzt. Baudrillards Fazit »Das Reale ist tot. Es lebe das realistische Zeichen« lässt sich spätestens seit den dreißiger Jahren, als der Snack vom massenhaften Einzel- zum tatsächlichen Massenphänomen wurde und damit erst wirklich die Bezeichnung Fast Food verdiente, problemlos an der Außenhaut seiner mobilen, gemauerten oder in Fertigteilarchitektur vervielfältigten Behausungen ablesen.[101] Die runden Ecken und mondraketenartigen Türme der Diners aus den 30er-Jahren, die spitzgiebeligen Disneyworld-Fassaden mancher Fast-Food-Paradiese, die stromlinienförmigen Neonveranden der Drive-ins, die zwischen Futurismus und Postmoderne angesiedelte Hamburger-Architektur der Gegenwart, die auch nicht davor zurückschreckte, eine Filiale zwischen zwei leuchtenden Brötchenhälften einzuklemmen[102] oder die Verkaufsräume in einen Riesenhotdog zu integrieren – das alles ist stilistisch so inkonsistent wie letzlich doch vom Massengeschmack und der Mode getragen. »Das bauliche Erscheinungsbild der Imbissstände«, schreibt Ulrich Tolksdorf, »zeigt eine erstaunliche Vielfalt, die sich im Spannungsfeld zwischen genormten und tradierten Brauchelementen einerseits und einer spontanen volkskulturellen Ad-hoc-Architektur andererseits bewegt. Standortwahl und Reklamezeichen, aber auch die individuelle Anpreisung der Ware und die handwerklichen Fertigkeiten einzelner Imbissbesitzer lassen das Erscheinungsbild recht differenziert und farbig erscheinen.«[103]

Von seiner Funktionsweise her betrachtet, ergibt sich bei jedem Fast-Food-Restaurant allerdings fast notwendigerweise eine vorgegebene Struktur der Zweiteilung. Die erkennbare Achse, die quer durch jedes Imbissrestaurant verläuft – gleichgültig, ob es sich dabei nun um eine kleine Würstchenbude oder die mit 700 Sitzplätzen und *29 cash registers* ausgerüstete McDonald's-Filiale in Peking handelt –, ist dabei der Tresen. Der Tresen – auf Englisch *bar*[104] – ist eine zwischen Gast und Wirt verlaufende, mehr oder minder sicht- und spürbare Verstrebung, die es in Kontoren und Geschäften immer schon gab, die aber etwa seit Anfang des 19. Jahrhunderts, von England ausgehend, auch gastronomisch genutzt wurde. Die Bar bedeutet somit nichts anderes als den Einzug des Ladentisches (und damit auch der Ökonomie des Warentauschs) in die Gaststube.[105]

Die Bar und das Fast-Food-Restaurant haben indessen noch mehr Gemeinsamkeiten als die Kommerzialisierung der Gastfreundschaft durch den Ladentisch. Da wie dort wird stehend oder halb sitzend konsumiert. Der Barhocker diente vielen *Lunch Counters* als Vorbild und wurde auch von zahlreichen Ausstattern von Fast-Food-Betrieben in die Einrichtung übernommen. Obwohl an der Bar ursprünglich nur getrunken wurde, gilt sie mit Recht als Geburtsstätte des so genannten *Finger Food* – also jener Kartoffelchips, Salzmandeln, Erdnüsse, Anchovis, Oliven und anderer kleiner Bissen, die man ohne Zuhilfenahme von Messer und Gabel, allenfalls noch mittels eines Zahnstochers zu sich nehmen kann. Der Schritt von der Bar zur Snackbar war also nur folgerichtig.

Auch in ästhetischer Hinsicht ergeben sich Gemeinsamkeiten. Die meisten Bars und auch viele Fast-Food-Restaurants versuchen durch Verspiegelung an Größe zu gewinnen. Und ebenso wie die für den Konsum bestimmte Ware an der Bar in Form von langen Flaschenbatterien sichtbar ist, braucht auch der Gast im Schnellimbiss meist nur seinen Blick zu heben, um das Warenangebot – heute übersichtlich auf beleuchteten Fototafeln präsentiert – zum Greifen nah vor sich zu sehen.

Schließlich ergibt sich auch in der Unmittelbarkeit der erbrachten Dienstleistung eine weitere Parallele. Wie der Drink sofort nach der Bestellung vor den Augen des Gastes gemixt wird, so wird auch der georderte Snack innerhalb kürzester Zeit so fertig gestellt, dass der Kunde dabei zusehen kann. Die verwendeten Küchengeräte bleiben dabei – ebenso wie die Gerätschaften des Barmanns – für jedermann sichtbar. »Dieses Prinzip ist nicht nur Folgeerscheinung räumlicher Enge, sondern vor allem äußerst rationeller und funktionaler Arbeitsweise. Auch für den Konsumenten erschließt sich so das Typische des Imbissbetriebs: Ware und Zubereitungstechnik sind unmittelbar einsehbar und öffentlich, der Konsument nimmt passiv am Zubereitungsprozess teil und kann dabei auch noch spezielle Wünsche äußern.«[106] So darf er beispielsweise dazusagen, ob er seinen Snack mit Ketchup, Senf, Mayonnaise oder Currysoße möchte.

Die genetische Verwandtschaft mit der Bar rückt das Fast-Food-Restaurant von einer rein funktionellen Stätte preisgünstigen Nahrungstransfers in die Nähe der Vergnügungsindustrie. Das Element Food wird unausgesprochen aber allgegenwärtig mit der Konnotation *Fun* verknüpft.[107] Das Fast-Food-Restaurant wird zum *Fun Place*[108] und befindet sich häufig in der Nähe eines solchen. Die häufig zu beobachtende kommerzielle und architektonische Verknüpfung von Fast-Food-Filialen mit Kino, Spielsalon oder Rummelplatz erfolgte so gesehen fast zwangsläufig. Übrigens auch jene mit Rock 'n' Roll-Musik: Der berühmte *Rock 'n' Roll-McDonald's* in Chicago befindet sich mit seinen zahlreichen Versatzstücken aus der Rock-und-Popära nicht zufällig in unmittelbarer Nachbarschaft des nicht minder legendären *Hard Rock Café*.

Wie Fast Food zum Massenphänomen wurde, so etablierte es sich neben Annoncen, Radio-Jingles, TV-Werbespots, Comicstrips, Doris-Day-Filmen, Wohnzimmereinrichtungen und Küchengeräten als einer der wichtigsten Repräsentanten einer neuen Massenkultur. Vor allem der Hamburger[109] wurde – neben Konservendosen, Marilyn-Monroe-Porträts und Coca-Colaflaschen – daher auch von der Pop-Art als ikonenfähig erachtet, was sich auf die Attraktivität, welche die gastronomische Subkultur des Fast Food trotz aller vorgebrachten Konsumkritik auch heute noch auf viele Intellektuelle ausübt, sicherlich nicht unerheblich ausgewirkt hat. An zwischen Parodie und Gesellschaftskritik angesiedeltem Anschauungsmaterial fehlt es in der neueren Kunstgeschichte nicht: Zu Beginn der sechziger Jahre schuf Claes Oldenburg gleich eine ganze Reihe von frühen Fast-Food-Monumenten, etwa den Schaumstoff-*Floorburger* (1962), der wegen seiner überlebensgroßen Ausmaße auch *Giant Hamburger* genannt wurde, oder seine 1963 entstandene Hamburger-Plastik mit Gurke und Tomate. Auch einige berühmt gewordene Darstellungen von

Pommes frites (z.B. die 1966 entstandenen *Shoestring Potatoes Spilling from a Bag*) kamen aus seiner Werkstatt. Wayne Thiebaud widmete sich etwa zur selben Zeit Darstellungen von *Quick Snack* und Hotdog, dem Roy Lichtenstein und Andy Warhol ihre besondere Aufmerksamkeit zuwandten. Die subtilen Zusammenhänge von Eros und Fast Food lotete Mel Ramos mit seinem 1965 entstandenen *Virnaburger* aus. 1976 ließ Todd Schorr seinen *Flying Hamburger* von Gurken- und Tomaten-UFOs umkreisen. 1980 schockierten Patrick Nagatam und Andree Tracey die Betrachter ihres Polaroid-Prints *Radioactive Reds,* indem sie eine amerikanische Durchschnittsfamilie zeigten, die, offensichtlich gerade in einem Fast-Food-Restaurant sitzend, von den Strahlen eines Atomblitzes geblendet wird, während rundherum die Burger-Buns, Fleischlaibchen und Colabecher wie wild durch die Luft sausen.

Wie differenziert gerade das Verhältnis von Intellektuellen zum Hamburger ist, lässt sich beispielsweise an einer Aussage des amerikanischen Künstlers Wayne Thiebaud ablesen, dessen Fast-Food-Darstellungen zu den entlarvendsten (und daher auch bedeutendsten) der Pop-Art-Geschichte zählen. Auf sein persönliches Verhältnis zu Hamburgern angesprochen, antwortete er jedoch: »Der Hamburger ist eine äußerst bequeme Lebensmittelkreation, und ein guter, anständig zubereiteter Hamburger ist ein billiges, aber ausgezeichnetes Essen. Ich meine, dass jeder, der keinen Hamburger mag, ein kulinarischer Snob ist. Der Hamburger ist nämlich auch ein kultivierter Bissen. Man kann hundert Hamburger essen, und alle schmecken sie unterschiedlich, manche gut und viele schlecht.«[110]

Trotz solcher, obgleich vielleicht etwas eigenwilliger Liebeserklärungen, ist das Aufgreifen vieler Junk-Motive durch die Pop-Art und ihre Nachfolge nur ein Aspekt der Fast-Food-Ästhetik. Um sie ein wenig tiefer zu durchdringen, lohnt sich vielleicht ein kleiner Abstecher in die Kitsch-Rezeption: Fast Food ist dem Kitsch allein schon von seiner sozialen Herkunft her verwandt. »Kitsch ist ein Unterschichtphänomen«, konstatierte etwa die Schriftstellerin Elfriede Gerstl. »Er ist der Herzwärmer und Wünscheformulierer für die naiven Trostbedürftigen und hat nebenher Unterhaltungswert für die spottlustigen Aufgeklärten. Kitsch ist der Versuch der Harmonisierung und Vergemütlichung des alltäglichen Elends.«[111] Das alles trifft keineswegs nur auf Nierentische und Fernwehmotive aus den 50er-Jahren zu, sondern auch auf das Junk Food: »Der Kitschlieferant bedient das ernst zu nehmende Bedürfnis nach Harmonisierung wie das Fast-Food-Lokal die real hungrige Kundschaft, die zum größten Teil noch nicht einmal merkt, was für einen Mist sie isst, während sich der privilegierte Esser nur mal zum Spaß eine Heiße[112] reinzieht.«[113]

Kitsch ist aber andererseits auch »eine Art Lebenshilfe, ein Kitt fürs Dasein, das den Menschen vor der Auslieferung an die raue Wirklichkeit bewahrt«[114]. Wie die Glamourwelt von Hollywood verstrahlt auch das Fast-Food-Restaurant seinen kosmopolitischen Neonglanz in trostbedürftige Seelen, worin wohl nicht nur Psychologen einen Schlüssel zum weltweiten Erfolg dieser Art von Gastronomie sehen dürften. Besonders deutlich lässt sich das am Erfolg der vor allem in den USA beliebten Fast-Food-Memorabilien ablesen, wie sie etwa im Bildband *Hamburger Heaven*[115] zusammengefasst wurden. Er verzeichnet den aus den Siebzigern stammenden *Stellarsonic Radioburger* mit Transistorempfang ebenso wie das *Cheeseburger-Tastentelefon* aus dem Jahr 1988. Ein gewaltiger Big Mäc bildete 1980 den Sockel einer beliebten Nachttischlampe. Eine Hamburger-Wachskerze, ein Burger-Kopfhörer, eine Sparbüchse, ein Salz- und Pfefferstreuer sowie eine Handtasche in Burger-Form sind ebenso beliebte Derivate der Fast-Food-Ästhetik wie die Hamburger-Armbanduhr, das Fast-Food-Yo-Yo, der von Designer Hovik Dilakian geschaffene

Hamburger-Hut, den Burger-Dosencooler, das Cheeseburger-Notizbuch, die Hamburger-Hammondorgel, der *Super-Mac-Battery-Powered SkateBorder,* der *Deluxe Soap Burger with Lettuce-and-Cheese-Wash-Cloths,* das Barbie-McDonald's-Restaurant oder die 1982 herausgebrachten *Burgertime*-Spielautomaten.

Die Ästhetik des Fast Food ist also zweifellos eine der Betäubung und des Rausches, doch es ist auch eine der Hässlichkeit im Sinne von Karl Rosenkranz, der diesen Begriff »als die Mitte zwischen dem Schönen und dem (...) Komischen« ansiedelt, der sich gleichwohl »die Gestalt des Satanischen« gibt. Rosenkranz weiß, wovon er spricht. Immerhin hat er auch einige der ersten Dokumente industriezeitlicher Imbisskultur wie etwa die Beschreibung von Kuttel- und Würstelständen der Vormärzepoche geliefert.[116]

Allein die Tatsache, dass *Fast Food, Junk Food, Shit Food, Plastic Food* und *Fun Food* häufig als Synonyma gebraucht werden, lässt auf die enge Verwandtschaft von Ekel und Genuss in dieser Form der öffentlichen Nahrungsversorgung schließen. Kein anderes als ein Fast-Food-Restaurant könnte sich beispielsweise leisten, was bei McDonald's zur Standardausrüstung gehört – nämlich, an allen Ecken und Enden des Lokals öffentliche Abfalleimer aufzustellen. Die nahe Verwandtschaft von Ketchup und Blut, das Ineinanderrinnen verschiedenfarbiger Würzsoßen, die bekleckerten Finger, die man sich bestenfalls an der Papierserviette oder schlicht an der Hose abwischt: Das alles ist hart an der Grenze zur Ekelschwelle und wird von den großen Fast-Food-Ketten lediglich durch die Zurschaustellung von geradezu klinischer Sauberkeit konterkariert. Auch von den Plastik- und Styroporverpackungen ist man in den letzten Jahren immer mehr zugunsten umweltfreundlicher Behältnisse abgekommen, weil *Plastic Food* gerade in den USA von immer mehr Menschen mit Plastiksprengstoffen assoziiert wurde und das Vietnam-Trauma in der zunehmenden Angst vor Pestiziden in der Nahrung ganz konkrete Folgewirkungen zeitigte.[117]

Ähnlich wie in der gehobenen Gourmandise, die einen Gutteil ihres Reizes – man denke an den Hautgout beim Wild, das gewisse Gynäkologische bei den Austern, das »Stinken« reifen Käses und all die schaurigen Assoziationen, die mit dem Ausweiden beliebter Innereien wie Kalbsniere oder Bries verbunden sind – einem archaischen Naheverhältnis von Ekel und Genuss verdankt, ist auch das Fast Food eine Ausdünstung jenes »exquisiten Kadavers«, der »im Herzen (oder im Magen) der Gastrosophie«[118] liegt. Die Gourmetküche hat mit der Schnellimbissküche in dieser Hinsicht eine auffällige Gemeinsamkeit: Sie »denkt nicht im Entferntesten daran, den Ekel radikal beseitigen zu wollen, nein, sie kann das gar nicht denken, denn im selben Moment würde sie aufhören zu denken, weil sie ihren geheimen Kraftquell abgeschaltet hätte«[119].

Und dass Kraft letztlich auch ein Fertigprodukt sein kann, das aus der Dose kommt – das wissen zumindest die Comicfreunde unter den Fast-Food-Fans spätestens seit *Popeye the Sailor.*

VORSICHTIG ODER KRAFTVOLL?

Gute und schlechte Manieren im Fast-Food-Restaurant

Das Fingerabschlecken gilt im »Abendland« als böse Unsitte. Bei Tisch erntet, wer es tut, entsprechend finstere Blicke, und selbst im Fast-Food-Restaurant »tut man es nicht« oder wenn, dann nur unter Gleichgesinnten. Immerhin hält McDonald's ja für jedermann Papierservietten aus dem Nirosta-Spender bereit.

Die viel beklagte »Verwilderung der Tischsitten« am Imbissstand und im Fast-Food-Restaurant ist jedoch keineswegs nur ein Indiz für Dekadenz bzw. Regression in vorzivilisatorische Verhaltensweisen. Das Herumlümmeln, Schmatzen, Mit-den-Händen-Essen und Sich-mit-der-Hand-über-den-Mund-Wischen ist nicht nur typisch für das Essen auf die Schnelle; all diese Ausdrucksformen haben sich darüber hinaus als Metasprache eines subkulturellen Kommunikationsmodells erwiesen, das seine Wurzeln nicht nur im Überschreiten alter Schamgrenzen, sondern auch in den verschütteten Zonen von Ritus und Mythos hat. Schließlich verstößt, wer schmatzt, kleckert oder schleckt, gegen gesellschaftliche Übereinkünfte, dank derer gewisse Verhaltensweisen bei Tisch ebenso tabuisiert werden können wie bestimmte Speisen oder Zutaten. Die Tabus der Tischsitten[120] sind dabei nicht minder vielfältig als jene der Nahrungsmittel.[121] Ein und dieselbe Fleischsorte – etwa Rindfleisch – kann in einem Land streng tabuisiert und im benachbarten eine Nationalkost sein. Ähnlich verhält es sich mit der Gebärdensprache bei Tisch. Bei den Arabern etwa gehört Schmatzen und Rülpsen durchaus zum guten Ton, im Westen hingegen ist es verpönt. Und das eingangs erwähnte

Abschlecken der Finger gilt in der islamischen Welt sogar als eine Tugend, weil man sich dadurch auch die so genannte *baraka* – die letzte und größte »Heiligkeit« der Speisen – besser einverleiben kann.[122]

Etikettenvorschriften aller Art müssen daher auch und gerade im Zusammenhang mit Fast Food auf ihren jeweiligen historischen und ethnischen Kontext sowie auf auffällige metasprachliche Aussagen hin untersucht werden. Gewiss weckt nicht alles, was in unseren Breiten Abscheu erregt, anderswo Gefallen. Umgekehrt dünkt uns vieles, was anderen durchaus recht ist, hierzulande ziemlich billig. Dabei ist der Wandel der Tischsitten keineswegs kontinuierlich gewesen. Gerade in unserem Jahrhundert setzte verstärkt eine pendelschlagartige Gegenbewegung zu jenem »Prozess der Zivilisation«[123] ein, den Norbert Elias als einen durch progressives Vorrücken der Scham- und Peinlichkeitsschranken linearen beschrieben hat. Insbesondere die so genannte 68er-Generation hat in den gelockerten Tischsitten der Fast-Food-Gastronomie ein Protestpotenzial genutzt, um sich von den als drückend empfundenen Selbstzwängen des den Gesetzen der Marktwirtschaft verhafteten modernen Individuums zu befreien. Nicht zuletzt durch die Sickerspuren, die diese emanzipatorische Bewegung in so gut wie allen Bereichen des öffentlichen Lebens hinterlassen hat, wurde das noch von Elias analysierte Vorrücken der Peinlichkeitsschwelle[124] zumindest stark abgebremst bzw. durch die von Elias' konsequentestem Kritiker Hans-Peter Duerr[125] konstatierte zunehmende Permissivität überwunden.[126] Auf wessen Seite man dabei auch stehen mag: Der Siegeszug des Fast Food scheint den »schamlosen« Hans-Peter Duerr in diesem Streit jedenfalls ganz eindeutig mit schnellen Argumenten zu füttern. Die Debatte hat jedoch keineswegs nur sozialwissenschaftliche, sondern auch linguistische Aspekte. Schließlich ist die Haltung, die jemand beim Essen einnimmt, ein wichtiger und keineswegs ausschließlich körpersprachlicher Code.[127]

Ulrich Tolksdorf, dem wir einige der profundesten Studien über die deutsche Imbisskultur verdanken, hat daher unter den neun Merkmalen, die er als charakteristisch für den Schnellimbiss extrapolierte, ganz bewusst auch die Sprache in den Mittelpunkt seiner Betrachtungen gestellt.[128] Sie sei, so meint er, zwar »verkürzt« und »funktional auf die schnelle Verkaufssituation bezogen, aber sie hat durchaus nicht die Struktur einer etwa unpersönlichen Kommandosprache. Menschliche Kommunikation findet hier durchaus auch über die Sprache statt«, sofern sich diese nicht auf das Abspulen von Insider-Codes wie »Pommes rot« (mit Ketchup), »Pommes weiß« (mit Mayonnaise)«[129] oder ähnliche, auch regional recht unterschiedliche Kürzel reduziert. Die Art dieser Kürzel ist je nach Landstrich verschieden. »A Hasse!«[130] würde außerhalb Wiens kaum verstanden werden. Mit »Curry rot-weiß!« könnte dafür in Österreich kein Würstelmann etwas anfangen. Die Bestellung »einen Big Mäc!« versteht man indessen problemlos zwischen Brenner und Waterkant. »Die Reduzierung ritueller Kommunikation«, schreibt der Kunsttheoretiker Bazon Brock in ähnlichem Zusammenhang, »wird im Selbstbedienungsrestaurant abgelöst durch bloße Funktionserfüllung, bei der sich aus der Tätigkeit des Essens selber keine Folge für den Aufbau oder die Verdichtung der sozialen Beziehung zwischen den gemeinsam Essenden mehr ergibt.«[131]

Trotzdem kann man der Imbissbude mit Heinrich Böll den Faktor Menschlichkeit zubilligen, der »aufgrund der bestimmten Struktur des Verhältnisses von Imbissbetreiber und Konsument und durch die spezifische Verkaufssituation«[132] keineswegs ausgespart bleibt.

Die Imbissbude kann – wie etwa die populäre TV-Serie *Drei Damen vom Grill* bewiesen hat – durchaus zur Quatschbude werden. Ähnlich wie die Kneipe ist jedoch auch der

Schnellimbiss letztlich »nicht der Ort, der Einsamkeit aufzuheben vermag, sondern sie höchstens durch zwanglose Kommunikation mit anderen erträglich macht«[133]. Dem steht freilich die Erfahrung entgegen, dass sich gerade die viel zitierte Generation X – wie etwa die Cola schlürfende Young-Hollywood-Ikone Winona Ryder im Kultfilm *Reality Bites* überzeugend belegt – nirgendwo anders so wohl zu fühlen scheint wie im kalten Neonlicht zwischen Sesam-*Buns* und Hamburgern. Freilich wird in dieser *Slacker*-Atmosphäre eine Art von Kommunikation gepflegt, die eher geschwätzig als sprachlos genannt werden muss. Was möglicherweise auch damit zusammenhängt, dass man im Fast-Food-Restaurant neueren Typs nicht mehr steht, sondern sitzt und damit eine postmoderne Erinnerung an die altbackene Institution der Tischgemeinschaft heraufbeschwört.[134] Dass diese grundsätzlich vertraute Atmosphäre um den Charakter des Informellen angereichert wurde, ist vielleicht auch das entscheidende Verkaufsargument, das Fast Food für Kids und Teens noch wesentlich anziehender macht[135], als es Imbissbuden und Würstelstände sind.

Gewiss beruht die Attraktivität neben dem verführerisch-knallbunten Umfeld auch bei *Burger King, McDonald's* oder *Pizza Hut* darauf, dass hier »auf das sonst genormte und durch soziale Kontrakte leicht überprüfbare Essverhalten bei Tisch keine Rücksicht mehr genommen zu werden braucht«[136]. Und ebenso gewiss ergeben sich auch beim Fast-Food-Restaurant neueren Typs bestimmte Gemeinsamkeiten mit dem deutschen Imbissstand traditioneller Prägung: »Am Imbissstand wird auf Besteck weitgehend verzichtet, man isst mit den Händen, und es gibt keine Möglichkeit, sich vorher zu waschen, auch wenn sie ölverschmiert sind«, glossiert Tolksdorf eine typische Esssituation. »Der Geruch von häufig gebrauchtem Frittieröl und überspritzendem Fett ist nicht zu eliminieren. (...) Die kleckernden Spuren des Vorgängers am Tresen werden häufig nicht sofort durch wieselndes Personal beseitigt. Der Biss in die spritzende Bratwurst und das Abstreifen der Schaschlikstücke vom Spieß gelingt technisch nicht immer perfekt. Der Wurf mit dem Pappteller und den Senfresten verfehlt schon mal die Abfalltonne als Ziel. Einen doppelten Hamburger ohne Kleckern zu vertilgen, halte ich trotz ausgedehnter Übung immer noch für technisch unmöglich.«[137] Dennoch funktioniert die »sitzende Kommunikation in den auch in systemgastronomischer Hinsicht wesentlich ausgeklügelteren Betrieben amerikanischer Provenienz in wesentlichen Aspekten anders, als dies für den Stehimbiss beim Wurstmaxe oder an der Heißen Kiste gilt.

Die Imbissbude ist ihrer Geschichte und Funktion nach ein Ort der Notwendigkeit. Sie dient als Stätte der schnellen Befriedigung von Hungergerfühlen oder Appetitanfällen und ist überdies eine Zwischenstation der Eiligen, ein Fluchtpunkt der Unbehausten, aber auch eine Anlaufstelle von Kommunikationsbedürftigen und -suchenden. Das Fast-Food-Restaurant neueren Stils ist indessen kein Kind der Notwendigkeit, sondern, ganz im Gegenteil, eines des Überflusses, dem auch im Alltag ein gewisser Festcharakter, etwas ›Lebensexzentrität‹[138] zu Eigen ist. Und da eines der Wesensmerkmale jeden Festes die Überschreitung alltäglicher Markierungslinien und damit auch die Unmäßigkeit[139] ist, beginnt das Fast-Food-Fest logischerweise mit der Überschreitung so genannter Tischmanieren. Man isst mit den Fingern. Man patzt, kleckert, schlürft, steckt sich viel zu große Bissen in den Mund, isst in schlechter Haltung, im Mantel, im Parka oder gleich im Stehen. Man isst Dinge, die im bürgerlichen Haushalt oder Restaurant nicht erhältlich sind. Kurzum: Man schlägt über die Stränge und feiert ein Fest[140], bei dem Hamburger, Hotdogs und Pizzas zwar nicht im Mittelpunkt stehen, aber die Funktion von Katalysatoren besitzen – sind sie es doch, die jene Aussetzung [und] Unterbrechung des Alltags«[141] bewirken.

Dem amerikanischen Volkskundler Charles Camp verdanken wir eine genaue Analyse des »Essereignisses«[142], das das Essen gegenüber dem Umfeld, in dem es eingenommen wird, instrumentalisiert. »Wenn wir Essereignisse von anderen Arten von Ereignissen unterscheiden wollen«, schreibt er, »wie beurteilen wir dann den zentralen Stellenwert, den das Essen bei einem solchen Ereignis einnimmt? Hotdogs und Popcorn werden beispielsweise beim Baseballmatch verkauft und gegessen, aber stehen sie wirklich in dessen Mittelpunkt?«[143]

In einem Artikel der Frankfurter Rundschau wird diese Frage ebenfalls aufgeworfen: »Auf den Rängen des Stadions (...) gab sich die heranwachsende Jugend ihrer großen Leidenschaft hin, dem Verzehren von ›junk food‹, ein Ausdruck, mit dem Pädagogen in den USA Eiskrem, Cola, Hotdogs und Popcorn abqualifizieren. Ein ständiges Kommen

Abb. 9: Hamburger-Esser sind – so ergab eine Untersuchung – besser gekleidet als Hotdog-Schlemmer. Mit dem Knigge nimmt man es allerdings weder da noch dort besonders genau.

und Gehen war die Folge, eine Stimmung der Unruhe: Hier musste Daddy noch eine Portion Frankfurter holen, dort hatte sich Little Jimmy das T-Shirt beschmiert. Dabei gingen die strategischen Feinheiten des Fußballkampfes verloren.«[144]

Feste wirken – da Ausnahmesituationen – stets entlarvend. Dass dies auch für den Festcharakter des schnellen Essens gilt, lässt sich aus einem Artikel im *Stern* ableiten, in dem eine Studie des amerikanischen Psychiaters Leo Wollmann zitiert wird, die zwischen den Bedürfnissen einzelner Fast-Food-Zielgruppen, im konkreten Fall zwischen 3 000 befragten Hamburger- und Hotdog-Konsumenten differenziert. Sie kommt zu dem bemerkenswerten Schluss, dass Hotdog-Liebhaber extrovertiert und angriffslustig sind, Hamburger-Freunde indessen eher ruhiger und konservativer.[145] »Hotdog-Esser greifen zu und gehen kauend weg«, Fans von Hamburgern seien hingegen »nicht nur besser gekleidet, sondern auch gewohnt, klar zu entscheiden: durchgebraten oder medium, Ketchup oder Senf«[146].

Schließlich hat Dr. Wollmann in den Essgewohnheiten der Hotdog-Freunde sogar psychosexuelle Aspekte geortet: nämlich »die Phallussymbolik des Würstchens und die Art, es zu halten – vorsichtig oder kraftvoll«[147].

Da sage noch jemand, dass Fast Food keine eigene Sprache habe.

FUSION UND CONFUSION

Fast Food zwischen Alter und Neuer Welt

Mitte der achtziger Jahre – als die große Zeit der seither kurz »Yuppies« genannten und schon wieder ein wenig aus der Mode gekommenen *young urban professionals* gerade erst begonnen hatte, fingen auch die *yuppiegags* an. So hieß eine regelmäßige Kolumne in *Advertising Age,* in welcher sich die heute noch weltweit wichtigste Werbefachzeitschrift explizit an ihr neues, kaufkräftiges Zielpublikum wandte. Und da sich Yuppies nicht nur über ihre Finanzkraft (keine Kinder, doppeltes Einkommen) und ihr Outfit, sondern auch über ihre Nahrungsgewohnheiten definierten, probierte man es mit einem Wettbewerb, in dem das attraktivste Yuppie-Gericht gekürt werden sollte. Was dabei herauskam, war eine Kreation, die – auch wenn sie mittlerweile keiner mehr kennt – dennoch verdient, in die Geschichte des Fast Food einzugehen. Es handelte sich um ein Gericht mit dem etwas umständlichen Titel: *Eggs ›n‹ Toast: Caviar and Melba Toast Snack Pack.* Hier findet man alles, was im alten Europa gut und/oder teuer ist, auf einem Teller vereint: das englische Frühstück, den russischen Kaviar, eine ferne Ahnung des vom französischen Fin-de-siècle-Meisterkoch Auguste Escoffier im Pariser Ritz-Hotel für eine australische Operndiva komponierten »Peach Melba«. Und dann, so amerikanisch wie sachlich: das *Toast Snack Pack*[148] – als schon per definitionem klassisch-amerikanisches Fast Food.

Diese Momentaufnahme aus den USA der 80er-Jahre zeigt recht deutlich, dass das schnelle Essen jenseits des großen Teichs damals längst alle sozialen, kulturellen aber auch ethnischen Grenzen gesprengt hatte. Die USA waren nicht mehr nur das Land von *McDonald's* und *Burger King* oder von Hotdog-Ketten wie *Nathan's* und *Byron's;* Fast Food hatte längst alle sozialen Schichten erfasst, vom Pizza mampfenden Nachtwächter in der Portiersloge bis hinauf zum Generaldirektor, der sich in der obersten Etage zwischen zwei Telefonaten in aller Eile ein paar Sushi oder einen Tofu-Snack zwischen die Zähne schiebt.

Amerika präsentiert sich heute als ein multikulturelles Snackparadies, als ein Schlaraffenland mit hohem Beschleunigungsfaktor, wie man es in geradezu ikonographischer Reinheit im *Water Tower Place,* dem bekanntesten Einkaufszentrum Chicagos wieder findet. Dessen erste Etage wurde erst vor kurzem in ein kulinarisches Disneyland namens *Foodlife* umgebaut und bewirtet täglich etwa acht- bis zehntausend Gäste. Zum Eintritt berechtigt eine rote *Foodcard,* die einem von einer freundlichen Hostess am Eingang in die Hand gedrückt, und auf der alles eingetragen wird, was man in einem, mehreren oder allen Abteilungen zu konsumieren gedenkt. Dem stilistischen Mix unterschiedlichster ethnischer Küchenstile entspricht die ebenso kühne wie kitschige[149] Ineinanderschachtelung von fernöstlichen, mexikanischen, texanischen und makrobiologisch-schlichten Versatzstücken der Inneneinrichtung. Das kulinarische Angebot ist nicht minder breit gestreut und reicht von *Mother-Earth-Food* über Sushi, Pizza, Pasta, Chop Suey bis hin zur Barbecue-und-Salsa-Bar. Ein paar Stockwerke höher kann man bei *Kaplan's Delicatessen,* einer postmodernen Deli-Variante mit Anklängen an die dreißiger Jahre, noch eine andere Art von Fast Food erleben, die bei McDonald's in die Schule, aber doch mittlerweile weit über dessen Angebot hinaus gegangen ist. Unter dem Motto *Build your own Masterpiece* darf der Konsument hier beispielsweise aus elf Brotsorten und über fünfzig Zutaten von Cheddar und Munsterkäse über Artischocken und Oliven, Ketchup und

Mayo bis hin zu Pastrami, Corned Beef, Truthahn und Leberpastete individuelle, turmhohe Sandwiches konstruieren. Wer lieber Vorgefertigtes hat, kann indessen *Hot Diggity Dogs, Hugh-Hefner-Sandwiches, Ike-and-Tina-Tuna,* einen Räucherlachs-Bagel namens *Lox-Ness-Monster,* ein *Ol'-McDonald-Meets-Jacques-Cousteau-Sandwich,* ein asiatisches *Le-Lai-Sandwich,* eine *Mish-Mosh-Soup* mit Kreplach und Mazzeknödel oder schlicht *Chicagos Best Chocolate Chip Cheesecake* ordern.

Fancy Food, Fun Food und *Ethno Food* dominieren den Fast-Food-Sektor heute in den USA. Bis hinein in die Gourmetküche ist diese Vermischung der Kochstile mittlerweile wirksam geworden, wo die Nouvelle Cuisine längst durch die so genannte *Fusion*-Küche abgelöst wurde, die nichts anderes ist als ein fernöstlich-europäisch-mexikanisch-amerikanisches Stilgemisch auf höchstem Niveau.[150] Es ist keinesfalls Zufall, dass sich all diese kulinarischen Entwicklungen vom Schmelztiegel USA aus entwickelten, dem man gern vorwirft, niemals auch nur annähernd so etwas wie eine eigene Nationalküche hervorgebracht zu haben. Dieser – typisch abendländische – Vorwurf ist nicht nur deswegen ungerecht, weil es durchaus eigenständige amerikanische Regionalküchen wie etwa jene von Louisiana, Kentucky oder New England gibt, sondern auch noch aus einem ganz anderen Grund. Ohne den amerikanischen Beitrag wäre die europäische Küche in ihrer heutigen Form nämlich undenkbar. Ohne ihn hätte Europa seine erfolgreichsten Rezepte niemals in dieser Form entwickeln und nach Amerika exportieren können, von wo sie in den letzten Jahrzehnten durch die großen Fast-Food-Ketten wieder in die Alte Welt rückimportiert wurden.[151]

Allem voran sind es zwei Zutaten, ohne die die Fast-Food-Welt von heute kaum vorstellbar wäre: Die Pizza mag ja, wie in einem der folgenden Kapitel noch ausführlich zu zeigen sein wird, eine neapolitanische Erfindung gewesen sein. Was aber wäre sie ohne die Tomate, die erst viel später aus Amerika nach Europa kam. Auch das ursprünglich chinesisch-malaysische Ketchup wäre bis heute tomatenlos, hätte Christoph Columbus die ungeliebte, weil lange Zeit für giftig gehaltene rote Knolle seinerzeit nicht über den Atlantik geschifft. Ähnlich wie bei der Pizza steht auch der europäische Ursprung der Pommes frites außer Zweifel. Den Rohstoff dazu lieferten freilich ebenfalls die amerikanischen Ureinwohner. Denn ohne die indianischen *Papas* aus Mittelamerika liefe in den Fritteusen zwischen Paris, New York und Los Angeles heute überhaupt nichts. Schließlich würde es ohne die amerikanischen Chilis und Paprikas in der Alten Welt nicht eine einzige Gulaschhütte geben. Und dass wichtige Zutaten wie Truthahn, Mais und verschiedene Bohnensorten, aber auch Avocados, Erd- und Cashew-Nüsse, Ananas, Stachelbeeren und sogar Schokolade ihren Ursprung ebenfalls auf dem amerikanischen Kontinent haben[152], sei hier nur am Rande erwähnt.

Es würde in diesem Zusammenhang zweifellos zu weit führen, den weit verzweigten Fährten von Tomate, Kartoffel oder Paprikaschote quer durch Europa oder Asien nachzuspüren. In jedem Fall sollte man jedoch fairerweise festhalten, dass der von den Migrationsbewegungen europamüder Auswanderer verursachte Export zahlreicher europäischer Gerichte in die USA im 19. und frühen 20. Jahrhundert nicht möglich gewesen wäre, hätte Amerika nicht vierhundert Jahre zuvor die wichtigsten Zutaten dafür zur Verfügung gestellt. Der Rückfluss ursprünglich amerikanischer Ingredienzien in die heutigen USA setzte allerdings schon damit ein, dass die Pilgerväter 1620 auf der Mayflower nicht nur eine fromme Lebensweise, sondern auch das *Thanksgiving Dinner* in die Neue Welt brachten, das zum ersten Mal 1621 gefeiert wurde.[153] Den aus Amerika stammenden Truthahn haben die Pilgerväter allerdings vermutlich bereits gekannt, als sie von Plymouth aus in See stachen. Der erste urkundlich erwähnte Weihnachtstruthahn wurde in England nämlich bereits 1585 geschlachtet – also fünfunddreißig Jahre, bevor er in den USA erstmals zum Erntedank verzehrt wurde.[154]

Die Geschichte der amerikanischen Küche – und damit auch jene des Fast Food – ist reich an solchen transatlantischen Querverbindungen, die es dem Kulinarhistoriker oft alles andere als leicht machen, den wahren Ursprung eines Gerichts festzustellen. Dazu kam, dass sich zwischen amerikanische und außeramerikanische Esstraditionen keineswegs nur der Atlantik, sondern auch der Pazifik schob. Ähnliches wie für den Truthahn und Europa gilt etwa auch für die vielschichtigen Querverbindungen zwischen dem mexikanischen Chili und dem asiatischen Kontinent.[155] Tatsächlich ist etwa auch ein gemeinhin für typisch chinesisch gehaltenes Gericht namens *Chop Suey* keineswegs in China, sondern in San Francisco erfunden worden, wo ein Gast zu später Stunde noch etwas zu essen verlangte und vom chinesischen Koch einen Eintopf aus Küchenresten erhielt.[156] Auch das nicht minder berühmte süß-saure Schweinefleisch würde »einen echten kantonesischen Gourmet krank machen« und ist in Wahrheit »ein Mischmasch aus pseudokantonesischer und pseudopolynesischer Küche« nach dem Motto: »Man nehme das fetteste und ranzigste Schweinefleisch, das man bekommen kann, und bereite es mit möglichst viel Öl und der süßesten Mischung aus Zucker und Dosenfrüchten zu, die man herstellen kann. Dann füge man noch jede Menge Monosodium-Glutamat sowie billige Soja-Soße hinzu, lasse die Soße auf eine möglichst leimartige Konsistenz einkochen und serviere es.«[157] Andererseits sind in Hongkong schon relativ früh auch die ersten »kantonesisierten« Hamburger aufgetaucht, die man zubereitete, indem man ein flaches Fleischlaibchen zwischen zwei auseinander geschnittene Knödelhälften steckte.[158]

Die ethnische Vielfalt seiner Bevölkerung macht es den Amerikanern trotz mannigfaltiger Versuche[159] bis heute schwer, zu so etwas wie einer Nationalküche zu finden. Europäische, asiatische und südamerikanische Ansätze traten dabei immer wieder zueinander in Konkurrenz, verharrten allerdings lange Zeit weitgehend in kulinarischer Apartheid. Die hemmungslose Vermischung der unterschiedlichen ethnischen Küchen, die heute als *Fusion* oder *Eclecticism* bekannt ist, setzte allerdings erst in den frühen Siebzigern ein[160] und wurde zunächst vor allem im alternativ-intellektuellen Milieu populär. Ein Kommunenkochbuch, das 1972 unter dem Titel *Country Commune Cooking* erschien, brachte ukrainische, mexikanische, indische und sogar tibetische Rezepte und Kochtraditionen unter einen Hut. *Bologna knish enchiladas* fanden sich dort in trauter Nachbarschaft von *Sweet and Sour Spaghetti Sauce*, *Armenian Polenta, Mexican-Italian Blintzes* oder *Irish-Jewish Stew*. Der multikulturelle kulinarische Ansatz entspricht dabei nicht nur dem zaghaften Aufbrechen rassistischer Vorurteile im Zuge der 68er-Bewegung, sondern vor allem auch dem damals aufkeimenden neuen Gesundheitsbewusstsein. Ethno Food gilt nämlich im Gegensatz zur europäisch-abendländischen Ernährungsweise mit Recht als wesentlich gesünder. Dahinter verbergen sich nicht nur althergebrachte und zum Teil auch völlig falsche Vorstellungen von der natürlichen Nahrungsweise des »edlen Wilden«, sondern auch bessere, schlüssigere Argumente. Tatsächlich spielt der Rohstoff Fleisch in den meisten Dritte-Welt-Ländern allein schon aufgrund ihrer wirtschaftlichen Situation aber auch zahlreicher religiöser Traditionen und Nahrungstabus keine besondere, oft sogar überhaupt keine Rolle[161], und chemische Zusätze waren so gut wie unbekannt. Schließlich eignete sich die ethnische Küche durch eben diese »Armut« sowie durch Konzentration auf einfache und einfachste Gerichte auch perfekt für kleine Zwischengerichte, Snacks und Ernährungsgewohnheiten abseits der bürgerlichen Tischgemeinschaft – für klassisches Fast Food eben.

Die neu erwachte Vorliebe der Amerikaner für Ethno-Küche und kulinarische Stilgemische hatte aber auch noch andere Ursachen. Schließlich hatte der Zweite Weltkrieg mehr als zwei Millionen amerikanische Soldaten in die entlegensten Winkel der Erde verschlagen. Viele lernten dort fremde Gerichte kennen, und nicht wenige brachten etwa aus Italien, Griechenland oder Fernost so genannte »Kriegsbräute« mit nach Hause, die zumindest Elemente ihrer Heimatküchen in den täglichen Speisezettel einfließen ließen. Der Krieg, der »for mom and apple pie«[162] begonnen wurde, endete schließlich damit, dass statt *Apple Pie* immer öfter auch Exotisches auf den Tisch kam. Die Indochinakriege dürften ein Übriges getan haben, um diese Entwicklung weiter voranzutreiben. Der große Erfolg von orientalischen und mexikanischen Fast-Food-Ketten wie etwa *Charlie Chan* oder *Taco Bell* oder der vor allem vom Zimtgeschmack der angebotenen Gerichte lebenden *Cinnabon-Kette* wäre ansonsten gewiss nicht möglich gewesen.[163]

Schützenhilfe leistete dabei auch die amerikanische Zeitschrift *Gourmet,* die von Earl R. MacAusland bereits 1941 mit einer überraschend vielseitigen Ausrichtung gegründet wurde: »Die Kunst, ein Gourmet zu sein«, stand in MacAusland's erstem Editorial zu lesen, »hat nichts mit Alter, Geld, Ruhm oder Herkunft zu tun. Sie lässt sich am Pot-au-feu einer sparsamen französischen Hausfrau ebenso antreffen wie beim kochmützengeschmückten Küchenchef in einem Skyscraper-Hotel.«[164] Der hier propagierte, unelitäre und von snobistischen europäischen Vorurteilen erfrischend unangekränkelte Gourmetbegriff der mittlerweile mit Abstand auflagenstärksten Feinschmeckerzeitschrift der Welt fand seinen Niederschlag keineswegs nur auf den wohlgedeckten Tafeln der Spitzenrestaurants, sondern auch in den Auslagen der immer beliebter werdenden *Delicatessen Shops,* kurz: *Delis,* die den Ausdruck Gourmet Food wesentlich weiter fassten als die kaviar-, lachs-, hummer- und gänseleberfixierten europäischen Feinschmecker. Dieser offene Gourmetbegriff hatte daher auch Platz für Gerichte anderer Länder. Der Erfolg von *Gourmet* bestand vor allem in seinen ersten Jahren darin, dass die Autoren über die Küchen fremder Länder berichteten.

Wie ein Schwamm hat Amerika seither alles an Aromen und Geschmäckern aufgesogen, womit die Speisekammern dieser Welt den noch bis in die 50er-Jahre größtenteils einfallslosen amerikanischen Speisezettel zu bereichern vermochten. Die traditionell eher konservative Fast-Food-Gastronomie hat sich von diesem Trend immer wieder inspirieren lassen und ihr bislang vom unangefochtenen Ethno-Oldie, der Pizza, angeführtes Repertoire längst auch um neue schnelle Gerichte wie *Tacos, Falafels, Dim-Sums, Sushi* und *Enchiladas* erweitert.[165]

Im selben Maß haben die USA ihr eigenes Know-how – und das war weniger ein feinschmeckerisches als ein systemgastronomisches – in andere Länder, vor allem nach Europa und Asien, reimportiert. Längst stehen die größten McDonald's-Filialen der Welt nicht mehr in Chicago oder Los Angeles, sondern in Peking und Moskau. Doch während sich diese Entwicklung noch auf einen begreiflichen Nachholbedarf in Sachen »Konsumismus statt Kommunismus« zurückführen lässt, haben die amerikanischen Fast-Food-Ketten auch in den zentraleuropäischen Metropolen an Terrain gegenüber der althergebrachten Gastronomie mit ihrer notorisch antiamerikanischen Hybris gewonnen. Die Pariser Champs-Elysées beherbergt heute bereits mehr Fast-Food-Lokale als französische Bistros. Bestrebungen der römischen Stadtverwaltung, sich gegen McDonald's-Filialen in alten Vierteln wie Trastevere zu wehren, scheiterten kläglich. Und in der Salzburger Getreidegasse, dem Inbegriff gediegener und betuchter Bürgerlichkeit, haben die Stadtväter den Bulettenproduzenten lediglich die Auflage abringen können, die Fassade des von ihnen erworbenen Gebäudes intakt zu halten und die »goldenen Bögen« des McDonalds-M in ein schmiedeeisernes Hauszeichen gießen zu lassen.

Die amerikanische Küche hat lange gebraucht, um so etwas wie eine eigene Identität zu finden und scheint sie in einer Allianz aus Fusion und Fast Food mittlerweile sogar gefunden zu haben. Der Rückimport von beiden Strömungen nach Europa ist jedenfalls bereits in vollem Gange.

2

DIE CHAMPIONS

Welterfolge der schnellen Esskultur

BROTE, BREZELN, BAGELS & CO.

Flinker Teig und schnelles Essen

Die Ehre, das erste Fast-Food-Gericht der Geschichte zu sein, gebührt – nein, keineswegs dem Hamburger, sondern – dem Brot. Es steht mit Recht am Beginn jeglicher Kulturgeschichte des Essens und leitet daher auch verdientermaßen die Aufzählung der »Champions« des schnellen Essens ein. Brot war seit dem Zeitpunkt, da der Mensch die ersten Körner aufpickte, mahlte, zu Brei verarbeitete, briet oder buk, sein ständiger Wegbegleiter. Schon Noah nahm es in weiser Voraussicht mit auf seine Arche, weil er sonst wohl deren Passagiere hätte verspeisen müssen, und für Moses fiel es als Manna genanntes Himmelsbrot sogar »weiß wie Koriandersamen und mit dem Geschmack von Honigkuchen« vom Himmel. Fladenbrote gelangten auch bei der wunderbaren Brotvermehrung – mit etwas Fantasie eine der ersten erwähnten Mahlzeiten auf der Basis von Fertigprodukten – zur Verteilung. Brote aller Art wurden, getreu dem Motto »panem et circenses«, auch bei den römischen

Abb. 10: Ohne Teig kein Fast Food: Zweifellos ist Brot der Archetypus des »schnellen Essens«. Dieser altrömsche Brotverkäufer, der seine Imbisse auf einem Relief aus dem 2. Jahrhundert anbietet, hatte bereits im alten Babylon seine Vorläufer.

Gladiatorenkämpfen in Körben herumgereicht. Und Brot oder Mehl ist schließlich bei nahezu allen Fast-Food-Gerichten in irgendeiner Weise beteiligt. Teige und Brote umhüllen Hotdogs, machen die Bulette erst wirklich zum Hamburger, bilden die Unterlage für den Pizzabelag oder werden ganz einfach als Beilage zur Bratwurst gereicht.

Brote haben viele Namen und Formen. In der Türkei heißen sie Yufka, in Äthiopien Indjera, in China Gaokwei, im Nahen Osten Burghul, bei den Tuaregs Asink, bei den Mexikanern Tortillas, am Balkan Proja, in Israel Mazze oder Pita, in Tunesien Dru. Sie alle haben oft unterschiedliche Zutaten und werden nach verschiedenen Rezepten aus Weizenmehl, Hirse, Kichererbsenmehl, Grieß, Maismehl, Schweine- oder Butterschmalz, Wasser, Öl, mit oder ohne Salz zubereitet. Indische Chapatis, wie sie zwischen Neu Delhi und Bombay am Straßenrand auf heißen Platten oder in Lehmöfen gebacken werden, zählen ebenso dazu wie der ungarische und vor allem in Ost- und Mitteleuropa verbreitete Langos, ein in heißem Frittieröl ausgebackener und meist mit Knoblauch bestrichener Hefeteigfladen von diskusartigen Umrissen.

Brot lässt sich in allen geometrischen Grundformen variieren. Es kann rechteckig, elliptisch, dreieckig oder ganz einfach rund sein, es vermag aber auch die ungewöhnlichsten Metamorphosen zu durchlaufen, wie dies etwa bei der Brezel der Fall ist.

Die Brezel ist ein typischer Fall, wo eine Brotsorte nicht nur durch ihren Teig, sondern in erster Linie durch ihre ausgefallene Form definiert wurde und nicht zuletzt dadurch zu einem essbaren Versatzstück aller Bierstuben und vieler Imbissbuden, in den USA sogar zu einem Fast-Food-Klassiker, geworden ist. Die Brezel ist ein ebenso schmackhaftes wie vergnügliches Stück Brot und scheint auch bereits im Frühmittelalter das gewesen zu sein, was man heute als *Fun Food* bezeichnen würde: nämlich ein vor allem bei Kindern beliebter Snack. Dass ihr Ursprung im angelsächsischen Sprachraum zuweilen volksetymologisch mit dem englischen Wort *prayer* (Gebet) und dem lateinischen »precprex« (Belohnung) in Zusammenhang gebracht wird, hängt vor allem mit der Entstehungslegende der Brezel zusammen, in deren Mittelpunkt ein frommer Mönch aus Norditalien steht, der im Jahre 610 erstmals Brot zu einer langen Wurst gedreht[166] und daraus jene bis heute charakteristische Doppelschlinge geformt haben soll, die knapp anderthalb Jahrtausende später auch Woody Allen dazu inspirierte, ausgerechnet in den Brezeln nach Gott zu suchen. Der besagte Mönch versuchte seinen Schützlingen jedenfalls ähnliche Einsichten zu vermitteln: Er belohnte Kinder, die brav ihre Gebete auswendig lernten, mit Brezeln.

Tatsächlich geht die Brezel jedoch auf das lateinische Wort *brachium* (ital. *bracciatelli*) zurück, was so viel wie Arm bedeutet und sich wohl auf die klassische Brezelform von verschränkten Armen bezieht.[167] Und die »Metaphysik« der Brezel ist indessen vermutlich noch älter als die Geschichte vom frommen Kinderfreund. Möglicherweise wurde die Brezel als Teigsubstitut für Totenschmuck kreiert und sollte Armring, Halsring und Spange darstellen.[168] Auch die Annahme, dass das als klösterliches Fastengebäck populär gewordene Gebildbrot ursprünglich das alte germanische Sonnenrad darstelle, taucht immer wieder in der Literatur auf, wird jedoch selbst von dem in dieser Hinsicht nicht allzu kritischen *Handwörterbuch des deutschen Aberglaubens* als »lächerlicher Einfall« bezeichnet.[169]

Seit Beginn der Neuzeit scheint sich die Brezel als Alltagsimbiss jedenfalls immer weiter durchgesetzt zu haben. »Die Schwäblein, die so gar gern schwätzen, fräszen ein Rad für eine Bretzen«, schrieb etwa Georg Rudolf Weckherlin[170] (1584–1653), und in Johann Heinrich Vossens (1751–1826) *Luise* heißt es: »Butterkringel, im Dorfe genannt, von dem Thüringer Bretzel.«[171]

Nach Amerika gelangte die Brezel – vermutlich durch die Niederländer – bereits im 17. Jahrhundert. Um 1652 ist die Geschichte eines holländischen Siedlers überliefert, der deshalb verhaftet wurde, weil er gutes Mehl für Brezeln verwendete, die er an die Eingeborenen verkaufte, während seine armen Landsleute sich damals noch von Kleie ernähren mussten.[172] In Deutschland und Österreich wird die Brezel vor allem mit Bierhäusern, Kneipen und Heurigenschenken verbunden. Und in Frankfurt hat sich bis heute die Institution des »Bretzelbuwen« erhalten, der sieben oder siebzig Jahre alt sein kann, eine weiße Kellnerjacke sowie eine schwarze Schirmkappe trägt und mit seinem Brezelkorb von einer »Ebbelwoi«-Schänke zur anderen zieht.[173] In küchentechnischer Hinsicht ist die Besonderheit der Brezel, dass der Teig vor dem Backen abgekocht wird. Die Urheberschaft der weichen und in ihrer kaugummiartigen Konsistenz oft an Hamburger-Buns erinnernden Laugenbrezel wird von verschiedenen deutschen Ortschaften für sich beansprucht, wobei die Gemeinde Urach in Württemberg sogar mit einer eigenen Ursprungslegende aufzuwarten weiß: Hier soll einmal ein Bäcker zum Tode verurteilt worden sein und, nachdem er bei seinem Landesherrn ein letztes Gnadengesuch eingereicht hatte, vor die Alternative gestellt worden sein, entweder zu sterben oder ein Gebäck zu erfinden, durch das die Sonne dreimal scheinen könne. Der Bäcker ließ sich das nicht zweimal sagen – und die Brezel war geboren. Das Brezel-Grundrezept ist dabei verhältnismäßig einfach: Aus Weizenmehl, Wasser, Backmalz und Backhefe wird ein Teig zu einer länglichen Wurst geformt, die an den Enden abgedrückt, eingeschlagen und zur klassischen Brezelform verschränkt wird. Nachdem man das Mittelstück eingeritzt hat, lässt man den Teig gehen und taucht ihn auf einem durchlöcherten Blech in jene siedende Lauge, die der Brezel ihren Namen gibt und für deren Beschaffenheit jeder Bäcker ein geheimes Familienrezept zu haben vorgibt. Erst nach dem Eintauchen wird die Brezel dann ausgebacken.

Neben den weichen Laugenbrezeln haben aber auch die schmäleren, reschen und knusprigen Brezeln Karriere gemacht, als deren Ursprungsland zumindest der »Larousse Gastronomique«[174] das Elsass angibt. Sie sind ein klassischer Begleiter des Bieres und werden aus einem Teig zubereitet, der ebenfalls nach dem Formen in kochendes Wasser getaucht wird, bevor man ihn, mit geschrotetem Salz und Kümmel bestreut, bei großer Hitze härtet. Die Amerikaner schwören im Gegensatz zu den Europäern darauf, dass das wahre Geheimnis der Brezel weder in der Würze noch in der Lauge, sondern vielmehr in der Verwendung von Hydroxidsoda liege, das während des Backvorgangs abbrennt. Da seine Verwendung für Ungeübte durch die ätzende Wirkung ziemlich gefährlich sein kann, wurde die Brezelerzeugung in den USA zunehmend industrialisiert, worin mög-

Abb. 11: Fahrbare Pasteten- und Brotöfen waren schon im Mittelalter verbreitet. Auf dieser Abbildung aus einer Bilderhandschrift (ca. 1417) verkaufen fremde Brotbäcker während des Konzils (1414–1418) in Konstanz ihre Backwaren. Man beachte das Zunftzeichen der Brezel.

licherweise auch der Grund besteht, dass *Philadelphia Soft Bretzels* und andere Brezelsorten in Amerika zum klassischen Fast Food geworden sind.

Der Brezel verwandt ist auch jene typisch jüdische Bäckerei, die ihre weltweite Verbreitung der Diaspora verdankt. Bagels – das Wort kommt vom jiddischen *Bejgl,* was so viel wie gebogene Teigstange bedeutet – sind vor allem dort heimisch, wo der jüdische Bevölkerungsanteil besonders hoch ist. Der Bagel ist für die Juden eine der letzten Erinnerungen an das osteuropäische *Stetl,* wo die *Bejgls* von fliegenden Händlern nicht in Körben, sondern auf Stöcken durch die Straßen getragen wurden. Eine wichtige Spur der Bagel-Geschichte führt freilich auch ins Wien der Türkenbelagerung zurück. Dort soll ein jüdischer Bäcker das Bejgl 1683 erstmals zu Ehren des Polenkönigs Jan Sobieski als Dank für die Errettung aus der Türkennot gebacken haben. Tatsächlich hat Sobieski das Bejgl damals jedoch wohl schon gekannt. Die älteste Erwähnung des Gebäcks, so schreibt zumindest Leo Rosten in seinem Buch »The Joys of Yiddish«, reicht nämlich ins Jahr 1619 zurück, als in Krakau verfügt wurde, jede Mutter möge bei der Geburt eines Kindes ein Bejgl als Geschenk erhalten. In New York, wo man in den kulinarischen Abteilungen gut sortierter Buchhandlungen gleich zwischen mehreren Bagel-Kochbüchern wählen kann, zählen die vielseitig verwendbaren kleinen Leckerbissen daher zu den absoluten Favoriten der Fast-Food-Gastronomie und sind an vielen Straßenecken in speziellen Geschäften in Dutzenden von Variationen erhältlich.

Der Bagel-Teig ist jenem der Brezel wie gesagt zum Verwechseln ähnlich und wird zu einem Laibchen mit einem weichen, fast kaugummiartigen Innenleben und einer glänzenden Oberfläche geformt, in dessen Mitte man ein Loch ausspart. Wie bei den Brezeln wird auch der Bagelteig vor dem Backen abgekocht, weil das Wasser die Stärke reduziert und die Bagel-Schmolle weich und flaumig geraten lässt. Fügt man zum Teig auch noch Eier hinzu, so wird aus dem einfachen *Water Bagel* ein *Egg Bagel*, der geschmacksintensiver, aber dafür meistens etwas trockener ist. Viele Bagels werden entweder mit grobem Meersalz, Mohn oder Sesamkörnern bestreut und als pikanter oder aber auch als süßer Happen verspeist. Aufgrund seiner Geschmacksneutralität und der typischen Form eignet sich der Bagel nämlich für die unterschiedlichsten Auflagen wie etwa Räucherlachs oder Rahmfrischkäse, aber auch für süße Cremes.

Eng mit der jüdischen Kochkunst verbunden, aber von ganz anderer Beschaffenheit sind auch jene *Falafel* genannten Laibchen, die – vor allem seit dem Siegeszug des Vegetarismus – als Einlage in so manchem *Veggie-Burger* oder Sandwich Eingang in die schnelle Imbissküche gefunden haben. Der Falafel ist dem Hamburger vorwiegend durch seine täuschende Ähnlichkeit mit gebratenem Hackfleisch verwandt, hat aber ein wesentlich gesünderes Innenleben. Er ist im Pariser Judenviertel entlang der Rue Rozet ebenso allgegenwärtig wie in den Delis von Manhattan, kann aber seinem Ursprung nach nicht als rein jüdisches Gericht gelten, da er im ganzen arabischen Raum Verbreitung findet.

Die Grundlage für den Falafel bilden klein gehackte Kichererbsen, die gemeinsam mit geschroteten Weizenkörnern, Zwiebeln, Knoblauch, Kreuzkümmel und anderen Gewürzen zu Kroketten geformt und in heißem Öl ausgebacken werden. Der klassische Begleiter von Falafel sind die ebenfalls aus dem Nahen Osten stammenden aufgeschlitzten *Pita*-Brote, auch Taschenbrote genannt, die aus Weizen oder Vollweizenmehl zubereitet werden und denen wir im nächsten Kapitel noch ausführlicher begegnen werden. Doch sobald das plane Pita-Brot mit Falafel oder anderen Köstlichkeiten gefüllt wird, ist es nicht mehr nur Brot, sondern bereits einer anderen, nicht minder archetypischen Form des Fast Food zuzuordnen, nämlich der Pastete.

UNTER DEM MANTEL DES SCHWEIGENS

Von der Pastete zum Pork Pie

Das Bedürfnis, beim Essen nicht nur zuzugreifen, sondern auch Essbares in Essbares einzupacken, ist uralt. Unser unbändiger Appetit auf alles Organische bedarf der Kaschierung durch die Zivilisation, die die kulinarischen Zwillinge Verfeinerung und Veränderung hervorgebracht hat. Je zivilisierter der Mensch wird, desto weniger will er wahrnehmen, dass das, was er zwischen die Zähne bekommt, um seines Genusses willen tatsächlich gelebt und womöglich auch noch gelitten hat. Je höher die Zivilisationsstufe, desto stärker wird daher auch das Bedürfnis, vor allem die tierischen Rohstoffe den unterschiedlichsten Verwandlungsprozessen zu unterwerfen, deren einfachste die Garung eines Tiers mit dem anschließenden Tranchieren in mundgerechte Stücke ist.

Viel kunstvoller ist es da schon, kulinarische Vexierbilder zu entwerfen, schmackhafte Puzzles und Rebusrätsel zu erfinden, die beim Essen gelöst werden müssen. Genau an diesem Punkt setzt die Erfindung der Pastete und mit ihr das intrikate Wechselspiel von Hülle und Fülle an: Schweine sind plötzlich keine Schweine mehr, Fasane keine Fasane, Fische keine Fische. Alles wird zur Farce, in welcher die Form den Inhalt bestimmt und nicht umgekehrt. Die Freude vom Einbacken dieser Farcen in Teige entspringt der zutiefst menschlichen Lust an Verkleidung und Versteckspiel, die zudem mit jener mehr oder minder eingestandenen Scham gepaart ist, welche danach trachtet, das Animalische in uns tunlichst zu verbergen.

Wir brauchen Pasteten, wie wir Kleidung brauchen: um unsere Unzulänglichkeiten zu verhüllen, und vor allem um den Mantel des Schweigens über unsere geheimsten Geheimnisse zu breiten. Doch wie zum Anziehen auch immer das Ausziehen gehört, so wird die Pastete ihrer Aufgabe erst wirklich gerecht, wenn sie geöffnet, angebissen oder aufgeschnitten wird, bis sie ihr Geheimnis, die nackte Struktur, bloßlegt. An all den Straßenecken, wo öffentlich und in Eile gegessen wird, da tauchen daher auch schon relativ bald in der Kulinargeschichte die Pastetenbäcker auf. Ihre kleinen mobilen Öfchen stehen in den Vorhöfen antiker Arenen ebenso wie auf mittelalterlichen Marktplätzen. Mit der Fülle des Angebots kommt auch die Stunde der Wahrheit. Sie ist der Deus ex Machina jenes essbaren Dramas, das schon Aristoteles in unmittelbarem Zusammenhang mit dem von ihm angestrebten bewusstseinsreinigenden, kathartischen Prozess gesehen zu haben scheint. Über den »Vater der Kritik« und seine Beziehung zur Pastete schreibt der Gastrosoph Eugen Vaerst: »Dass während der Vorstellungen der Tragödien die Pastetenbäcker ihre Waren feilhielten und das Glück einer Tragödie und der Verkauf der Pasteten immer im umgekehrten Verhältnis stand, sodass während einer langweiligen Szene die kleinen Pasteten reißend abgingen, aber bei einem guten Trauerspiele die geistigen Lockungen die materiellen vergessen machten und alsdann das Genie des Pastetenbäckers ein Opfer der Tragödie wurde.«[175]

Dass Aristoteles die Pasteten für so wichtig nahm, lässt darauf schließen, dass sie im öffentlichen Leben seiner Zeit auch bereits eine gewisse Rolle spielten. Das erste erhaltene Pastetenrezept stammt auch tatsächlich aus der griechischen Antike und gilt einer mit Blut, Honig, Käse, Essig und Würzkräutern zubereiteten Fleischpastete, die der große griechische Koch Epainetos vor mehr als 2500 Jahren servierte.[176]

Es wäre freilich verfehlt, daraus und aus ungezählten folgenden Pastetenrezepten der großen Köche dieser Welt zu schließen, dass die Pastete nun einmal ein Kind der großen, elaborierten Küche sei und in einem Werk über Fast Food demnach nichts verloren habe. Das Gegenteil ist der Fall: Wie viele nachmals »große« Gerichte wurde auch die Pastete aus einem ursprünglichen »Armeleutegericht« bäuerlicher Herkunft entwickelt. All die antiken Pfauen- und Drosselpasteten sowie deren nicht minder kunstfertig zubereitete Nachkommen zwischen Renaissance und Fin-de-Siècle dürfen nicht darüber hinwegtäuschen, dass die Pastete in ihrer Urform eine reichlich derbe Angelegenheit war, die zumeist aus nichts anderem bestand als einem Stück Teig und ein paar klein gehackten Küchenresten. Denn so sehr es aus gastrosophischer Sicht berechtigt sein mag, die Pastete als die große Verwandlungskünstlerin der Küchengeschichte zu betrachten, so banal ist ein anderer Grund für ihre Entstehung: Handelt es sich dabei doch um das ganz und gar praktische Bedürfnis, Überbleibsel aus der Küche einigermaßen schmackhaft und ansehnlich weiterzuverarbeiten.

Diesem Umstand etwa verdankt die *Pâté de campagne*, wie man die grobe französische Landpastete nennt, ihr durchaus proletarisches Eigenleben.[177] Sie wurde, genauso wie die *Cornish Pasty* der Zinngrubenarbeiter aus Cornwall, zu einem klassischen Snack des kleinen Mannes. Und wenn es in der Fast-Food-Geschichte so etwas wie ungeborene Ideen im Sinne Platons gibt, so ist die Pastete gewiss die *idea innata* vieler späterer Fast-Food-Erfolge, nicht zuletzt des Hamburger, der im Prinzip ja auch nichts anderes ist als ein gefülltes Stück Brot.

Doch weiter in unserer kleinen Pasteten-Chronologie: Bei den Ägyptern, die unangefochten zu den besten Bäckern der Welt zählten, findet man zwar nirgendwo Darstellungen von gefüllten Teigen oder Broten, dafür aber einen runden Kuchen, der nach oben hin mit einem Teiggitter abgeschlossen ist, von dem man annehmen kann, dass er zumindest mit irgendeiner Art von Paste gefüllt war.[178] Erst die Griechen scheinen systematisch damit begonnen zu haben, Brote auch auszuhöhlen und mit allerlei Ingredienzen wie gehacktem Pökelfleisch oder eingesalzenen Fischen zu füllen. »Die athenischen Bäcker«, schreibt Baron von Vaerst, »sind (…) von solcher Wichtigkeit, dass sie in den unsterblichen Gesprächen Platons eine Stelle finden. Der Brotladen des Antiphanes, worin er die modernsten Brote kunstgerecht aufgestellt hatte, war lange Zeit das Rendezvous der ersten Männer der Republik.«[179] Den berühmten Pastetendeckel hatte allerdings auch Antiphanes dem *artokreas* genannten und wohl eher der Pizza verwandten Pasteten-Schnellgericht, das sich damals so großer Beliebtheit erfreute, nicht aufgesetzt.[180]

Dieses Verdienst kommt erst den Römern zu. Cato der Ältere etwa überlieferte Kuchen aus Roggen- und Weizenmehl, der mit Schafkäse, Honig und Gewürzen gefüllt war und auf Lorbeerlaub serviert wurde. Schon damals bildete sich die Profession des Pastetenbäckers als eigenständiger Berufsstand heraus, der er auch bis in die Neuzeit hinein blieb. Waffel- und Kuchenbäckerei wurden schon bald eigene Berufsbilder, die mit der Pastetenbäckerei im klassischen Sinne nichts zu tun hatten.

Während die großen Meister der Pastetenkunst ihrem Handwerk an Fürstenhöfen und hochherrschaftlichen Haushalten nachgingen, wurden ihre populäreren Vertreter zunehmend mobiler und erfanden den fahrbaren Pastetenofen, aus dem sie auf Straßen und Märkten vielerlei Sorten wie Ochsenzungenpasteten, Heringspasteten, Aalpasteten, Hühnerleberpasteten oder Nierenpasteten in gebackenem Mürbteig[181] anboten. Bald waren die Pastetenbäcker aus dem Stadtbild ebenso wenig wegzudenken wie heute Imbissbuden und Fast-Food-Restaurants. In der Stadt Münster wurde im 17. Jahrhundert sogar die Institution eines Pastetenglöckchens eingerichtet, das täglich um 22 Uhr die Sperrstunde einläutete, weil die strengen Auflagen, die die Stadtoberen dieser ebenso frühen wie beliebten Form der Schnellgastronomie auferlegten, häufiger übertreten als beachtet wurden. Auch Straßburg galt als Metropole der Pastetenbäckerei, und es war keineswegs nur die von Jérôme Clause 1762 erfundene und naturgemäß sündhaft teure Gänseleberpastete, die sich dort allergrößter Beliebtheit erfreute.

Auch wenn Frankreich die Urheberschaft an der Pastetenkultur etwas chauvinistisch für sich reklamiert, so haben in Wahrheit zahlreiche andere Länder dazu beigetragen; auch die Chinesen zählen – Stichwort: Frühlingsrolle – zu den ältesten Pastetenbäckern der Welt. Der deutsche Gastrosoph Rumohr wiederum tritt, wenn er über Pasteten schreibt, ganz und gar unpatriotisch in den Hintergrund und überlässt den Italienern die Siegespalme, wo er »im Mittelalter die früheste Spur der eigentlichen Pastete« gefunden haben will, »was, mit dem Ursprung des Wortes selbst, die Wahrscheinlichkeit begründet, dass die Pastete eine neuitalienische Erfindung sei«[182]. Dabei bräuchte Rumohr so bescheiden gar nicht zu sein. Immerhin findet sich schon in der Würzburg-Münchner Handschrift *Das buch von guter spise* um 1345 unter der Überschrift »Heidenische Küchen« ein klassisches Pastetenrezept: »Man sol nemen einen teyc, und sol den dünne breiten, und nim ein gesoten fleisch und spec gehacket. und epfele. und pfeffer und eyer darin und backe daz und gib es hin und versiretz [versalze] es niht.«[183]

Das war immerhin fast zweihundert Jahre bevor Katharina von Medici stolz für sich in Anspruch nahm, die Pastete nach ihrer Hochzeit mit Heinrich II. nach Frankreich importiert zu haben, weil ihr legendärer Küchentross neben vielen anderen Rezepten auch jenes der *polpette* aus Fleischfarce und Gemüsen in einem Mantel aus Briocheteig an den Pariser Hof brachte. Auch die italienische *pasta,* die es angeblich lange vor der französischen *pâté* gegeben haben soll, führen die Italiener ins Treffen, wenn es um die Urheberschaft der Pastete geht. Ob sie damit tatsächlich Recht haben, sei dahingestellt. Denn *pasta* heißt im Grunde genommen nichts anderes als Teig und geht auf das mittellateinische *pastare* (Teig bearbeiten) zurück, aus dem das mittelhochdeutsche *pastêde* ebenso entstand wie das mittelenglische *pasty* und das französische *pâté.*

Dass sich im Angelsächsischen letztlich nicht *pasty,* sondern vielmehr *pie* durchgesetzt hat, geht allerdings auf ein für die weitere Entwicklung der Pastete richtungweisendes Phänomen zurück: Das bereits im Mittelenglischen bekannte Wörtchen *magpie* hat nämlich nichts mit Pastete zu tun, sondern bedeutet Elster. Die Engländer assoziierten mit der Pastete also offenbar nicht so sehr den Pastetenteig, sondern die Metapher vom Elsternnest, das mit allerlei passendem und unpassendem Zusammengestohlenem gefüllt war.[184] Der Ruf der Pastetenbäcker war – nicht nur in England – dementsprechend schlecht. Man hielt sie für Schwindler und Betrüger, die aus dem allen Pasteten innewohnenden Gauklerhaften bare Münze zu schlagen wussten. Die kulinarischen Höchstleistungen, die manche Pastetenköche in königlichen und anderen Küchen vollbrachten, waren dem gewöhnlichen Volk schließlich nicht bekannt. Es sah in der Pastete lediglich eine wohlfeile Möglichkeit zu Lebensmitteltäuschungen jeglicher Art, die von manchen schwarzen Schafen der Zunft wohl auch weidlich ausgenutzt wurden. Was heute noch für so manche Bulette gilt, stimmte auch damals schon für viele Pastetenfüllungen. So lässt sich etwa knorpeliges Fleisch durch feines Hacken immer noch einigermaßen essbar machen, und aus überlagertem Fisch oder Fleisch zaubert ein wendiger Koch mithilfe von mehr oder weniger intensiven Gewürzmischungen noch allemal Pastetenfarcen, deren wahres Alter man erst erkennt, wenn die Verdauung eingesetzt hat.

Dennoch – und das ist wohl die Erklärung für ihre Langlebigkeit – verschwanden die Pasteten weder von den wohlgedeckten Tafeln der Restaurants noch aus den Vitrinen der Imbissgastronomie, wo *pork, chicken* oder *fish pies* vor allem auf den britischen Inseln ein typisches Schnellgericht geblieben sind.[185] In Deutschland, Frankreich, Italien oder Belgien sind Pasteten indessen fast nur noch in der Restaurantgastronomie, und da zuweilen auf höchst elaboriertem Niveau, vertreten. Der einfachen, schnell konsumierbaren Pastete auf der Straße ist von anderen, ausgetüftelteren und besser vermarkteten Fast-Food-Gerichten längst der Rang abgelaufen worden. Was die Perfektion des Wechselspiels von Hülle und Fülle betrifft, wurde die gute alte Pastete als Schnellgericht nicht nur oft kopiert, sondern bei weitem übertroffen. Immerhin hat sich zum Teig mittlerweile noch eine weitere, meist noch perfektere Hülle gesellt: die Verpackung.

»MY PIZZA IS OVER THE OCEAN …«

Export und Import einer runden Sache

Einer der ersten Filme, mit dem »Pretty Woman« Julia Roberts bekannt wurde, trug den Titel *Mystic Pizza* und handelte von Liebesleid und -lust dreier Pizzaverkäuferinnen, die schließlich von einem Restaurantkritiker aufgesucht und nach dessen öffentlich ausgesprochenem Lob berühmt werden. Die Pizza spielt in diesem Film im Grunde nur eine Nebenrolle. Doch die ihr innewohnende Mystik – das unausgesprochene Geheimnis der Titelheldin – machte sicherlich einen Teil des Erfolgs aus, den der Streifen in den Kinos hatte.

Auch in der Fast-Food-Geschichte stellt die Pizza so etwas wie einen Archetypus, eine geheimnisvolle Urform des Snacks, dar. Sie ist dem Brot am nächsten verwandt, und ihre Entstehung muss daher auch in engem Zusammenhang mit der Entwicklung des Bäckerhandwerks betrachtet werden. Tatsächlich bedurfte es zahlreicher Transformationen des Brotes, bis man im Neapel der frühen Renaissance darangehen konnte, den Pizzaboden tatsächlich urbar zu machen.

Fernand Braudel weist in seiner Sozialgeschichte mit Recht darauf hin, dass auch vor dem 17. Jahrhundert bereits Scheiben von altbackenem Brot häufig als Teller verwendet wurden.[186] Diese Brotteller wurden häufig mit einer Holz- oder Metallplatte unterlegt und sollten den Saft des abgeschnittenen Fleischstücks aufsaugen. In herrschaftlichen Haushalten wurden die praktischen Untersätze allerdings nicht mitgegessen, sondern anschließend an die arme Bevölkerung verteilt. Es bedarf keiner allzu großen Fantasie, um sich vorzustellen, dass das Fladenbrot als Tellerersatz tatsächlich noch viel älter ist. Einer der ersten Vorläufer unserer Pizza war daher vermutlich – wie fast alles, was mit der Kulturgeschichte der Backwaren zu tun hat – das mit Sauerteig zubereitete ägyptische Fladenbrot. Es fand in ganz Nordafrika und auch weit bis nach Asien hinein Verbreitung und wurde von den römischen Soldaten, die es nach Italien bringen sollten, in der Provinz Judäa als *Pita* entdeckt.

Nicht nur der auffällige Gleichklang von Pizza und Pita spricht dafür, dass es sich um zwei enge Verwandte handelt, obwohl die Pita üblicherweise aufgeschlitzt und gefüllt wird, während man die Pizza (von der Calzone einmal abgesehen) belegt. Salcla Landmann weist in ihrem jüdischen Koch- und Geschichtenbuch *Bittermandel und Rosinen*[187] darauf hin, dass das Wörtchen Pita bereits im babylonischen Talmud vorkommt und dort eine Scheibe vom Fladenbrot bezeichnet. Erstaunlicherweise erscheint im Talmud auch die abgewandelte Form *Pissa,* die dem später in Neapel gebräuchlichen Namen schon zum Verwechseln ähnlich ist und ebenfalls einen runden Hefeteigfladen von mittlerer Größe beschreibt. Wenn es einen wirklich grundlegenden Unterschied zwischen Pissa und Pizza gibt, so ist es lediglich der, dass die Pizza bereits vor, die Pissa indessen immer erst nach dem Backen mit ihren Zutaten belegt wird. Das von Frau Landmann angegebene Grundrezept für eine israelische Pita – Frischhefe, etwas Zucker und Salz, eineinviertel Tassen Wasser und vier Tassen Weizenmehl – könnte jedenfalls auch für einen klassischen Pizzateig gelten.

Es finden sich über diese semantische Verwandtschaft von Pizza und Pita hinaus allerdings auch noch weitere Anzeichen dafür, dass die Urform der Pizza in engem Zusammenhang mit biblischen Gerichten gesehen werden muss. Ausgerechnet in der italienischen Bibelübersetzung wird beispielsweise das Himmelsbrot, das dem Propheten Elias geschickt wurde, mit *Focaccia* (von *focus* = Ofen) übersetzt, also just mit jenem Ausdruck, mit dem man in der Gegend von Rom auch heute noch jenes plane, meist knusprige Fladenbrot bezeichnet, das mit Öl, Kräutern, Zwiebeln und Oliven oder auch mit Honig und Mandeln gewürzt, als saurer oder süßer Happen gereicht wird.

Wer die verschlungenen Fährten der Pizzageschichte aufnimmt, der stößt jedoch auch noch auf andere als babylonisch-hebräische Wurzeln. Pizza, so meinen zumindest die Romanisten, gehe ganz eindeutig auf das lateinische Wort *picea* zurück, was so viel wie pechig oder pechschwarz bedeutet und auf die für gewöhnlich ziemlich schwarz angebrannte Unterseite des bei großer Hitze überbackenen Fladenbrots anspielt.[188] Womit wir bei der italienischen Küche angelangt wären, in der die Pizza neben der Pasta als eine der Grundfesten gilt. Allein: Ist sie das wirklich? Welcher auch nur einigermaßen gebildete Feinschmecker denkt, wenn er von italienischer Küche hört, tatsächlich an Pizza? Fallen einem da nicht viel eher Köstlichkeiten voll mediterranen Duftes, südlicher Leichtfüßigkeit und Eleganz, wie etwa Piemonteser Trüffeln und *Olio Extra Vergine, Agnolotti* und *Panzerotti, Fonduta* und *Carpaccio, Osso buco* und *Risotto* ein? Die Pizza hingegen? Ist sie nicht zu vulgär, zu kalorienreich und zu unkultiviert, um einen feinen Gaumen tatsächlich bezaubern zu können? Ist die Pizza nicht in Wahrheit eher amerikanisch als italienisch, und argwöhnen wir nicht ständig, dass sich irgendwo unter den dicken Mozzarella-, Schinken- und Tomatenmarkschichten eine rauchende Pistole finden könnte? Pizza und Pate, Mozzarella und Mafia – lässt sich das wirklich trennen?

Tatsächlich ist das, was wir heute unter Pizza verstehen, ein italoamerikanisches Zwitterwesen. Dass sie, gemeinsam mit Hamburgern und Hotdogs, die Weltrangliste der Fast-Food-Champions unangefochten anführt, verdankt die mittlerweile sogar in Hongkong und Tokio zu findende Spezialität dem bewährten transatlantischen Kulturaustausch, der nach dem Zick-Zack-Prinzip – Tomaten her, Pizza zurück – erfolgte. Der Ursprungsort der Pizza im heutigen Sinne ist – die Kulinarhistoriker sind sich da durchwegs einig – Neapel, wo dieses Gericht kurz vor Beginn der Renaissance als typisches Armeleutegericht entstand. Die mittlerweile wohl wichtigste Zutat der Pizza – die Tomate – war von Columbus zwar bereits 1492 nach Europa eingeführt worden, galt aber wegen des in den unreifen Früchten enthaltenen Solanins als gesundheitsschädlich, wenn nicht gar giftig. Es blieb also zunächst ärmsten Bevölkerungsschichten vorbehalten, die von den Wohlhabenden allenfalls als Zierpflanze geschätzten roten Knollen auch als Nahrungsmittel zu versuchen.

Nach Süditalien wurde die Tomate erstmals im 17. Jahrhundert von den Spaniern gebracht. Erste, wahrscheinlich noch recht zaghafte Versuche, geröstete Brotscheiben mit dem Innenleben der neuen Frucht etwas saftiger zu machen, führten zur Entdeckung eines Gerichts, das heute noch als *Pane pomodoro* bekannt und ein beliebter Snack in vielen italienischen Osterias ist. In der Folge hat man dann wohl auch jene Liaison aus Teig und Tomate entdeckt, deren Endprodukt die *Pizza al pomodoro* und damit die Mutter aller Pizzarezepte neuerer Provenienz gewesen ist.

Der italienische Kulinarhistoriker Massimo Alberini warnt hingegen ebenso wie Emanuele Rocco, der Verfasser eines Standardwerks über die Geschichte von Pizza und Pasta, davor, die Funktion der Tomate – ebenso übrigens wie jene des Mozzarella – in der Geschichte der Pizza überzubewerten.[189] Tatsächlich war die Pizza kein opulentes Essen, sondern eher eine reichlich frugale Speise unter den Ärmsten der Armen. In den meisten Fällen handelte es sich um frisch gebackene Fladenbrote, die lediglich mit Öl, Knoblauch und Oregano »garniert« wurden. Kamen auch noch Speck, Käse, Fisch, Tomaten, Muscheln und Basilikumblätter dazu, so handelte es sich bereits um ein ausgesprochenes Festessen. Auch die nach ihrer Halbmondform so benannte

Mezzaluna, die heute besser unter dem Namen Calzone bekannt ist, stand keineswegs auf dem alltäglichen Speiseplan der Bewohner Süditaliens.

Die immer wieder gehörte Behauptung, Pizza sei ein genuin neapolitanisches Gericht, will Alberini nicht gelten lassen und verweist etwa auf die *Pizza di San Vito* aus Palermo, die aus zwei mit Fleischsoße, Salami, Käse, Zwiebel und etwas Wein gefüllten Teigdeckeln besteht und tatsächlich eine Mischung aus Calzone und überbackenem Sandwich ist. Ganz ohne Tomaten kommt übrigens die toskanische Pizza, das *pan de ramerino* (Rosmarinbrot) aus, die nichts anderes als ein klassischer Pizzateig mit Rosmarinaroma ist. Aus Genua wiederum stammt jene auch *moretum* genannte Pizza, der bereits ein anonym gebliebener Zeitgenosse Vergils ein Gedicht gewidmet hat und die mit Rohkostgemüsen sowie Essig und Öl genossen wurde. Relativ unspektakulär ist auch die ebenso dünne wie krosse ligurische Pizza, die nur mit Öl und Salz gewürzt und dann als Snack in Butterpapier verkauft wird. San Remo ist die Geburtsstätte der *Sardenaria* mit Anchovipaste. Und lediglich die dem berühmten Admiral Andrea Doria von seinen Landsleuten aus Oneglia gewidmete *Pizza all'Andrea* eignet sich mit ihrem dicken Belag aus Tomaten, schwarzen Oliven, Sardellen, Knoblauchzehen und Zwiebeln schon fast als Festtagsessen.

Vor diesem Hintergrund verblassen die gern erzählten Pizza-Legenden. Was eine an romantisierenden Schäferidyllen interessierte Oberschicht an diesem ursprünglichen, bäuerlichen Gericht faszinierte, hatte mit den Nahrungsgewohnheiten der breiten Bevölkerung jedenfalls herzlich wenig zu tun. Und dass die neapolitanische Königin Maria Carolina (eine Tochter Kaiserin Maria Theresias) so sehr für Pizza schwärmte, dass sie dieses Gericht auch am Hof ihres Gemahls, König Ferdinand IV. (1751–1825), einführte, ist wohl nicht viel mehr als eine unter unzähligen kulinarischen Schnurren.

Ins Reich von Sage und Legende verweist Massimo Alberini auch das meistzitierte Eckdatum der Pizzageschichte: 1889, so steht nämlich in fast allen Pizzakochbüchern dieser Welt zu lesen, soll ein gewisser Raffaele Esposito, ein bekannter neapolitanischer *pizzaiolo* (Pizzakoch), von Königin Margherita eingeladen worden sein, eine von ihm entwickelte Pizzavariante auch bei Hof zu kochen, aus der die heute noch populäre *Pizza Margherita* entstand. Da Esposito seine Pizza in den italienischen Nationalfarben hielt – rot wie die Tomaten, grün wie das Basilikum und weiß wie der Mozzarella – dauerte es nicht lange, bis sich die Legende vom italienischen Nationalgericht in den Köpfen der Italiener festgesetzt hatte.

Trotz der regionalen Vielfalt der Pizzas, die zwischen Sizilien und der Côte d'Azur gegessen wurden, entwickelte sich jedoch Neapel, zumal im vorigen Jahrhundert, zu einem Brennpunkt der Pizzakultur. Hier entstand sogar ein eigener Restauranttyp, dessen wichtiges Erkennungsmerkmal der eindrucksvolle *bancone* – ein Tresen aus blankem weißem Marmor war. Vermutlich wäre die Pizza – ob sie nun dünnteigig oder knusprig, karg oder lukullisch belegt und plan oder zusammengeklappt war – nichts anderes als eine beliebte Spezialität der unterschiedlichsten autochthonen italienischen Regionalküchen geblieben, wäre sie nicht von europamüden italienischen Auswanderern um die Jahrhundertwende in die Vereinigten Staaten gebracht worden. Hier erst entstanden jene Fantasie-Pizzas wirklich, bei denen die Köche um den saftigsten Belag und die leckersten Zutaten wetteifern. Und nur hier konnte der Imbiss des armen Mannes zum systemgastronomisch vermarkteten *Fancy Food* werden.

Um die Ehre, die erste amerikanische Pizza serviert zu haben, stritten sich im Nachhinein gleich zwei Pizzabäcker. Vincenzo (Jimmy) Bruno, der in den 50er-Jahren in Little Rock *Brunos Little Pizza Restaurant* betrieb, behauptete 1953 gegenüber der Zeitschrift *Food for Profit,* sein Vater habe in Manhattans Stadtteil Little Italy im Jahre 1903 die erste Restaurant-Pizza gebacken. Viel häufiger wird allerdings ein gewisser Gennaro Lombardi zitiert, der im selben Jahr im Hause 53 1/2 Spring Street ebenfalls den ersten Pizzaladen Amerikas eröffnet haben will.[190] Weder Bruno noch Lombardi gelang es jedoch, die Pizza auch außerhalb der »Little Italies« salonfähig zu machen. Sie blieb ein typisches Gericht, das die Grenzen italienischer Stadtteile niemals verließ. Chicago steuerte allerdings noch eine originalamerikanische Pizzavariante bei: Die *Deep Dish Pizza,* die nicht vom Pizzabrett, sondern aus der Pfanne kommt, wurde 1942 von Ric Riccardo und seinem texanischen Partner Ike Sewell in der heute noch bestehenden *Pizzeria Uno* erfunden. Ein Fast-Food-Produkt im heutigen Sinn war die Pizza damals nicht. Um dazu werden zu können, mussten zunächst einmal Hunderttausende von GIs nach Europa verschifft werden, wo viele von ihnen erstmals der italienischen Küche begegneten und eine seither nicht verblasste Liebe der USA für alles Italienische mit nach Hause brachten – ob es sich dabei nun um Mario Lanza und seinen Welthit *O Sole mio,* Spaghetti mit Tomatensugo oder Pizza handelte.

Nachdem Oregano, Olivenöl und Mozzarella als Ingredienzen des bis heute nebulös gebliebenen *All-American-Food* akzeptiert waren, hatte die Pizza leichtes Spiel und wuchs schon bald über die »Little Italies« der Ostküste hinaus. Wie bei vielen populären Gerichten, die man im Restaurant kennen lernt, regte sich rasch der Wunsch, auch die Pizza daheim zu essen. Pizza war so praktisch wie billig und – was vielleicht noch wichtiger war – ein Gericht, dass sich auch vor dem Fernseher bequem in Stücke teilen und mit den Fingern essen ließ. Andererseits lässt sich Pizza in der typischen Haushaltsküche meist nur mit wesentlich weniger überzeugenden Resultaten als im Pizzaofen des Restaurants zubereiten. Immer mehr Besitzer von *Pizza Parlors* erkannten daher sehr schnell, dass mit Pizza nicht nur im Restaurant, sondern auch beim Gassenverkauf gute Geschäfte zu machen war. Und mit dem Schritt zum Take-away-Food war auch schon der wichtigste in Richtung Fast Food getan. Außerdem lassen sich Pizzastücke relativ bequem im Auto verzehren, was die Pizza auch Drive-in-tauglich machte.

Schnell hatte die Pizza im italienischen Zweikampf ihren Hauptkonkurrenten, die Pasta, überholt. Der Hauptgrund dafür war, dass sich Spaghetti trotz vieler Versuche – man denke etwa an die auch nach Europa vorgedrungenen *Spaghetti Factorys* – alleine schon von der kochtechnischen Logistik her betrachtet – nur schwer für systemgastronomische Verwertung und somit für Fast Food eignen. Pizza konnte man indessen, im Gegensatz zu Nudeln, durch gezielten Einsatz von vorgefertigten Tiefkühlteigen und Infrarot- oder Laseröfen wie vom Fließband herstellen und somit die Zeiträume zwischen Bestellung und Ausgabe auf ein Minimum verkürzen. Die tiefgekühlte Basis konnte dabei sogar nach Wunsch des Kunden belegt und vor dessen Augen fertig gestellt werden.

Bereits 1954 wurde in den USA von einem Ex-GI namens Sherwood »Shakey« Johnson und seinem Partner Ed Plummer die erste auf dem Franchiseprinzip basierende Pizza-Kette etabliert: *Shakey's Restaurant* erhielt seinen Namen nach dem immer wieder von Malariaanfällen »geschüttelten« Besitzer und war im wahrsten Sinne des Wortes »multikulti«: Die Inneneinrichtung sah einem englischen Pub zum Verwechseln ähnlich, als klassisches Getränk zur besonders dünnen und knusprigen Pizza wurde dunkles Bier angeboten, und dazu tönte aus der Konserve Dixieland-Jazz.

Zum Massennahrungsmittel wurde die Pizza, als 1958 – gewissermaßen als pizzophiles Pendant zu *McDonald's* – von Frank und Dick Carney in Wichita die Restaurantkette *Pizza*

Hut gegründet wurde. Und in den achtziger Jahren war Pizza bereits zu so etwas wie einem amerikanischen Nationalgericht geworden: Laut einer Untersuchung der *National Restaurant Association* bekannte sich bereits einer von fünf Fast-Food-Konsumenten zu den Fladen mit Schmelzkäse- und Tomatenbelag. Der italienische Ursprung der Pizza geriet in den USA dabei zunehmend in Vergessenheit. Mitte der siebziger Jahre war sie bereits so weit amerikanisiert, dass *Pizza Hut* kurzerhand sein Firmenlogo änderte und den Teig jonglierenden italienischen Pizzabäcker durch einen stilisierten Dachfirst ersetzte. Ihren Erfolg verdankt die Pizza jedoch auch dem Umstand, dass sie in den USA laufend Gegenstand von Produktinnovationen war. Ebenfalls in den achtziger Jahren wurde die erfolgreiche *Personal Pan Pizza* mit dem handlichen Durchmesser von sechs inch (ca. 15 cm) kreiert. Außerdem erfand man Marketinggags wie jenen, der garantierte, dass die Pizza innerhalb von fünf Minuten nach der Bestellung entweder auf dem Teller oder gratis war.

Auf ihrem Weg zu einem der drei Fast-Food-Champions kreuzte die Pizza den des guten alten jüdischen *Bagels,* der sich längst zum industrialisierten amerikanischen Snack entwickelt hatte. Zunächst hatten die Ketten das – für die Konsistenz des Teiges wesentliche – Kochen durch eine maschinelle Methode des Dämpfens ersetzt. Und da die typische Bagelform mit dem Loch in der Mitte eine Fertigung von Hand nahezu unabdingbar macht, ließ man das Loch einfachheitshalber ganz weg, womit der Bagel einer kleinen Pizza zum Verwechseln ähnlich sah. Um neue Trademarks niemals verlegen, nannten ihn die Hersteller in der Folge daher auch präziser *Pizza Bagel* – womit ein neuer Stern am Fast-Food-Himmel erschienen war.

Einen wesentlichen Aufschwung erlebte die Karriere der Pizza schließlich auch dadurch, dass sie sich perfekt für die Hauszustellung – die so genannte *Pizza-in-a-Hurry* – eignete.

Das 1960 gegründete Unternehmen *Domino's Pizza* garantierte bereits Hauszustellung samt Coca-Cola binnen dreißig Minuten und hat mittlerweile auch in Europa Schule gemacht. Nicht zuletzt durch Gourmetköche wie den nach Hollywood ausgewanderten Prominenten-Cuisinier Wolfgang Puck wurde die Pizza in Nouvelle-Cuisine-Zeiten auch in besseren Lokalen populär, wo man sie mit edlen Zutaten wie Schrimps oder Hummer belegte.

Vor allem sind es drei Typen, die in den USA besonderen Erfolg hatten: die *Pizza Neapolitana,* auch *New York Pizza* genannt, die *Deep Dish* oder *Chicago Pizza* und die fantasievoll belegte *Californian Pizza* mit sonnengetrockneten Tomaten und teuren Zutaten. Der Fantasie der Pizzabäcker sind dabei heute kaum noch Grenzen gesetzt, auch nicht jene des guten Geschmacks. Zu den ausgefallensten Pizzas, die die 1989 von der New York University zu *Woman of the Year in Food* gewählte Irena Chalmers in ihrem *Food Almanac*[191] beschrieb, zählen unter anderem eine Räucherlachspizza mit Creme fraîche sowie rotem, schwarzem und goldenem Kaviar, eine Pizza mit karamellisierten Zwiebeln, Artischockenherzen, frischen Feigen und Parmesan, eine Pizza mit Entenwürstchen, Entenbruststreifen, Rosmarin, Auberginen und Ziegenkäse sowie eine Tortilla-Pizza mit Straußenfleisch, Papayas und einer Vinaigrette aus getrockneten Weichseln. Und selbst als Dessert hat die Pizza mittlerweile ihre Anhänger gefunden. Erdbeer- oder Ananaspizza mit Schlagsahne oder Schokoladenpizza mit Banane und Maraschinokirsche werden von furchtlosen Pizzaiolos mittlerweile ebenfalls angeboten.

Ende der sechziger Jahre wurden in Amerika bereits jährlich zwei Milliarden Pizzas verspeist, für die hundert Millionen Pfund Mozzarella und achthundert Millionen Pfund Tomaten verarbeitet wurden. An der Wende zu den neunziger Jahren hatte dann auch die Pizza-Service-Idee endgültig den Durchbruch geschafft. Allein die Catering-

Abb. 1: Zu den Reichtümern der Bazare zählten nicht nur Gewürze, Früchte und Seidenstoffe, sondern – oft auch süße – kleine Happen für zwischendurch (Markt in Accra nach einem Stich aus dem 19. Jahrhundert).

Abb. 2: Edouard Manets »Dejeuner sur l'herbe« – mit zeitgemäßen Picknick-Ingredienzen und Konsumversatzstücken versehen von Klaus Staeck (1980)

Abb. 3: Brote und Eiswasser zählten schon in der Antike zum »Fast-Food-Angebot« auf Märkten und öffentlichen Plätzen. Auf den Promenaden der Belle Epoque wurden freilich aus den Broten süße »Brioches« und aus dem Eiswasser Zitronenlimonaden.
Hier: »Der Briochehändler« von J. J. Chalon (1821).

Abb. 4: Die ersten Lunch Counter in den USA wurden eröffnet, um berufstätigen jungen Mädchen die »Schande« eines Restaurantbesuchs zu ersparen. Nur wenige Jahrzehnte später war man weniger prüde – und wusste weibliche Car-Hoppers, die auf Rollschuhen in Drive-in-Lokalen bedienten, sehr wohl zu schätzen.

Abb. 5: Ein Buch aus dem Jahr 1965 mit dem Titel »Let's Eat Out« handelt von den Abenteuern Toms und Sues, die McDonald's besuchten und dort sehr gutes Essen bekamen.

Abb. 6: Jeffrey Tennyson: Das Burgerman-Restaurant in der Chamber Street von Manhattan (1980).

Abb. 7: Burger als Wahrzeichen: Das Fast-Food-Restaurant in der Melrose Avenue von Los Angeles wurde 1989 von den Architekten Solberg und Lowe entworfen.

Abb. 8: Im selben Maße, wie Fast Food zum Massenphänomen wurde, so etablierte es sich neben Annoncen, Radio-Jingles, TV-Werbespots, Comic-Strips und Leuchtreklamen als einer der wichtigsten Repräsentanten einer neuen Massenkultur. Vor allem der Hamburger wurde neben Konservendosen und Coca-Colaflaschen zum sowohl von der Volkskultur als auch von Kunst und Design bereitwillig aufgenommen Zeichen – und somit zur populären Ikone. Hier ein Neon-Whizburger aus Portland, Oregon (1980).

Abb. 9: Vom gemeinschaftlichen Abendmahl zur entfremdeteten Nahrungsaufnahme am Lunch-Counter führte ein weiter Weg, der auch die Karikaturisten immer wieder inspirierte.

Abb. 10: Der Pizzaverkäufer ist – wie diese Illustration aus G. Duras *Nuova raccolta di costumi di Napoli* aus dem 19. Jahrhundert zeigt – eine originär neapolitanische Volkstype.

Abb. 11: Burgerservierende Traumfrauen wie die hier lächelnde Brenda sollten dem Fast-Food-Drive-in einen besonderen Glamour verleihen und den Hamburger libidinös besetzen.

Abb. 12: Auch wenn Kulturhistoriker weißwurstähnliche Gebilde bereits im 15. Jahrhundert in Frankreich ausgemacht haben wollen, so trotzt aller Wissenschaft dennoch die unzerstörbare Weißwurst-Legende – und die spielt nun einmal in München, am Rosenmontag des Jahres 1857.

Kette *Domino's* machte damals mit einer Viertelmillion Pizzas und 132 Millionen Pfund Pizzakäse einen Umsatz von 2,5 Milliarden US-Dollar und hatte in den USA bereits 5 185 Outlets für die Pizza-Zustellung. Die Pizza-Lieferung bis an die Haustür boomt indessen weiter. Zurzeit wird ein amerikaweiter Telefondienst geplant, bei dem Pizzakunden aus allen Landesteilen gebührenfrei anrufen können und anschließend ihre Pizza vom nächsten Outlet erhalten, das der Computer innerhalb von wenigen Sekunden ermittelt.

Eine der neuesten Zahlen über den Pizzakonsum in den USA, wo acht große Pizza-Ketten um die Gunst der Pizza-Freaks buhlen, ist nicht minder erstaunlich und klingt verdächtig nach *Guinness Buch der Rekorde:* laut einer Statistik aus dem Jahr 1994 wurden in den rund 50 000 Fast-Food-Pizzerias der Vereinigten Staaten täglich über 36 Hektar Pizza verzehrt, was im Jahr einer Riesenpizza von 133 Quadratkilometer Fläche entsprechen würde. Wenn *McDonald's,* wie man immer wieder hört, demnächst ebenfalls ins Pizza-Geschäft einsteigen sollte, wird sich diese beeindruckende Zahl wohl noch vergrößern.

Der Export dieser erfolgreichen Idee nach Fernost, Südamerika und Mexico war ebenso nur eine Frage der Zeit wie der folgende Reimport der Pizza-Idee nach Europa, etwa nach Spanien und England, aber auch in die Niederlande. In der Schweiz, Deutschland und Österreich kam dazu auch noch der Urlaubsboom, der in den fünfziger und sechziger Jahren die Touristenströme an die Adria fließen und im Gegenzug ganze Hundertschaften von italienischen Pizzabäckern gen Norden ziehen ließ, um in deutschen, schweizerischen oder österreichischen Neubausiedlungen und Einkaufszentren den Duft von Holzkohle, Oregano, Knoblauch und geschmolzenem Käse zu verbreiten.

Im Gegensatz zu den USA wird Pizza im deutschsprachigen Raum noch nicht für ein reines Fast-Food-Gericht gehalten. Selbst wenn Ketten wie *Pizza Hut* sich auch in

Deutschland durchgesetzt haben, ist die klassische Pizzeria mit Holzkohlengrill noch immer ein typisches Familienrestaurant, das eher mit eingesessenen Gastronomieformen wie Kneipe, Beiz oder Beisel in Konkurrenz tritt (und diese auch oft genug ablöst) als mit *McDonald's* oder *Burger King.*

Da Italien nach wie vor eines der liebsten Urlaubsziele der Deutschen, Schweizer und Österreicher ist, scheint die Beziehung zur Pizzeria um die Ecke auch liebevoller, intimer und mehr von persönlichen Erlebnissen geprägt zu sein, als dies im geschäftsmäßig-coolen Fast-Food-Schlaraffenland Amerika der Fall ist. In den adriatischen Küstenorten kann man sich daher auch heute noch des Eindrucks nicht ganz erwehren, dass es keinesfalls die Italiener sind, die hier Pizza essen, sondern vor allem die deutschsprachigen Gäste. Ihrer neapolitanischen Herkunft ist die Pizza also auch in ihrem Ursprungsland längst entwachsen. Sie gehört ebenso wie *Wiener Schnitzel, Spaghetti Bolognese, Irish Stew oder Hamburger Rundstück* längst der ganzen Welt.

»FOR THE DEDICATED FRESSER ONLY …«

Vom Sandwich Club zum Club Sandwich

Das folgende Kapitel steht nicht deshalb vor jenen über Hotdog und Hamburger, weil der Sandwich das noch erfolgreichere Gericht wäre (was er, wenn man all die Sandwiches, die jeden Morgen in allen Haushalten dieser Welt zu Lunchpaketen verschnürt werden, dazurechnet, vielleicht sogar ist). Dem Sandwich gebührt vielmehr deshalb eine gewisse Vorrangstellung, weil es ohne ihn vermutlich weder Hotdog noch Hamburger gäbe, sondern lediglich Würstchen und Buletten. Was die Idee betrifft, allerlei mehr oder minder Appetitliches in die essbare Hülle zweier Brotscheiben zu packen und dadurch auch transportfähig zu machen, so gebührt dem Sandwich – zu deutsch etwas klobig: Klappstulle – jedenfalls eindeutig das *ius primae noctis*.

Die Herkunft des Namens ist historisch wesentlich besser gesichert, als dies bei den meisten anderen Snacks der Fall ist. Seit der britische Dichter John Betjeman als Charakteristika des Picknicks neben Wespen im Tee und nassen Badeanzügen auch »Sand in den Sandwiches« bezeichnet hat, glaubt zwar so mancher, der Sandwich habe etwas mit dem Erdreich zu tun. Allein: Er irrt. Tatsächlich gilt als »Erfinder« dieser aufklappbaren und daher besonders praktischen Brötchenvariante der Küchenchef eines gewissen Sir John Montagu (1718–1792), seines Zeichens vierter Earl of Sandwich und erster Lord der britischen Admiralität, nach dem auch die Sandwich-Inseln am hawaiischen Archipel benannt wurden. Der Mann war, obwohl er sich im amerikanischen Unabhängigkeitskrieg mehrfach ausgezeichnet hatte, dennoch nicht unbedingt das, was man einen britischen

Ehrenmann nennen könnte. Die Bezeichnung Wüstling würde seinen Charakter schon eher umreißen. So pflegte Seine Lordschaft etwa mit seiner Ehefrau und einer Geliebten namens Margaret Reay (mit der er, nebenbei bemerkt, vier uneheliche Kinder hatte) im selben Bett zu schlafen. Er brachte seinen besten Freund an den Galgen, und im Übrigen war der Earl ein notorischer Kartenspieler. Vierundzwanzig aufeinander folgende Stunden, und mitunter sogar noch länger, setzte John Montagu für gewöhnlich sein Pokerface auf. Und nichts vermochte sein cholerisches Naturell mehr zu reizen, als wenn er durch den Ruf zum Essen vom Spieltisch gelockt wurde. Also ließ er sich – dem Vernehmen nach schrieb man damals das Jahr 1762 – lieber eine »tragbare Mahlzeit« zwischen zwei Weißbrotdeckeln servieren und pokerte weiter.

Ob Mister Sandwich's Sandwich so ausgesehen hat wie seine Nachfahren, sei im Übrigen ebenso dahingestellt wie die Frage, ob man nicht schon auch lange vor dem legendären Earl Wurst oder Käse zwischen zwei Brotklappen gepackt hat.[192]

Die Initialzündung für eine bis heute blühende Sandwichkultur hat der rüpelhafte Admiral in jedem Fall gesetzt: In Großbritannien und dem Commonwealth bildete sich im Laufe der Zeit sogar so etwas wie ein gemeinsames Einvernehmen darüber heraus, dass die klassische Sandwichbasis ein entrindetes (!), hauchdünn geschnittenes Kastenbrot sein müsse, das in kleine Rechtecke von – die Briten sind da penibel – exakt sechs mal vier Zentimeter geschnitten wird. Es ist in diesem Zusammenhang Ehrensache eines jeden britischen Brötchenschmierers, dass aus dem Sandwichgardemaß keine Zutat hervorsteht, insbesondere kein Salatblatt hervorlugt.

Noch älter als der Name des Sandwichs ist jener seines gerösteten Bruders, des Toasts. Als in der Renaissancezeit seine »Geburtsstunde« am Pariser Hof der Katharina von

Medici schlug, war an seine späten Nachfahren, etwa den zusammengelegten Schinken-Käse-Toast neuzeitlicher Provenienz, noch nicht zu denken. Das Wort Toast stammt vielmehr vom lateinischen *tostus,* was so viel wie »getrocknet« bedeutet, und tatsächlich trockneten bereits die alten Ägypter ihre Brote, um sie dadurch länger haltbar zu machen.

Dass der Toast nicht nur ein geröstetes Brotstück, sondern auch ein Trinkspruch sein kann, verdankt er übrigens einer »Königinnenidee« der als ebenso feinzüngig wie menschenverachtend bekannten Katharina von Medici, deren Name sich fast wie ein Leitmotiv durch die Kulinargeschichte zu ziehen scheint. Sie soll jedenfalls als Erste auf den für unsere heutigen Geschmacksnerven etwas abstrus anmutenden Gedanken gekommen sein, ihre Untertanen bei Staatsempfängen reihum aus einem Kelch auf das Wohl des Königs trinken zu lassen, in den vor dem Einschenken ein geröstetes Stück Brot gelegt wurde. Der Letzte musste die mittlerweile völlig aufgeweichte *toustée* aufessen und durfte sich dafür vom König eine Gnade erbitten.

Die Briten halten solchen französischen Ursprungslegenden, die letztlich zum heute noch in Frankreich beliebten *pain grillée* führten, freilich entgegen, dass nicht nur der Sandwich, sondern auch der Toast nur englischen Urspungs sein könne und erinnern in diesem Zusammenhang daran, dass in England auch schon lange vor dem Earl of Sandwich munter drauflos getoastet wurde, wobei sie vor allem auf eine Erwähnung des Buttertoasts in Eynes Morison's *Itinerary* aus dem Jahre 1617 verweisen. Der englische Tischsittenforscher H. D. Renner führt die Beliebtheit des Toasts im angelsächsischen Raum indessen vor allem auch auf die nicht eben schmeichelhafte Tatsache zurück, dass das Weißbrot dort üblicherweise so trocken ist, dass das toasten nachgerade zu einer nationalen Notwendigkeit werden musste.[193]

Selbst der in Sachen übertriebener Anglophilie sicherlich unverdächtige Alexandre Dumas scheint jedoch den Sandwiches ihren britischen Ursprung zu konzedieren und bezeichnet sie in seinem *Grand Dictionnaire de Cuisine* als *Tartines à l'anglaise,* die er folgendermaßen beschreibt: »Man nehme vierundzwanzig dünne Scheiben von fein gemahlenem, altbackenem Brot und bestreiche sie mit Butter. Dann setze man zwölf davon auf ein weißes Tuch und schneide die folgenden Zutaten in Scheiben: mageren Kalbsbraten, Rinderfilet, Roastbeef, gekochten Schinken, kalte Ochsenzunge, Brathuhn, Wild und Pökelfleisch. Man verteile diese Fleischscheiben über die Brote, bestreue sie mit etwas Salz und bedecke das Fleisch mit den restlichen zwölf Brotscheiben. Man kredenze sie als Horsd'œuvre vor dem Abendessen; sie eignen sich aber auch als leichter Happen zum Tee.«[194]

Die fast schon etwas versponnene Leidenschaft, mit der die Briten ihre Brötchen rösten, führte letztlich wohl auch dazu, dass sich jenseits des Kanals über die richtige Beschaffenheit eines Buttertoasts mindestens ebenso trefflich streiten lässt wie über jene von Steaks: Ob der Frühstückstoast *well done* oder *rare,* also innen durch oder noch weich, ob er dreieckig oder viereckig, leicht gebräunt oder an den Rändern sogar schon ein wenig schwarz sein soll – das alles sind in England sehr ernsthafte Fragen, über welche die Briten leicht ihren sprichwörtlichen Humor verlieren können.[195]

Auch der Duke of Wellington wird mit dem *buttered toast* in Verbindung gebracht. Lord Ellesmere berichtete, dass der erste Befehl, den der berühmte Feldherr, nach welchem auch das vielleicht noch berühmtere *Filet Wellington* benannt wurde, bei seiner Rückkehr nach Dover im Jahre 1814 erteilte, dem Toast galt: Nachdem er seinen Buttertoast während der durch die napoleonischen Kriege bedingten Abwesenheit von seiner Heimat sechs Jahre lang missen musste, gab er dem zuständigen *Ship Inn* den Auftrag, die Versorgung der Truppe mit Buttertoast ohne Mengenbegrenzung zu gewährleisten.

In sozialer Hinsicht ist der Sandwich ein ziemlich einzigartiges Phänomen: Während man bei den meisten Gerichten, die Fast-Food-Karriere gemacht haben, bei genauerer Recherche ziemlich eindeutig feststellen kann, dass es sich in ihrer ursprünglichen Form meist um ein so genanntes Armeleuteessen handelte, scheint es sich beim Sandwich eher umgekehrt verhalten zu haben. Ob Katharina von Medici, Sir John Montagu oder der Duke of Wellington – in jedem Fall handelt es sich bei den Befürwortern von Sandwich und Toast um Angehörige der Hocharistokratie. Dennoch – oder vielleicht auch gerade deswegen – ist der Sandwich mit zunehmender Popularisierung auch tief hinab in die finstersten Kneipen gestiegen. Selbst das billigst eingerichtete englische Arbeiter-Pub hat irgendwo am Tresen ein paar mehr oder weniger verwahrloste Sandwiches herumliegen. Auch James Joyce's »Ulysses« Leopold Bloom bestellte, als ihm plötzlich der Magen knurrt, im Lokal von Davy Byrne ein Käsesandwich mit Gorgonzola.[196] Und der klassische *Plowman's Lunch* (wörtlich: das Mittagessen des Pflügers) aus Cheddarkäse, Zwiebelringen, Ale und Weißbrot war und ist in Großbritannien nicht nur ein traditionelles Essen der Unterschichten, sondern gleichzeitig auch eine der beliebtesten Variationen von Käsesandwich und *Grilled Cheese Sandwich.* Auch *Welsh Rabbit* bzw. *Welsh Rarebit,* in deren unterschiedlichen Rezepturen ein mit Zwiebeln zubereitetes Cheddar- oder Cheshiresandwich vor dem Toasten in Port, Whisky oder Ale getunkt wird, gehören, streng genommen, in die Gruppe der gerösteten Brote.

Doch auch von Frankreich aus hat das *pain grillé* zwei weltbekannte Beiträge zur internationalen Snackkultur geliefert. Taucht man beispielsweise ein mit Cheddar oder Gruyère sowie Schinken oder Speck gefülltes Sandwich in ein mit Paprika, Chilipfeffer oder Muskatnuss gewürztes Ei-Milch-Gemisch und backt es danach aus, so entsteht ein *Croque-Monsieur-Sandwich.* Dieser »maskuline« Sandwich-

Typus hat – aus geschlechtsspezifisch nicht ganz einsichtigen Gründen – auch sein »weibliches« Gegenstück: Wird das Sandwich nämlich statt mit Käse und Schinken mit einer fondueähnlichen Mischung aus Käse und Wein bestrichen, so heißt das Resultat *Croque Madame.*

Das getoastete Sandwich brachte es in weiterer Folge vor allem in den USA, wo die Sandwich-Kette *Subway* nicht zufällig zu den zwölf bedeutendsten Fast-Food-Konzernen zählt, zu enormer Popularität.[197] Jenseits des großen Teichs entstand schließlich auch das so genannte *Club Sandwich* aus zwei getoasteten und mit Butter bestrichenen Kastenbrotschreiben, die mit Kopfsalatblättern, Mayonnaise, gebratener Hühner- oder Truthahnbrust belegt, abermals abgedeckt und auf dieselbe Weise noch einmal belegt werden. Bevor die dritte Toastscheibe aufgelegt wird, schließt man den Sandwich-Turm mit einer gebratenen Scheibe Frühstücksspeck ab, garniert das Ganze mit Ei und Tomatenscheiben und dressiert es zu guter Letzt mit einem Spießchen.

Traurige Zeiten für diese blühende amerikanische Sandwichkultur brachen allerdings mit dem Zweiten Weltkrieg herein. 1943 verordnete das *Office of Price Administration* kurzerhand, dass in Bäckereien zur Schonung der möglicherweise noch kriegswichtigen Maschinen keine vorgeschnittenen Kastenbrot-Sandwiches mehr verkauft werden durften. Da ein mit dem Messer geschnittener Sandwich jedoch naturgemäß eine traurige und ziemlich plumpe Erscheinung ist, erhob sich alsbald ein Sturm der Entrüstung, und das *Office* musste seine Verordnung schnell wieder zurücknehmen.

In die Kriegszeit fiel übrigens auch die Erfindung des berühmten *Onion Sandwich* durch einen Koch namens James Beard, der seinen Landsleuten die recht frugal mit roten Zwiebeln, Mayonnaise und Petersilie gefüllte Sparvariante dadurch schmackhaft zu machen versuchte, dass er die Weißbrotscheiben durch Brioche ersetzte. Doch obwohl der *Onion*

Sandwich heute weithin als typisch amerikanische Erfindung akzeptiert ist, darf – wie schon so oft – wahrscheinlich auch bei diesem Gericht *Good Old Europe* die wahre Urheberschaft anmelden. James Beard hatte das Sandwich, wie sich Irma Rhode, seine Geschäftspartnerin und Autorin des Kochbuchs *Cool Entertaining* später erinnerte, nämlich in den 20er-Jahren in einem Pariser Etablissement kennen gelernt, das zum Aperitif Briochescheiben mit Mayonnaise und Zwiebeln kredenzte.[198] War der Zwiebelsandwich indessen noch ein klassisches Produkt magerer Zeiten, so profitierte die Kunst der Sandwichzubereitung schon relativ bald von der Hochkonjunktur der Wirtschaftswunderjahre. Und auch der Toast erlebte plötzlich einen neuen Aufschwung. Spätestens in den sechziger Jahren war der elektrische Toaster nämlich zum fixen Bestandteil jeder besseren Kücheneinrichtung in den USA geworden, und jedermann konnte getoastete *Club Sandwiches* und ähnliche Spezialitäten nunmehr auch selbst zubereiten. In seiner Urform ist der Toaster der legitime Nachfolger des alten Waffeleisens, das schon auf Pieter Brueghels Fastnachtsmarkt aus dem Jahre 1559 zum Herstellen von Imbissen verwendet und bereits im 18. Jahrhundert in England und den USA auch für das Grillen von Sandwiches verwendet wurde. Nach einigen eher vorsintflutlich anmutenden Elektrotoastern, die im Amerika der Jahrhundertwende eher als Kuriosität galten, wurde in Stillwater, Minnesota, während des Ersten Weltkriegs der erste elektrisch betriebene Toaster mit Zeitschaltung erfunden und am 29. Mai 1919 auch tatsächlich patentiert. Es bedurfte freilich bis ins Jahr 1927 währender Verbesserungsarbeiten, ehe die *Saturday Evening Post* vom 5. März melden konnte: »Jederzeit perfekter Toast! Ohne Aufpassen! Ohne Wenden! Ohne Anbrennen!«[199]

An weiteren Innovationen sollte es nicht fehlen. So wurde etwa in den siebziger Jahren eine Sandwich-Frischhaltetasche mit Reißverschluss als bahnbrechende neue Errungenschaft beworben und trug – selbst wenn sie sich letztlich wohl niemals richtig durchgesetzt hat – zwischenzeitlich auch ihren Teil dazu bei, dass sich das Sandwich als Nummer eins der Büroverpflegung immer mehr durchsetzte. Die Geschichte des modernen Fast Food kann ohne das Sandwich jedenfalls ebenso wenig wie ohne *McDonald's* geschrieben werden.[200] Mit Recht gilt das Sandwich als Vorläufer des Hamburgers. Dass dieser ihm in quantitativer Hinsicht den Rang abgelaufen hat, ändert freilich wenig an der Tatsache, dass jeder ordentliche *Deli* in New York, Chicago oder San Francisco nach wie vor in erster Linie an einem Sandwichangebot und keineswegs an seiner Fähigkeit, einen Hamburger sachgemäß herzustellen, gemessen wird. Auf Sandwichhochburgen, von denen europäische Sandwichesser allenfalls träumen können, trifft man in den USA jedenfalls allenthalben. Legendär etwa sind Chicagos *Winklestein's Deli* mit seinen mehreren hundert Sandwichsorten oder der koschere *Carnegie Deli* am New Yorker Off-Broadway. Er ist für den nach dem Woody-Allen-Film benannten *Broadway Danny-Rose-Sandwich* gleichermaßen berühmt wie berüchtigt: *For the dedicated fresser only* steht als Warnung auf der Speisekarte. Und in der Tat könnte das gargantueske Riesenspielzeug, das vor allem aus *lotsa corned beef plus lotsa pastrami* besteht, ohne weiteres eine ganze Familie satt machen.

Der Woody Allen gewidmete Sandwich ist freilich eine Kreation der jüngsten Sandwichgeschichte. Ebenfalls jüngeren Datums ist der im Zuge der kulinarischen Italowelle zu Popularität gelangte *Meatball Hoagie,* besser bekannt als *Submarine* oder *Hero Sandwich,* ein mit Polpetti, Tomaten, Paprika und Zwiebeln gefüllter Wecken, dessen Innenleben mit geschmolzenem Mozzarella überbacken wird. Eine in den USA beliebte Sonderform des Sandwichs ist auch das vom französischen Croissant inspirierte *Croissanwich,* das pikanterweise mittlerweile auch nach Frankreich zurückimportiert wurde und es auch im Mutterland des Butterkipfels bereits zu einigem Ansehen gebracht hat.

Gegen derlei Neukreationen ist der schon etwas altmodisch anmutende *Reuben Sandwich* freilich fast schon ein Methusalem. Er ist ein typisches New Yorker Gericht, das sich vor allem in den Delis assimilierter Juden großer Beliebtheit erfreut, denen Jahwes Gebot, Fleischiges und Milchiges keinesfalls zu vermischen, nicht mehr so zwingend ist wie ihren Vorfahren. Der *Reuben* soll das Licht der Sandwich-Welt, wie man immer wieder hört, schon 1914 im einstmals weithin gerühmten gleichnamigen Restaurant in der neunundfünfzigsten Straße erblickt haben und damals für die Hollywood-Diva und Chaplin-Partnerin Annette Seelos kreiert worden sein. Er besteht aus vier Scheiben getoastetem und gebuttertem Roggenbrot, rund einem Dutzend Corned Beef und/oder Pastramischeiben, einer beachtlichen Menge Sauerkraut, *Thousand Islands* Dressing und – je nach Variante – geschmolzenem Schweizer oder Munsterkäse. In gesundheitsbewussten Zeiten wie diesen wird er neuerdings übrigens auch in einer vegetarischen Fasson angeboten, in der das Corned Beef für gewöhnlich durch Auberginen, Paprika und Pilze ersetzt wird. Amerikaweite Popularität erlangte der Reuben freilich aufgrund seiner »fleischeslustigen« Opulenz, der er auch seinen Sieg beim *National Sandwich Contest* des Jahres 1956 verdankte, wo er von einer Kellnerin namens Fern Snider vorgestellt wurde.[201]

Wie bei allen wirklichen Fast-Food-Hits – und der *Reuben* ist auch dann ein solcher, wenn er nicht die Schnellimbissketten, sondern eher die Lunch Counters und Bars eroberte – gibt es freilich auch beim *Reuben* Spuren, die nach Europa zurückführen. Die Fährte führt allerdings zunächst in das *Blackstone Hotel* von Omaha, in dem auch Miss Synder gearbeitet hatte. Das Hotel, das schon seit den 20er-Jahren der deutschstämmigen Familie Schimmel gehörte, hatte auch regelmäßig eine berüchtigte Pokerrunde zu Gast, und wie weiland der Earl of Sandwich ließ sich auch hier einer der Pokerspieler gern sein Lieblingssandwich servieren. Er hieß Reuben Kay, und die Rezeptur des schnellen Happens, der ihm Glück beim Spiel bringen sollte, entsprach ziemlich genau dem heutigen *Reuben Sandwich.* Es ist freilich kaum anzunehmen, dass Reuben Kay sein Sandwich selbst erfunden hat. Bernard Schimmel, der Küchenchef des *Blackstone,* hatte seine Ausbildung nämlich in Deutschland erhalten und pflegte den Ur-*Reuben* auf Pumpernickel anzurichten. Und da auch das Sauerkraut seinen deutschen Ursprung nicht verleugnen kann, ist vielleicht der *Reuben* wie so vieles andere letztlich doch ein Beitrag der Alten Welt zur Küche der Neuen.

Insgesamt hat das Sandwich auf seiner Reise über den Atlantik dabei das seltene Kunststück zuwege gebracht, in der Fast-Food-Gastronomie unterschiedlichster Qualitätsstufen zwar allgegenwärtig zu sein, aber dennoch kaum jemals als *funk food* zu gelten. Selbst bekannte amerikanische Küchenchefs wie Cindy Pawlcyn vom *City Fog Diner* in San Francisco präsentieren ihre neuen Sandwichkreationen wie *Schweinspiccata-Sandwich mit Kapernvinaigrette* oder *Red-Snapper-Sandwich mit mexikanischer Guacamole* keineswegs als billige Schnellgerichte, sondern durchaus als *gourmet food* und damit als Errungenschaft der großen, kreativen Küche. Und selbst die strengen Gault-Millau-Tester der Restaurantführer für New York und Chicago zählen neben zahlreichen Feinschmeckerlokalen auch eine ganze Reihe von guten Sandwich-Adressen auf.

Amerika wurde auf diese Weise – der Urheberschaft durch eine britische Lordschaft zum Trotz – spätestens im 20. Jahrhundert zum Sandwichland Nummer eins. Von den rund elf Milliarden Lunchpaketen, die alljährlich in Schul- und Aktentaschen herumgetragen und in der Mittagspause verspeist werden, enthalten die mit Abstand meisten Sandwiches, Obst und süße Leckereien. Erst dann folgen Salate und Überreste des Essens vom Vortag.[202]

Es ist daher auch verständlich, dass das Guinness-Buch der Rekorde den bisherigen Weltrekord im Sandwich-Vertilgen weder einem Briten noch einem Franzosen, sondern dem Amerikaner Peter Dowdeswell zuschreibt, dem es 1977 in Kalifornien gelang, vierzig mit Butter und Marmelade bestrichene Sandwiches in 17 Minuten und 53,9 Sekunden zu vertilgen.

Völlig falsch wäre es indessen, über den unzweifelhaften Verdiensten der Amerikaner um die Sandwichkultur die Tatsache zu vergessen, dass das Sandwich in Europa immer noch seine facettenreichsten Ausprägungen findet. Das von den Franzosen entwickelte kugelförmige *Pan bagnat* (gebadetes Brot) ist eine Art von gefülltem Riesenbrötchen und aus den »Fressstraßen« zwischen Paris und Brüssel nicht wegzudenken. Nicht minder populär sind die als *Continental Sandwiches* zu weltweiter Berühmtheit gelangten Baguettehälften, die zentimeterdick mit Salaten, Mayonnaise und Schinken, Käse oder Thunfisch belegt werden. Die Türken haben den *Döner* mit faschiertem heißen Lammfleisch vom Drehspieß, die Italiener ihre rundlichen, aber durchweg recht zierlichen *Panini* sowie die karreeförmigen *tramezzini* mit ihrer geradezu schlaraffischen Vielfalt von Füllungen kreiert, die man zwischen Triest und Palermo, gefüllt mit *Prosciutto di Parma,* Asiagokäse oder Räucherfisch, am besten in einer Osteria, zur *ombra,* dem obligatorischen Glas Wein oder Prosecco, genießt. In Wien findet man bei *Trzesniewski,* einem Traditionslokal in der Innenstadt, die weltweit vermutlich größte Auswahl an Schwarzbrotschnitten mit den unterschiedlichsten Eieraufstrichen. Und die Skandinavier brachten mit ihrem *Smörrebrod* unter anderem auch eine ernährungsbewusste Vollkornkomponente in die Sandwichkultur ein.

Aus ernährungsphysiologischer Sicht unantastbar ist – wir haben ihn als Bestandteil des *Reuhen Sandwichs* bereits kennen gelernt – auch der aus Roggenvollkornschrot gebackene deutsche *Pumpernickel.* Er wird meist als mit Butter bestrichene und mit Westfälischem Schinken belegte Klappstulle verzehrt und verdankt seinen Namen, zumindest der Legende nach, keinem Deutschen, sondern dem Franzosen Napoleon Bonaparte. Dieser hatte nämlich während seines Deutschlandfeldzugs verlangt, sein Pferd namens Nickel (= Nicolas) mit einem Stück Schwarzbrot zu füttern. Das *pain pour Nickel* wurde nach dem Abzug der Franzosen sehr schnell zum Pumpernickel eingedeutscht. Womit schließlich auch Deutschland seinen – wenngleich etwas finster ausgefallenen – Beitrag zur internationalen Sandwichkultur geleistet hat.[203]

DER JAHRMARKT DER WURSTIGKEIT

Fast Food vom Metzger

Das Geheimnis, warum krumme kleine Würstchen zu einem Welterfolg werden konnten, wie er ansonsten nur den Hamburgern und der Pizza beschieden war, hat der deutsche Kanzler Bismarck wohl am besten auf den Punkt gebracht: Er sagte einmal, der Bürger wolle nicht sehen, wie die Gesetze und auch nicht wie die Würste gemacht werden. Ähnlich wie die Pastete verhüllt nämlich die Wursthaut Verborgenes, dem man besser nicht auf den Grund geht. Wer will schon wissen, dass er Schwarten, Sehnen, Kernfett und weiß Gott was noch alles isst, wenn er in ein Würstchen beißt?

Das Geheimnis von *Frankfurter, Hotdog, Wiener* – oder wie sie alle heißen – kann demnach keineswegs oder zumindest nicht ausschließlich im Geschmacklichen wurzeln. Mindestens ebenso wichtig ist möglicherweise, dass der Mensch seine unsympathische Eigenschaft, das Fleisch anderer Lebewesen zu verzehren, bei kaum einem anderen Gericht so perfekt kaschiert wie bei der Wurst. Während Steak, Keule oder Kotelett das getötete Tier auch am Mittagstisch noch ahnen lassen, ist das Würstchen von der Schlachtbank so weit entfernt wie der Butterziegel vom Weidegras. Ja, selbst der erschreckende Mythos vom vergossenen Blut wird in Wurstform überraschend leicht konsumierbar. Viele Menschen, die absolut kein Blut sehen können, finden rein gar nichts beim Anblick von Blutwurst in der Metzgervitrine. Die Wurst ermöglicht es uns, mit unserer angestammten Raubtiermentalität komfortabel umzugehen, indem sie zwischen den Akt des Schlachtens und jenen des Verzehrs den Formalakt der Verwurstung einschiebt, der uns in der – wenngleich trügerischen Annahme bestärkt, wir äßen Fleisch von einem Tier, das niemals getötet wurde. Genau das verleiht der Wurst eine gewisse Harmlosigkeit und oft sogar Lächerlichkeit, der gleichzeitig auch eine spielerische Komponente innewohnt. Wurst – und das schätzen vor allem auch Kinder und Jugendliche – ist ein eßbares Spielzeug. Geradezu geschaffen dafür, über den Umweg des *Fun Food* auch zum *Fast Food* zu werden.

Die Geschichte der Wurst ist kein Drama, sondern eher ein Schwank oder eine Boulevardkomödie und umfasst, grob gesprochen, drei Akte. Der erste Akt hat – allerdings mit wechselnden Bühnenbildern – die Alte Welt zum Schauplatz. Der zweite Akt konzentriert sich auf die Städte Frankfurt und Wien. Akt drei spielt in den USA. Vergegenwärtigen wir uns also wieder einmal die arkadischen Landschaften des alten Griechenland und hören wir diesmal nicht Aristoteles, sondern Homer zu, der die bereits den Babyloniern bekannte Sitte, Tierdärme mit zerkleinertem Fleisch zu füllen, in seiner *Odyssee* erwähnt. Im achtzehnten Gesang ruft Antinoos, einer der Freier, die zechend und schmausend Odysseus' vermeintliche Witwe Penelope belagern, seine Mitbewerber zum Streit um Frau und Wurst: »Hier sind Ziegenmagen«, ruft er, »mit Fett und Blute gefüllet, / Die wir zum Abendschmaus auf glühende Kohlen geleget. / Wer nun am tapfersten kämpft und seinen Gegner besieget, / Dieser wähle sich selbst die beste der bratenden Würste.«[204] Zahlreiche Darstellungen von Bratrosten und Würsten in der griechischen Amphorenmalerei lassen keinen Zweifel daran, dass Homer hier keineswegs seiner kulinarischen Phantasie freien Lauf gelassen, sondern vielmehr ein Alltagsgericht beschrieben hat.

Setzten die Griechen der Wurst also ihr erstes literarisches Denkmal, so verdanken wir den Römern darüber hinaus auch noch tiefenpsychologische Erkenntnisse zu diesem Thema. Für sie war die Wurst nämlich nicht nur Alltagskost, sondern auch eine rituelle, panegyrische Festtagsspeise bei den am 15. Februar abgehaltenen *Lupercalien.*[205] Der ursprüngliche Sinn dieses ausgelassenen Festes hatte darin bestanden, die Wölfe von den Schafherden zu vertreiben. Immer stärker setzten sich bei den Feiern für den faunischen Gott Lupercal jedoch auch sexuelle Initiationsriten durch, bei denen die auffällig phallische Form der Würste eine Rolle spielte. Die Verbindung von Wölfen und Würsten

Abb. 12: Würste waren schon in der Antike Symbole für Lust, Laune und eine Welt, in der jedermann jederzeit zu essen hatte. Kein Wunder, dass viele Potentaten sich den schlaraffischen Charakter der Wurst auch zunutze machten, um die Sympathien des Volkes zu gewinnen. Aus dem Jahr 1765 etwa stammt diese Darstellung, in welcher das Kurfürstenpaar bei einer Parade Bratwürste unters Volk wirft.

ist aber noch aus einem anderen Grund bemerkenswert, wurde die Wurst – wie dies später noch häufig der Fall sein sollte – bei den Lupercalien doch erstmals mit dem dem Wolf verwandten und im Rahmen der Zeremonien auch geopferten Hund in Verbindung gebracht.

Welche Wurstrezepte damals gang und gäbe waren, lässt sich nur mutmaßen. Ein Blick in das nach dem römischen Feinschmecker Marcus Gavius Apicius (geb. um 25. n. Chr.) benannte, tatsächlich aber frühestens gegen Ende des vierten Jahrhunderts entstandene Kochbuch liefert allerdings den Nachweis einer bemerkenswerten Vielfalt innerhalb der altrömischen Wurstkultur. Hier wird beispielsweise eine, *omentata* genannte, Schweinsleberwurst aus dem Räucherofen beschrieben, von der es am Schluss heißt: »Wenn du sie essen willst, nimm sie aus dem Rauch und grille sie nochmals.« Geräuchert wurden auch die berühmten Lukanischen Würstchen *(lucanicae)*, bei denen das Hackfleisch für das Wurstbrat mit einer Gewürzmischung aus Pfeffer, Kümmel, Bohnenkraut, Raute, Petersilie und Lorbeer zubereitet wurde. In einem anderen Rezept werden Hackfleisch, Paniermehl, Gewürze und Pinienkerne in eine Wursthaut *(omentum)* gesteckt und anschließend gekocht. Und schließlich findet sich unter dem Titel *farcimina* ein geradezu klassisches Wurstrezept, wie es sogar zum »Dicken Heinz« passen würde: »Mische gekochte Weizengrütze oder Grieß mit grob gehacktem Fleisch, das zuvor mit Pfeffer, *liquamen* (eine Art Worcestersauce, Anm. d. Verf.) und Pinienkernen zusammen gestampft wurde. Stopfe die Masse in eine Wursthaut und koche sie. Dann grille die Wurst mit Salz und serviere sie mit Senf; oder serviere sie einfach so, in Stücke geschnitten, auf einer runden Platte.«[206]

Wo im alten Rom gefeiert wurde, da war – so scheint es zumindest – auch die Wurst nicht weit. Das beste Beispiel dafür ist die Beschreibung des berühmten Gastmahls des

Trimalchio aus der Feder des Satirikers Petronius Arbiter, dessen Menüfolge ohne das Schwein, aus dem nach dem Tranchieren statt der Eingeweide die Würste quellen, eines ihrer wichtigsten Höhepunkte beraubt wäre. Lupercalien und Schlemmerorgien trugen auch dazu bei, dass die Wurst im alten Rom allmählich den Charakter einer ausgesprochen frivolen Speise annahm, der sie im römischen Reich der Spätzeit in Konflikt mit dem erstarkenden Christentum brachte. Christenfreundlich gesinnte Kaiser wie Konstantin der Große ließen den so dubiosen wie zweideutigen Wurstverzehr daher kurzerhand verbieten. Auch unter dem oströmischen Kaiser Leo wurden Wurstessern zuweilen ziemlich drakonische Strafen angedroht: »Es ist uns zu Ohren gekommen«, ließ der Imperator seine Untertanen wissen, »dass man Blut in Gedärme, wie in Röcke, eingepackt und so als ein ganz gewöhnliches Gericht dem Magen zuschickt. Es kann Unsere Kaiserliche Majestät nicht länger zusehen, dass die Ehre unseres Staates durch eine so frevelhafte Erfindung bloß aus Schelmerei fresslustiger Menschen geschändet werde. Wer Blut zu Speisen umschafft, der wird hart gegeißelt, bis auf die Haut geschoren und auf ewig aus dem Lande verbannt.«[207]

Wenn Fritz von Herzmanovsky-Orlando Herrn Cyriakus von Pizzicolli, den Helden seines Romans *Maskenspiel der Genien,* am Eingangstor zum geheimnisvollen Fantasiereich Tarockamen von Sbirren, Scaramuzzen und so genannten Schnüffelsiedern auf »Wurstverdacht« beschnuppern lässt, so schwingt darin noch immer ein gestörtes Verhältnis der Obrigkeit zur undurchsichtigen und daher schwer zu regierenden Wurst mit.[208] Herzmanovsky, dieser Chronist alles Grotesken, hat die Wurst im Übrigen tiefer als jeder andere durchschaut: »Aber die Wurst, die Wurst!«, rief er im nämlichen Opus aus. »Jubelndes Leben, von grausamen Messern zerfleischt und in einen Darm gedrängt! Im beizenden Rauch zur Mumie geworden, mit ätzenden Gewürzen balsamiert (...). Aus Baldrian und Pimpinellen ist der Todeskranz all der Namenlosen geflochten, die das Massengrab Wurst füllen. (...) Hat irgendjemand schon daran gedacht, einer Wurst zu Allerseelen ein Totenlichtlein anzuzünden? Weil vielleicht ein verschollener Bruder in dieser Delikatesse sein Grab, seine zweizipflige Ruhestätte gefunden hat?«[209]

Kurzum: Die Wurst ist schon von ihrer etymologischen Herkunft her eine »verdrehte« Angelegenheit, weil sie (linguistisch jedoch nicht endgültig geklärt) auf die indogermanische Wurzel *uert, urtsti* zurückgeführt wird, was so viel wie Drehen bedeutet und auf das Abdrehen der Wursthäute anspielt. Im Deutschen ist die Wurst bereits in Sachglossaren aus dem 11. Jahrhundert bezeugt und fand am Beginn des Neuhochdeutschen sogar in die Predigten Luthers Eingang, als er davon sprach, Petrus habe mit den Heiden »schweynen fleysch und würste« gegessen.

Es wäre müßig, auch nur annähernd all die Wurstrezepte aufzählen zu wollen, die sich in den ältesten Kochbüchern deutscher, italienischer oder französischer Sprache finden, in denen die Wurst vor allem als Bestandteil bürgerlicher und herrschaftlicher Menüfolgen gewürdigt wird. Die Rezepte für die »Wurst auf der Straße« wurden wohl kaum, wie dies etwa bei einem schmackhaften *Fegatelli*-(Leberwurst-)Rezept aus dem 14. Jahrhundert der Fall war, mit Rotwein, Ingwer und Safranfäden[210] zubereitet. Doch die »Wursthymne« des Mattio Franzesi bedachte alle Arten von Würsten: »Aber unter allen ausgezeichneten guten Bissen [...] finde ich, gibt's keinen, der der Wurst gleich oder überlegen wäre.«[211] Die Deutschen antworteten auf so viel Wurst-Poesie, indem sie dem Thema sogar eine eigene Wissenschaft widmeten: 1657 erschien eine umfassende Abhandlung zum Thema *Wurstologia das ist: Wahre Beschreibung der Würste, wie dieselben an unterschiedlichen Orten verarbeitet werde.*

Entsprechend vielfältig waren auch die Äußerungen der Volkskultur zum Thema Wurst. In zahlreichen Komödienspielen (vor allem auf der »Hanswurstbühne«) ging es ebenso um die Wurst wie bei vielen Umzügen und Bräuchen – etwa dem Nürnberger Schembartlauf, dem Münchner Metzgersprung oder dem Prellen der Kärtner Metzgerbuben. Vor allem ist das »Würstesammeln« ein in vielen Gegenden üblicher Heischebrauch zur Fastnachtzeit geblieben, wie ihn Luther bereits in seinen Tischreden erwähnte: »Es gemahnt mich gleich, wie mirs einmal in der Jugend ging, da ich und sonst ein Knabe daheim in der Fastnacht, wie Gewohnheit ist vor den Türen sangen, Würste zu sammeln.«[212] Die Wurst war mehr als nur ein Nahrungsmittel, sie stiftete Identität. In vielen deutschen Städten sind die Würste geradezu zu Wahrzeichen geworden, die es mit jedem Dom und jedem Fernsehturm spielend an Popularität aufnehmen. Was wären Nürnberg, Braunschweig, Göttingen, Thüringen, Regensburg, Mannheim, Gotha, Braunschweig oder Coburg ohne ihre Würste, die ihnen bis heute landes-, ja zuweilen europaweite Public Relations garantieren?

Ein Phänomen, das in diesem Zusammenhang gesonderte Aufmerksamkeit verdient, ist allerdings die Münchner Weißwurst, die sich obgleich Fast Food im klassischen Sinn – von Pizza, Hotdogs oder gar Hamburgern ganz wesentlich unterscheidet. Die Weißwurst ist im Gegensatz zu ihren Mit-

Abb. 13: Bratwurstverkäuferin auf dem Wurstmarkt (Kupferstich um 1750).

bewerbern autochthon geblieben und spielt im Angebot internationaler Fast-Food-Ketten keinerlei Rolle. Dafür ist sogar ein eigener »Weißwurstäquator« nach ihr benannt, der sich wie eine unsichtbare Mauer durch Deutschland zieht und die südlichen Weißwurstprovinzen von jenen der nördlichen Weißwurstverächter trennt. Gegen Osten hin verlaufen die Grenzen der Weißwürste indessen fließend. Salzburg zählt noch ganz eindeutig zum Einzugsgebiet der Würste aus dem Bayernland und hat als lokale Spezialität sogar die vor der Kollegienkirche verkauften »Frischen«[213] (zierliche Weißwürste ohne Knorpelanteile) hervorgebracht, denen nur noch von den nicht minder berühmten Bosnawürsten in der Getreidegasse Konkurrenz erwächst. In Linz spielen die »Weißen« neben Krainern und Burenwürsten schon nur noch eine Nebenrolle, und in Wien ist es oft gar nicht mehr so leicht, an eine echte Weißwurst heranzukommen. Die Verbreitung der Weißwürste, die der Tradition nach »das Elfuhrläuten nicht gehört haben« und daher nur vormittags gegessen werden dürfen, hängt dabei nicht zuletzt mit den Schwerpunkten im Metzgergewerbe zusammen. Während Wien vor allem für sein Rindfleisch und Frankfurt für sein Schweinefleisch berühmt ist, galt München seit jeher als Kalbfleischmetropole. Und da die Weißwurst – vom Schweinsdarm, in den sie gefüllt ist, einmal abgesehen – vorwiegend aus Kalbsbrät besteht, kann auch die Weißwurstmetropole fast zwangsläufig nur München heißen.

In einer aus dem Jahr 1907 stammenden Beschreibung der Münchener Küche kann man nachlesen, dass diese sich in der Hauptsache um das »Ewig Kälberne« dreht: »In keiner Stadt der Welt wird so viel Kalbfleisch konsumiert als in München. […] Besonders in den Bierwirtschaften bildet das Kalb das Fundament des ganzen Küchenbetriebes, und vermutlich würde ein Münchener Wirt Selbstmord begehen, wenn er einmal durch ganz besondere Umstände verhindert wäre, seinen Gästen Kälbernes vorzusetzen.« Dass man in

München »hauptsächlich Würste und kälberne Eingeweide« kredenzte, hat auch so manchen Spötter wie beispielsweise den Verfasser des folgenden Gedichts auf den Plan gerufen: »Heut gibt's Weißwürste in der Soß, /Morg'n gibt's G'schwollne, Sie, die san famos: / Üebermorg'n kommen dann die G'selcht'n dran, / Nachher fang' ma wieder bei dö Weißwürst an.«[214] Positiver klingt da schon der um die Jahrhundertwende plakatierte Werbeslogan: »Weißwürste mit Münchner Bier, Nix Besser's wünsch i dir.«

Trotz solcher Maßnahmen hat sich die Weißwurst seit ihrer legendenumwobenen »Erfindung«, die am Rosenmontag des Jahres 1857 in der Gastwirtschaft *Zum Ewigen Licht* am Marienplatz stattgefunden haben soll[215], bis heute nicht über die natürliche Grenze des Weißwurstäquators hinausgewagt. Und wenn man die Wurst als eine der wichtigsten Ingredienzen der modernen Fast-Food-Kultur betrachtet, so bleiben letztlich als die beiden einzigen Städte, deren Namen in aller Welt mit heißen Würstchen assoziiert werden, Frankfurt und Wien übrig. Rund um *Römer* und *Steffl* wurde nämlich tatsächlich – wie kaum anderswo in der Alten Welt Fast-Food-Geschichte geschrieben.

FRANKFURT, WIEN UND DIE FOLGEN

Zwei Wurstmetropolen schreiben Fast-Food-Geschichte

Die noch in den vierziger Jahren unseres Jahrhunderts bestehende Frankfurter Wirtschaft *Metzgerhöfchen* rühmte sich, zwar stets frische, aber gleichzeitig doch die ältesten Frankfurter Würstchen der Welt zu servieren. Bereits im Jahr 1280 sollen hier die ersten Frankfurter serviert worden sein.[216] Und ein Wandspruch in der Wirtsstube erinnerte auch daran, dass die Würstchen schon damals mit den Fingern und keineswegs mit dem Besteck gegessen wurden: »Zum Würstchen braucht man hier kein Messer, / Es schmeckt doch aus der Hand viel besser.«

Kein Zweifel: Frankfurt ist nicht nur die Heimatstadt der »Worschtsuppe« und des leidenschaftlichen Wurstessers Johann Wolfgang von Goethe, sondern auch jene der heißen Würstchen, die heute zwischen New York und Hongkong jedem Taxifahrer ein Begriff sind. Allein: Die klassischen Frankfurter Würstchen haben – und da wird's kompliziert mit dem, was man heute darunter versteht, nichts gemein. Im Gegenteil: Jahrhundertelang hat man sie nicht aus dem Kessel gefischt, sondern in heißem Öl gebrutzelt. Frankfurter waren Bratwürste und keineswegs Siedewürste wie heute. »Spritzspratz«, wie Walter E. Richtartz schrieb, wälzten sie sich schon im Mittelalter »in der *braunfettschwimmenden Bratenreine*«[217]. »Frankfurt«, so auch der gebürtige Hamburger Eduard Beurlamm in seinen *Frankfurter Bildern* aus dem Jahr 1835, »ist die Stadt, (...) in welcher Bratwürste gemacht werden, die eine Zelebrität wie Goethe erlangt haben. Die Frankfurter Bratwürste haben sich das Weltbürgerrecht erworben. Werden einmal die Frankfurter einen Platz ausfindig gemacht haben, wo sie ihrem großen Landsmann ein Denkmal setzen können, so rate ich Ihnen, ein Dutzend geräucherter Bratwürste unter das Piedestal desselben zu legen.«[218] Etwas weniger pathetisch drückte der Frankfurter Volksdichter Friedrich Stoltze das ohne jedes Besteck auskommende Nahverhältnis der Frankfurter zu ihrer Bratwurst im vorigen Jahrhundert aus: »So e Bratworscht muss indesse / jeder ohne Gabel esse; / vor die rächte Hand und linke / sind als Gawle mit finf Zinke / noch gestatt' – und des ist gut, / weil sich kääns da steche dhut.«[219]

Wann aber ist die Frankfurter Bratwurst zur Siedewurst geworden? In ihrem 1845 erschienenen grundlegenden deutschen Kochbuch zieht sich auch Henriette Davidis mit einem Rezept aus der Affäre, das wenig Genaues verrät: »Durchwachsenes Schweinefleisch, ohne Sehnen, auch etwas Fett wird fein gehackt, mit Salz, Muskatblüte, Koriander, wenig Pfeffer und etwas rotem Wein gewürzt und in Schweinsdärme gefüllt. Frisch ist diese Wurst am feinsten, doch auch leicht geräuchert sehr gut. Man hängt sie in der Luft auf.«[220] Waren Beurlamms und Stoltzes Frankfurter noch ganz eindeutig Bratwürste, so könnte die Wurst der Frau Davidis freilich bereits eine der ersten Siedewürste gewesen sein, die mittlerweile weltweit (außer in Wien, wo sie Frankfurter heißen) Wiener genannt werden. Wäre die ganze Sache allerdings so einfach, dass man Frankfurter Würstchen als Bratwürste und Wiener Würstchen als Siedewürstchen definieren könnte, so wäre die Wurstgeschichte um ein umfangreiches Kapitel kürzer und die Fast-Food-Geschichte um ein gutes Stück übersichtlicher.

Der Umstand, dass irgendwo im Frankfurter Fleischquartier um 1850 eine Siedewurst erfunden und 1852 von der Metzgerinnung auch als solche bestätigt wurde[221], macht die Sache freilich wesentlich komplizierter. Sogar an die alten Lupercalien wurde mit dieser Erfindung – wenngleich wohl unbewusst – angeknüpft. Erstmals seit der Antike fand sich die Wurst nämlich wieder mit einer Hunderasse verknüpft. Weil die neuen, gewürzten und geräucherten Siedewürste nämlich eine leicht gekrümmte Form aufwiesen, die ihren Erfinder an den Metzgerdackel erinnerte, forderte dieser, eine gute Frankfurter Wurst müsse so krumm wie der Rücken seines Dackels sein. Sie wurde deshalb auch lange, bevor in den USA die Bezeichnung *Dachshound Frankforter* und in deren Gefolge der Name *Hot Dog* populär wurde, auch Dackelwurst genannt.

Wann genau sich die Metamorphose von der Brat- zur Siedewurst vollzog, lässt sich indessen nur insofern mutmaßen, als dies irgendwann zwischen den vierziger und fünfziger Jahren des vorigen Jahrhunderts gewesen sein muss. Der eigentliche Anlass für diese Erfindung war übrigens, wie es scheint, kein momentaner Geistesblitz, sondern der recht prosaische Umstand, dass plötzlich verfeinerte Maschinen für die Bratzerkleinerung auf den Markt kamen und auch entsprechend genutzt wurden. Der anschließenden Legendenbildung waren angesichts der zahllosen Metzgereien im Frankfurter »Worschtquardier« dabei keinerlei Grenzen gesetzt. So unübersichtlich das Nebeneinander von Frankfurter Brat- und Siedewurst jedoch gewesen sein mag, so einig war man sich doch darüber, dass es sich um Würste aus Schweinefleisch handelte. Das *Universallexikon der Kochkunst* aus dem Jahre 1893 entzog sich der Debatte jedenfalls auf diplomatische Weise, indem es unter »Frankfurter« eine Wurst aus Schweinefleisch beschrieb, die man »brät oder kocht«.

Damit die wurstige Angelegenheit jedoch noch etwas komplizierter werden konnte, kam in der zweiten Hälfte des 19. Jahrhunderts in Frankfurt noch ein weiterer Wursttyp auf: die Frankfurter »Rindsworscht« die in den USA bis heute als »All-Beef Frankforter« bekannt ist. Die Geschichte der »Rindsworscht« ist gottlob etwas genauer dokumentiert als jene der schweinernen Frankfurter. Und da die Fleischer im Frankfurter »Worschtquardier« streng nach den Tieren, die sie verarbeiteten, in Schweine-, Rinds-, Ochsen-, Kalbs-, Hammelmetzger getrennt waren, lässt sich der Aufstieg der Rindswurst in den Frankfurter Wursthimmel relativ genau zurückverfolgen. Auch ihre Wurzeln reichen, historisch allerdings nicht genau belegt, ins frühe 19. Jahrhundert zurück, ihr Siegeszug begann indessen erst 1894, als der Frankfurter Metzgermeister Karl Gref die Tochter eines Kolonialwarenhändlers namens Wilhelmine Völsing heiratete und mit ihr gemeinsam im Haus »Zum Goldenen Kalb« unter dem Namen Gref-Völsing eine Metzgerei eröffnete. Auf der Suche nach Innovationen, die dem jungen Glück auch eine langfristige ökonomische Absicherung bescheren konnten, entdeckte man im überbelegten Frankfurter Metzgersegment eine Marktnische – nämlich die damals noch zahlenmäßig stark vertretenen Frankfurter Juden. Da die Frankfurter Siedewürstchen aus Schweinefleisch bereits zu einer gewissen Berühmtheit gelangt waren, aber von Frankfurtern mosaischen Bekenntnisses aufgrund religiöser Vorschriften nicht verzehrt werden durften, lag die Kreation einer koscheren Variante aus purem Rindfleisch auf der Hand.

Die Geschäfte gingen schon bald gut, und die Rindswürste der Firma Gref-Völsing erhielten auf zahlreichen internationalen Kochausstellungen Preise, darunter etwa auch die »Unter dem hohen Protektorate Ihrer kais. u. kön. Hoheit der durchlauchtigsten Frau Erzherzogin Maria Josepha« verliehene Goldmedaille auf der Wiener Internationalen Kochkunst-Ausstellung 1906. Die Rindswürste werden, im Gegensatz zu den schweinernen Frankfurtern, nicht mit einer Schnur, sondern mit einem ringförmigen Aluminiumdraht abgedreht und schienen in den Kriegs- und Nachkriegsjahren aufgrund der knappen Versorgungslage bereits der Vergessenheit anheim gefallen zu sein. Seit 1948 werden sie jedoch als im wahrsten Sinne des Wortes »autochthone«

Frankfurter Spezialität wieder hergestellt. Klassisch ist dabei das heute noch im Laden von Gref-Völsing servierte »Kleine Menü«, das aus einer Frankfurter Rindswurst, einem Brötchen und einer Tasse heißer Brühe besteht. Norbert Brieke bedauert in seinem Buch über *Köstlichkeiten aus Frankfurts Küche & Keller* nicht zu Unrecht: »Genau genommen hätte die Rindswurst eher einen Siegeszug um die Welt verdient als die viel gepriesene ›Frankfurter‹, denn sie ist würziger, knackiger und – wie wir jetzt wissen – origineller.«[222]

So weit so »frankforterisch«. Doch wie kam diese eindeutig der Mainmetropole zuzuweisende Wurstspezialität – ob sie nun gebraten, gesotten, aus Schweine- oder aus Rindfleisch gewesen sein mag – in aller Welt zum Namen Wiener? Um die Geschichte der Entstehung dieses »Adoptivnamens« der Frankfurter Siedewurst zu ergründen, müssen wir lediglich den Schauplatz wechseln und kurzfristig in jene Stadt übersiedeln, die allein schon durch die Bezeichnung ihres Vergnügungsviertels als »Würstelprater« und der berühmten Hanswurstbühne des Herrn Joseph Anton Stranitzky (1676–1727) ein besonders enges Verhältnis zur Wurst aufweist. Wien ist jene Stadt, in der ein neues Design der traditionellen Altwiener Würstelstände, wie unlängst geschehen, sogar den Gemeinderat (= Stadtparlament) zu beschäftigen vermag. Als Wurstküche des Vielvölkerstaates zog es Fleischhauer und Würstelmänner und Wurstbraterinnen aus allen Teilen der Donaumonarchie an. Bis heute kann man an den meisten Würstelständen unter den Stadtbahnbögen entlang der Gürtelstraße noch um vier oder fünf Uhr früh zwischen Burenwurst, Debreziner, Bosner, Klobasser, Krainer, Leberkäse und Frankfurter wählen. Lediglich Wiener Würstel wird man hier vergeblich verlangen und allenfalls ein staunendes Kopfschütteln der Würstelfrau ernten. Doch begeben wir uns von den finsteren Stadtbahnbögen lieber in jene hellen kaiserlichen Gemächer der Wiener Hofburg, in die sich Kaiser Franz Joseph Tag für Tag sein Gabelfrühstück[223] bringen ließ. Es bestand aus einem Paar heißen Würstchen, die ein Diener vom benachbarten Michaeler Bierhaus abholte. Das allein hätte für unseren Belang jedoch keine weitere Bedeutung, wäre der Erzeuger der Wurst nicht jene Firma Lahner gewesen, die in einer kleinen Metzgerei an der Ecke von Neustiftgasse und Kaiserstraße im siebten Wiener Gemeindebezirk jene Würstchen herstellte, die als »Wiener« die Welt erobern sollten. Die Pikanterie dabei ist, dass Johann Georg Lahner, der Gründer der Wiener Fleischhauerei, ein gebürtiger Frankfurter war. Er hatte gegen Ende des 18. Jahrhunderts im Frankfurter »Worschtquardier« das Metzgerhandwerk erlernt, bevor es ihn »auf der Walz« in die Donaumetropole verschlug. Dort arbeitete er zunächst als so genannter »Aufhackknecht«, bevor er im Schottenfeld (der späteren Neustiftgasse) eine eigene Selcherei gründete und sich den Umstand zunutze machte, dass die Wiener Fleischhauer nicht wie die Frankfurter Metzger nur jeweils eine Tiersorte verarbeiten durften. 1805 lieferte er erstmals eine Wurst aus, die alle Vorzüge einer Schweins- und einer Rindswurst in einer Schafsaitlinghülle vereinigte und nannte sie kurzerhand *Wiener Frankfurter.* Als Lahner am 23. April 1845 starb, hatte sich seine Wurstkreation bereits in ganz Wien durchgesetzt. Und auf dem Firmenkopf stand: »Leopold Lahner. Feine Wurst-, Fleisch- und Selchwaren. Spezialerzeugung der Original Wiener Lahner-Frankfurter Würstel. Gegründet im Jahre 1805.«[224] Im weiteren Verlauf der Wiener Wurstgeschichte gesellte sich dann auch noch eine »Luxusvariante« zum Lahnerschen Angebot, bei der das verwendete Rindfleisch durch Kalbfleisch ersetzt wurde, was die Würstel noch feiner, aber auch weniger kernig machte. Die Kreativität scheint bei den Lahners jedenfalls in der Familie gelegen zu haben: Rund hundert Jahre nach der Erfindung der Wiener Frankfurter Würstel ersann Leopold Lahner, ein Urenkel des Firmengründers und nebenbei auch Hammerwerfer und Kugelstoßer bei den Athener Olympischen Spielen von 1906, eine neuerliche Wurstinnovation: Die »Würstel im Schlafrock« waren ein »Wiener-Frankfurter«-Einspänner in einer Brotteighülle, die dem, was später einmal ein Hotdog werden sollte, schon damals zum Verwechseln ähnlich sahen.[225]

Ein naher Verwandter der Lahnerschen Wiener Frankfurter hat übrigens in Wien den Beweis erbracht, dass Würstchen sich keineswegs nur für Würstelstände und Schnellgastronomie eignen. In Paaren zu je 180 Gramm abgedreht, werden die Frankfurter nämlich heute noch unter dem Namen *Sacher-Würstel* als klassische Spezialität des gleichnami-

Abb. 14: Kommerzialrat Leopold Lahner, der Urenkel des Erfinders der »Frankfurter Würstchen«, gemeinsam mit seiner Frau Elisabeth im alten Wiener Firmensitz in der Kaiserstraße (um 1930).

gen Fünfsternehotels hinter der Staatsoper serviert. Auch das ist freilich nur eine von unzähligen Metamorphosen, die letztlich allesamt dem Frankfurter »Worschtquardier« seligen Angedenkens zu verdanken sind, aus dem die Produktion übrigens längst in die Wurstfabriken des benachbarten Neu-Isenburg abgewandert ist. Die gute alte Frankfurter »Bratworscht« hat 1949 einen mittlerweile vielleicht noch populäreren Berliner Ableger – die Currywurst – hervorgebracht, deren Entstehungsgeschichte von der Stadtzeitung *Zitty* mit für die Wurstgeschichte ungewöhnlicher journalistischer Sauberkeit recherchiert wurde. »Es regnete in Strömen, als Herta Heuwer in ihrer bescheidenen Wurstbude an der Charlottenburger Ecke Kant-/Kaiser-Friedrich-Straße, die ihr Mann nach der Währungsreform provisorisch zusammengezimmert hatte, auf Kundschaft wartete«, beschreibt Ulrich Kubisch die Curry-Wurst-Story, die am 4. September 1949 begann. »Herta fror und beschloss, sich erst einmal selbst kräftig zu stärken. Emsig mixte und probierte sie ein Dutzend Gewürzmischungen aus, patschte Ketchup drauf und übergoss eine fein geschnippelte Bratwurst. [...] Und da Herta nicht nur Feinschmecker, sondern auch geschäftstüchtig war, ließ sie sich ihre Zaubersauce sogleich unter der Nummer 72319 als Warenzeichen in München eintragen.«[226]

Weniger exakt ist da schon die Spur auszumachen, die zur Transformation der Frankfurter Siedewurst in die wesentlich längere – und deshalb nicht minder populäre – Bockwurst führte. Eine der Fährten führt auch hier nach Berlin, wo der Buffetier Richard Scholtz, der um 1890 gegenüber dem alten Görlitzer Bahnhof in Berlin-Kreuzberg eine Kneipe aufgemacht hatte, in der eine Studentenrunde am 1. September die aus Schweinefleisch, gepökeltem Rind, Knoblauch und Paprika hergestellten Würste eines Fleischermeisters namens Löwenthal zum Bockbier verspeiste und die Wurst feierlich »Bockwurst« taufte. Eine andere

Version will von einem Fleischermeister namens Bock als Namenspatron wissen. Der bewusste Metzgermeister Löwenthal wurde ebenfalls als Urheber des Namens genannt, weil er seine Würste mit großem Erfolg bei einem studentischen Bockbierfest serviert haben soll. Im Übrigen erheben auch die Münchner Anspruch darauf, schon im 19. Jahrhundert zu Fronleichnam zum Bockbieranstich eine Bockwurst verzehrt zu haben. Und schließlich melden auch die Einbecker Bockbier-Erfinder ihr Urheberrecht an und verweisen dabei auf eine Wurstsorte, die hier – wie immer sie damals geschmeckt haben mag – bereits im 17. Jahrhundert als Böcksche oder Becksche Wurst bezeichnet wurde.[227]

So endet der abendländische Teil der Geschichte von Wurst und Würsten letztlich doch wieder mit Legenden über Legenden und Fragen über Fragen. Fraglos bleibt allerdings die bis heute ungebrochene Liebe der Deutschen zu ihrer Wurst, die ausgerechnet ein Schweizer am überzeugendsten formuliert hat. In seiner genialen Klage über den Wurst-Verlust schreibt Robert Walser: »Oh, diese Wurst, ich schwöre, sie war herrlich. Wunderbar geräuchert war sie, und mit entzückenden Speckmocken war sie gespickt, und eine durchaus stattliche, annehmbare Länge hatte sie, und einen Duft hatte sie, so milde, so bestrickend, und eine Farbe hatte sie, so rot, so zart, und gekracht hatte sie, als ich sie zerbiss, ich höre noch jetzt beständig, wie sie krachte. […] Ich könnte es noch jetzt krachen hören, wenn ich es nicht schon krachen gemacht hätte, und zu beißen gäbe es noch jetzt, was ich leider allzu schnell zerbiss.«[228]

HEISSE HUNDE BELLEN NICHT

Die Geschichte des Hotdogs

Um verstehen zu können, was der Hotdog für Amerika bedeutet, muss man wissen, was Coney Island zu Beginn dieses Jahrhunderts für New York gewesen ist. Denn die Insel im Süden Manhattans barg für jeden Emigranten aus Europa nicht mehr und nicht weniger als die sichtbar und erlebbar gewordene Hoffnung, dass Amerika sein Versprechen, ein Land der unbegrenzten Möglichkeiten zu sein, tatsächlich eines Tages einlösen würde.

Auf der ehemaligen Picknickinsel, wo sich zuvor neben der lustwandelnden New Yorker Oberschicht nur wilde Kaninchen getummelt hatten, entstanden nach der Jahrhundertwende rund um ein Hotel, das die Form eines Elefanten hatte, und dessen Zimmer in Rüssel, Bauch und Oberschenkel des Jumbos untergebracht waren, gleich drei große Lunaparks.

Es dauerte nicht lange, bis Coney Island von den Baptistenpredigern als »Vorstadt Sodoms« gebrandmarkt wurde, und es war einer der ersten Orte der Welt, an dem Thomas Edisons Glühbirne vierundzwanzig Stunden am Tag brannte. Es war bald ein ganzer Wald aus Türmen und Minaretten, der auf diesem Dreamland genannten Vergnügungsgelände von 250 000, später sogar von einer Million Glühbirnen beleuchtet wurde.

Es gab nichts, was auf Coney Island nicht möglich gewesen wäre. Die Kanäle von Venedig wurden hier genauso angelegt wie ein Panorama der Schweizer Alpen. Der Burenkrieg fand täglich in einem Stadion vor 12 000 Zuschauern statt. Der Vesuv brach stündlich aus und brachte Unglück über Pompeji, nicht aber über Coney Island, von wo an einem einzigen Tag oft bis zu 200 000 Ansichtskarten abgeschickt wurden. Coney Island, das war der »amerikanische Jordan«, die »Riviera der Armen«, der Inbegriff des *American Dream*. Nur in einem solchen Schmelztiegel von Traum und Wirklichkeit konnte aus einem kleinen Würstchen ein bedeutender Wirtschaftsfaktor, ja sogar ein Symbol der amerikanischen Einheit werden. Und wieder einmal war es nicht der Geschmack, der diesen Erfolg begründete, sondern die verborgene Glücksverheißung, die immer dann mitschwang, wenn man eines der länglichen Brötchen mit dem heißen Einspänner aß. Ein Hotdog – das war mehr als nur Fast Food, er war *Dreamland* zum Anbeißen.

Wann das Würstchen erstmals in die USA kam, ist Gegenstand zahlreicher Legenden.[229] Die am häufigsten erzählte und am weitesten zurückreichende beginnt, wie so

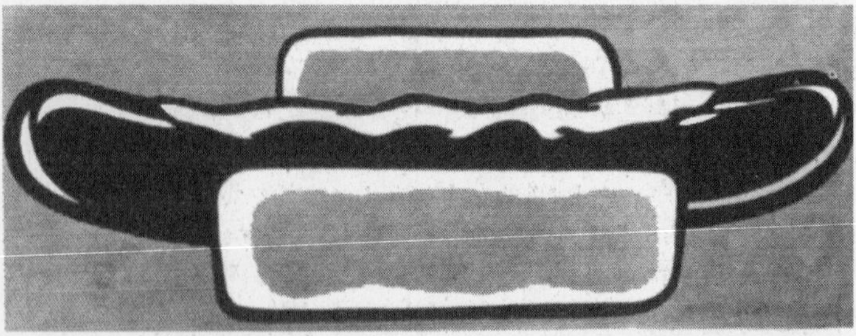

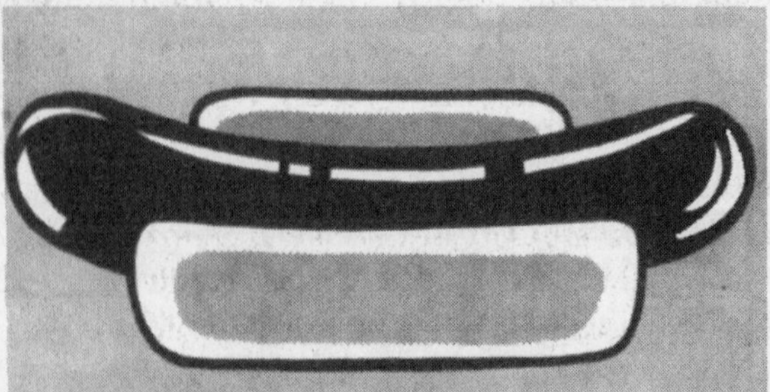

Abb. 15: Hotdogs bei Roy Lichtenstein (1963): Eine amerikanische Ikone.

viele amerikanische Erfolgsstorys, auf einem Emigrantendampfer mit Kurs von Deutschland nach New York City. Man schrieb das Jahr 1880, und ein deutscher Auswanderer, der damals vermutlich noch Karl Feldmann hieß, beschloss, seinen Namen für eine neues Leben in der Neuen Welt auf Charles Feltman umzuändern. In der amerikanischen Ernährungsgeschichte sollte dieser Name schon bald darauf eine große Rolle spielen, und Schuld daran war – Coney Island. Hier kaufte sich der gelernte Bäcker Feltman einen billigen Handkarren und begann sich seinen Lebensunterhalt zunächst damit zu verdienen, dass er kleine Pastetchen verkaufte. Das Geschäft mit den Pork-, Fish- oder Chickenpies hatten damals allerdings andere, die vor ihm damit angefangen hatten, bereits wesentlich besser im Griff, und Feltman überlegte, ob er seinen Handel nicht mit einem originelleren Produkt beleben könnte. Er besann sich also seiner heimatlichen Imbisskultur und verkaufte Sandwiches, die mit Fankfurter Würstchen gefüllt waren, wie sie schon seit etwa 1860 von deutschstämmigen New Yorker Metzgern hergestellt wurden. Die Würstel-Sandwiches liefen besser als die Pasteten, und so dauerte es nicht lange, bis Mister Feltman seinen klapprigen Handkarren gegen ein eigenes Restaurant eintauschen konnte, das er als *Feltman's German Beer Garden* gewissermaßen als deutsches Ethnorestaurant führte. Feltman scheint sich jedoch der Tatsache, dass er einem amerikanischen Publikum keine originären deutschen Gerichte anbieten konnte, durchaus bewusst gewesen zu sein. Also veränderte er das Grundrezept der Frankfurter, indem er der konventionellen Würzung mit Muskatnuss gewisse multikulturelle Aromen wie Ingwer, Paprika und das ceylonesische Corcandes-Gewürz hinzufügte. In Schafsdärme gefüllt und abgedreht, wurden die Würste danach über Hickoryholz geräuchert und schließlich nicht gekocht, sondern auf einer heißen Platte gebrutzelt, bevor sie zu guter Letzt mit hausgemachtem Senf und Sauerkraut in einen vorgewärmten *bun* gefüllt und serviert wurden. Zum großen Erfolg von Feltman's Biergarten trug schließlich auch der Getränkekonsum bei. Für Erwachsene zapfte Feltman Fassbier an, und die Kinder hielt er mit süßem Cherry Soda bei der Stange. Fazit: Als Feltman 1910 starb, hatte sich aus seinem Würstelkarren ein Fast-Food- und Biergarten-Imperium entwickelt, das, als es auf seine Erben überging, auf rund eine Million US-Dollar geschätzt wurde.

So bedeutend Feltmans Verdienste um die Karriere des Hotdogs jedoch gewesen sein mögen, so wenig stammt der populäre Name für die »heißen Hunde« von ihm selbst. Über dessen Entstehung weiß die Hotdog-Geschichtsschreibung, die wahrlich keine exakte Wissenschaft, sondern ein Konglomerat aus Journalismus, Populärwissen und Hörensagen ist, eine ganz andere Legende zu erzählen. In ihrem Mittelpunkt steht ein gewisser Harry Mozley Stevens, seines Zeichens Konzessionär für den Verkauf von Eiskrem und Soda auf den New Yorker Polo Grounds, einem zwar einträglichen, aber mitunter auch äußerst witterungsabhängigen Geschäft. An einem kalten Apriltag des Jahres 1906, als wieder einmal die *New York Giants* spielten und trotz der Hitze des Gefechts kaum einer unter den Sportsfreunden heiß auf Steven's kalte Erfrischungen war, kam dieser auf die Idee, von seinen Mitarbeitern alle *dachshound sausages* aus der ganzen Umgebung aufkaufen zu lassen, sie in tragbaren Wasserbehältern zu erhitzen und dann, zwischen zwei Brötchenhälften gesteckt, unter die Leute zu bringen. *Get your dachshound sausages while they're red hot*[230], munterten die Würstchenverkäufer dabei ihre Kunden auf, die auch entsprechend kräftigen Appetit entwickelten.

Dass aus den Red Hots innerhalb von nicht einmal vierundzwanzig Stunden Hotdogs wurden, ist allerdings nicht Stevens selbst, sondern dem Sportcartoonisten T. A. (Tad) Dorgan zu verdanken, der bei dem bewussten Spiel auf der Tribüne der Polo Grounds saß und nach einer unterhaltsamen Visualisierung der erfolgreichen Dackelwurstverkäufer suchte. Er zeichnete also kurzerhand ein Brötchen und ließ daraus einen lustigen Dackel herauskläffen. Als Bildzeile schrieb er lapidar »Hot Dog«[231] unter den Cartoon, und da derselbe beim Publikum auf großen Anklang stieß, blieb der Name für alle Zeiten mit den Einspännern aus dem Brötchen verbunden. Nach ihren »vierbeinigen« Ursprüngen bei den römischen Lupercalien waren die Würstchen somit endgültig wieder »auf den Hund gekommen«. Harry Mozley Stevens machte mit ihnen jedenfalls so viel Geld, dass er die Harry M. Stevens Inc. of Cranbury, New Jersey, gründen konnte, die heute bereits in der vierten Generation erfolgreich ist.

Der neue Name brachte allerdings keineswegs nur Popularität mit sich. Im Jahr 1913 verbreitete sich nämlich die Fama, die Hotdogs auf Coney Island seien tatsächlich aus Hundefleisch gemacht. Als das Gerücht überhaupt nicht verstummen wollte, sah sich die Handelskammer von Coney Island sogar gezwungen, den Hotdogverkauf zwischenzeitlich zu untersagen. Dennoch war der Erfolg des Hotdog nicht mehr aufzuhalten. Neben Charles Feltman hatten sich nämlich längst auch andere Pioniere gefunden, die die Dackelwurst in den USA populär machten. Dabei taucht auch immer wieder der Name eines Enkels des Wiener-Frankfurter-Erfinders Johann Georg Lahner auf, der sich in Chicago niederließ und sein Geschäft damit machte, die Würstel nach dem Vorbild seiner Wiener Verwandtschaft in ein Brötchen zu stecken. 1893 sollen die Wiener-Frankfurter, die damals noch in einer Papiertüte serviert wurden, jedenfalls die kulinarische Sensation auf der Colombian Exposition in Chicago gewesen sein.

Der berühmte amerikanische Journalist und Schriftsteller Henry Louis Mencken (1880–1956) erinnert sich indessen in seinen Memoiren Happy Days daran, seinen ersten Hotdog noch früher, nämlich bereits 1886, also nur sechs Jahre nach der Ankunft von Charles Feltman auf Coney Island, in seiner Heimatstadt Baltimore gegessen zu haben. Schon damals, so schreibt er, waren sie allerdings »weit davon entfernt, neumodisch zu sein. (…) Sie enthielten genau dieselben gummiartigen und unverdaulichen Pseudowürstchen, die auch heute noch Millionen von Amerikanern verzehren und schwammen in demselben schlapprigen und unausgegorenen Senf. Der einzige Unterschied bestand in der Tatsache, dass sie in einem ›ehrlichen deutschen Wecken‹ steckten, der knusprig aus Weizenmehl gebacken war, und nicht in einem der heutzutage verbreiteten schwammigen Brötchen.«[232]

Auch im Staat Missouri wurden mit heißen Würstchen schon relativ früh gute Geschäfte gemacht, und daran war wieder einmal ein deutscher Wurstsieder beteiligt. Auf der Louisiana Purchase Exposition in St. Louis erregte der Bayer Antoine Feuchtwanger bereits 1904 einiges Aufsehen damit, dass er, anstatt seine Frankfurter Dackelwürstchen wie üblich in proletarischen Papiertüten zu servieren, an seine Kunden weiße Handschuhe verlieh, damit sie sich die Finger nicht fleckig zu machen brauchten. Das Geschäft erwies sich zwar als durchaus erfolgreich, aber leider nicht profitabel, da viele von Feuchtwangers Kunden nach Genuss der Würstchen die Handschuhe einfach in der Manteltasche verschwinden ließen. Feuchtwangers Schwager, von Beruf Bäckermeister, passte daraufhin die Form seiner Brötchen genau den Ausmaßen der Würstchen an. Man konnte sie also problemlos und hygienisch – auch ohne Handschuhe verzehren, und eine neue Hotdoglegende war geboren.

Wenn in den heutigen USA von Hotdogs die Rede ist, denkt allerdings kein Mensch mehr an die Namen von legendären Würstchenpionieren wie Feltman, Stevens oder Feuchtwanger. Der Ruf, der ungekrönte amerikanische Hotdogkönig zu sein, kommt vielmehr einem Mann zu, der seinen Erfolg eigentlich einem Plagiat verdankt.

HOTDOGS

Fakten und Legenden

Wussten Sie schon …

… dass der statistische Durchschnittsamerikaner unabhängig von Alter, Farbe und Geschlecht jährlich sechzig Hotdogs verzehrt, was einem Tagesumsatz von 37 Millionen Hotdogs entspricht?

… dass neunzig Prozent der Hotdogs ohne Haut verkauft werden?

… dass ein Hotdogwürstchen durchschnittlich 150 Kalorien hat?

… dass Marlene Dietrichs Lieblingsspeise Hotdogs mit Champagner waren?

… dass bei jedem amerikanischen Football- oder Baseballspiel durchschnittlich 10 000 Hotdogs vertilgt werden, was einer Gesamtmenge von 20 Millionen Hotdogs pro Spielsaison entspricht?

… dass Amerikas farbige Bevölkerung um 47 Prozent mehr Hotdogs verspeist als die weiße?

… dass die Fleischmenge, die für die jährliche Hotdogproduktion benötigt wird, rund 20 Milliarden Pfund beträgt?

… dass sämtliche Wiener Würstchen, die allein in den USA pro Jahr gegessen werden, aneinander gelegt eine Strecke ergäben, die dreimal der Entfernung von der Erde zum Mond und zurück entspricht?

… dass der O'Hare Airport in Chicago (gemeinsam mit dem Denver Mile High Stadium) jener Punkt der Welt ist, an dem die meisten Hotdogs verkauft werden?

… dass das längste Wiener Würstchen der Welt 1983 in Michigan verzehrt wurde und über 600 m maß?

… dass der britische König George VI. von Präsident Roosevelt 1939 im Weißen Haus Hotdogs vorgesetzt bekam, wofür sich Königin Elizabeth II. viele Jahre später nur recht unzulänglich revanchierte, indem sie bei einem Bankett für die »American Bar Association« ebenfalls Hotdogs servieren ließ?

… dass es allein in New York 3 000 Hotdogverkäufer gibt?

… dass Hotdogmachen immer noch überwiegend Frauensache ist und die durchschnittliche Würstchendreherin zwischen 25 und 44 Jahre alt ist?

… dass die beliebteste Hotdoggarnitur nicht Ketchup, sondern Senf ist?

… dass zwar sechs Millionen Amerikaner koschere Hotdogs bevorzugen, aber nur 1,5 Millionen davon jüdischen Glaubens sind?

… dass Elvis Presley in dem 1957 entstandenen Film »Loving you« dem Hotdog einen Song widmete und Perry Como darauf mit »Hot Diggety Dog Ziggety Boom« reagierte?

… dass alle diese Informationen vom Hotdog Information Bureau zusammengetragen wurden, das sich auch zutraut, unter der Anschrift »Box 3556, Washington, D. C. 20007« selbst jene Fragen zu beantworten, die diese Seite möglicherweise noch offen gelassen hat?

Die unaufhaltsame Karriere von *Nathan's,* der erfolgreichsten amerikanischen Hotdogkette, begann – wie könnte es anders sein? – ebenfalls auf Coney Island. Dorthin pilgerte an einem schönen Sommertag des Jahres 1915 der mit seinem Job in Manhattan unzufriedene Oberkellner Nathan Handwerker und bemerkte, dass in Feltman's mittlerweile bereits in zweiter Generation geführtem Biergarten ein Job für eine Hilfskraft ausgeschrieben war.

Handwerker, der ohnedies nicht mehr in die Straßenschluchten von Downtown zurück wollte, nahm den Job an und entwickelte sich in der Folge zu einem leidenschaftlichen Hotdogesser. Schließlich war der tägliche Snack in seiner Gage inbegriffen. Nach einem Jahr hatte Nathan Handwerker 300 US-Dollar gespart und machte, auf Anraten der beiden damals bei Feltman's beschäftigten Entertainer und späteren Showstars Eddie Cantor und Jimmy Durante, gleich daneben seinen eigenen Hotdogstand auf. Dabei versuchte er die Fehler, die sich bei Feltman's durch die Alltagsroutine eingeschlichen hatten, zu vermeiden. Er arbeitete weniger personalintensiv und stellte auf Selbstbedienung um. Vor allem aber verkaufte er die Hotdogs nur halb so teuer wie sein berühmter Gegenüber.

Dass Nathan Handwerker, bei dem sich auch Hollywoodstars wie Clara Bow(tinelli) und Cary Grant ihr Schauspielstudium als Wurstverkäufer verdienten, damit das erste echte Fast-Food-Restaurant in den USA gründete, brachte ihm allerdings zunächst nur geringen Ruhm ein. Trotz des griffigen Werbeslogans *Follow the crowd to Nathan's* und verkaufsfördernder Maßnahmen wie dem gezielten Einsatz von Freibier ging das Geschäft von Anfang an schlecht. Keiner der potenziellen Gäste mochte glauben, dass etwas, das nur fünf Cents kostete, tatsächlich auch ohne Schaden für die Gesundheit genießbar war. Nathan Handwerker sann also auf eine Methode, wie er diese Bedenken zerstreuen konnte. Er engagierte ein paar Theaterstatisten, ließ sie Ärztekittel anziehen und hängte ihnen ein Stethoskop um. Während die frisch gebackenen Mediziner ihre Hotdogs verzehrten, hisste Nathan Handwerker dann seine neue Firmenflagge, auf der zu lesen stand: *If doctors eat our hot dogs, you know they're good.* Ab diesem Tag lief das Geschäft. Feltman's musste der preisgünstigen Hotdogkonkurrenz weichen und stellte sein Restaurant auf Hamburger um. Nathan Handwerker erzielte auf Coney Island indessen schon bald einen Jahresumsatz von über hundert Millionen US-Dollar. Und 1955 konnte die in der Folge entstandene Selbstbedienungskette *Nathan's* bereits ihren hundertmillionsten verkauften Hotdog feiern. Ein Jahr zuvor hatte Feltman's Biergarten endgültig seine Pforten geschlossen.

Trotz des überwältigenden Erfolges von *Nathan's* ist die Hotdoghemisphäre der Fast-Food-Welt jedoch wesentlich unübersichtlicher geblieben als jene des – seit den 40er-Jahren noch erfolgreicheren – Hamburgers. Rund um Herstellung, Garnituren, Namen und Sorten herrscht ein geradezu babylonisches Sprachengewirr. So wird beispielsweise genau zwischen einem Wiener und einem Hotdog unterschieden, weil der Hotdog unbedingt der Garnitur durch Pickles wie kleine Zwiebeln, zerkleinerte Salzgurken oder süß-saure Gurken, Senf und/oder Ketchup bedarf, da er sonst eben »nur« ein *wiener* oder ein *frank* ist. Je nach Größe wird außerdem zwischen winzigen *cocktail franks* oder überlangen *foot-long-giants* unterschieden. Und wenn man in der von deutschen Auswanderern geführten *Paulina-Market*-Metzgerei in der Chicagoer Lincoln Avenue nach dem Unterschied von *wieners* und *franks* fragt, so kommt die Antwort wie aus der Pistole geschossen: Frankfurter, so erfährt man da, werden mit einem gewissen Anteil an Kalbfleisch, Wiener indessen ausschließlich aus Rind- und Schweinefleisch zubereitet. Ein *long wiener* schließlich ist, was man in Deutschland wohl als Bockwurst bezeichnen würde: nämlich stolze 22 cm lang.

Chicago ist für Recherchen zum Thema Hotdog allerdings nicht nur deshalb ein guter Boden, weil der Schatten der Altwiener Lahner-Tradition über der *Windy City* liegt. Mit New York rivalisiert die Metropole am Michigansee nämlich bis heute um die Ehre, den einzig wahren und echten Hotdog herzustellen. Der *Chicago Hot Dog,* wie man ihn vor allem bei *Byron's* – in den Augen aller einschlägigen Fans von Chicago die Mutter aller Hotdogs – erhält, ist ein *Vienna All-Beef-Hot-Dog,* der – je nach Wunsch entweder über Holzkohle gegrillt oder gedämpft – mit Senf, grüner Soße, gehackten Zwiebeln, einer halben Tomatenscheibe, Salatschnitzeln, grünem und Chilipfeffer sowie etwas Selleriesalz in einem Brötchen serviert wird. Wer bei *Byron's* Ketchup verlangt, der bekommt es zwar, darf sich jedoch nicht wundern, wenn er für einen Banausen gehalten wird.

In New York hingegen hat man vom einzig wahren Hotdog ein gänzlich gegensätzliches Verständnis. Hier versteht man unter dem klassischen *New-York-Style-Hot-Dog* immer noch *Nathan's Famous,* dessen Wesensmerkmal – auch wenn man sich in Sachen individueller Garnituren in Toleranz übt – nun einmal das Sauerkraut ist. Im Übrigen wird Ketchup beim *New-York-Style-Hot-Dog* durchaus nicht als banausig, sondern, ganz im Gegenteil, als geradezu essenziell empfunden.

Doch der in den USA häufig mit abgezogener Haut servierte Hotdog kennt noch andere als nur von Metropole zu Metropole verschiedene Variationen. Der berühmte *Fog City Diner,* ein vor allem von Yuppies frequentiertes Nobel-Fast-Food-Restaurant in San Francisco, bietet beispielsweise einen *Chili Dog* mit Chili con Carne und Cheddarkäse, einen *Slaw Dog* mit Weißkraut und gelben Rüben sowie einen mit Koriandergrün und Fontinakäse zubereiteten Spezial-Hotdog an.[233] Schließlich sind bereits seit den zwanziger Jahren noch von den zuständigen Rabbinaten mit Brief und Siegel ausgestattete *Kosher Frankfurters* in Umlauf.

Die populärsten Hotdogs aus dem Supermarkt sind indessen *Oscar Mayer's Wieners*. Als der radikale amerikanische Konsumentenschützer Ralph Nader Hotdogs in seiner Kampagne gegen die *fatfurter* Ende der sechziger Jahre als »eines der gefährlichsten Geschosse, die dieses Land produziert«[234], bezeichnete, reagierte die Hotdogindustrie prompt. Weil sich die Zusammensetzung von *franks* und *wieners* aus Rindfleisch, Wasser, Salz, Maissirup, Dextrose, Geschmacksverstärker, Autolysehefe, Sodiumerythorbat, Oleoresin, Paprika und Sodiumnitrat auf der Hotdogpackung nicht gerade appetitanregend liest, wurden in der Folge auch nahezu fettfreie *Oscar Mayer Healthy Favorites* auf den Markt gebracht.

Doch selbst die Gesundheitswelle vermochte dem Hotdog, diesem »Potenzsymbol bürgerlichen Wirtschaftens«[235], nicht den Garaus zu machen. Sie waren nicht nur als »erstes synthetisches Lebensmittel«[236] von eminenter ökonomischer Bedeutung, sondern rückten spätestens am 23. Juli 1939 auch in den Status eines nationalen Kulturgutes auf. Als das englische Königspaar anlässlich der damaligen Weltausstellung auch dem Weißen Haus einen Besuch abstattete, äußerten die Royals gegenüber Präsident Roosevelt die Bitte, beim Dinner etwas typisch Amerikanisches kredenzt zu bekommen. Der Präsident dachte nicht lange nach und ließ von Feltman's auf Coney Island frische Hotdogs einfliegen.

Seither ist der Hotdog – wie neben ihm nur noch der Hamburger zum essbaren Inbegriff des *American Way of Life* geworden. In den USA gibt es sogar einen Hot Dog Council, der unter anderem errechnet hat, dass in den USA jährlich etwa 16 Milliarden Hotdogs konsumiert werden und nur fünf Prozent der Amerikaner noch niemals einen Hotdog gegessen haben. Angesichts solcher Zahlen ist es auch nicht verwunderlich, dass der Pop-Künstler Claes Oldenburg 1965 ernsthaft vorschlug, dem Hotdog gemeinsam mit einer Tomate und einem Zahnstocher auf Ellis Island in New York ein Denkmal zu setzen. Bob Dylan sang sich seinen Weltschmerz *Down by the Corner at the Hot Dog Stand*[237] von der Seele.

Und schließlich wurde der Hotdog durch seinen Einzug in die berühmten Charlie-Brown-Comics endgültig zur Ikone erhoben: *»Good Hot Dogs. Huh, Charlie Brown? – Fair, I guess … – A hot dog just doesn't taste right without a ball game in front o f it …«*

Leider ist Claes Oldenburgs Vision, die so gut in die Nähe von Coney Island gepasst hätte, nicht in Erfüllung gegangen. Aber immerhin: Als der noch auf die dreißiger Jahre zurückgehende und in Form eines Riesenhotdogs erbaute *Tail o'Pup-Stand* in West Hollwood 1987 abgerissen werden sollte, meldeten sich sofort Stimmen, die die Würstelbude als nationales Erbe reklamierten. Die Initiative war erfolgreich, und der Hotdogstand in Hotdogform wurde tatsächlich unter Denkmalschutz gestellt.

DIE VIELEN FACETTEN DER BULETTEN

Ein Hamburger segelt um die Welt

Hamburger sind das Manna des *American Dream*. So wie Gott für sein erwähltes Volk Brot vom Himmel fallen ließ, so scheint er all jenen, die das »Gelobte Land« in den USA suchten, Frikadellen zwischen Weißbrotscheiben als Nahrung zugedacht zu haben.

Der Hamburger ist – wenn man etwas zurück in die Geschichte blickt – die amerikanische Pioniernahrung schlechthin gewesen, auch wenn ihre Geburtsstunde zweifellos in deutschen Landen schlug. Zweifellos?

Nicht einmal die Hamburger selbst sind da so sicher. Als *McDonald's* um die Mitte der sechziger Jahre dem Hamburger Oberbürgermeister als Publicitygag einen Hamburger servieren ließ, kalauerte dieser so skeptisch wie kokett: »Das soll ein Hamburger sein? Schauen Sie lieber mich an. Ich bin ein echter Hamburger.« Der eine oder andere Einwand gegen den Ursprung des Hamburgers am Elbestrand ist also zumindest angebracht. So verweisen manche Food-Historiker beispielsweise darauf, dass der Hamburger ein unmittelbarer Nachfahre jenes Beef Tatar[238] ist, das die Reiternomaden des Dschingis Khan der Legende nach mit ihrem Sitzfleisch mürbe ritten. Das mag wenig appetitlich klingen, doch wirklich appetitanregend waren die Hamburger in ihrer Geschichte wohl ohnedies selten.

Die tatarische Ursprungslegende birgt jedoch immerhin eine mögliche Erklärung, warum es gerade Hamburg war, wo der spätere Burger seinen zwischenzeitlichen Aufenthaltsort nahm, bevor er weiter in die Neue Welt zog. Der Elbehafen wurde nämlich vor allem auch von zahlreichen

Ostseeschiffen und damit von Seeleuten aus dem Baltikum angefahren, wo man sich des alten Tatarenbrauchs, feingehacktes Fleisch zu würzen und noch in rohem Zustand zu verzehren, auch nach dem Rückzug der Mongolenvölker entsann. In Hamburg, so fährt diese zugegebenermaßen ein wenig spekulative Saga fort, habe man mit dem rohen Hackfleisch zwar nichts Rechtes anzufangen gewusst, sei aber bald daraufgekommen, dass es – in Butter gebraten – ausgezeichnet schmecke.

Dafür, dass die Bulette tatsächlich über das Baltikum nach Hamburg gekommen sein könnte, spricht eine alte russische Spezialität, die auch heute noch gerne zwischen Wolga und Dnjepr gegessen wird. *Bitoke* nennt man diese traditionsreiche Hackfleischspezialität, die in Butter gebraten und mit Zwiebeln sowie Kartoffeln serviert wird. Für eine wirkliche »Ursprungslegende« freilich ist auch das zu wenig. Wahrscheinlicher ist, dass die mongolischen Reiterhorden, so sie denn tatsächlich die Urheber des Fleischklößchens gewesen sein sollten, ihre Lieblingsspeise über den ganzen asiatischen Kontinent populär machten. Und tatsächlich findet man sie ja in den unterschiedlichsten Formen zwischen Peking, Ural und Bosporus, in Osteuropa ebenso wie in Kleinasien und sogar in Nordafrika, wobei sich die Hackfleischklößchen nicht nur in Form von Rinderhack, sondern durchaus auch als Kalb- und Lammfleisch besonderer Beliebtheit erfreuen.

Wenn man will, kann man in der Hackfleisch-Geschichte allerdings noch viel weiter als nur bis zu den Tataren zurückgehen. Jeffrey Tennyson etwa, ein amerikanischer Designer, Buchautor und Inhaber der größten Hamburger-Memorabilien-Sammlung der Welt, führt die Erfindung des Hacksteaks sogar auf die schon im Paläolithikum bekannte »Kulturtechnik« zurück, rohes Fleisch mit spitzen, scharfen Steinen zu zerkleinern.[239] Und tatsächlich kennen die meisten Küchen der Welt ihre Hackfleischgerichte: Bezeichnungen wie Polpette, Frikadellen, Boulettes, Köfte, Kobbe, Albondigas, Cevapcici, Fleischlaberl, Fleischpflanzl usw. legen davon Zeugnis ab. Und auch das altrömische Kochbuch des Apicius zählt bereits einige Bulettenrezepte[240] auf.

Wie dem auch sei: Die »Hamburgerologie« entzieht sich dem Anspruch wissenschaftlicher Exaktheit. »Obwohl während der letzten Jahrzehnte beachtliche Quellenstudien unternommen wurden«, schreibt denn auch Craig Claiborne, der angesehene Foodwriter der *New York Times,* »scheint es, als ließe sich der exakte Zeitpunkt der Entstehung des Hamburgers ganz einfach nicht nachweisen.«[241] Annäherungswerte gibt es indessen in Hülle und Fülle, und fast alle führen auf die schwankenden Schiffsplanken jener Hamburg-Amerika-Linie, die zahllose deutsche Emigranten um die Jahrhundertwende in die Neue Welt brachte. Zumeist handelte es sich dabei um von Europa enttäuschte oder in Europa gescheiterte Existenzen, die nur von einem einzigen Gedanken beseelt waren: Es »drüben« ganz anders zu machen und dort jenen Erfolg zu erringen, der ihnen in der Alten Welt nicht beschieden war.

Auf den Unterdecken der Emigrantendampfer war das Essen karg, und es gab meist nur Schiffszwieback oder allereinfachste Gerichte wie jenes in Hamburg bereits im 17. Jahrhundert bekannte Rundstück warm, das damals von einer großen Hamburger Fleischverwertungsgesellschaft hergestellt wurde und auch heute noch ein fixer Bestandteil der Hamburger Hausmannskost ist. Unter dem »Rundstück« versteht man dabei allerdings keineswegs, wie manchmal behauptet wird, ein Hamburger-Patty, sondern vielmehr zwei runde Brötchenhälften, auf welche nach dem Originalrezept auch keineswegs plattgedrückte Rinderhackbällchen, sondern ein oder mehrere Scheiben warmer mit Bratensaft nappierter Schweinebraten gelegt werden. Die Rundstücke, die – wie die Hamburger sagen – glatt und ohne Falte sein müssen, zählen indessen, wie in einem neueren hamburgischen Kochbuch[242] beklagt wird, zu den aussterbenden Gebäcksorten und müssen in den Bäckereien immer häufiger Berliner Schrippen[243] oder Wiener Brötchen weichen. »Das Rundstück warm«, heißt es weiter, »war eigentlich ein Resteessen mit den Schweinebraten- und Soßenresten vom vorangegangenen Sonntag. Dann wurde es ein Standardessen im Speiseplan auf den Auswandererschiffen, die im vorigen Jahrhundert von Hamburg nach Amerika fuhren. Vermutlich hat man damals der Einfachheit halber die Rundstücke zusammengeklappt, damit man sie – ohne einen Platz im Speisesaal zu beanspruchen, aus der Hand essen konnte.«

Das alles wäre soweit ja auch ganz schlüssig und einleuchtend, wenn sich nicht zwangsläufig die Frage stellte, wie und wann denn aus den Schweinsbratenschnitten Rinderhack geworden ist. Um das zu ergründen, bedarf es allerdings noch eines oder mehrerer Blicke in alte deutsche Kochbücher, wo man zuweilen unter Stichwörtern wie *Hamburger Steak* oder *Hamburger Fleisch*[244] auch tatsächlich fündig wird: Aus dem Jahr 1891 stammt beispielsweise die folgende Rezeptur: »Man nimmt ein Pfund Steak von der Seite oder vom Rumpfe, ohne Fett, Knochen oder sehnige Stücke, und kocht es ganz fein; es kann kaum zu fein gehackt werden. Eine kleine Zwiebel wird dazugegeben nebst Pfeffer und Salz und Alles wohl gemischt. Man formt dies in kleine, flache Klumpen, so groß wie Wecken oder lässt es in einer Fläche von nicht ganz einem halben Zoll in der Dicke. In eine Pfanne, worin Butter und Schmalz zusammen stark braten, legt man nun das Beefsteak und lässt es braun werden. Die Schüssel wird mit Selleriespitzen am Rande belegt, und einige Citronenscheiben kommen oben auf das Steak.«

Bemerkenswert an diesem Rezept ist, dass es nicht in Deutschland, sondern in New York, und zwar keineswegs nur in englischer, sondern auch in deutscher Sprache erstmals erschienen ist. Das Buch, dem es entstammt, ist *Das »Weiße-Haus«-Kochbuch*[245], dessen Rezeptteil im letzten Jahrzehnt des vorigen Jahrhunderts vom damaligen Steward im Präsidentenhaushalt, einem gewissen Hugo Zieman, verfasst und – offensichtlich für die zahlreichen deutschen New Yorker Emigranten – übersetzt wurde.

Hugo Zieman war deutscher Herkunft und hatte, bevor es ihn in den Dienst des Weißen Hauses verschlug, offenbar ein ziemlich abenteuerliches Leben geführt. So war er etwa Proviantmeister jenes Prinzen Napoleon, der in Afrika in einem Gefecht gegen die Zulus getötet wurde. Dann wieder erscheint er als Inhaber des damals sehr bekannten Braunschweiger *Brunswick Café*. Und schließlich kochte er als Küchenchef in jenem *Hotel Richelieu* in Chicago, in dem – wie man der Einleitung von Ziemans Kochbuch entnehmen kann – amerikanische Geschichte geschrieben wurde: »Hier war es, wo er den leckeren Schmaus vorsetzte, zu welchem im Juni, 1888, die Führer der streitenden Fractionen der Republicanischen Convention sich niedersetzten, und nach welchem, als sie sich erhoben, die Bitterkeit besänftigt, die Schwierigkeiten ausgeglichen, der Sieg organisiert waren.«

Da Zieman in weiterer Folge versichert, dass jedes der von ihm in das Weiße Haus-Kochbuch aufgenommenen Rezepte mehrfach überprüft worden und daher jedes einzelne »das Beste seiner Art sei«, darf man annehmen, dass dies auch für das Hamburger Steak galt, in dem wir möglicherweise das *missing link* zwischen dem Hamburger Rundstück warm und dem amerikanischen Hamburger gefunden haben. Um in die Küche des Weißen Hauses Eingang zu finden, musste das Hamburger Steak allerdings wohl auch damals schon eine gewisse Verbreitung in den USA gefunden haben. Tatsächlich stellt Ziemans Hamburger-Rezept auch keineswegs die erste Erwähnung dieses Gerichts in der amerikanischen Kochgeschichte dar. Auf einer historischen Speisekarte aus *Delmonico's Steakhouse* in der New Yorker

Pearl Street wurde das Steak aus der Hansestadt beispielsweise bereits im Jahr 1834 – gemeinsam mit *Ham and Eggs* und *Roast Chicken* – als teuerstes Gericht angeboten und kostete damals 10 Cents. 1884 konnte man im *Boston Journal* das Rezept eines Hühnergerichts nachlesen, das »wie ein Hamburger Steak« zerkleinert war. Fünf Jahre später machte sich ein Reporter des *Washington Union* in einer Glosse vom 5. Januar 1889 mit süffisantem Unterton über einen Kellner lustig, der ihm ein »Gericht« mit dem Namen *Porkchopbeefsteakhamandeggshamburgsteakorliver* offeriert habe. Und 1896 fand sich schließlich das Kochrezept eines *Steak cooked in the Hamburg Style* in einem Klassiker der amerikanischen Küche – nämlich *Fannie Farmer's Boston Cooking-School Cookbook* – wieder.

Abb. 16: Um die »Erfindung« des Hamburgers wird bis heute gestritten wie um das Ei des Kolumbus. Fest steht lediglich, dass sich gegen Ende des 19. Jahrhunderts viele unternehmungslustige Emigranten mit notdürftig umgebauten Wohnwagen selbstständig machten, um von dort aus heiße Buletten in Sandwichbrötchen zu verkaufen.

Es ist allerdings, wie auch Craig Claiborne beteuert, nicht die Frikadelle allein, die den Hamburger zu einem typisch amerikanischen Gericht macht, sondern es ist vielmehr der so genannte »Sandwich-Faktor«, der für die Einbürgerung des neuen »US-Burgers« verantwortlich gemacht werden muss. Die Suche nach dem ersten *Burger* der amerikanischen Geschichte ist – schließlich handelt es sich ja um eine Art Nationalheiligtum – seither ein beliebtes Hobby amerikanischer Volkskundler sowie mehr oder minder seriöser Verfasser von *Food-Lore*. Ihre gemeinsame Suche hat zwar zu einer Fülle hübscher Legenden, aber bis heute nicht wirklich zu einem endgültigen Resultat geführt.

Die älteste dieser Legenden – nahezu alle haben interessanterweise einen Jahrmarkt oder eine Messe zum Schauplatz – handelt von einem gewitzten fünfzehnjährigen Jungen namens Charlie Nagreen, der 1885 auf dem *Outagamie County Fair* von Seymour, Wisconsin, mit einem Ochsengespann vorfuhr und in Butter gebratene Hamburger Hacksteaks vom Wagen herab verkaufte. Als sich seine Kunden darüber beschwerten, dass man sich davon die Finger fettig mache, kam er auf die Idee, die Fleischlaibchen zwischen zwei Sandwichhälften zu stecken, was ihm angeblich – so will es zumindest die Legende – den Spitznamen *Hamburger Charlie* einbrachte. Mit diesem Nimbus umgeben, hat Charles R. Nagreen seine *Burgers* übrigens noch bis in die fünfziger Jahre weiterverkauft. Für die Stadt Seymour ist der Hamburger seither, was der Eiffelturm für Paris ist: ein Wahrzeichen, in dessen Namen sogar eine alljährliche Hamburger-Olympiade ausgetragen wird. Auch der berühmte Ketchup-Lauf und die Zubereitung eines über zweieinhalb Tonnen schweren Hamburgers können die Hamburger-Freaks aus Seymour auf ihre Fahnen schreiben.

Eine andere Legende stammt aus dem Jahr 1892 und handelt von einem Würstelbrater namens Frank Menches[246], der auf dem Summit-County-Fair in Akron, Ohio, mit seinen Schweinswürstchen das große Geschäft machen wollte, aber von seinem Metzger wegen der vorherrschenden Hitze nicht ausreichend mit Würstchen beliefert wurde. Also kam er auf die Idee, statt der Würstchen Hackfleisch zu grillen und in Sandwiches zu servieren. Als Menches im Alter von 86 Jahren starb, erschien in der *Los Angeles Daily News* vom 5. Oktober 1951 ein Nachruf unter dem Titel *Hamburger inventor dies* – was Menches endgültig einen Ehrenplatz in der Geschichte des Hamburgers sicherte, wenngleich sein tatsächliches Copyright durchaus umstritten sein mag.

Letzteres beansprucht schließlich auch ein noch heute in New Haven, Connecticut, bestehendes Imbisslokal, das nach seinem Gründer auf den viel sagenden Namen *Louis Lunch* hört. Der heutige Besitzer Ken Lassen reklamiert, wie auch in Jeffrey Tennysons *Hamburger Heaven* nachzulesen ist, die Erfindung des Hamburgers für seinen Großvater und datiert sie exakt auf das Jahr 1900. Tatsächlich hat Louis Lunch wohl kaum den Hamburger erfunden, immerhin aber jenen praktischen *vertical broiler,* auf dem die Connecticut Burgers bis heute zubereitet werden. Am häufigsten findet sich in der einschlägigen amerikanischen Fachliteratur allerdings die Vermutung, der Hamburger habe 1904 auf der Weltausstellung das Licht der Fast-Food-Welt erblickt. Obwohl dort auch Frank Menches einen Stand hatte, wird die *Story* jedoch üblicherweise in Zusammenhang mit einem Texaner namens Fletcher »Old Dave« Davis erzählt. Er hatte in seiner Heimatstadt – Athens, Texas – ein Hacksteaksandwich mit Senf und Zwiebeln kreiert, das sogar die *New York Tribune* einer Erwähnung für würdig befand.

Allein: Das Hamburger Steak als Gericht ist noch keineswegs identisch mit dem Hamburger als Massennahrung, Kultobjekt und Ikone. Erst allmählich durchlief der Hamburger seine zahlreichen Metamorphosen, von denen manche – etwa der *Big Mäc* – durchaus auf dem Reißbrett entwickelt wurden, andere wiederum – wie etwa der *Cheeseburger* – als Ergebnis einer allmählichen Evolution entstanden, deren Beginn sich nicht genau datieren lässt. Längst gibt es auch einen *Sprout-and-Tofu-Burger,* einen *Falafel-Burger,* einen *Sausage-Burger,* einen *Spamburger* aus Dosenfleisch, einen *Seaweed-Burger,* einen *Aloha-Burger,* einen *Avocado-Burger,* einen *Tex-Mex-Burger,* einen *Chili-Burger,* einen *Quinoa-Burger,* ja sogar einen *Ziegenkäse-und-Walnuss-Burger* hat Elisabeth Rozin, die umsichtige Chronistin des *Primal Cheeseburger,* geortet.[247] Sie zitiert in diesem Zusammenhang auch den amerikanischen Szeneguru Charles Kuralt, dem die merkwürdige Verbindung zwischen Hamburgernamen und geographischen Fixpunkten aufgefallen war: So fand er im Umkreis der Brooklyn Bridge einen *Bridge Burger,* an der Golden-Gate-Brücke einen *Cable Burger* und beim Capitol in Washington einen *Capitol Burger.* Längst wird der Hamburger in den USA als Bestandteil der nationalen Identität empfunden. 1982 wurde im amerikanischen Repräsentantenhaus sogar ernsthaft der Vorschlag unterbreitet, die zweite Woche im Oktober zur nationalen Cheeseburger-Woche auszurufen. Der Antrag, der vom Abgeordneten L. Mazzoli aus Kentucky eingebracht worden war, scheiterte allerdings – wenngleich nur mit einer einzigen Stimme.

Den Boden für diese Entwicklung haben allerdings nicht so sehr die Würstchenbrater auf den Jahrmärkten der Jahrhundertwende bereitet, als vielmehr all jene, die schon relativ früh erkannten, dass der Hamburger – wenn schon nicht im Repräsentantenhaus so doch im amerikanischen Massengeschmack – durchaus mehrheitsfähig war. Eines der wichtigsten Eckdaten in der Karriere des Hamburgers zum amerikanischen Nationalgericht war zweifellos die 1921 erfolgte Eröffnung eines kleinen Imbissrestaurants in Wichita, Kansas, dessen Hauptattraktion geschmorte Hamburger um fünf Cents das Stück waren. Die Idee erwies sich als weitervermarktbar und führte schließlich zur Entstehung der

White-Castle-Kette, mit der die erste systematische und flächendeckende Distribution des Hamburgers in immerhin elf amerikanischen Bundesstaaten einsetzte. Ihr Gründer Walter Anderson wird aus diesem Grund auch häufig als »Vater des Hamburgers« – zumindest jedoch als Initiator der »Industrialisierung« von *Buns & Patties* bezeichnet.

Die Anfänge der *White-Castle*-Kette ließen die ökonomische Sprengkraft, die in den Bulettensandwiches tatsächlich steckte, trotz eines äußerst attraktiven Angebots zunächst nur ahnen. Dass ein Hamburger damals nur einen Nickel kostete, hatte durchaus seinen Grund: Das Image des Hackfleischbällchens war klebrig, schmuddelig und proletarisch.

Und es dauerte immerhin noch ein geschlagenes Jahrzehnt, bis Walter Anderson, nachdem er in zehn Staaten bereits über hundert Filialen eröffnet hatte, auch in New York mit einem *White-Castle*-Restaurant Fuß fassen konnte.

Ohne Zweifel geht vieles davon, was man im Fast-Food-Business von heute einen »systemgastronomischen Ansatz« nennen würde, auf Walter Andersons Konto. Er gab seinen Filialen ein von der neogotischen Architektur des *Water Tower* in Chicago beeinflusstes, schlossartiges Design, das mit seinen Zinnen, Söllern und Türmchen nicht nur weithin sichtbar, sondern auch jederzeit wieder erkennbar war und durch seine weiße Tünche schon von außen her jene sterile Reinlichkeit ausstrahlte, die den Amerikanern zunehmend wichtiger wurde. Anderson setzte auf ein geradezu klinisches Image und verbannte alle schmierigen und nach altem Frittieröl riechenden Erinnerungen, die man üblicherweise mit dem fahrenden Hamburger- und Hotdog-Volk assoziierte, von Anfang an aus seinen Betrieben. Er arbeitete als einer der ersten Hamburger-Vermarkter auch bereits mit dem Prinzip einer »Schauküche«, in der sich jeder Kunde selbst davon überzeugen konnte, mit welch penibler Sauberkeit hinter dem Lunch Counter gearbeitet wurde.

Auch in Sachen Marketing war Anderson seiner Zeit voraus, als er mit dem Slogan *Buy 'em by the »Sack«* eine Tüte mit zwanzig Burgern zum Preis von einem US-Dollar verkaufte. Außerdem schien er bereits in den zwanziger Jahren zu ahnen, wie wichtig Public Relations für sein Business in Zukunft werden würde: Sehr früh erkannte Anderson offenbar, dass die Achillesferse des Hamburgers dessen umstrittene gesundheitliche Zuträglichkeit war. Er engagierte also einen Medizinstudenten, der sich verpflichten musste,

Abb. 17: *White Castle,* die bereits 1921 gegründete erste Hamburger-Kette der USA, gibt es noch heute. Im Kampf gegen die erst in den 50er-Jahren aufgekommene Konkurrenz von *McDonald's* oder von *Burger King* zogen die Buletten-Ritter vom *Weißen Schloss* allerdings trotz erwiesenermaßen älterer Ansprüche auf die Marktführerschaft letztlich den Kürzeren.

sich volle dreizehn Wochen von nichts anderem als von Wasser und *White-Castle*-Hamburgern zu ernähren. Als der Proband nach dieser Burger-Kur gründlich durchuntersucht wurde, attestierten die Ärzte dem jungen Mann, der drei Monate lang bis zu vierundzwanzig Hamburger pro Tag vertilgt hatte, blendende Gesundheit. Was Anderson auch entsprechend publik machte.

Dennoch waren *White-Castle*-Hamburger, die schon bald durch andere »weiße« Nachahmer wie *White Tower, White Clock* oder *White Manna* Konkurrenz erhielten, letztlich doch nicht dabei, als es darum ging, mit den Burgern auch das wirklich große Geld zu machen. *White-Castle*-Restaurants sind zwar auch heute noch – vor allem in den Staaten des Mittelwestens – mit rund zweihundertfünfzig Filialen recht gut vertreten, das wirkliche Big Business haben indessen andere gemacht. Das mag zum Teil daran liegen, dass White Castle sich zu sehr als preisgünstiges Imbissrestaurant und zu wenig als Schnellimbiss verstand, was dazu führte, dass die wenigen Sitzplätze trotz oder gerade wegen des großen Erfolgs nicht schnell genug rotierten, um damit auch wirklich »schnelles Geld« zu machen. Zum anderen konzentrierten sich die *White-Castle*-Filialen in den fünfziger und sechziger Jahren auf die Stadtzentren in Downtown, während *McDonald's* sich der Baby-Boomer-Familien am Stadtrand annahm. »Wo White Tower den Hamburger im unmittelbaren Umfeld von öffentlichen Verkehrsmitteln und Arbeiterklasse platziert hatte«, analysierte Harvey Levenstein treffsicher, »da stellte McDonald's stattdessen die Verbindung zu Auto, Kinder und Familie her.«[248] Die Treffsicherheit, mit der *McDonald's* zwanzig Jahre später sehr schnell auf den Trend der Singlehaushalte sowie die wachsende Mobilität und Urbanität reagierte, indem es seine neuen Outlets gerade wieder in die Zentren verlegte, spricht für den demographischen Riecher der Konzernherren unter dem Banner des »Golden Arch«. *White Castle* eroberte dafür andere Marktsegmente und präsentierte sich im Jahr 1987 als erste Hamburger-Kette der Welt, die ihre Produkte nicht nur im Selfservicerestaurant, sondern auch im Supermarkt anbot.

Zweifellos hat *White Castle* zumindest in der ersten Hälfte dieses Jahrhunderts das meiste für die Ankurbelung der Hamburger-Idee getan. Dass auf der Hitliste der von *Restaurants & Institutions* alljährlich vorgestellten Fast-Food-Ketten mittlerweile ganz andere Namen stehen, das zeichnete sich allerdings bereits in den vierziger Jahren ab. Eine der zwar nicht beabsichtigten, aber dafür umso intensiver genutzten Nebenwirkungen des Eintritts der USA in den Zweiten Weltkrieg war eine wesentliche Verbesserung in allen Bereichen des Convenience Food durch neue Entwicklungen und Errungenschaften auf dem Gebiet der Feldverpflegung. Es konnte daher nicht ausbleiben, dass neue Maschinen und Produktionsverfahren von Fertig- und Halbfertigprodukten, nachdem sie sich beim Barras bewährt hatten, nunmehr auch kommerziell umgesetzt wurden.

Das nützte auf längere Sicht vor allem zwei erfolgshungrigen Kaliforniern, die zu Beginn der vierziger Jahre unabhängig voneinander den Start ins Fast-Food-Business wagten und zunächst mit allereinfachsten Mitteln Hamburger und Hotdogs anboten. Aus dem alten Hotdogwagen, den Carl Karcher 1941 für 326 US-Dollar in Los Angeles erworben hatte, ist mittlerweile die erfolgreiche Fast-Food-Kette *Carl's Jr.* mit ihrem Spitzenreiter, dem *Famous Star*, geworden. Auch Glen Bell begann seine Karriere mit einem Hotdogstand, für den er allerdings 74 US-Dollar mehr ausgab als sein Landsmann Karcher. Von San Bernardino aus machte er mit *Bell's Drive-in* gute Hamburger-Geschäfte, bis er in den frühen sechziger Jahren durch den zunehmenden Druck seiner Mitbewerber auf eine Burger-Variante aus der Ethnoküche auswich und in der Massenproduktion mexikanischer Tacos eine dazumal noch ungenützte Marktnische für sich entdeckte. Mit *Taco Bell* liegt das von ihm gegründete Unternehmen heute auf Platz sieben der *All-American-Fast-Food-Charts. Carl's Jr.* muss indessen mit dem – immer noch beachtlichen – Platz 16 vorlieb nehmen.

Schon Ende der dreißiger Jahre begannen schließlich auch die beiden Brüder Dick und Mac McDonald mit ihren rund dreißig Restaurants im damals noch besonders trendigen Drive-in-Geschäft mitzumischen – und legten dabei wohl die Hoffnung auf schnelles Geld, dachten aber gewiss nicht in ihren kühnsten Träumen daran, damit den Grundstein zur größten Fast-Food-Kette der Welt zu legen. Ray Kroc, dem dies gelingen sollte, tingelte damals noch als Vertreter für Milchshakemixer durch die Gegend. Von den beiden geschäftstüchtigen Brüdern mag mittlerweile nur noch der Name geblieben sein. Doch immerhin war ihnen die Verwirklichung einiger bahnbrechender Fast-Food-Ideen gelungen: Sie ersetzten den Service der zwar scharmanten aber personalkostenintensiven *Car-Hopperinnen* durch ein System der Selbstbedienung und verkürzten die Servicezeit von einer Viertelstunde auf wenige Minuten. Sie begannen mit der Verwendung von Plastikgeschirr und Papiertüten, und sie bildeten – nicht zuletzt durch die Kreation des Firmenlogos, der *Golden Arches* die Grundlage für die späterhin so erfolgreiche Corporate Identity des Unternehmens.

Auch wenn *McDonald's* mittlerweile fast zum Synonym für den Hamburger geworden ist, so verdankt dieser seine heutige Popularität keineswegs nur den »Goldenen Bögen« made in Hollywood. Bereits 1954, also im selben Jahr, in dem Ray Kroc in Des Plaines zur endgültigen Burger-Revolution ansetzt, gründeten auch James McLamore und David Edgerton in Miami das erste *Burger-King*-Restaurant, aus dem mittlerweile rund 6 500 Outlets in vierzig Staaten der Welt geworden sind, was *Burger King* nach *McDonald's* (das allerdings etwa den doppelten Umsatz einspielt) zur zweitgrößten Fast-Food-Kette der Welt machte.

Was für *McDonald's* der *Big Mäc* werden sollte, das war für *Burger King* (früher: *Insta Burger*) der *Whopper* (deutsch: Mordsding), den McLamore und Edgerton 1957 auf einer Geschäftsreise von Orlando nach Miami »erfanden«. Er ist, wie viele seiner weniger erfolgreichen Verwandten, ein Kind jenes Megaburger-Booms, der in der Wirtschaftswunderzeit einsetzte und die erstaunlichsten Burger-Schöpfungen hervorbrachte. Jeder wollte plötzlich den größten, gigantischsten und am schwersten zu bezwingenden Hamburger auf den Markt bringen. Der *Whopper* – in Australien sinnigerweise *Hungry Jack* genannt – machte seinem durchschlagskräftigen Namen auch tatsächlich alle Ehre: Mittlerweile werden von diesem etwas klobig geratenen Snack, für den unter anderem damit geworben wird, dass man zwei Hände benötigt, um ihn zu vertilgen, an die zwei Millionen Stück pro Tag verkauft. Und auch das jüngste Kind der *Burger-King*-Kette setzt wieder auf Burger-Monumentalismus: Der *Mega-Double-Cheese-Burger* ist zweifellos die bislang gargantueskeste Ausformung der Burger-Kultur.

Ein ähnlicher Erfolg wie *Burger King* war der 1961 gegründeten Kette *Hardee's* beschieden, die unter den *Big Four* des Hamburger-Business nach *McDonald's* und *Burger King* auf Platz drei rangiert und zu ihren bahnbrechenden Errungenschaften zählen darf, den 1/4 Pound-Hamburger als erste Fast-Food-Kette in den USA mit kalorienreduzierter Mayonnaise zubereitet zu haben.

Platz vier nimmt in dieser Quadriga schneller Fleischeslust die erst 1969 von R. David Thomas gegründete Kette *Wendy's* ein. Thomas, der bis zu seinem siebenunddreißigsten Geburtstag in einer Fish-and-Chips-Braterei gejobbt hatte, benannte sein erstes Restaurant nach dem Spitznamen seiner Tochter Melinda Lou und bereicherte die Hamburger-Szenerie seither in erstaunlich kurzer Zeit um rund viertausend Filialen. Zu seinem raschen Erfolg hat gewiss auch beigetragen, dass er mit dem beliebten *Wendy's Chili* neben den klassischen Hamburgern auch einen gewissen Ethno-Touch in die Schnellgastronomie einbrachte.

Neben den *Big Four* sind auch anderen Ketten immer wieder eindrucksvolle Vorstöße in die umkämpfte Hamburger-Spitzenriege gelungen. Manche – wie die in den fünfziger Jahren besonders populären *Peter Pan's Burger* oder die nicht minder legendären *Bob's Big Boys* – boomten und verschwanden kurz darauf völlig oder weitgehend vom Markt. Andere wiederum – etwa die beiden in Kalifornien gegründeten Ketten *In-N-Out Burger* und *Jack-in-the-Box* – konnten sich seit den fünfziger Jahren nicht nur halten, sondern ihre Marktanteile bis heute sogar vervielfachen.

Sie alle profitierten von einer Entwicklung, deren allmähliches Abflauen wir erst in diesen Tagen erleben: dem unstillbaren Appetit, den besonders die Amerikaner auf Rindfleisch hatten, und dem nicht nur ungezählte Steakhäuser, sondern auch die Hamburger ein Gutteil ihrer Popularität verdanken. Ein paar Zahlen machen das recht deutlich: Aßen die Amerikaner im Jahre 1930 noch 121,7 Pfund »rotes« Fleisch pro Person, so stieg der Konsum bis 1970 auf 160 Pfund. Dazwischen liegen genau jene vier Jahrzehnte, in denen der Burger vom Jahrmarktsnack zur Massennahrung wurde. Das hatte freilich, wie Gesundheitsexperten bis heute nicht zu beklagen müde werden, gewisse Auswirkungen auf die Körperformen der Amerikaner, deren Kinder – allen Trimm-dich- und Fitnessprogrammen zum Trotz – heute immer noch zu den schwergewichtigsten der Welt zählen. Eine Studie, die die immer weiter auseinanderklaffende Differenz zwischen weiblichen Idealmaßen und Durchschnittsfigur erhob, kam beispielsweise zu dem Schluss, dass die ausklappbaren Pin-up-girls im *Playboy* 1959 im Schnitt nur um neun Prozent weniger als der Durchschnitt der gleichaltrigen weiblichen Bevölkerung wogen. 1978 klafften zwischen beiden schon 16 Prozent. Und während Miss America 1959 nur um 14 Prozent weniger Gewicht auf die Waage brachte als ihre Altersgenossinnen, lag Miss 1978 schon deprimierende 23 Prozent unter dem Durchschnittsgewicht.[249]

Die fast schon affektive Neigung der Amerikaner zum Rindfleisch blieb übrigens nicht ohne Einfluss auf die Populärkultur. Und in diesem Zusammenhang muss wohl auch die – letztlich traurig endende – Erfolgsstory einer Hamburger-Kette erzählt werden, die ihre Weltkarriere einer Comicstripfigur verdankt. Sie würde unter den *Big Four* vermutlich heute noch eine wesentliche Rolle spielen, wäre es nicht der letzte Wille ihres Gründers gewesen, dass mit seinem Tod auch seine Hamburger das Zeitliche segnen sollten. Die Rede ist von den *Wimpy Grills,* die ihren Namen jenem J. Wellington Wimpy aus der Comic-Serie *Popeye the Sailor* verdanken, dessen Motto in einem einzigen Satz auf den Punkt gebracht war: *I would gladly pay you Tuesday for a hamburger today.*

Mister Wellington war mit seiner Burgermanie in Amerika schon bald nach seinem Auftauchen so populär wie Obelix es heute in Europa ist, und es dauerte nicht lange, bis das Wörtchen Wimpy im Alltagsslang ein durchaus gebräuchliches Synonym für den Hamburger wurde. 1934 sicherte sich schließlich ein gewisser Ed Gold die Titelrechte an der Figur und eröffnete in Bloomington, Indiana, die erste *Wimpy-Bar* mit nur sechs Sitzplätzen. 1954 – als Ray Kroc gerade seine erste *McDonald's*-Filiale in Des Plaines zu managen begann – hatte Gold schon siebenundfünfzig Millionen Wimpies verkauft. Und lange vor *McDonald's* war *Wimpy* auch jenes Markenzeichen, das vor allem Engländer, Schotten und Iren mit den Errungenschaften des *Glorified Hamburger* – *Wimpy's* Spitzenprodukt – vertraut machte. Möglicherweise hätte der *Wimpy* selbst dem *Big Mäc* eines Tages noch ernsthaft zusetzen können. Doch dazu kam es nicht. Da Ed Gold ein ziemlich verschrobener Eigenbrötler ohne Anhang und Familie war, verfügte er testamentarisch, dass mit seinem Ableben auch der *Wimpy* und die *Wimpy-Grills* ohne Nachgeschmack von dieser Erde verschwinden sollten. 1978 war es so weit: Ed Gold verschied stilecht in einer Chicagoer *Wimpy-Bar,* die – wie alle anderen in Nordamerika – schon kurz darauf für immer ihre Pforten schloss.

Ray Kroc, der von Illinois aus den Grundstein zum heutigen *McDonald's*-Imperium legte, wäre eine solche Idee indessen wohl nicht im Traum gekommen. Denn im Gegensatz zu Ed Gold waren die Hamburger für ihn – bei all seiner Geschäftstüchtigkeit – nicht nur eine Möglichkeit, Geld zu machen, sondern vor allem auch ein Teil jenes *American Dream* von der Leistungsbelohnung durch Konsumverheißung, der für konservative Amerikaner wie Ray Kroc auch zum nationalen Erbe gehörte und daher auch weitervererbt werden musste.

FAST EIN MÄCKROC

Die McDonald's-Story

Dick und Mac McDonald galten als ebenso cleveres wie smartes Brüderpaar. Sie waren gleichermaßen Geschäfts- wie auch Lebemänner und hatten keine Probleme damit, einen schnell verdienten Dollar ebenso schnell wieder unter die Leute zu bringen. Sie zählten zu den ersten Propagandisten der Drive-in-Idee und verstanden es, sie zu perfektionieren, ehe sie sich als unökonomisch entpuppte und daher auch allmählich wieder in Vergessenheit geriet.[250] Sie zählten zu den Ersten, die sich zum Thema *Franchising* Gedanken machten und sehr früh schon einige erste, wenngleich noch ziemlich lose Glieder der heutigen Restaurantkette aneinander fügten. Kurzum, sie waren erfolgreiche Pioniere. Nur: An der Ausrufung jenes Schlaraffenlands der industriell vermarkteten Glücksverheißung, das unter dem Markenzeichen *McDonald's* firmiert, waren sie

Abb. 18: Obwohl Ray Kroc in den 50er-Jahren keinen eigenen Betrieb eröffnete, sondern in ein bereits bestehendes Speedy-Serviceunternehmen einstieg, gilt er als der eigentliche »Vater von *McDonald's*«.
Sein Wahlspruch: »Ich erwarte Geld, wie man Licht erwartet, wenn man den Schalter anknipst.«

nicht beteiligt. Der König dieses Schlaraffenlands hieß ganz eindeutig Ray Kroc.

Der schlaraffische Charakter der *McDonald's*-Welt ist unübersehbar. Haben wir es doch hier mit einem eigenständigen Kosmos zu tun, in dem die Nahrungsmittel allzeit und in jeder gewünschten Menge für jedermann *greifbar* zur Verfügung stehen. Doch wie das Schlaraffenland ist *McDonald's* auf den ersten Blick zwar sympathisch, aber deshalb keineswegs demokratisch, solidarisch oder gar antiautoritär. Es ist lediglich eine Gegenwelt, die, obgleich sie die Hierarchie von oben nach unten kehrt, von ihren Bewohnern dennoch verlangt, die selbe als Hierarchie zu akzeptieren.

In diesem Jahrhundert waren es vor allem zwei Menschen, die es geschafft haben, die westliche Welt unter Beibehaltung ihrer wesentlichen Parameter ins Schlaraffische und Groteske zu spiegeln: Walt Disney und Ray Kroc. Eine Laune der Geschichte wollte es, dass die beiden auch während ihres Wehrdienstes im Ersten Weltkrieg bei derselben Rot-Kreuz-Kompanie zusammentrafen. Und während Disney in einer Ecke zeichnete und Kroc im Offizierscasino Klavier spielte, mögen in ihren Köpfen die Grundlagen für die beiden realsten Fantasiereiche entstanden sein, die das zwanzigste Jahrhundert zu schaffen vermochte. Im einen regierte die Mickey Mouse, im anderen der Clown Ronald McDonald. Und beide Gallionsfiguren des *American Dream* werden bei den US-Kindern von heute, wie unlängst eine Studie ergab, nur noch vom Weihnachtsmann an Popularität übertroffen.

Im Gegensatz zu Walt Disney war Ray Kroc jedoch kein besonders fantasiebegabter Mensch. Wenn er – was selten genug passierte – einmal selbst auf eine neue Produktidee kam, so erwies sie sich – wie der berühmt-berüchtigte *Hula Burger,* bei dem das Rindfleisch-Patty durch eine Ananasscheibe ersetzt wurde, prompt als Flop. Ray Krocs wahre Stärken lagen vielmehr im Strategischen. Im Grunde seines

Herzens war er nicht nur Geschäfts-, sondern auch Staatsmann, dessen größtes Ziel die Expansion seines fantastischen Reichs aus Tüten, Brötchen, Buletten und Pappbechern war. Kroc beschäftigte sich auch viel mit antiker Staatsphilosophie. Doch während Julius Caesar unterworfene Völkerschaften *sub iugum mittere* – unter das Joch zu schicken – pflegte, ließ Ray Kroc sie durch den doppelten Triumphbogen des *McDonald's-M* marschieren. In der Reihe der großen Kolonisatoren dieser Welt nimmt Kroc daher gewiss keinen wesentlich geringeren Platz als Alexander, Caesar, Napoleon oder Dschingis Khan ein. Das Reich, das er hinterließ, würde so manchen, der sich für einen Staatenlenker hält, zum schmierigen Provinzdiktator deklassieren. Das *Imperium McDonaldum* ist so imposant wie grenzenlos, auch wenn die Zentrale seines Machtapparats nach wie vor fest in den USA verankert ist, wo *McDonald's* noch immer mehr als sechzig Prozent seines Umsatzes macht. Als am 13. Mai 1993 der 100 000 000 000ste *McDonald's*-Hamburger serviert wurde, benötigte bereits kein Amerikaner mehr als drei (statistische) Autominuten zur nächsten *McDonald's*-Filiale.

Doch es sind nicht nur die Kunden, die *McDonald's* zu seiner Machtfülle verhelfen. Immerhin stehen über eine halbe Million Angestellte – also die Gesamtbevölkerung einer Stadt wie Düsseldorf – auf der Gehaltsliste des Unternehmens, und sieben Prozent aller Arbeitskräfte in den USA haben ihren ersten Job bei *McDonald's* angetreten, wurden also unmittelbar von dem auf den *McDonald's Universities* gelehrten Gedankengut geprägt. Eine zu Beginn der neunziger Jahre erfolgte Schätzung ergab sogar, dass um das Jahr 2000 etwa die Hälfte der amerikanischen *McDonald's*-Kunden auch ehemalige Angestellte sein werden.[251] Eine nicht ganz unbeklemmende Vorstellung, wenn man bedenkt, dass heute 96 Prozent aller Amerikaner angeben, schon mindestens einmal bei *McDonald's* gegessen zu haben.[252]

Das alles birgt nicht nur ökonomische, sondern auch kulturelle Macht für jenes Unternehmen, das die wenigsten Akademiker in seinen Führungsetagen hat[253] und nichts dabei findet, gut ausgebildeten Angestellten den Titel eines *Bachelor* oder *Master of Hamburgerology* zu verleihen.[254] (Die augenscheinliche Parallele zu *Scientology* mag nicht beabsichtigt sein, ist aber insofern bemerkenswert, als die beiden Unternehmen in ihrem aggressiven Marketing wie auch in ihrem Totalitätsanspruch einander nicht unähnlich sind.)

Obgleich eines der großen Geheimnisse des *McDonald's*-Erfolgs die in den *Hamburger-Universities* vermittelte Teamfähigkeit der Mitarbeiter ist, so ist das Unternehmen dennoch seinem Wesen nach patriarchalisch. Die Position des Firmengründers Ray Kroc war auf ähnliche Weise unumstritten, wie es heute die seines Nachfolgers Ted Turner ist. Dieser charakteristische Wesenszug des Unternehmens offenbart sich am besten im legendären *Think Tank* der Zentrale, die sich in einem funktionellen, schmucklosen Gebäude in Oak Brooks im Westen von Chicago befindet, das mit seinen unzähligen schießschartenartigen Fenstern einerseits an eine Festung, andererseits an ein riesenhaftes Computerchip erinnert.

Der *Think Tank* ist so etwas wie das »Allerheiligste« und daher auch gegen die Umwelt mit Ampeln hermetisch abgesichert. Besucher müssen sich hier absolut ruhig verhalten und dürfen den Raum nur barfuß betreten. In der Mitte des Zimmers befindet sich ein großes Wasserbett, von dem aus man die Gehirnströme der Denkenden elektronisch messen und für diese sichtbar auf einen Bildschirm aufzeichnen kann.[255] In diesem an eine »mächtige Gebärmutter« erinnernden Tabernakel ließ sich Ray Kroc unter anderem jene meist aphoristisch formulierten Maximen einfallen, die bis heute für das Firmenimage von *McDonald's* maßgeblich sind: »Arbeit ist das Fleisch im Hamburger des Lebens« ist einer davon, und ein anderer lautet: »Ich erwarte Geld, wie man Licht erwartet, wenn man den Schalter anknipst.« Häufig zitiert wird auch Krocs berühmter Vergleich des Hamburgerverkaufs mit dem Entertainment-Business: »Wenn man in diesem Geschäft arbeitet, dann arbeitet man im Showgeschäft. Jeder Tag ist eine neue Show. Das ist wie bei einem Broadway-Musical. Wenn sie deine Melodie mitsummen, dann hast du Erfolg gehabt.« Ein andermal wiederum versuchte Kroc sich als Fast-Food-Ästhet: »Es ist so viel Grazie in der sanft geschwungenen Silhouette eines Hamburger-Brötchens. Und es erfordert schon einen ganz besonderen Geisteszustand, um das zu erkennen.« Und programmatisch brachte er schließlich das Credo seines millionenschweren Konzerns folgendermaßen auf den Punkt: »Des einen Mannes Hunger ist des anderen Mannes Fest.«

In jedem Fall wusste Kroc nicht nur seine Hamburger, sondern auch sich selbst eindrucksvoll in Szene zu setzen. Noch heute ist das Erste, dessen der Besucher der Zentrale auf der *McDonald's Plaza* in Oak Brooks gewahr wird, das von einer avantgardistischen Bronzeskulptur umrahmte »Monument« des ersten Multimixers, mit dem der Handelsvertreter Ray A. Kroc seine Vorzeigekarriere begann. Groß geworden ist Ray Kroc nicht im Umfeld von Hamburgern und Hotdogs, sondern in jenem der *Soda Fountains* und Eissalons, denen er bis zu neuntausend Multimixer pro Jahr verkaufte. Der Multimixer war es schließlich auch, der Krocs Neugierde für den Betrieb zweier erfolgreicher Geschäftsleute weckte, die in der kalifornischen Industriestadt San Bernardino, etwa fünfzig Meilen von Los Angeles entfernt, schon seit 1940 ein *Speedy-Service-System*-Restaurant für hungrige Automobilisten betrieben und daraus durch gezielte Automatisierung eine Art Fast-Food-Fabrik entwickelten, die zu Beginn der fünfziger Jahre – übrigens mit einem Geschäft, das zunächst mit Hotdogs, Spareribs und Sandwiches[256] begonnen hatte – einen Umsatz von beachtlichen 300 000 US-Dollar erzielte. Kroc stieß auf diese Goldgrube, als ihm auffiel, dass die beiden Brüder Dick und Mac Mc-

Donald bei ihm eine Bestellung für acht Milchshakemixer aufgaben, was für einen Einzelbetrieb eine geradezu sensationelle Anzahl war. Er stellte also Nachforschungen über deren geplante Verwendung an und fand unter den damals bereits bestehenden »Goldenen Bögen« ein Konzept vor, das ihm umso ausbaufähiger erschien, als er erfuhr, dass die beiden Brüder auf der Suche nach *Franchise*[257]-Partnern waren.

Über die Methode, wie Kroc ins Business der Brüder gelangte, sind – je nach Wohlwollen der Berichterstatter – die Meinungen geteilt; sie reichen von erpresserischer Vereinnahmung[258] auf der einen Seite bis zu willkommener Hilfestellung[259] auf der anderen. Die Wahrheit scheint wie immer irgendwo in der Mitte zu liegen. Jedenfalls dauerte es bis 1961, bevor sich Ray Kroc und die Brüder McDonald – übrigens auf rechtlich durchaus einwandfreier Basis[260] – voneinander trennten. Die offizielle Firmengeschichte kreist um Ray Kroc seither wie um ein Fleisch gewordenes Denkmal des *American Way of Life,* das in der Ahnengalerie der von der rationalistischen und auf Effizienz bedachten Wirtschaftsphilosophie des Taylorismus beeinflussten Rockefellers, Fords und Vanderbilts durchaus nicht zu Unrecht seinen Platz hat. Dennoch meldete sich im *Wall Street Journal* später auch der mittlerweile 82-jährige Dick McDonald, der Überlebende der beiden Brüder, zu Wort, um seinem Missfallen um den Personenkult rund um seinen ehemaligen Mixerlieferanten Ausdruck zu verleihen: »Bis zu dem Zeitpunkt, an dem wir die Kette verkauften«, beklagte er sich, »war niemals die Rede davon, dass Kroc der Firmengründer sein könnte. Hätten wir davon Wind bekommen, so würde er wohl ein Leben lang Mixer verkauft haben.«[261] Bei *McDonald's* trug man diese harschen Worte mit Fassung. Und man zögerte auch nicht, sich bei passender Gelegenheit der eigentlichen Gründerväter des Unternehmens zu besinnen. Als *McDonald's* nach der Einführung der Kette in Irland nicht so richtig anlaufen wollte, stellte man prompt die beiden irischstämmigen Brüder auf jenen Sockel, auf dem sich's ansonsten Ray Kroc bequem zu machen pflegte: »Unser Name mag amerikanisch sein«, erklärte man stolz, »aber wir sind ein irisches Unternehmen.«

Doch selbst wenn Kroc die Brüder McDonald um die »Urheberschaft« tatsächlich geprellt haben sollte, so kann ihm der Löwenanteil am Erfolg, der ihm zu Beginn keineswegs leicht gemacht wurde, nur schwerlich abgesprochen werden. Die »faszinierende Comedie Humaine«[262] des Aufstiegs von Ray Kroc und seinen Burgern begann am 15. April 1955 zu einem Zeitpunkt, als die damaligen Fast-Food-Giganten noch *Dairy Queen* und *Tastee Freeze* hießen – im Chicagoer Vorort Des Plaines, der auch heute noch von vielen *McDonald's*-Pilgern andächtig angesteuert wird.

Das »Fast-Food-Mekka« liegt an einer befahrenen Hauptstraße und unter unzähligen Vorstadtbungalows der amerikanischen Mittelklasse eingebettet. Das, den Drive-in-Ursprüngen in San Bernardino zum Trotz, als erste *McDonald's*-Filiale der Welt gefeierte Outlet hat die Ausmaße einer kleineren Tankstelle und wird – seit sich bei der Absicht, es zu schleifen, ein amerikaweiter Proteststurm erhob – als Museum betrieben. Zwei Fahnen flattern am Mast, um zu dokumentieren, dass es sich hier nicht nur um einen ökonomischen, sondern auch um einen patriotischen Wallfahrtsort handelt: die eine mit den Insignien der *Golden Arches,* die andere der Union Jack. Verhältnismäßig bescheiden prangt auf der Fassade, die aussieht, als sei sie für George Lukas' *American Graffiti* entworfen worden, die Aufschrift: *We have sold over one million.* Und nicht minder bescheiden nehmen sich die über dem Counter plakatierten Preise aus: 15 Cent kostete hier einst ein *Burger,* und von einem *Big Mäc* war in den fünfziger Jahren noch nicht die Rede. Die Speisekarte liest sich für heutige Verhältnisse recht dürftig, umfasst aber immerhin bereits sämtliche Archetypen der *McDonald's*-Welt: Hamburger, Cheeseburger,

French Fries, Coca-Cola, Milk Shake, Coffee, Orange Juice und Bier. Wer angesichts solcher Hamburger-Memorabilien von plötzlichem Hunger überrascht wird, der braucht indessen nicht zu darben. Gleich daneben wurde längst eine funkelnagelneue *McDonald's*-Filiale errichtet. Und auch davor prangt die regelmäßig auf den neuesten Stand gebrachte Erfolgsbilanz: *Over 99 billion*[263] *served.*

In Des Plaines hat nicht nur Ray Kroc seine Karriere begonnen. Auch sein Nachfolger als Präsident des Unternehmens, Ted Turner, war von Beginn an als *grillman* dabei und trägt heute noch gern sein Scherflein zur Legendenbildung bei. Ray Kroc, so erinnerte er sich gegenüber dessen Biografen John F. Love, »ging immer dicht am Rinnstein entlang und hob jedes Stück Einwickelpapier und jeden Pappbecher, der von uns stammte, auf. Wenn er im Restaurant ankam, hatte er meistens beide Hände voll. Er war *McDonald's* privater Straßenkehrer.« Und wenn man Ted Turner Glauben schenken darf, so war es auch Ray Kroc, der dem Schlendrian, der in der Fast-Food-Gastronomie der fünfziger Jahre noch weithin verbreitet war, ein für alle Mal ein Ende setzte und alles »blitzsauber, hell und farbenfroh« werden ließ, »wie bei einem Wettbewerb für Meisterköche«. Sogar die Kaugummireste, die weniger umsichtige Gäste unter den Tresenrand klebten, entsorgte Mister Kroc höchstpersönlich mit einem kleinen Messer, das er eigens zu diesem Zweck stets bei sich trug.

Auf Hochglanz poliert wurde damals freilich nicht nur der Lunch Counter, sondern vor allem auch der Hamburger selbst, der von seiner heutigen weltweiten Standardisierung – und damit vom Firmenprinzip der für jedermann berechenbaren Qualität – meilenweit entfernt war. Burger war damals nämlich noch keineswegs gleich Burger. Zwischen den Buns fand sich vielmehr ein unregelmäßiges Zufallsprodukt aus Metzgereiresten, und die Qualität der Pommes frites hing von der Qualität der jeweiligen Kartoffelsaison sowie der Seriosität des Lieferanten ab. Dass Hamburger aus reinem Rindfleisch bestanden, war reiner Mythos. Die Metzger verhackten vielmehr alles, was ihnen an Fleischresten übrig blieb, und streckten das Ganze, wenn's sein musste, auch schon einmal mit Sojamehl.

Ray Kroc, der tatsächlich weder den Hamburger noch das Franchisesystem und schon gar nicht die goldenen Bögen erfunden hatte, tat in dieser Sitution etwas ebenso Einzigartiges wie Epochemachendes: Er beauftragte seinen Mitarbeiter Ted Turner, ein Handbuch für seine ersten Franchisepartner zu schaffen, von denen er die meisten im Golfklub von Des Plaines rekrutiert hatte. Es umfasste zunächst nur fünfzehn Seiten und beschrieb die genaue Herstellung von Hamburgern, Pommes frites und Milchshakes. Die nächste Auflage war bereits mehr als doppelt so stark, 1958 war das Werk auf 75 und 1961 sogar auf zweihundert Seiten angewachsen. Mittlerweile wiegt der Wälzer so viel wie ein Dutzend Cheeseburger und umfasst über 600 Seiten. Hamburger braten – das konnte jeder. Erst die Standardisierung aller Arbeitsschritte und des Ambientes – von den Rezepten über das Thekendesign, bis hin zum Outfit des Bedienungspersonals – war es jedoch, die aus dem Hamburger einen *McDonald's* und damit einen Weltbestseller machte.

Der Mann, der dahinter stand, passte im Übrigen perfekt zu seinem Produkt. So »gestreamlined«, wie er sich den Hamburger wünschte, erwartete er sich auch das Outfit seiner Mitarbeiter (und ließ lediglich Ted Turner durchgehen, dass dieser mit aufgekrempelten Ärmeln und einer Zigarette im Mund im Büro saß). Laut *Time Magazine* drohte Kroc sogar einmal, jeden seiner Betriebsangehörigen sofort zu entlassen, der seinen Pappbecher neben dem Getränkeautomaten im Büro liegen ließ. Wie fast jeder echte Choleriker meinte er es aber zumeist nicht so ernst und konnte sich oft schon wenige Tage später nicht mehr an die Entlassung erinnern. Seine langjährige Sekretärin und spätere Teilhaberin

June Martino ließ blaue Briefe jedenfalls grundsätzlich ein paar Tage »abliegen« weil sie über kurz oder lang ohnedies gegenstandslos wurden.

Auch gegenüber Frauen, mit denen er im privaten Umgang immer wieder Probleme hatte, legte Kroc eine ziemlich eindimensionale Haltung an den Tag: »Es gibt nichts Schlimmeres als eine Frau, die kochen kann, aber nicht mag«, sagte er einmal, »es sei denn, eine Frau, die gern kocht, es aber nicht kann.« Weibliches Servicepersonal im Teenageralter lehnte Kroc sogar glattweg ab. »Die ziehen die falsche Art von Jungs an«, pflegte er zu sagen.

Seit Kroc im Januar 1984 – mit zweiundachtzig war er immer noch aktives Vorstandsmitglied – verstarb, hat sich zwar manches am Outfit des Unternehmens aber wenig am Grundsätzlichen geändert. Die Juke-Boxes, Telefonzellen und Kaugummiautomaten, die Kroc aus seinen Filialen verbannt wissen wollte, haben vielerorts zwar Ehrenplätze gefunden, dienen aber als Nostalgierequisiten und sind so wenig in Betrieb wie eh und je. Das von Kroc so geschätzte »Streamlining« ist mit Light- und Ethnoprodukten sowie Frühstücksservice zwar fassettenreicher geworden, ist aber innerhalb dieses erweiterten Handlungsspielraums uniform geblieben. Das Vorhersehbare und ewig Gleichbleibende, das George Ritzer in seiner erst unlängst auch in deutscher Sprache erschienenen Abhandlung als Charakteristikum der »McDonaldisierung der Gesellschaft«[264] beschrieben hat, ist geblieben.

Über die Jahre gleich geblieben sind auch die angeblich streng geheimen Grundrezepte, nach denen Burger und andere Fast-Food-Produkte zubereitet werden, die allerdings schon allein deshalb nicht so geheim sein können, weil sich ihre Zusammensetzung noch viel leichter analysieren lässt als die – mittlerweile ebenfalls durchgesickerte – Coca-Cola-Formel.[265] Jeremy McClancy etwa verrät in *Consuming Culture* ein für die meisten amerikanischen Hamburger-Ketten typisches Rezept, in dessen genauer Dosierung er – wie er meint – nicht allzu fehlgeht: »Man schneide 30 Gramm Rinderkeule (einschließlich Knorpeln, Sehnen und etwas Fett) in Flocken oder hacke es fein. Dann mixe man das mit 16 Gramm Rinderhack, das auch Herz, Zunge und etwas mehr Fettanteile enthält, dazu füge man 19 Gramm Zwieback und Sojamehl und außerdem 16 Gramm vorgeschnittenes Rinderfett hinzu. Man vermenge das Ganze mit 20 Gramm Wasser, 2 Gramm Salz und Gewürzen, 1 Gramm Monosodium-Glutamat sowie einem halben Gramm Phosphaten und Konservierungsmitteln. Zum Schluss rühre man noch 10 Gramm MRM *(Mechanically Recovered Meat)* ein, das man gewinnt, indem man auch noch das letzte Stückchen weiterverwertbaren Gewebematerials von den Karkassen abstreift und die Stücke anschließend zu allerfeinster Konsistenz vermahlt. Nun kann man sich an die Zubereitung machen.«[266]

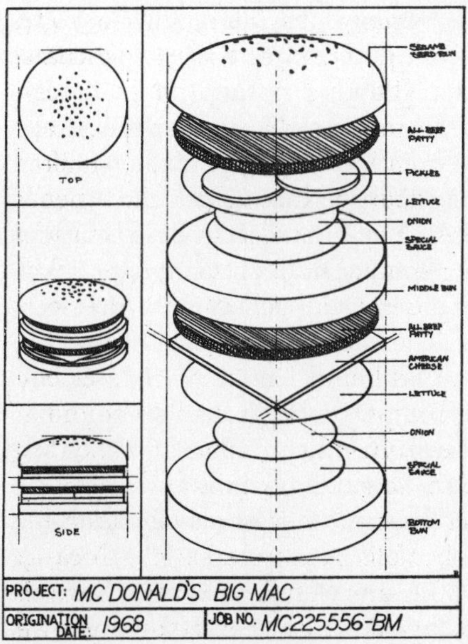

Abb. 19: Auch wenn *McDonald's* die Rezepturen für seinen *Big Mäc* streng unter Verschluss hält, sind Ernährungsdetektive wie der Amerikaner Todd Wilbur dem Geheimnis doch ganz dicht auf den Fersen. In seinem Buch über die »Top Secrets« des amerikanischen Fast-Food-Business veröffentlichte er eine schematische Darstellung des erfolgreichsten Hamburgers aller Zeiten.

Der in Oxford lehrende Sozialanthropologe McClancy verrät die Quelle seines Rezepts zwar nicht, fügt aber fairerweise hinzu, dass gerade *McDonald's* sich seit einiger Zeit angesichts des durch ein neues Ernährungsbewusstsein erzeugten Marktdrucks bemüht, den allgegenwärtigen Hamburger leichter verdaulich und weniger fett zu machen.

Weniger mit der Zusammensetzung des Fleischanteils als mit der »architektonischen« Struktur des Hamburgers – konkret: des *Big Mäcs* und damit des erfolgreichsten Burger-Rezepts der Welt – hat sich indessen der Lebensmittelforscher Todd Wilbur auseinander gesetzt. In seiner Versuchsküche in Emmaus, Pennsylvania, versuchte er neben vielen anderen *Top Secret Recipes* des internationalen Fast-Food-Business auch jenes des 1968 nach der Idee eines kleinen lokalen Franchisenehmers auf den Markt gebrachten Big Mäcs zu lüften, das sich im Grunde überraschend geheimnislos liest. Die Zutaten definiert Wilbur wie folgt: »1 Hamburger-Bun mit Sesamsamen, die Hälfte eines zusätzlichen Buns, ein Viertel Pfund Hackfleisch, zerstoßenes Salz, 1 Esslöffel Thousand Islands Dressing, 1 Teelöffel fein geschnittene Zwiebel, 1 Scheibe amerikanischer Käse, 2 bis 3 Scheiben Essiggurken mit Dill.« Für die Zubereitung verwendet man zunächst ein Wellenschliffmesser und »schneidet das Oberteil der Extra-Bun-Hälfte ab, sodass ein Stück von etwa 3/4 inch (= ca. 19 mm) Dicke entsteht, das als Mittel-Bun des Sandwiches dient. Dann gibt man die drei Bun-Hälften mit der Schnittfläche nach unten in eine heiße Pfanne oder auf eine heiße Platte und toastet sie, bis sie eine leichte Bräunung annehmen. Dann stellt man sie zur Seite, hält aber die Pfanne warm. Nunmehr teilt man das Hackfleisch in zwei Hälften und formt dieses zu zwei dünnen Patties, deren Durchmesser etwas größer ist als der des Buns. Die Patties werden nunmehr bei mittlerer Hitze in der heißen Pfanne etwa zwei bis drei Minuten auf jeder Seite gebraten und leicht gesalzen. Am Schluss wird der Burger dann nach folgender Stapelordnung von unten nach oben aufgebaut: unteres Bun – Hälfte des Dressings – halbe Zwiebel – halber Salat – amerikanischer Käse – Rindfleisch-Patty – mittleres Bun – restliches Dressings – restliche Zwiebel – restlicher Salat – Gurkenscheiben Rindfleisch-Patty – oberes Bun.«[267]

Dass jedes Abgehen von diesen mit geradezu alttestamentarischem Eifer festgeschriebenen Rezepturen gewaltige kommerzielle Risiken in sich birgt, musste sogar Ray Kroc selbst einsehen, als er die Burger-Rezeptur einmal aufgrund eines persönlichen Erlebnisses eigenmächtig ändern wollte. Als die Frau seines Vizepräsidenten bei einer Weihnachtsfeier anregte, Gurken in Zukunft nur noch auf Extrabestellung beizufügen, weil viele Menschen Essiggurken ganz einfach nicht mochten und sie daher auf den Parkplätzen rund um die Filialen einfach wegwarfen, reagierte »Saubermann« Kroc prompt mit einem allgemeinen Gurkenverbot. Allein: Die Konsumenten antworteten auf das Gurken-Verdikt durch Liebesentzug, und schon nach einem halben Jahr musste Kroc die Pickle-Verordnung gegenüber seinen Franchisenehmern wieder zurücknehmen.

Das wahre Geheimnis von *McDonald's* steckt dennoch nicht in den Rezepturen von Burgers, Nuggets oder Shakes. Da ist es schon viel wichtiger, dass die Serviererinnen an den Counters vorschriftsmäßig lächeln und die Wartezeiten möglichst kurz halten. In den großen Fast-Food-Ketten hat man das auch erkannt und veranstaltet regelmäßig Geschwindigkeitswettbewerbe unter den Angestellten. Die derzeit schnellste *McDonald's*-Verkäuferin der Welt ist beispielsweise in der Lage, einen Hamburger mit Pommes frites sowie einen Shake nach der Bestellung durch den Kunden innerhalb von zwanzig Sekunden in der Küche zu annoncieren, zu servieren und abzukassieren. Wie gesagt: Hamburger braten kann jeder … Um jedoch hungrige Gäste nicht nur mit Buletten und Buns abzufüttern, sondern auch mit dem längst nicht so schmeck- wie sicht- und spürbaren *McDonald's*-Feeling zu versorgen, bedurfte es indessen gleich mehrerer Generationen von Fachleuten in Sachen Werbung und Marketing.

Über eine Milliarde US-Dollar[268] steckt *McDonald's* alljährlich allein in die Werbung dafür, dass der Verzehr von *Big Mäcs* nicht nur Sättigungs-, sondern auch Ereignischarakter hat. So übte sich die *McDonald's*-Zentrale in Chicago beispielsweise im Erfinden ständig neuer Superlative. Einmal brüstete sie sich damit, dass man allein mit dem Mehl für die Buns den ganzen Grand Canyon zuschütten könne. Ein andermal überraschten die Public-Relations-Leute die Öffentlichkeit mit der Meldung, nunmehr seien endgültig so viele Hamburger verkauft worden, dass man die Strecke von der Erde bis zum Mond bequem mit Hamburgern zu pflastern vermöchte. Eine andere Rechnung stammt aus dem Jahr 1973 und verblüffte damit, dass die bis damals (in insgesamt zweiundzwanzig Jahren) verkauften zwölf Milliarden Hamburger übereinander gestapelt eine um 783-mal höhere Pyramide abgäben als die des guten alten Cheops.

Als traditionell geeignet für Public-Relations-Zwecke erweisen sich auch immer wieder Eröffnungen ungewöhnlich situierter Filialen. So wird etwa der »höchste Hamburger der Welt« in 11 000 Metern Seehöhe auf den Flügen der Fluggesellschaft *United* serviert. Auch die US-Marines und die Navy werden – selbst auf ausländischen Kriegsschauplätzen – mit *McDonald's* versorgt (während die Konkurrenz von *Burger King* für US-Army und Airforce zuständig ist). 1992 wurde das erste *McDonald's* auf hoher See an Bord einer Fähre zwischen Stockholm und Helsinki eröffnet, und in der Schweiz sowie Deutschland rollen längst die *McTrain* genannten Buletten-Speisewagen immer höheren Umsätzen entgegen. Selbst ein so furchtbarer Zwischenfall wie der Amoklauf des Psychopathen John Hiberty, dem in einer *McDonald's*-Filiale in San Ysidro, Kalifornien, einundzwanzig

Menschen zum Opfer fielen, wusste *McDonald's* letztlich für sich zu nützen. Man stellte den Opfern eine Million US-Dollar zur Verfügung und schloss pietätvollerweise das Lokal, um ein paar Häuserblocks weiter ein neues zu errichten, das die Umsätze daraufhin sogar um ein Drittel steigern konnte.

Wesentlich zur Verbesserung des *McDonald's Feeling* trug auch die Tatsache bei, dass man 1968 im Zuge einer Rundumerneuerung des Gesamtdesigns auch die endgültige Umstellung vom Straßen- und Drive-in-Verkauf auf Sitzrestaurants mit mindestens fünfzig Plätzen beschloss und damit ein für alle Mal den seither heftig beworbenen Typus des »etwas anderen Restaurants« schuf. Schon drei Jahre zuvor hatte man freilich auch einen entscheidenden Schritt getan, um diese Sitzplätze rund um die Uhr – vor allem mit jungen und jüngsten Kunden – zu füllen: Im Oktober 1963 hatte der Clown Ronald McDonald seinen ersten Fernsehauftritt im von Milk-Shake-Gebirgen, Coca-Cola-Fällen und Pommes-frites-Dickicht geprägten *McDonaldland.*

Die Folgen dieser Kampagne haben nicht nur in den USA Kulturgeschichte geschrieben: Eine ganze Generation – nämlich jene der in den späten sechziger und siebziger Jahren Großgewordenen – wird in der soziologischen und ernährungspsychiologischen Fachliteratur als *McDonald's Generation* bezeichnet, seit der frühere Chefernährungsexperte der New Yorker *Mount Sinai School of Medicine* diesen Ausdruck in die wissenschaftliche Debatte einbrachte. Der kurz darauf erfolgte Versuch, die nämliche Zielgruppe auch als *Pepsi*-Generation zu vereinnahmen, verblasste dagegen zu einem mittelmäßigen Werbegag. *McDonald's* indessen war mittlerweile nicht nur zum weltweit gebrauchten Synonym für Hamburger, sondern auch zum Emblem einer ganz bestimmten Lebensart des »Laissez-faire-Konsumerismus« geworden, der in nahezu paradoxem Gegensatz zur eisernen Disziplin stand, mit welcher der *McDonald's*-Konzern geführt wurde.

Die ebenso geballten wie erfolgreichen Werbe- und Public-Relations-Anstrengungen machten es den *McDonald's*-Managern jedoch auch möglich, Talsohlen in der Konzernkarriere unbeschadet zu durchschreiten und zahlreiche Angriffe, die bald aus den unterschiedlichsten Ecken kommen sollten, erfolgreich zu parieren.

Wirtschaftliche Flops wie der *McRib* und der *Hula Burger* ließen sich dabei noch am leichtesten in den Griff bekommen. Wesentlich gravierender war da schon, dass im selben Maße, wie *McDonald's* zur Wachstumsikone mit dem Image einer Großtechnologie geriet, auch der Widerstand dagegen wuchs. *McDonald's* wurde rasch zum Lieblingsfeind jeder Grünen-Bewegung und sah sich auch als Umweltverschmutzer, Regenwaldvernichter, Massentierhalter so genannter »Wurstkühe«, Gewerkschaftsfeind und Ausbeuter attackiert. Was immer sich an Aggressionen auch auf andere Nahrungsmittelkonzerne sowie Multis im Allgemeinen projizieren ließ, schien im *Big Mäc* sein gleichermaßen verhasstes wie klammheimlich bewundertes Sinnbild gefunden zu haben.

Zur Konsumkritik gesellte sich jedoch auch ein rhetorisches Dauerfeuer ästhetischer Provenienz. Und nicht alle zu diesem Thema vorgebrachten Aussagen waren so geschliffen formuliert wie Detlev Claussens Analyse: »Nehmen wir den Hamburger eines großen Konzerns, dazu eine Coke: als Erstes erkennen wir Geschmacklosigkeit. (…) Der Hamburger bringt uns die Einheit der Substanz, von der Spinoza sprach: sive Deus, sive Natura – wohlfeil auf den Tisch. […] Der Hamburger ist eben mehr als ein Stück Hackbraten: Er ist ein sinnlich übersinnliches Ding. Das Moment des Übersinnlichen macht gerade seine Geschmacklosigkeit aus.«[269]

Andere, die die Angelegenheit weniger aus der gastrosophischen als aus der Gourmetperspektive betrachten, fanden und finden noch viel deutlichere Worte. Für sie ist der

Hamburger ein notorischer Geschmacks- und (Tisch-)Sittenverderber, den man gar nicht energisch genug bekämpfen kann. Die New Yorker Restaurantkritikerin Gael Greene etwa behauptete nach dem probeweisen Genuss eines *Big Mäcs,* dieser würde ihr so schwer im Magen liegen, dass sie sogar im Toten Meer untergehen würde. Und in einer Verkostung des *Time Magazine* wurde dem *Big Mäc* attestiert, er enthalte »all diese verrufenen Dinge, wie Käse aus Leim, russisches Dressing, das seit drei Generationen keine Steppe mehr gesehen hat, sowie diese sehr dünne Tablette von etwas, das nahe genug an Fleisch herankommt« und insgesamt »eine unglaublich dekadente Esserfahrung« ermöglicht.[270] In Deutschland fällte der oberste Geschmacksrichter der Nation, »Zeitschmecker« Wolfram Siebeck, nach dem Genuss eines Hamburgers das wenig schmeichelhafte Urteil *Bremsbelag mit Zwiebeln* und führte seine vernichtende Kritik gleich in einem ganzen Artikel aus: »So wie sie aussehen, scheint es völlig ausgeschlossen, dass der Brot-Teig aus Mehl gebacken wurde und der Fleisch-Teil von einem Tier stammt.« Aber dennoch konzediert sogar Siebeck: »Ein Hamburger ist essbar.«[271]

In der *McDonald's*-Zentrale, in der vor allem Ray Kroc zunächst einer gewissen Medienfeindlichkeit geziehen werden konnte, lernte man, das notwendige Krisenmanagement nach und nach zu handhaben, und entwickelte darin sogar eine gewisse Perfektion. Selbst entschiedene *McDonald's*-Gegner geben heute zu, dass *McDonald's* unter den Lebensmittel- und Gastronomiekonzernen noch »das kleinste Übel« ist. Mit dem auf ein Prozent Fettgehalt heruntergeschraubten *McLean-Hamburger* sowie kalorien- und fettreduzierten Milchshakes, Sorbets, Salaten und geeisten Jogurtdesserts wurde gerade noch rechtzeitig auf den Vorwurf mangelnder gesundheitlicher Zuträglichkeit reagiert. Für den besonders gesundheitsbewussten japanischen Markt kreierte man 1991 sogar einen in der deutschen Presse als »Wurzelburger« abgefeierten Burger aus in Sesamöl und Sojasoße gedünsteten Kletterwurzeln mit Speck und Algen.

Auf die Kritik von Umweltschützern antwortete *McDonald's* mit einer Doppelstrategie: Einerseits versuchte man den Vorwurf, für Hamburger-Rinderherden würden reihenweise Regenwälder abgeholzt, mit tonnenweise statistischem Zahlenmaterial zu entkräften. Andererseits entwickelte man nebenbei den Ehrgeiz, sich als Umwelt-Musterbetrieb zu profilieren, der Müll fein säuberlich trennt sowie Plastik und Styropor so weit wie möglich durch Recycling-Produkte ersetzt. Flächendeckend geschaltete und ausgeklügelte Medienkampagnen mit Headlines wie *Unsere sieben fiesesten Tricks* oder *Wer weiß schon genau, woraus ein Hamburger besteht?* versuchten nicht nur, sich die Argumente der Gegner zunutze zu machen, sondern sie gleichzeitig auch im Sinne des Konzerns zu entkräften.

Auch für die ewig herummäkelnden Feinschmecker hatte man eine Retourkutsche parat: Man engagierte den aus Luxemburg stammenden Sternekoch René Arend als »McChef« vom noblen *Drake Hotel* in Chicago und setzte ihn nicht nur mit Mütze und voller Kochmontur in der Werbung ein, sondern ließ ihn auch – angeblich in zweijähriger Entwicklungsarbeit – die *Chicken McNuggets* erfinden. Das Resultat vermochte notorische Skeptiker unter den Gourmets zwar nicht wirklich zu überzeugen, trug aber letztlich das Seine zum bis heute relativ unangefochtenen Image bei, dass *McDonald's* unter den Fast-Food-Anbietern immer noch die beste Qualität offeriere. Immerhin ließen sich sogar die beiden französischen Restaurantpäpste Henri Gault und Christian Millau mit einem Hamburger in der Hand fotografieren. Und die österreichische *McDonald's*-Hauszeitung *BigMäcazine* lässt sogar regelmäßig renommierte Restaurantkritiker aus der lokalen Szene mit – durchaus auch kritischen – Beiträgen zu Wort kommen.

Vielleicht ist das freudianische Prinzip vom »übermächtigen Feind«, mit dem einem nichts anderes als Identifikation übrig bleibt, daran schuld: In den letzten Jahren ist es jedenfalls wieder etwas stiller um *McDonald's* geworden. Und selbst der Soziologe George Ritzer fühlt sich gleich zu Beginn seiner gesellschaftskritischen Abhandlung über die McDonaldisierung zu der Bemerkung bemüßigt, dass »McDonald's ohne Zweifel auch viele Vorteile« habe und er dem Konzern gegenüber »keine besondere Feindseligkeit«[272] hege.

Die Expansion des Hamburger-Multis schreitet indessen unaufhaltsam voran: Auch wenn die Deutschen bei demoskopischen Umfragen das Hamburger-Restaurant in der gastronomischen Beliebtheitsskala gern an die letzte Stelle setzen[273], strafen sie ihre eigenen Angaben längst dadurch Lügen, dass mittlerweile jeder zweite Erwachsene angibt, regelmäßig eines jener Fast-Food-Restaurants zu besuchen[274], von denen *McDonald's* mittlerweile die mit Abstand größten Umsatzanteile hält.

Wie sehr sich *McDonald's* inzwischen weltweit durchgesetzt hat, bezeugt – besser als alle Zahlen – die immer wieder erzählte Anekdote vom japanischen Buben, der sich bei einem Amerikabesuch freudig überrascht zeigte, dass sie »in den USA *auch* McDonald's haben«[275]. Allein in Pekings größtem *McDonald's*-Restaurant[276] werden bis zu 40 000 Gäste an einem Tag bewirtet, und auch im postkommunistischen Moskau bringen 1 200 *McDonald's*-Angestellte täglich etwa 30 000 Hamburger unter die Leute. Der Erfolg gab den Hamburger-Machern jedenfalls Recht: Täglich verspeisen in 79 Ländern 28 Millionen Gäste (18 Millionen davon in den USA) in über 15 200 Filialen Schnellgerichte im Wert von jährlich 26 Milliarden US-Dollar – was *McDonald's* unangefochten zum größten Gastronomieunternehmen der Welt macht. Ein Ende der Expansionsbestrebungen ist dabei vorläufig nicht in Sicht. Im Gegenteil, der Plafond des

Unternehmens scheint alles andere als erreicht: Das ehrgeizige Plansoll, das man sich für die Zukunft gesetzt hat, besteht jedenfalls in der Eröffnung von 1 200 bis 1 500 neuen *McDonald's*-Filialen pro Jahr.

Wie groß die ökonomische Macht des Unternehmens ist, lässt sich allerdings nicht nur an Umsatzzahlen, sondern auch am Stellenwert des Unternehmens in der Weltwirtschaft erkennen. So ging die Zeitschrift *The Economist* seit 1986 dazu über, den Preis eines *Big Mäcs* als Parameter zur Währungsbewertung zu verwenden: Durch die Einführung des so genannten *Big Mäc Index* lässt sich in regelmäßigen Abständen beurteilen, inwieweit die offiziellen Umrechnungskurse internationaler Währungen den tatsächlichen wirtschaftlichen Gegebenheiten in den einzelnen Ländern entsprechen.

So hat der Klavier spielende Multimixervertreter aus Chicago über seine Ära hinaus tatsächlich Weltwirtschaftsgeschichte geschrieben, indem er dem Konzern alles – außer seinem Namen – gab. Dabei hätte *MäcKroc* sicherlich nicht unbedingt schlechter als *Big Mäc* geklungen.

DIE METAMORPHOSEN DER KARTOFFEL

Pommes, Chips und andere Potatoes

Jedem Gourmet, der einigermaßen auf dieses ehrenvolle Attribut der Gaumenlust hält, sind Pommes frites ein höchst obskures Objekt der Begierde breiter Bevölkerungsschichten. Untrennbar ist ihr Name mit überständigem Fritteusenfett, abgegriffenen Ketchuptuben und zwielichtigen Küchenelaboraten wie Hawaii-Steaks und Hunnenspießen verbunden. Allein schon die Kartoffeln: Sie werden immer wieder als ernährungsphysiologisch nutzlose Kalorienbomben[277] verdammt, was freilich ein wenig ungerecht ist, da sie neben viel Stärke immerhin auch über eine hohe Menge an Vitamin C sowie einen hohen Kaliumanteil und hochwertiges Eiweiß verfügen. Außerdem sind sie – so man keine »schlimmen Dinge« mit ihnen anstellt – so gut wie fettfrei.

Die Pommes frites werden freilich gemeinhin zu den schlimmsten unter allen »schlimmen Dingen« gezählt, die ein Koch mit Kartoffeln anstellen kann. Aber auch da gilt es die Spreu vom Weizen zu trennen und fettigen Fritten-Junk von knusprig-reschen Edel-Pommes zu unterscheiden: Es ist schließlich nicht gleichgültig, ob die Pommes frites aus hochwertigen Kartoffeln erzeugt wurden oder nach dem so genannten *Sous-vide*-Verfahren (einer Methode, die ursprünglich für die Versorgung der US-Navy entwickelt wurde) aus Kartoffelpulver vorgefertigt und dann tiefgefroren oder vakuumverpackt weiterverarbeitet wurden. Es ist auch nicht gleichgültig, ob sich in der Fritteuse wertvolles Pflanzenöl im richtigen Hitzegrad befindet oder ob darin abgestandenes, überhitztes und daher auch noch Krebs förderndes Billigfett herumschwappt. Und schließlich macht es auch gar keinen so geringen Unterschied, ob die Pommes fetttriefend aus der Pfanne gefischt oder sorgfältig trockengetupft werden.

Kurzum: Wie alle anderen Kartoffelgerichte von den berühmten *Pommes Duchesse* über die *Pommes Dauphinoise* bis hin zum weltberühmten *Purée des Pommes* des Meisterkochs Joel Robuchon können auch die so oft als Inbegriff des *Junk Food* geschmähten Pommes frites durchaus zu einem Gericht geraten, das die Bezeichnung »kulinarisch« verdient.

Historisch gesehen befanden sich die Pommes frites sogar bald nach dem Beginn ihrer unaufhaltsamen Karriere in unmittelbarer Nähe zur Gourmandise, zumal sie bereits auf einer Menükarte König Louis Philippes vertreten waren, der sie 1837 gemeinsam mit dem als besonders feinzüngig – Böswilligere sagen: verfressen – bekannten Duc d'Orleans verspeiste. Diese frühe Form der Pommes frites[278] war im Paris der nachnapoleonischen Zeit allerdings nicht unter diesem Namen, sondern vielmehr als *Pommes Pont-Neuf* bekannt. Die Bezeichnung hängt vermutlich mit der Tatsache zusammen, dass man sie so sichelförmig schnitt, dass die Kartoffelscheiben an die Umrisse der gleichnamigen Pariser Seinebrücke erinnerten. Möglicherweise hat man an den Brückenköpfen der *Pont-Neuf* jedoch damals auch bereits dick geschnittene, heiße Kartoffelscheiben über Holzkohlen gebraten (also noch keineswegs frittiert) und sie als kleinen Imbiss für hungrige Passanten angeboten.

Doch die *Pommes Pont-Neuf* waren zu Beginn des 19. Jahrhunderts alles andere denn ein traditionelles französisches Gericht. Immerhin hatte Augustin Parmentier, der die Kartoffel vermutlich während des Siebenjährigen Krieges in Preußen kennen gelernt hatte, seine grundlegende Arbeit über die Kartoffel erst im Revolutionsjahr 1789 veröffentlicht und damit den Grundstein zum Siegeszug der nahrhaften Nachtschattengewächse als Volksnahrungsmittel gelegt. Es dauerte also sicherlich auch in Paris seine Zeit, bis man dazu überging, sich nicht nur bei Karnevalsveranstaltungen dekorativ mit Erdäpfelgrün zu behängen, sondern die »wilden Knollen« auch in breiteren Bevölkerungsschichten auf der Tafel zu verwenden.

Wirklich heimisch wurden die Kartoffeln in Paris wohl erst in der Zeit um 1800, und auch da galten sie eher als Armeleuteessen denn als Delikatesse. Als die *Physiologie des Geschmacks* aus der Feder Anthelme Brillat-Savarins 1826 erstmals verlegt wurde, war die Kartoffel in feinzüngigeren Kreisen offensichtlich noch kein Thema: Der große Gastrosoph erwähnte sie jedenfalls mit keiner einzigen Zeile. Frankreich als Ursprungsland der Pommes frites anzunehmen, ist also hypothetisch. Die Idee, Kartoffelscheiben in heißes Fett zu legen und darin herauszubacken, könnte genauso gut in so manchem deutschen oder österreichischen Kloster, in der Bordkombüse einer spanischen Barkasse oder in einer preußischen Feldküche entstanden sein. In jedem Fall aber sind die Pommes frites eines der wenigen Fast-Food-Gerichte, dessen Ursprung nicht in Europa, sondern tatsächlich in (Süd-) Amerika liegt. Denn von dort ist die Kartoffel als Bestandteil des indianischen Kuriositätenladens der spanischen Konquistadoren erst in die Alte Welt gelangt. Der Anfang der Kartoffelkultur ist daher auch ausnahmsweise weder im Alten Testament noch bei den alten Griechen, sondern bei den alten Inkas festzumachen.

Die ersten Knollen, die in den zwanziger und dreißiger Jahren des 16. Jahrhunderts von Europäern erblickt wurden, hießen Papas und gediehen in Peru sowie in anderen Andenstaaten schon seit dem zweiten Jahrtausend v. Chr. Ihre erste Erwähnung verdanken wir einem Gefolgsmann Pizarros, einem gewissen Pedro de Cieza de Leon, dessen um 1530 verfasster Bericht 1553 in Buchform erschien. Auch der Jesuit und Geschichtsschreiber José de Acosta (1539–1600) beschrieb in seiner 1591 erschienenen *Historia moral y natural de las Indias* unter anderem auch einen aus

Kartoffeln zubereiteten Kuchen, den die Einwohner von Quito verspeisten. 1573 wurden die *papas* zum ersten Mal nachweislich nach Europa gebracht und tauchten als patatas[279] in den Besitztümern des *Hospital de la Sangre* in Sevilla auf. Wegen ihrer auffallenden Ähnlichkeit mit den damals bereits wohl bekannten und geschätzten Trüffeln setzten sich für die neuen Erdknollen in Spanien, Frankreich und Italien schon bald Namen wie Tartufel, Tartuffoli, Cartoufle oder Truffe durch.

In Mitteleuropa wurden die Kartoffeln erstmals gegen Ende des 16. Jahrhunderts heimisch – und zwar nahezu zeitgleich in Breslau, wo sie 1587 von Ludwig Scholz von Rosenau gezogen wurden, und (nur ein Jahr später) in Wien. Hier hatte sich der französische Botaniker Charles de l'Ecluse (1525–1609), auch Lécluse oder Carolus Clusius genannt, von 1573–1588 als Wiener Hofbotaniker niedergelassen und unter anderem auch mit der Zucht der neuen »Tartufeln« beschäftigt. Clusius, der damals die Kaiserlichen Gärten in Wien betreute, verdanken wir daher das älteste österreichische Kartoffeldokument: Es stammt vom 26. Januar 1588 und ist nichts anderes als ein Bildtext unter einer Abbildung: »Kleine Trüffel (Taratoufli), erhalten von Philippe de Siovry zu Wien.«

Einige Jahrzehnte später bezeichnet dann auch der deutsche Arzt Johann Sigismund Elsholtz (1623–1688) die Tartuffel als »nährende Speise, weil sie nunmehr zimlich gemein bey uns worden«. Und der prominente deutsche Arzt fügt dieser Beschreibung in seinem »Diaeteticon« auch gleich einige Rezepte, unter anderem eines für »gebratene Kartoffelscheiben«, also einen fernen Vorläufer der *Saratoga Chips,* hinzu: »Ihre Zubereitung geschiehet fürnehmlich also / dass man sie erstlich in wasser mürbe siedet / und wan sie erkaltet / so ziehet ihnen die auswendige Haut ab: alsdan giesset Wein drüber / Und lasset sie mit Butter / Salz / Muscatenblumen und dergleichen Gewürz von newen kochen:

so sind sie bereit. Darnach kan man sie mit Hühner=Rind oder Kalb=fleisch Brühe kochen / und abwürtzen: oder sie auch an Rind= und Hammelfleisch thun. Oder man schneidet die abgekochte Tartuffeln in runde scheiben / und bratet sie in der Pfanne. Oder man schneidet Zwiebeln und Essig daran / und lässet es also durchbraten.«[280] Die auch heute noch gebräuchliche Abfolge von Blanchieren und Fertiggaren hatte Elsholtz also bereits in seiner, wohl noch halb alchimistischen, Versuchsküche für sich entdeckt.

Vom Rezept des berühmten Renaissance-Arztes zu unseren heutigen Pommes frites war es allerdings noch ein weiter Weg, und zwar nicht nur, weil die Kartoffel bis ins beginnende 19. Jahrhundert unter dem Verdacht stand, unverträglicher, ja sogar giftiger *Junk* zu sein, sondern vor allem auch deshalb, weil sich rund um die guten alten Tartuffeln eine geradezu babylonische Sprachverwirrung breit machte, die bis heute nicht endgültig aufgelöst werden konnte.

In Deutschland, das mit der Bratkartoffel eine durchaus individuelle Variation hervorgebracht hat, und wo sich neuerdings auch die *Baked Potato* mit Sauercreme als Alternative zu den konventionellen Fritten immer mehr durchsetzt, ist die Sache noch relativ einfach. Da heißen die Pommes frites schlicht Pommes, und jeder, der an einer deutschen Frittenbude *Pommes rot-weiß* bestellt, weiß, was er bekommt – und zwar komplett mit Ketchup und Mayonnaise. Die krossen Kartoffelscheiben aus der Tüte indessen heißen in deutschsprachigen Landen einheitlich Chips und werden niemals als warme Beilage, sondern für gewöhnlich als kaltes Finger Food vor dem Fernseher verzehrt.

Komplizierter verhält sich die Sachlage schon in Nordamerika: Dort werden die Pommes frites für gewöhnlich als *French fried potatoes* bezeichnet, und das ist wohl auch der Grund, warum fast jeder Frankreich als Ursprungsland dieser wohl erfolgreichsten Beilage der Welt vermutet. In den USA unterscheidet man allerdings auch zwischen den niedlicheren *French Fries* und den klobigeren *Potato chips,* wobei der Unterschied ausschließlich in Form und Größe, nicht jedoch in der Zubereitung liegt[281] Haben die Pommes Zündholzform, heißen sie auch *Shoestring-Potatoes,* und wenn sie besonders dick geschnitten sind, werden sie auch als *Steak Fries* bezeichnet.

Chronisten des amerikanischen Alltags wissen, wie etwa Charles Panati, ganz genau anzugeben, wann die Geburtsstunde ihrer Chips schlug: Man schrieb das Jahr 1853, als George Crum, ein amerikanischer Koch indianischer Herkunft, im Staate New York erstmals seine heute noch in jedem amerikanischen Kochbuch vertretenen *Saratoga Chips* servierte und sie zum kulinarischen Hit seines eigenen Restaurants im *Moon's Lake House* machte.[282] Panati beruft sich dabei auf eine auch im weit verbreiteten *American Heritage Cookbook* erwähnte Legende, die sich um diese Erfindung rankt: Ein Gast habe sich, so schreibt er, darüber geärgert, dass die Pommes frites zu dick seien und sie zurückgehen lassen. Als George Crum daraufhin wesentlich dünnere Pommes servierte, reklamierte der Gast abermals. Aus Ärger darüber frittierte Crum dann, um dem Gast die Sinnlosigkeit seiner Reklamation vor Augen zu führen, Kartoffelscheiben, die so hauchdünn waren, dass der Gast sie nicht einmal mehr mit einer Gabel aufspießen konnte. Da die Chips dadurch aber äußerst knusprig gerieten, reklamierte der Gast diesmal nicht mehr, und *Moon's Lake House* hatte eine neue Spezialität geboren.

Tatsächlich ist es indessen ziemlich unwahrscheinlich, dass es in den USA 1853 bereits Pommes frites im heutigen Sinn gegeben hat. Wirklich flächendeckende Bekanntschaft mit den Pommes frites schlossen die Amerikaner vielmehr erst, als ihre Armee während des Ersten Weltkriegs auch mit der europäischen Küche in Kontakt kam. Im Übrigen beruht auch die von Panati erzählte Legende auf der historisch ziemlich unwahrscheinlichen Annahme, dass Präsident Jefferson die Pommes frites schon im 18. Jahrhundert – während seiner Stationierung als amerikanischer Botschafter – in Paris kennen gelernt und sie dann 1802 in die USA gebracht habe. Das erste schriftliche Rezept für *Saratoga Chips* ist demgegenüber erst aus dem Jahr 1878 überliefert und erschien in Susan Williams' Standardwerk *Savory Suppers and Fashionable Feasts: Dining in Victorian America.*[283]

Wer nun allerdings glaubt, er käme mit der amerikanischen Nomenklatur auch in Großbritannien oder Irland einigermaßen durch, der irrt: Die Engländer sagen zu den *French Fries* nämlich *Chips,* während sie die seit der Erfindung der Kartoffelmaschine in den zwanziger Jahren unseres Jahrhunderts weltweit industrialisierten und in Klarsichttüten abgepackten Nachfolger der *Saratoga Chips* als *Crisps* bezeichnen. In der Tat dürfte den Briten weder das Urheberrecht auf Chips noch auf Crisps zustehen, weil frittierte Kartoffeln – wie die englische Kulinarhistorikerin C. Anne Wilson[284] feststellte – erst 1870 auf den britischen Inseln heimisch wurden.

Machen wir es uns also einfach und rufen wir die Franzosen – die schließlich wissen müssten, was *French Fries* wirklich sind – zum Schiedsrichter aus. Selbst das erweist sich jedoch als hoffnungsloses Unterfangen: *Pommes français* sind in Gallien nämlich weit und breit nirgendwo bekannt. Und auch nur einigermaßen »klassische« *Pommes frites* gibt es ebenso wenig wie eine einheitliche französische Küche. Da muss schon peinlich genau zwischen *pommes de terre paille* (wie Gemüsejulienne in Zündholzgröße geschnitten), *pommes frites chip, en liards* (dünne, zweimal frittierte Pommes) und *pommes de terre Pont-Neuf* (dick geschnittene Pommes frites) unterschieden werden – womit wir schließlich wieder am Anfang unserer Geschichte, nämlich bei König Louis Philippes Feinschmeckermenü aus dem Jahr 1837 angelangt wären.[285]

Doch auch die sprachliche und stilistische Vielfalt, durch die sich die französische Pommes-Kultur auszeichnete, wurde zunächst verwässert und zuletzt sogar nahezu vereinheitlicht, seit in den sechziger und siebziger Jahren die ersten Hamburger-Ketten auch in Paris ihre Pforten öffneten. Mittlerweile ist man sich auch an der Seine einig, was unter Pommes frites zu verstehen ist: nämlich amerikanische *French Fries.* Das verwundert in einem Land, in dem Essen von einem großen Teil der Bevölkerung allemal als vaterländisches Bekenntnis betrachtet wird. Immerhin hat noch Roland Barthes in seinen 1957 erstmals erschienenen *Mythen des Alltags* analysiert: »Die Frites sind Objekte der Sehnsucht und ebenso patriotisch wie das Beefsteak.« In beiden Fällen unterstellt er somit, dass es sich um tatsächlich bodenständige Gerichte handle. Um die nationale Komponente zu unterstreichen, erzählt Barthes in diesem Zusammenhang auch noch die Geschichte jenes General de Castries, der unmittelbar nach dem Waffenstillstand im Indochinakrieg um eine Portion Pommes frites gebeten haben soll. »Was man«, wie Barthes hinzufügt, so zu verstehen habe, »dass die Bitte des Generals gewiss kein gewöhnlicher materialistischer Reflex war, sondern eine rituelle Handlung: Aneignung des wieder gefundenen französischen Brauchtums. Der General kannte sehr genau unsere nationalen Symbole; und er wusste, dass Pommes frites die Nahrungszeichen des Franzosentums sind.«[286]

Wenn man einen Franzosen wirklich in seinen tiefsten patriotischen Gefühlen verletzen möchte, so braucht man ihm daher lediglich – vermutlich sogar mit Fug und Recht – zu erklären, dass sich sein Nationalgericht, das *Bifteck Frites,* letztlich aus einer englischen und einer belgischen Erfindung zusammensetzt. Das Beefsteak kam tatsächlich erst relativ spät nach Frankreich, als jene englischen Besatzungstruppen, die nach der Schlacht von Waterloo in den Tuilerien ihr Lager aufschlugen, auch ihre Ernährungsgewohnheiten mit an die Seine brachten. Und was die Pommes frites betrifft, so hat der belgische Soziologe und Nahrungshistoriker Leo Moulin seine Nachbarn – Parmentier zum Trotz – nicht als »Nachzügler« in Sachen Kartoffeln geschmäht, sondern ihnen auch jegliche Urheberschaft an den Pommes frites abgesprochen, die er stattdessen für seine belgische Heimat beansprucht. Vor allem jener »zweite kurze Frittiergang«, der für die belgische Zubereitungsart typisch ist und ihnen die so goldbraune Färbung und ihre trockene Knusprigkeit verleiht, sei, so Moulin apodiktisch, genuin belgisch.[287]

Aus dem Land der Flamen und Wallonen stammt übrigens auch die von Jo Gerard vertretene Theorie, dass die Pommes frites ihren wahren Ursprung einer schlichten Lebensmittelimitation verdanken: Die Einwohner von Lüttich, so meint er, hätten nämlich eine solche Leidenschaft für winzige, sprottenähnliche und in Fett frittierte Fischchen entwickelt, dass sie dieselben, wenn sie während der Wintersaison nicht vorrätig waren, durch ähnlich zugeschnittene und ebenfalls in heißem Fett ausgebackene Kartoffelstückchen ersetzten.[288] Die weit verbreitete Meinung, die Amerikaner hätten mit der Bezeichnung *French Fries* dem wahren Herkunftsland der Pommes frites entsprechenden Tribut gezollt, entpuppt sich also als zumindest ungenau, wenn nicht gar falsch. Und tatsächlich ist man in den USA nicht nur aufgrund der bereits angesprochenen Legende, dass bereits Präsident Thomas Jefferson 1802 ein *French-Fries-Rezept* gekannt und seinen Freunden auch immer wieder vorgesetzt haben soll[289], der festen Überzeugung, letztlich doch selbst das Copyright auf die *French Fried Potatoes* zu besitzen. Den Franzosen will man in diesem Zusammenhang lediglich das Verdienst einräumen, dass sie es waren, die erstmals auf die Idee kamen, Gemüse jeglicher Art für ihre *Julienne* kleinstiftelig zu schneiden. Das *French* bei den *Fries* beziehe sich, so liest man jedenfalls im *Food Lover's*

Companion, einer der populärsten amerikanischen Küchen-Enzyklopädien, nämlich gar nicht auf das Herkunftsland Frankreich, sondern vielmehr darauf, dass die Kartoffel in Streifen ge*frenched*, also nach französischer Art geschnitten werden, bevor sie in ihren Bestimmungsort – die Fritteuse – wandern.[290]

Über die richtige Zubereitungsart von Pommes frites herrscht allerdings etwas weniger Uneinigkeit. Es gibt freilich auch da Unterschiede, und für wirkliche Kenner ist es ganz und gar nicht gleichgültig, auf welche Art und Weise welche Kartoffeln in welchem und wie heißen Fett herausgebrutzelt werden. Überraschend hoher Reputation erfreuen sich in diesem Zusammenhang die Pommes frites von *McDonald's,* über die selbst ausgewiesene Gourmets – im Gegensatz zu deren meist recht despektierlichen Äußerungen zum Thema Hamburger – lobende Worte finden. Bei einem Fritten-Test des *Chicago Tribune Magazine* landeten die unvermeidlichen *Big Mäc*-Begleiter sogar einmal unangefochten auf Platz eins.[291] Deren »Geheimrezept« besteht in einem Schockgefrierverfahren, in dem Zucker und andere Geschmacksstoffe erhalten bleiben[292] sowie in der Tatsache, dass die Pommes frites bei *McDonald's* nicht, wie anderswo, nach dem Blanchieren bereits frittiert, sondern zuvor heißluftgetrocknet werden. Durch den damit verbundenen Flüssigkeitsverlust werden die negativen Begleiterscheinungen des Tiefkühlens wieder einigermaßen ausgeglichen, und die Pommes sind nach dem Fertigfrittieren im Restaurant (fast) so knusprig, als hätten sie niemals eine Tiefkühltruhe gesehen.[293]

Einen wahren Pommes-frites-Kenner vermag freilich auch eine solche Kompromisslösung nicht wirklich zufrieden zu stellen. Für das ultimative Pommes-Rezept erlaube ich mir daher einmal mehr, Cindy Pawlcyn vom *Fog City Diner* in San Francisco zu zitieren, die dort das (zumindest für meine Begriffe) beste Fast-Food-Restaurant der Welt führt. Sie verwendet dafür frische (auf keinen Fall tiefgekühlte) Kennebec-Kartoffeln, weil diese ein besonders ausgewogenes Zucker- und Stärkeverhältnis haben. Als Frittierfett bevorzugt Cindy Pawlcyn Erdnussöl. Nach dem Schälen werden die Kartoffeln mithilfe eines speziellen Cutters der Länge nach in Stäbchen von 3/16 inch Durchmesser (ca. 0,5 cm) geschnitten und dann in Wasser eingeweicht, um überschüssige Stärke auszuscheiden. Anschließend müssen die Pommes frites gut trockengetupft werden. Die Temperatur des Öls sollte 190 Grad Celsius betragen, und es dauert etwa drei Minuten, bis die möglichst nur in jeweils kleineren Schüben eingelegten Pommes braun und knusprig sind und nach dem Abtropfen mit Hilfe von Küchenkrepp (möglichst mit Meersalz) gesalzen serviert werden können. Sind die Pommes dicker als ein halber Zentimeter, bedürfen sie zweier Frittiergänge. Der erste erfolgt bei einer Öltemperatur von etwa 160 Grad Celsius und dauert etwa fünf bis acht Minuten. Nachdem man die Pommes aus dem Öl genommen und trockengetupft hat, werden sie erneut in Öl gegeben und auf 190 Grad Celsius so lange gebräunt, bis sie die gewünschte Farbe und Knusprigkeit angenommen haben.

DUNKLE FLECKEN AUF DER SEELE

Ketchup, Sojasoße und andere flüssige Gewürze

Ketchup, so lautet die geläufige Meinung, sei das Amerikanischste vom Amerikanischen. Es trägt einen wesentlichen Teil der Schuld daran, dass die Amerikaner von den Europäern bis heute mit einer gewissen Hybris der völligen Unbedarftheit in kulinarischen Dingen geziehen werden. Wie sollte auch eine Nation so etwas wie Geschmack haben, die sich auf alles – vom Frühstücksbrot über die Spaghetti bis zum Roastbeef – einen dicken Ketchup-Patzer kleckst?

Dieses Vorurteil geht wie so viele Vorurteile an der Realität vorbei. Denn tatsächlich bietet die amerikanische Küche vielerlei, das weder jemals mit Ketchup in Berührung kam noch des Ketchups bedurfte, um dennoch hervorragend zu munden. Das Ketchup-Argument erweist sich aber in Bezug auf den »typisch amerikanischen« Geschmack auch noch aus einem anderen Grund als ganz und gar nicht stichhaltig: Obwohl nämlich die Tomate, die zweifellos Körper und Rückgrat jeder Ketchupflasche bildet, eindeutig amerikanischen Ursprungs ist, stammt der Name Ketchup weder aus Nord- noch aus Südamerika, sondern aus Asien. Diese Erkenntnis ist freilich auch mit einem gewissen Überraschungseffekt verbunden: Da es im Fernen Osten, als das Ketchup erfunden wurde, noch gar keine Tomaten gab, war das Ketchup ursprünglich ganz und gar tomatenfrei und hatte mit dem, was man heute unter Ketchup versteht, nicht einmal die rote Farbe gemeinsam. Tatsächlich handelte es sich bei den asiatischen Ketchup-Vorläufern um mehr oder weniger enge Verwandte aus der

Familie der Sojasoße, die bis heute die einzige Würzsoße geblieben ist, die mit dem Erfolg des Ketchups – wenngleich nach wie vor weitgehend auf den asiatischen Raum beschränkt – auch wirtschaftlich Schritt zu halten vermag. Es scheint daher, bevor wir endgültig auf die unterschiedlichsten Facetten der Ketchup-Kultur zu sprechen kommen, durchaus angebracht, sich zumindest kurz und überblickartig auch mit der Geschichte der Sojasoße zu befassen: Denn während die Tomate die meistgegessene Obst- und Gemüsesorte Amerikas ist, darf Soja immerhin für sich beanspruchen, nicht mehr und nicht weniger als die meistverspeiste Pflanze der Welt zu sein. Ein Erfolg, den sie nicht zuletzt der daraus hergestellten Sojasoße schuldet.

Der Spitzenstar unter den Aromaten der östlichen Hemisphäre ist im Orient seit etwa 2 500 Jahren bekannt[294] und verdankt seine Entstehung dem Umstand, dass die damals immer mehr an Zulauf gewinnende buddhistische Lehre dem Fleischgenuss äußerst reserviert gegenüberstand. Man suchte also nach einem Ersatz für Fleischsaft, der auch als Würzmittel diente – und fand diesen, als man sich näher mit dem Gärungsprozess von Gemüsen beschäftigte. Eine alte chinesische Spruchweisheit aus der Sung-Epoche (960–1279) zählte die Sojasoße neben Feuerholz, Reis, Öl, Salz, Essig und Tee zu den »sieben notwendigen Dingen des täglichen Lebens«[295]. Da Salz überdies bis heute in China zu den teuersten Rohstoffen zählt, wird es in der chinesischen Küche fast ausschließlich über den »versteckten« Salzanteil von Sojasoße und Pickles verwendet. In China unterscheidet man dabei vor allem zwei Sorten: die helle, *Superior Soy* genannte und häufiger verwendete Variante sowie die länger gelagerte, als *Soy Superior Sauce* verkaufte und sowohl teurere als auch sämigere Fasson, die man an ihrer dunklen, fast schwarzen Farbe erkennt.[296]

Es dauerte allerdings trotz ihres schnellen Siegeszugs quer durch die chinesischen Provinzen geraume Zeit, bis sich die Sojasoße – der Name ist eine japanische Verballhornung einer alten kantonesischen Bezeichnung für »gesalzene Bohnen«[297] – von Nordchina über den gesamten Fernen Osten ausbreitete. In Japan, das heute neben China als zweites Mutterland der Sojasoße gilt, war dieselbe vor dem 6. Jahrhundert n. Chr. nicht bekannt, und ihre hohe ernährungsphysiologische Bedeutung, die einen weltweiten Soja-Boom auslöste, wurde erst in unserem Jahrhundert nachgewiesen. Die ersten Nichtorientalen, die mit Sojasoße in Berührung kamen, waren wohl holländische und portugiesische Kaufleute, die Proben dieses für sie recht ungewöhnlichen Würzmittels nach Europa brachten. Auch Sonnenkönig Ludwig XIV. erhielt ein chinesisches Porzellanflacon voll des edlen Gebräus und fand dem Vernehmen nach einigen Gefallen daran. 1690 schließlich wusste der deutsche Naturforscher Engelbert Kaempfer in seiner Geschichte und Beschreibung von Japan davon zu berichten, dass die Einheimischen zur Nahrungszubereitung eine Art von Sojabrei auf ähnliche Weise wie die Europäer ihre Butter benutzten. Und der Italiener Gemelli Careri fand, den Spuren Marco Polos folgend, heraus, dass man in Peking gewohnt war, Speisen in eine dünnflüssige Sojabohnenbrühe zu tauchen.

Vermarktet wurden damals freilich weder Brei noch Brühe. Erst ab 1868, als die Meji-Kaiser die Öffnung Japans gegen Westen hin einleiteten, begannen Exporte japanischer Sojasoße auf nennenswerter Basis. Auf der 1873 veranstalteten Wiener Weltausstellung war Sojasoße »made in Japan« jedenfalls bereits vertreten. Trotz solcher früher Erfolge hält sich in Europa allerdings bis heute das Vorurteil, dass es sich bei Sojasoße lediglich um den ausgepressten Saft von Sojabohnen handle. Die Herstellung von Sojasoße aus der Bohnenart *Glycine max* ist tatsächlich wesentlich komplizierter und entfernt mit dem Bierbrauen verwandt. Im Wesentlichen orientiert man sich dabei heute an drei Verfahren:

1 Vergorene oder gebraute Sojasoßen werden durch reine Gärung von Sojabohnen, Weizen, Wasser und Meersalz hergestellt.
2. Industriell gefertigte Sojasoßen werden nicht gebraut, sondern auf der Basis von Proteinen, Salzwasser, Maissirup und Zucker in Hydrolyseanlagen gefertigt.
3. Manche Hersteller bevorzugen ein kombiniertes und daher zeit- und arbeitssparendes Verfahren aus beiden Technologien.

Die beiden wichtigsten Kennzeichen der gebrauten – und, sowohl was Rohstoffe als auch Herstellung betrifft, wesentlich wertvolleren – Sojasoße sind neben reintönigem Aroma und ausgewogenem Geschmack ihre Durchsichtigkeit und die ins Rotbraune tendierende Farbe. Voraussetzung dafür ist das richtige Verhältnis von Weizen und Sojabohnen in der Maische sowie eine Gärungsdauer von sechs Monaten unter optimalen Bedingungen, sprich: bei gleich bleibender Feuchtigkeit und Temperatur. Während dieser Reifezeit verwandeln sich die Sojaproteine in die für den Endgeschmack entscheidenden und physiologisch wertvollen Aminosäuren. Die Herstellung industrieller Sojasoße nimmt im Gegensatz dazu nur etwa drei Tage in Anspruch. Für die gebraute Sojasoße gilt in Japan übrigens, ähnlich wie in Bayern beim Bier, eine Art von unausgesprochenem »Reinheitsgebot«[298], das es untersagt, andere als die erwähnten natürlichen Rohstoffe zu verwenden.

Im Gegensatz zur Sojasoße, die – ähnlich wie das Salz – einzig und allein die Aufgabe hat, Ungewürztem Geschmack zu verleihen, wird Ketchup auch und gerade zu Speisen gereicht, die ohnedies bereits mehr oder minder ausgewogen gewürzt sind. Ketchup ist also nicht in erster Linie Würzmittel, sondern vielmehr ein zusätzlicher – in einem geradezu luxuriösen Sinn »überflüssiger« – Geschmacksträger. Es gibt kaum eine Speise, die Ketchup

»verlangt«. Ketchup »leistet« man sich trotz oder gerade wegen seines billigen Proletarierimages, weil man damit mehr als nur Würze verbindet. Vielleicht vermittelt Ketchup so etwas wie ein Zugehörigkeitsgefühl zu einer kosmopolitischen Tischgemeinschaft, vielleicht aber auch Archaischeres, das an die Untiefen unseres zivilisatorischen Bewusstseins rührt und Tomatenketchup nicht nur als Nahrung, sondern vor allem auch als *Lebenssaft* begreift.

Wer Ketchup sieht oder schmeckt, stellt in jedem Fall – eingestandener oder uneingestandenermaßen – eine Verbindung zum Blut her. Ketchup ähnelt ihm so sehr, dass kein Gangsterfilm und kein Western ohne den klebrigen Saft aus der Tube auszukommen scheint. Auch schmeckt Ketchup süßlich und zieht, wie süßes Blut, alle Arten von stech- und saugfreudigen Insekten an. In der Esskultur tritt Ketchup fast immer als Begleiter von Fleisch auf, mit dem es schon von der Farbe her eine Art Blutsbruderschaft verbindet. Ketchup ist allerdings weniger verfänglich als Blut. Es birgt zwar die rot leuchtende Erinnerung an den vom Zivilisationslack nur notdürftig kaschierten Blutdurst des Menschengeschlechts, doch wir brauchen uns dafür keineswegs zu schämen: Um Ketchup zu gewinnen, muss kein Blut fließen, sondern nur dickflüssiges, rotes Tomatenkonzentrat.

Was also ist Ketchup? Eine Soße, ein Gemüsekonzentrat, ein Püree, eine Kochhilfe, ein Gewürz oder gar eine Beilage? Definitionen für Ketchup sind, wie jedermann weiß, der gern in Kochbüchern blättert, ziemlich rar. Die meisten Spitzenköche drücken sich in ihren kulinarischen Œuvres gern um lange Erklärungen herum oder empfehlen es allenfalls schamhaft als Zutat für Cocktailsauce. Selbst gemachtes Ketchup wäre – zumindest in unserer Zeit – ein Widerspruch in sich: Ketchup, wie wir es heute verstehen, ist seinem innersten Wesen nach vorgefertigt, es ist verflüssigte Bequemlichkeit und somit *Convenience* schlechthin.

Wenn man die Entwicklung des Ketchups sprachgeschichtlich betrachtet, so wäre es durchaus einleuchtend, das zumindest phonetisch durchaus englisch klingende Wörtchen *ketchup* für eine populäre Verballhornung oder eine Slang-Version von *to catch up* zu halten, was so viel wie an etwas herankommen bedeutet. Schließlich genießt man Ketchup, um eine Lieblingsvokabel der *Nouvelle Cuisine* in ungewohntem Kontext zu strapazieren, ja auch an anderen Produkten. Und ein Gericht *Ketchup an Pommes* zu nennen, hat in jedem Fall mehr faktische Berechtigung, als eine Ente an Orangensauce oder Krebse an Kräutervinaigrette zu servieren.

Die volksetymologische Annäherung an das Wort Ketchup erweist sich dennoch als falsche Fährte. Tatsächlich hat Ketchup nämlich ganz und gar nichts mit »Catchen« zu tun. Der Vorläufer des Ketchups war vielmehr eine fernöstliche Würzsoße aus Fischpaste und Aromen (chin. *kêtsiap,* indon. *kechap*, siam. *kachiap*[299]). Wenn man der etwas unübersichtlichen Quellenlage Glauben schenken darf, so wurde das älteste uns bekannte *kêtsiap* 1690 bei den Chinesen zu Fisch und Geflügel gereicht[300] und bestand aus gesalzenem und passiertem Fisch, Meeresfrüchten sowie verschiedenen Gewürzen.

Von China aus trat das *kêtsiap* dann über Indonesien und Thailand seinen Siegeszug durch den Orient an, wo es englische Seeleute vermutlich in Singapur oder am malaiischen Archipel als dunkle, gesüßte Sojasoße von zähflüssiger Konsistenz kennen lernten und in ihre Heimat mitbrachten. Hätte es nicht das britische Empire gegeben, so wäre das *kêtsiap* oder wie immer man diesen Namen von Land zu Land lautmalerisch variieren mochte, wohl bis heute eine fernöstliche Spezialität geblieben. Ähnlich wie *Curry* und *Chutney* wurde es jedoch zum Objekt einer kulinarischen Landnahme und damit auch zu einer essbaren Ausgeburt des britischen Kolonialismus.

Auf den britischen Inseln angelangt, wurde *kêtsiap* dann allmählich modifiziert und erschien bereits 1748 – erstmals in der Schreibweise *ketchup* – im *Housekeeper's Pockethook* einer Mrs. Harrison, die auch schon riet, in der Speisekammer immer eine Flasche davon vorrätig zu haben. So entstand allmählich eine als zunehmend unverzichtbarer empfundene Zutat der englischen Küche, deren Popularität sich auch daran ermessen lässt, dass ihr sowohl Lord Byron in seinem *Beppo*-Epos als auch Charles Dickens in *Barnaby Rudge* ein literarisches Denkmal setzte; Letzterer in Form der Beschreibung eines »Lammkoteletts, das man in reichlich Ketchup gewendet« hatte – was auch ein Licht auf die tatsächliche Verwendung von Ketchup im viktorianischen England wirft.

Was Byron und Dickens besangen, hatte allerdings mit dem Ketchup von heute kaum eine entfernte Ähnlichkeit. Tomatenlos zählte das Kolonial-Ketchup zur großen Familie der Würzsoßen, deren frühester Vorläufer das altrömische *Garum* oder *Liquamen* war, eine bereits im alten Pompeji und Leptis Magna auf industrieller Basis hergestellte Würzpaste aus Salzlake, Stärke, Ei, Sardellen und Most.[301] Ganz in der Tradition dieser dunkelbraunen Würzsoßen steht übrigens auch als weitere enge Verwandte des britischen Ketchups die *Worcestersauce,* die – obwohl bereits auf den indischen Inseln erfunden – mit dem fernöstlichen *kâtsup* wesentlich mehr gemein hat als mit dem Tomatenketchup auf den Pommes.

Als Erfinder der Worcestersauce gilt der aus Worcestershire stammende Ostindien-Fahrer und Gouverneur von Bengal, Lord Marcus Sandys, der – nachdem er sich 1835 in seinen Heimatort Ombersley zurückgezogen hatte – mit der Apotheke *Lea & Perrins* an der Broad Street bei Worcester in Kontakt trat, um dort einen Auftrag zu deponieren: Man möge doch versuchen, so meinte er, seine indische Lieblingssoße zu rekonstruieren. John Lea und William Perrins nahmen die Herausforderung an und bereiteten nicht nur das von Seiner Lordschaft bestellte Kontingent, sondern auch noch eine ganze Menge mehr von der Soße zu, weil sie hofften, dieselbe auch unter anderen pensionierten Kolonialbeamten an den Mann zu bringen. Ob Sir Marcus mit

Abb. 20: Würzsoßen erhielt man früher nicht im Feinkostladen, sondern in der Apotheke. Auch die berühmte Worcestersauce wurde im Ladenkontor zweier Apotheker nach einem Vorbild aus den indischen Kolonien entwickelt.

seiner Soße zufrieden war, weiß man nicht so genau. Fest steht jedoch, dass *Lea & Perrins* auf den Restbeständen sitzen blieben, weil deren Aroma ganz einfach zu stechend für den britischen Geschmack war. Bevor es sich jedoch dafür entschied, die ganze Produktion zu vernichten, kam das Gewürzhändler-Duo in letzter Minute auf die Idee, dass der stechende Geruch durch längere Lagerung möglicherweise etwas abgemildert werden könne. Man verstaute also die Soßenfässer im Keller und hatte sie nach kurzer Zeit bereits vergessen.

Als nach zwei Jahren wieder einmal jemand darüber stolperte und an der Soße schnupperte, fand er daran – so will es zumindest die Legende – sofort Geschmack. Das Würzelixier wurde also schließlich doch noch abgefüllt und in den Handel gebracht. Obwohl das Rezept der bereits im späten 18. Jahrhundert erhältlichen *Harvey's Sauce* durch die Verwendung von Malzessig, Zuckersirup, Schalotten, Knoblauch, Tamarindenmark, Gewürznelken, Sardellenpaste und Fleischextrakt ziemlich ähnlich war, wurde die Worcestersauce zum vollen Erfolg und kann durchaus als typisch britischer Ketchup der Vor-Tomaten-Ära bezeichnet werden.

Wesentlich an dessen Erfolg beteiligt war übrigens ein ziemlich einfältiger Marketinggag: Lange Zeit wurde nämlich damit geworben, dass Worcestersauce sich nicht nur als ideale Steaksoße eigne, sondern auch als Haarwuchsmittel für Glatzköpfe. Und weil die Soße seit 1919 auch in den Erste-Klasse-Salons der großen Schifffahrtslinien eingesetzt wurde, verfiel man sogar auf den Werbeslogan: »Steam takes the place of sail but no sauce has superseded Lea & Perrins, the Original and Genuine Worcestershire. A wonderful liquid tonic that makes your hair grow beautiful.«[302]

Dass die Worcestersauce keinesfalls nur in der angelsächsischen Welt Erfolg hatte, lässt sich übrigens auf einem Foto vom 30. September 1938 recht deutlich ablesen: Es zeigt den englischen Außenminister Neville Chamberlain, den französischen Premierminister Edouard Daladier sowie die beiden Diktatoren Benito Mussolini und Adolf Hitler – gemeinsam mit einer Flasche Worcestersauce bei ihrem letzten Diner in Friedenszeiten.

Auch in Deutschland fand die urbritische Soße übrigens bald Nachahmer: Das noch in den siebziger und frühen achtziger Jahren auf jedem Gasthaustisch unvermeidliche, von Salz und Pfeffer flankierte Maggifläschchen enthielt eine ähnlich intensiv schmeckende Essenz, die man hierzulande allerdings in erste Linie als Würze für die wässrigen und geschmacksleeren Suppen der Nachkriegszeit und niemals als Steaksoße zu verwenden pflegte.

Die Geschichte der Worcestersauce bestätigt einmal mehr, dass Würzsoßen nicht nur ihres Geschmacks wegen populär wurden, sondern weil man hinter ihren »Geheimrezepten« auch »geheime Kräfte« vermutete. Dasselbe trifft sicherlich auch auf das britische, mit exotischen Düften assoziierte Ketchup zu, aus dem sich später das Tomatenketchup entwickelte. Letzteres hat freilich, wenn man es genau nimmt, mit seinem Vorläufer nicht viel mehr zu tun als der amerikanische Hamburger mit dem englischen Ham. Die Namensgleichheit beruht höchstens auf einer Ähnlichkeit in der Funktion, aber kaum in der Zusammensetzung. Es finden sich zwar auch im Tomatenketchup einige exotische Gewürzanklänge wie Nelken, Zimt, Selleriesamen, Ingwer, Knoblauch und Muskatnuss. Was seinen Gesamtgeschmack betrifft, ist das amerikanische Ketchup jedoch viel eher ein Nachfolger des italienischen Tomatenmarks als der asiatischen Sojasoße.

Die Stunde der Tomate schlug daher auch, aller Namensgleichheit zum Trotz, nicht in der Alten, sondern in der Neuen Welt, wo *Tomato Catsup* bereits gegen Ende des 18. Jahrhunderts in New England populär wurde. Ein Rezept für Tomatenketchup tauchte schon 1792 in Richard

Brigg's *Art of Cookery* auf. Und um die Mitte des 19. Jahrhunderts legte Isabella Beeton »diese würzige Zutat« den Leserinnen ihres viel gelesenen *Book of Household Management* als eine der »nützlichsten Soßen für die erfahrene Köchin«[303] ans Herz. Damals entstanden auch allerlei mittlerweile vergessene Ketchupvarianten, die auf Stachelbeer- oder Champignonbasis hergestellt wurden.

Wie alle häusliche Vorratshaltung erwies sich jedoch auch die Herstellung von Tomatenketchup für den privaten Gebrauch als zu zeitaufwendig und kompliziert. Es war also nur eine Frage der Zeit, bis ein findiger Kopf auf die Idee kam, aus dem alten Hausrezept einen für jede Hausfrau leicht zugänglichen Helfer herzustellen. Womit wir schließlich bei jenem unternehmungslustigen Deutschamerikaner namens Harry Heinz angelangt wären, der das Ketchup seit 1878 auch industriell herstellte und auf die heute noch gebräuchlichen Flaschen abzog. Er erfand damit nichts grundlegend Neues, sondern versüßte Mutters altes Hausmittel lediglich mit raffiniertem Zucker und machte es für den Massenverbrauch zugänglich. Ohne es zu wissen, stellte er damit gleichzeitig eine der frühesten Formen dessen her, was wir heute *Convenience Food* nennen. In der Folge gesellten sich dazu auch noch andere Variationen aus der »scharfen« Abteilung, für welche die 1868 vom Pfefferhändler Edmond McIhenny in Louisiana erfundene *Tabascosauce* den Markt aufbereitete, die aus Essig, Salz sowie geschrotetem spanischen Pfeffer zubereitet wurde und den höllenscharfen Gegenpol zu Tomatenketchup bildete. 1895 reagierte Heinz darauf mit einer Chilisauce, die wesentlich weniger süß als Ketchup[304], aber auch wesentlich weniger scharf als Tabascosauce war. Die mexikanische Ethnowelle der neunziger Jahre veranlasste die Firma Heinz übrigens erst unlängst dazu, ein weiteres Mal zu den Scharfmachern überzulaufen: 1993 kam erstmals der *Salsa Style Ketchup* auf den amerikanischen Markt.

Auch in Deutschland verlief die Geschichte der Popularisierung des Ketchups schrittweise, da es hier eine »britische« und eine »amerikanische« Phase gab. Zweifellos von den geschmacklich durchaus sehr diversifizierten britischen Würzsoßen beeinflussen ließ sich Adolf August, der berühmte Chefkoch des *Hotel Adlon*. Sein im Jahre 1916 erstmals hergestellter *Tomatoe Ketchup* vereinte allerdings bereits die typisch fernöstlichen Geschmackskomponenten mit dem Aroma von beigefügtem Tomatenmark, verzichtete aber völlig auf den süßen Beigeschmack des amerikanischen Ketchups. Augusts Würzsoße blieb daher auch nur einem kleinen Kreis von Abnehmern in der damaligen Spitzengastronomie und -hotellerie vorbehalten und erzielte keinerlei Massenwirkung. Die stellte sich erst ein, als mit den amerikanischen GIs auch amerikanischer Lebensstil in die Besatzungszonen einzog und, wie es Claus-Dieter Rath formulierte, prompt »zum Inbegriff kulinarischer ›Unkultur‹, Symbol der Gleichmacherei der Nahrung, Symbol aber auch einer Verselbständigung und Steuerbarkeit des Geschmacks«[305] wurde – eine Kritik, die am Siegeszug des Ketchups in der deutschen Schnellimbissgastronomie und auch an dessen zunehmender Verwendung im Privathaushalt kaum etwas zu ändern vermochte.

Nirgendwo erfreut sich Tomatenketchup in den unterschiedlichsten Variationen allerdings solcher Beliebtheit wie in den USA, wo die Tomate noch vor Kartoffeln, Salat und Mais das erklärte Lieblingsgemüse der Bevölkerung ist. Und wohl nur in den Vereinigten Staaten konnte sich ein Präsident wie Ronald Reagan auch daranwagen, ein Industrieprodukt wie Tomatenketchup für die Verwendung in Schulkantinen offiziell zum Gemüse zu erklären, obwohl sein Ernährungswert zumindest umstritten und die Tomate physiologisch gesehen kein Gemüse, sondern ein Obst ist.

Mittlerweile hat die Ketchup-Familie (wenn man die Gruppe der Würzsoßen einmal als solche definieren darf) von vielen Seiten her Zuwachs erhalten: Zu ihrer weiteren Verwandtschaft zählt von der Currysoße bis zur Mayonnaise und vom Senf bis zum *Sandwich Spread* wohl jede auch nur einigermaßen zähflüssige Masse, in die Pommes frites, Hotdogs, Hamburger, Fischstäbchen, Grillwürstchen oder Hühnernuggets getaucht werden können. Diese mehr oder minder zweifelhaften Segnungen der schnellen Küche werden bei aller Unterschiedlichkeit des Geschmacks jedoch in erster Linie durch eine Gemeinsamkeit zusammengehalten: Sie fordern geradezu dazu auf, es mit den Tischsitten nicht allzu genau zu nehmen und sind dadurch geradezu ideal als Partner jeder Art von Fingerfood geeignet. Messer und Gabel sind ihnen suspekt. Ihre Welt sind die Styroportüten, Papierservietten und Kleenextücher. Ihr Zugang zum Essen ist jener des direkten, unmittelbaren Zugriffs. Nicht nur der Geschmacks-, vor allem auch der Bewegungssinn soll angesprochen werden. Hamburger oder Hotdogs mit Ketchup zu essen, das bedeutet stets auch ein Hin- und Herschieben, ein Sich-und-anderen-den-Mund-Abwischen, ein herzhaftes Schütteln, Drücken und Schleudern – ein auch gemeinschaftlich erlebbares haptisches Vergnügen also, wie es kaum eine andere Mahlzeit ermöglicht.

Womit wir wieder beim Ausgangspunkt unserer Überlegungen angelangt wären: Während mithilfe von *kêtsiap,* Soja- oder Worcestersauce durchaus auch subtile Geschmacksnuancen in der feinen Küche erzielt werden können, kann der unaufhaltsame Erfolg des Tomatenketchups – darüber sind sich zumindest die Feinschmecker dieser Welt einig – kein oder zumindest kein rein kulinarischer sein. Dass es dennoch seit seiner Erfindung unausrottbar unsere Tafeln bevölkert und keine naseweise Miesepeterei der Ketchup-Generation ihre sämig-süße Freude madig zu machen vermag, lässt darauf schließen, dass der Ketchup an Saiten der menschlichen Existenz rührt, die der Feinschmecker verdrängt zu haben scheint. Vielleicht ist der

Ketchup in der klinischen Atmosphäre der Fast-Food-Restaurants auch so etwas wie eine letzte Erinnerung an das mit dem Mythos des Blutes verbundene gemeinschaftliche Opfer. Während gerade die Fast-Food-Industrie durch Systematisierung und Vereinheitlichung des Designs ihrer Produkte auch den letzten Gedanken daran zu tilgen sucht, dass es sich bei Buletten, Würstchen oder Fischlaibchen um »gemeinsam erlegte« Tiere handelt, hält der Ketchup diese Erinnerung zumindest im Unterbewusstsein wach. Ketchupflecken, so scheint es also, hat man offenbar nicht nur auf dem T-Shirt, sondern auch auf der Seele.

FLÜSSIGE BIG MÄCS

Die Coke-Story

Coca-Cola ist der amerikanische Geist aus der Flasche. Jederzeit verfügbar, scheint er alle Wünsche zu erfüllen. Und wer sich ihm anvertraut, der kann durch den Strohhalm nicht nur kühle, perlende Frische einsaugen, sondern – so er dem Coca im Cola vertraut – auch klammheimlich einen jugendfreien Rausch erleben. Coca-Cola ist das flüssige Pendant zu *McDonald's*. Die Glücksverheißung ist da wie dort so perfekt wie die zielgruppenadäquate Einbettung in die Bedürfnisse des Alltags. In der Tat sind Coca-Cola und *McDonald's* auch ein Stück Weges gemeinsam gegangen. Und *McDonald's*-Promotor Ray Kroc trennte sich sogar von einem seiner treuesten und ältesten Franchiser, als dieser den Liefervertrag für seine *McDonald's*-Filiale plötzlich auf Pepsi umstellen wollte.

Mit *McDonald's* hat Coca-Cola freilich viel mehr als nur jahrzehntelange und besonders erfolgreiche Geschäftsverbindungen gemeinsam. Beide Firmen verdanken ihren Erfolg in hohem Maß der Tatsache, dass sie nicht nur ein Produkt, sondern vor allem die Ideologie vom *American Way of Life* verkaufen. Und in beiden Fällen waren es nicht die Firmengründer, die den Erfolg einheimsten, sondern radikalkonservative Visionäre der freien Marktwirtschaft. Wie es vor dem legendären Ray Kroc die findigen, aber nur maßvoll erfolgreichen Brüder Dick und Mac McDonald gab, so stand am Beginn der Coca-Cola-Geschichte, auch wenn diese maßgeblich von erfolgreichen Geschäftsleuten wie Asa Candler oder Tycoons wie Robert W. Woodruff bestimmt werden sollte, ein kleiner Apotheker namens Dr. John Stith

Pemberton (1831–1888), dem seine Erfindung mehr Scherereien als Glück einbringen sollte. Dass ihm im *Coca-Cola-Museum* in Atlanta eine ausführliche Würdigung als schrulliger, aber genialer Kräuterdoktor zuteil wird, kann freilich weder über die Tatsache hinwegtäuschen, dass Pemberton ein morphiumsüchtiger Junkie der ersten Generation war, noch darüber, dass Coca-Cola seinen ursprünglichen Erfolg – obwohl das von offiziellen Stellen immer wieder geleugnet wird – dem Umstand verdankt, dass dieses »alkoholfreie Getränk für Intellektuelle«[306] (Firmenwerbung 1887) in den ersten fünfzehn Jahren seiner Existenz ein kokainhaltiges Rauschgetränk war.

Das klingt freilich in unseren Ohren wesentlich bedrohlicher und krimineller, als man es damals tatsächlich empfunden hat. Denn ähnlich wie später die Atomkraft, so wurde auch die um 1860 erfolgte Isolierung eines Alkaloids namens Kokain durch den deutschen Chemiker Albert Niemann zunächst als reiner Segen für die Menschheit gefeiert. Man hoffte damit, Alkoholiker ebenso wie Opium- und Morphiumsüchtige heilen zu können. Und Sigmund Freud, der bereits 1884 an sich selbst damit zu experimentieren begann und in seinem Artikel »Über Coca« einen Lobgesang auf diese magische Substanz[307] verfasste, soll es seinen Verwandten und Freunden sogar förmlich aufgedrängt haben. Die weitere Rezeptionsgeschichte des Kokains mag in unserem Zusammenhang nicht so sehr von Bedeutung sein. Reizvoll daran ist lediglich, dass am Anfang des erfolgreichsten Massengetränks des 20. Jahrhunderts und damit wohl auch am Beginn der neueren Fast-Food-Geschichte ein Produkt stand, das in unserem heutigen Verständnis kurzerhand als Rausch- oder Suchtgift firmieren würde. Bei Coca-Cola stand also schon viel früher als bei Ray Krocs *Big Mäcs* nicht so sehr das Produkt im Vordergrund, sondern die euphorischen Zustände, die dessen Genuss versprach. »Die Kokapflanze«, so Coca-Cola-Erfinder John Pemberton be-

Abb. 21: Das Bild von der Tankstelle, an der man auch etwas »gegen den Durst tanken kann«, machte das ursprüngliche Rauschgetränk Coca-Cola schon bald zum alkoholfreien Lieblingsdrink der automobilisierten Gesellschaft.

reits 1885, »bewahrt nicht nur die Gesundheit, sondern wirkt bis ins hohe Alter lebensverlängernd und versetzt den Kokakonsumenten in die Lage, wahre Wunder an geistiger und körperlicher Arbeit zu vollbringen.«[308]

Die Kokamanie erfasste in den letzten beiden Jahrzehnten des vergangenen Jahrhunderts weite Bereiche des öffentlichen Lebens. Koka wurde in Zigaretten, Salben, Tabletten, Sprays und sogar als Kautabak angeboten, der etwa um die gleiche Zeit, in der auch Coca-Cola groß herauskam, als *Coca Bola* auf den Markt gebracht und stark beworben wurde.

Am meisten ließ sich Pemberton bei seiner Erfindung jedoch durch ein Getränk inspirieren, dessen entfernter Nachfolger das auch heute noch vor allem in Landdiskos beliebte Cola-Rotwein ist: der seit 1863 in Frankreich zu einiger Popularität gelangte *Vin Mariani.* Die »Rotweinspezialität« war nach dem Korsen Angelo Mariani benannt, der auf die aus toxikologischer Sicht durchaus reizvolle Idee kam, Alkohol in Form von Bordeauxwein mit Kokablättern zu versetzen, um dadurch eine Multiplikation der euphorischen Wirkung zu erzielen. Der Erfolg war groß, und Marianis Kundenliste las sich bald wie ein *Who's Who* des Fin de Siècle: Queen Victoria und Thomas Edison ließen sich von Mariam ebenso beliefern wie Emile Zola, Sarah Bernhardt und Papst Leo XIII., der sein hohes Alter – er starb erst mit 93 – vor allem auf Marianis Elixier zurückführte und diesem aus Dankbarkeit sogar eine Goldmedaille mit seinem Porträt verehrte.

Wie so oft in der Fast-Food-Geschichte war es also auch bei einem so »uramerikanischen« Getränk wie der Coca-Cola letztlich ein europäischer Vorläufer, der Modell stand. Was Dr. Pemberton im Sinn hatte, war also zunächst nichts anderes als ein amerikanisches Plagiat von Marianis Idee, das er als *Pemherton's French Wine Coca* auf den Markt brachte und – ähnlich wie Mariam – vor allem Geistesarbeitern ans Herz legte, um damit die damalige Modekrankheit Neurasthenie zu kurieren. Doch Pemberton, der sich von seinen Koka-Experimenten auch Heilung von seiner eigenen Morphiumsucht erhoffte, beließ es nicht beim Plagiat, sondern sann auf Verbesserungen, indem er die Wirkungen des Kokablatts durch die der verwandten Kolanuss ergänzte und verstärkte und darauf insistierte, dass sein Produkt jenem von Mariani qualitativ überlegen war. *French Wine Coca,* so ließ er 1885 ins *Atlanta Journal* rücken, habe sich bei Nervenstörungen, Verdauungsbeschwerden, geistiger und körperlicher Erschöpfung, allen chronischen und auszehrenden Krankheiten, Magenreizungen, Verstopfung, Migräne, Neuralgie usw. »als größter Segenspender der Menschheit und als beste Medizin in Gottes Natur erwiesen«.

Als diese Anzeige erschien, waren die Tage des *French Wine Coca* allerdings bereits gezählt. Nicht die Tatsache, dass es Kokain enthielt, war der Grund dafür, sondern dass es sich dabei auch um Alkohol handelte. Und dem wollte die Bevölkerung von Atlanta in einer Ende 1885 durchgeführten Volksabstimmung mehrheitlich den Garaus machen. Die am 1. Juli 1886 in Kraft tretende Prohibition ließ Pemberton also gar keine andere Wahl, als nach einem Rezept für eine alkoholfreie Variante seines aufputschenden Göttertrunks zu suchen. Die Idee dazu fand er in jenen Sodabars, die sich in den USA schon seit den vierziger Jahren des vorigen Jahrhunderts größter Beliebtheit erfreuten, in denen Erfrischungsgetränke mit exotisch klingenden Namen und ungezählten Aromen von Ingwer über Eierphosphat bis Schokolade angeboten wurden. Am 8. Mai 1886 bereicherte John S. Pemberton den Sodamarkt daher mit einem neuen alkoholfreien »Prohibitionsgetränk für Intellektuelle«. Dieses neue *Coca-Cola* enthielt, so versicherte sein Erfinder auf dem Etikett, »die wertvollen tonischen und nervenstimulierenden Eigenschaften der Kokapflanze und Cola- (oder Kola-)nässe, wodurch es nicht nur zu einem

Abb. 13: Die unendliche Geschichte von Frankfurter und Wiener Würstchen geht auf keine Wursthaut. Sind sie aus Schweine-, Kalb- oder Rindfleisch? Hat sie ein Frankfurter in Wien erfunden? Und waren sie nicht ursprünglich Brat- statt Siedewürste? In den USA kennt man sowohl »Original Franks« auch als »Vienna Originals«, kurz »Wieners« genannt.

Abb. 14: In Ray Krocs erster McDonald's Filiale, die er 1955 in Des Plaines bei Chicago eröffnete, ist heute ein kleines Museum untergebracht und erinnert an eine Zeit, in der ein Hamburger noch 15 Cents kostete.

Abb. 15: 1976 ließ Todd Schorr seinen »Flying Hamburger« von Gurken- und Tomaten-UFOs umkreisen und stellte damit auch eine Assoziation zu jenen atavistischen Ängsten her, die mit dem »American Way of Life« allemal verbunden sind: Der Hamburger signalisiert nicht nur das familiäre Fast-Food-Idyll, sondern auch das Grauen, von dem dieses Idyll im Atomzeitalter ständig bedroht ist.

Abb. 16: Waffeln wurden schon zur Zeit Pieter Bruegel d. Ä. gebacken, der auf seinem 1559 entstandenen Gemälde »Kampf zwischen Fasching und Fasten« auch einen frühen »Imbissstand« mit einem Waffeleisen zeigt.

Abb. 17: Das Wort Keks stammt vom englischen *cakes* und wurde erst 1915 in den Duden aufgenommen. Damals tummelten sich freilich schon ganze Heerscharen von Keksverkäufern wie diesem auf den Bahnhofsperrons, um ihr »Sweet Fast Food« unter die Reisenden zu bringen.

Abb. 18: Was ein erfindungsreicher Apotheker im vorigen Jahrhundert erfand, als man das Kokain noch für einen Segen hielt, wurde im 20. Jahrhundert zunächst jugendfrei gemacht und dann zum Inbegriff von Markenbewußtsein und Corporate Identity.

Abb. 19: Gefrorenes galt schon seit jeher als frivol, was vermutlich vor allem damit zusammenhängt, dass man es in aller Öffentlichkeit »schlecken« muss (Lithographie aus dem 19. Jahrhundert).

Abb. 20: Postkarte mit dem ältesten Süßigkeitenladen von Coney Island.

Abb. 21: »Die Pfannkuchenesser« wurden bereits um 1560 von Peter Aertens aus Rotterdam porträtiert, doch man fand sie auch an der Spree, wo der »Berliner Pfannkuchen« als besondere Krafpenspezialität gilt.

Abb. 22 + 23: Liebigs Erfindung des Fleischextraktes wurde bald auch von anderen genutzt und weiterentwickelt. Vor allem die Namen *Maggi* und *Knorr* sind untrennbar mit der Entwicklung von Brühwürfeln, Suppenwürzen, Trockensuppen und anderen weltbekannten Beiträgen zum *Convenience Food* verbunden.

Abb. 24: Umschlag eines Kochbüchleins (*Liebig's Fleischextrakt in der bürgerlichen Küche*), das um die Jahrhundertwende als Werbegeschenk verteilt wurde.

Abb. 25: Aus Liebig's Fleischextrakt wurde schon bald der noch populärere Knorr-Suppenwürfel »herausdestilliert«. Während man in der Liebig-Werbung jedoch auf den romantisierenden Zeitgeist des Fin-de-siècle setzte, dominierte bei Knorr bereits um 1900 die »neue Sachlichkeit«.

köstlichen, belebenden, erfrischenden und stärkenden Trunk wird (in der Sodabar zubereitet und anderen kohlensäurehaltigen Getränken beigemischt), sondern auch ein wertvolles Gehirntonikum und ein Heilmittel für alle nervösen Beschwerden - wie Migräne, Neuralgie, Hysterie, Melancholie usw«. Fast schon im Stil der Werbeprofis, die Pembertons berauschende Limo später groß machen sollten, fügte er hinzu: »Der besondere Geschmack von *COCA-COLA* erfreut jeden Gaumen.«[309]

Doch Pemberton hatte mit seiner neuen Kreation trotz des für damalige Zeiten sensationellen Umsatzes von 720 verkauften Flaschen pro Tag nur lokalen Erfolg. Mitte der 1880er-Jahre erhoben sich nämlich bereits auch die ersten warnenden Stimmen, dass Kokain möglicherweise kein Heilmittel gegen Alkohol und Morphium, sondern selbst ein Rauschgift sein könne. Und durch seine eher ungeschickte Geschäftspolitik verlor er das Coca-Cola-Patent nach einem jahrelangen Wirtschaftskrieg an den Rechtsanwalt Asa Candler (1851–1929), der sich schon bald als weitaus besserer Vermarkter der Cola-Idee entpuppen sollte. Pemberton hingegen starb - nach einem turbulenten, aber nicht erfolgreichen Leben - am 30. August 1888 an Magenkrebs. Unter dem Druck der Öffentlichkeit veränderte Candler 1902 die Rezeptur des mittlerweile im Slang als *Coke* bezeichneten Getränks, indem er den Kokablättern das Alkaloid Kokain entziehen ließ und damit die Grundlage dafür schuf, dass Coca-Cola vom Stimulans überspannter Jahrhundertwende-Intellektueller zum Lieblingsgetränk der Kids und damit auch zum ständigen Begleiter seines späteren Lebensgefährten, des Hamburgers, werden konnte.

Der Rest ist Wirtschaftsgeschichte. Sie wurde allerdings nicht nur von der *Coca-Cola-Company,* sondern auch von dessen bereits 1888 gegründeten Dauerkonkurrenten *PepsiCo Inc.* geschrieben, wobei Coca-Cola mit 41 Prozent Marktanteil[310] (Pepsi: 31 Prozent) die Nase trotz härtestem Werbe-

Dauerfeuer der Konkurrenz immer noch deutlich vorn hat. Seit 1922 ist Coca-Cola auch auf dem europäischen Markt, seit 1929 auch in Deutschland vertreten, wo sie die in den dreißiger und vierziger Jahren erfolgreiche bodenständige Konkurrenz von *Afri-Cola*[311] spätestens nach der im Zug der amerikanischen Besatzung erfolgten Marketingoffensive erfolgreich aus dem Feld schlug. Auch zahlreiche Kola-Produkte von regionaler Bedeutung – wie etwa *Koletta-Kaugummi, Kola-Schokolade, Kola-Bonbons, Chabeso-Cola, Bio-Kola, Sport-Cola, Fru-Kola, Sinalco-Cola* oder *Taxi-Cola* – hatten bald schon keine wirklichen Marktchancen mehr. »Mit der Übernahme von Coca-Cola als Erfrischungsgetränk«, schreibt Ursula Becher daher auch in ihrer *Geschichte des modernen Lebensstils,* »ging eine gewollte und erwünschte Assimilation mit einer amerikanischen Lebensweise einher, so wie man sie verstand und durch dieses Getränk mit den von der Werbung assoziierten Bildern von Freiheit und Lebensfreude symbolisiert fand. Moderner Lebensstil – das hieß nun weitgehend amerikanischer Lebensstil, und man verstand darunter ein von drückenden Sorgen, von Not und Unfreiheit entlastetes Leben.«[312]

Die »Glücksverheißung« funktionierte also durchaus auch ohne Rauschmittelzusatz, und auf zeitgeistige Fährnisse wie etwa den Schlankheits- und Fitnessboom wurde 1982 mit Light-Produkten wie *Diet-Coke* reagiert. Die Legende vom Kokain im Cola hält sich indessen allenfalls noch in den sorgsam gepflegten Vorurteilen einer notorisch amerikafeindlichen Großvätergeneration, die ihren Kindern das Cola-Trinken noch als schädlich verboten hat. Vergeblich, wie man heute weiß: Verpackung, Marketing und eine Werbung, in die unter anderem auch Humphrey Bogart, Michael Jackson, »Indiana Jones« Harrison Ford sowie Regisseure vom Kaliber eines Francis Ford Coppola, Rob Reiner oder Sidney Lumet eingespannt wurden, haben sich letztlich doch als die »härteren Drogen« entpuppt.

Wie schrieb noch die *New York Times* am 24. Februar 1991? – »Man kann davonrennen, aber man kann sich nicht verstecken. Früher oder später, ganz gleichgültig, wie weit man sich vom Komfort und den angenehmen Dingen der modernen Welt entfernt zu haben glaubt, wird Coke einen finden. Gehen Sie zu den Vorbergen des Himalaya, zu den von Wirbelstürmen gebeutelten Fischerinseln vor der Küste Nicaraguas – gehen Sie zum Geburtsort der Zivilisation, wenn Sie wollen. Coca-Cola wird Sie schon erwarten.«

DER FRÜHLING SPIELT NUR EINE NEBENROLLE

Dim Sum und Sushi: Fast Food aus Fernost

Sie gehört zum Chinesen um die Ecke ebenso wie süßsaures Schweinefleisch, knusprige Ente und Pflaumenwein. Ohne Frühlingsrolle als Horsd'œuvre scheint selbst der hungrigste goldene Drache keinen rechten Appetit zu bekommen. Und das ist wohl auch der Grund, warum alle Welt die gefüllten Teigtaschen für eine Vorspeise hält. Dabei fügt man der im Original *chwun-jywan* genannten Frühlingsrolle allerdings bitteres Unrecht zu, ist sie doch keineswegs nur ein Appetizer, sondern vielmehr jenes Gericht, mit dem man sich in China und Vietnam – ähnlich wie bei uns mit dem Schweinsrüssel – ins neue Jahre hineinschmaust. Da Neujahr im Fernen Osten auch Frühlingsfest genannt wird, führt das alte Brauchtumsgebäck also durchaus mit Recht den Lenz in seinem Namen.

Die echten Frühlingsrollen unterscheiden sich von ihren meist zwar knusprigen, aber doch oft genug fetttriefenden und mitunter auch recht freudlos gefüllten euroamerikanischen Verwandten allerdings beträchtlich. Außerdem macht es einen nicht unerheblichen Unterschied, ob die vietnamesische oder die chinesische (exakter: kantonesische) Rezeptur zur Anwendung gelangt.

In China wird ein rechteckiges Teigstück aus Eiern und Weizenmehl zubereitet und um eine spezielle Farce ausgerollt. Diese Fülle besteht aus Schweinefleisch, Zwiebeln, Schrimps, Bambussprossen, aromatisierten Pilzen, Wasserkastanien und Schnittlauch. Sie wird mit Ei gebunden und mit einer Würzmischung aus Sojasoße, Ingwer, Pfeffer und Reiswein abgeschmeckt. Die fertigen Rollen backt man schließlich in heißem Öl aus und serviert sie mit Sojasoße, die zuvor mit Knoblauch und Zitrone vermischt wurde. Garniert wird das alles mit Salatblättern oder Koriandergrün und Bohnensprossen.

Die in nur wenig Fett gebackene vietnamesische Frühlingsrolle wird schlicht *nem* genannt und statt mit Schweine- und Krabbenfleisch mit klein gehacktem Hühnerfleisch gefüllt. Ihren charakteristischen Geschmack erhält sie allerdings durch eine Würzsoße mit dem Namen *nuoc-mam,* was wörtlich übersetzt so viel wie »Fischwasser« bedeutet. Tatsächlich handelt es sich dabei um eine Paste aus in Salzwasser marinierten kleinen Fischen, die entsprechend intensiv und würzig schmeckt.

Damit ist über den Ursprung der Frühlingsrollen allerdings noch längst nicht alles gesagt. Denn wie die meisten pastetenartigen Gerichte der chinesischen Küche gehören auch sie zur großen *Dim-Sum*-Familie, die durch die kulinarischen Wanderungsbewegungen von Formosa-, Rot- und Hongkong-Chinesen mittlerweile auch in Europa und den USA immer mehr an Bedeutung gewonnen hat, was letztlich auch dazu geführt hat, dass fernöstliche Spezialitäten in der heutigen Fast-Food-Gastronomie eine zunehmende Rolle spielen und neuerdings bereits von Fast-Food-Ketten wie *McDonald's* oder *Nordsee* ins Sortiment genommen werden.

Bei Frühlingsrollen und *Dim Sum* von klassischem Fast Food zu sprechen, ist dabei durchaus berechtigt. Wie wichtig den Chinesen die Kultur ihrer kleinen Snacks ist, zeigt allein schon die Tatsache, dass die klassische chinesische Speiseneinteilung nicht etwa wie bei uns in Vorspeisen, Hauptgerichte und Desserts vorgenommen wird, sondern vielmehr in *fan* (Getreidegerichte), *cai* (Fleisch-, Fisch- und Gemüsegerichte) sowie *xiao chi* (kleine Schnellimbisse). Zweifellos zählen die ursprünglich aus der chinesischen Provinz Kanton stammenden *Dim Sum,* deren Name sich am besten mit »kleine Herzen« oder »Herzensfreude« übersetzen lässt, in der fernöstlichen Küchenhierarchie eindeutig zu den Schnellimbissen (auch wenn sie mitunter als kleine Happen für zwischendurch bei vielgängigen »kaiserlichen« Menüs gereicht werden).

Ganz grob gesprochen handelt es sich bei *Dim Sum* fast immer um nähere und entferntere Verwandte der Frühlingsrolle: Gedämpfte oder frittierte Röllchen, Päckchen und Täschchen aus hauchdünnem Klebreis-, Germ- oder Weizenmehlteig werden mit Krabben- und Schweinefleisch, Nüssen und Bärlauch, Hummer oder Taschenkrebsen gefüllt und in übersichtlichen kleinen Portionen – die gedämpften zumeist recht dekorativ im Bastkörbchen – serviert. Kurzum: Es sind schnelle, jederzeit in einer kleinen Garküche zuzubereitende Gerichte, deren Variationsreichtum schier unerschöpflich ist. Das größte *Dim-Sum*-Restaurant von Kanton rühmt sich sogar, nicht mehr und nicht weniger als zweitausend *Dim-Sum*-Gerichte im – rotierenden – Repertoire zu haben. Als typisch kantonesisch gilt daher auch die *Dim-Sum*-Küche, die zum Tee gereicht wurde. Es waren schnelle, jederzeit in einer kleinen Garküche zuzubereitende Gerichte gefragt – etwa die *siumai* genannten Fleischklößchen, oder die als *hakaw* bezeichneten Garnelenklößchen, die *jiaozi* genannten, sowohl gedämpft als auch gebraten servierten kleinen Knödelchen mit Fleischfülle sowie die auf den Namen *pau* hörenden gedämpften Brötchen.

Es wäre freilich verwunderlich, wenn die kantonesischen *Dim Sum* nicht auch ihr Gegenstück in der *Sichuan*-Küche, der im doppelten Wortsinn schärfsten Konkurrentin der Kantonesen, hätten. Vor dem *Jong chao shou* (»Zum Drachen«), dem berühmten Snackparadies von Chengdu, ist es beispielsweise nichts Ungewöhnliches, jemanden ein mit Schweinefleisch und jeder Menge Chilis zubereitetes Nudelgericht namens *dan dan mian* mitten auf der Straße essen zu sehen. Beliebt sind auch Eieromelettes mit Fleischfüllung, Fleischknödel und so genannte Perlkugeln, ein Gebäck aus Glu-

Abb. 22: Die *Dim Sum* genannten kleinen Happen, die früher in Teehäusern gereicht wurden, entwickelten sich bereits im Peking des 18. Jahrhunderts zu Bestandteilen einer blühenden Imbisskultur.

tenreisteig. Schließlich sind da auch noch die *Chengdu Huntuns,* die in Europa besser als *Wan Tans* bekannt sind und in Sichuan in einer so scharfen Sauce serviert werden, dass kaum ein Europäer sie essen würde. Und um die *Dim-Sum*-Verwirrung komplett zu machen, kennt auch die nordchinesische Mandarinküche mit den – allerdings zumeist süßen – *dian xin* ihre unverwechselbaren eigenen kleinen Happen.

Eine Annäherung an den Ursprung all dieser Köstlichkeiten findet man jedoch nicht nur, wenn man sich fragt, was wo gegessen, sondern auch, was dazu getrunken wird. Denn der klassische Begleiter des chinesischen Snacks ist – selbst wenn heute in immer mehr (vor allem westlichen) *Dim-Sum*-Restaurants chinesisches *Tsing-Tao-Bier* auf dem Tisch steht – noch immer der Tee.[313] Die *Dim Sum* und ihre regionalen Abkömmlinge sind keineswegs im Restaurant oder auf den Märkten entstanden. Sie verdanken ihre Existenz vielmehr der fernöstlichen Teezeremonie, jener rituellen Zusammenkunft an Orten, wo das Wasser als besonders gut galt. In Teehäusern wurden schon im 12. Jahrhundert Gedichte rezitiert, unterschiedliche Teesorten verkostet oder buddhistische Texte vorgelesen.[314] In Hangzhou, der damaligen Hauptstadt, gab es bereits eigene Teehäuser mit Musikgruppen, besonders dekorativen Blumenarrangements und pastellfarbenen Gemälden. Und spätestens seit dem Beginn der Ch'ing-Dynastie (1644–1912) wurden dort auch kleine, *shaobing* genannte Pastetchen, Kuchenstücke und gefüllte Klößchen gereicht.

Die ursprünglich elitären Teehäuser gewannen an Popularität und waren bald nicht mehr nur der gebildeten Aristokratie und dem Klerus vorbehalten. Vor allem in der Provinz Kanton entdeckten die Arbeiter ihre Liebe zum kleinen Pausensnack. Aus Teehäusern wurden bald Kantinen von hallenartigen Ausmaßen, in denen vom frühen Morgen bis in den späten Nachmittag hinein – also zu Arbeits- und Bürozeiten – die *Dim-Sum*-Köstlichkeiten auf klapprigen

Wägelchen herumgeführt und angeboten werden. Erst der Abend ist dann nicht mehr dem schnellen Essen, sondern eher seinem rituell zelebrierten Gegenteil reserviert. Fast Food und Slow Food leben, so betrachtet, in den chinesischen Provinzen schon seit vielen Jahrhunderten in trauter Nachbarschaft.

Dim Sum entwickelte sich auf diese Art und Weise zur fernöstlichen Betriebsverpflegung schlechthin und ist daher vor allem in den Metropolen anzutreffen. Das gilt für Hongkong ebenso wie Singapur, und es ist wohl kein Zufall, dass sich *Dim-Sum*-Lokale sowohl in den Chinatowns zwischen San Francisco und New York als auch in jener von London sehr schnell ausbreiteten und von dort aus zum Inbegriff von *Fast Food made in China* wurden. Dort kamen allerdings auch immer mehr nicht chinesische Kulinar-Kiebitze auf den Geschmack und machten Frühlingsrollen & Co. endgültig zu dem, was sie heute sind: Ethno-Schnellküche aus Fernost.

Obwohl die Zutaten der *Dim Sum* durchweg nicht gerade billig sind, haben sie – im Gegensatz zu ihrer entfernten japanischen Sippschaft, den *Sushi* – ihr proletarisches Image bis heute nicht gänzlich abgestreift. Während *Sushi* sich zum Nobel-Fast-Food für Yuppies und linienbewusste Börsenmaklerinnen entwickelten, gehören *Dim Sum* ganz einfach in die leicht schmuddelige Atmosphäre bahnhofsartiger Hallen, in denen ein paar Lampions, Buddhas und geschnitzte Drachenköpfe für ein Minimum an Atmosphäre sorgen. *Sushi* sind ihrem Wesen nach nichts anderes als Reisbällchen mit oder ohne Seetangblatt und bilden gemeinsam mit den *Sashimi* – so bezeichnet man rohe, fein aufgeschnittene Fisch- und Meeresfrüchtestückchen (u. a. von Abalone, Seegurke, Fischrogen etc.), die ohne Reis und Seetang serviert werden – zwei Grundfesten der japanischen Küche. *Sushi* und *Sashimi* gibt es im Dutzend aus der Pappschachtel vom Laden um die Ecke genauso wie als fein ziseliertes Kunstwerk eines kochenden Meisterschnitzers, das im Gourmettempel gewöhnlich als erster von vielen Gängen gereicht wird, wobei der *Sashimi*-Gang üblicherweise noch vor dem *Sushi*-Gang kommt.

Die Ausbildung eines japanischen *Sushi*-Kochs ist aufgrund der enormen Geschicklichkeit, die sie verlangt, besonders langwierig und dauert vor allem, wenn sie mit einem Diplom zur Verarbeitung des ebenfalls roh genossenen giftigen *fugu* oder *diodon* (Kugelfisch) verbunden ist, viele Jahre.

Fraglos sind *Sushi* und *Sashimi* – wenn man von der Auto- und Elektronikindustrie absieht – Japans wichtigster Beitrag zur Massenkultur des 20. Jahrhunderts. Dennoch sind auch sie – kaum ein Japaner wird das je zugeben – tatsächlich nicht japanischen, sondern chinesischen Ursprungs. Die Epoche der Sung-Dynastie (960–1279) galt sogar, wie Osamu Sinoda in seiner 1977 erschienenen *History of Chinese Food and Diet* schrieb, als »goldenes Zeitalter der chinesischen *Sushi*-Kunst«[315]. Das kantonesische Wort *sung* bedeutete nämlich nichts anderes als ein »Nahrungsmittel, das auf Reis gegessen wird«. Ganz ähnlich wie heute die Japaner, bereiteten auch die alten Chinesen ihre *Sushi* aus Reis, Essig und rohem Fisch zu, der allerdings häufig nur aufgrund einer Zwangslage oder Hungersnot das von den Chinesen noch allemal bevorzugte Fleisch ersetzen musste. Der Seetang allerdings fehlte bei den *Sushi*-Essern der Sung-Dynastie und wurde erst von den Japanern »nachgeliefert«. Genau gesagt handelt es sich dabei um eine Algenart namens Nori, die von papierartiger Konsistenz ist und sich ihren delikaten Füllseln mit relativ wenig Eigengeschmack problemlos unterzuordnen vermag.

Dass *Sushi* zum Lieblingsessen der ernährungsbewussten Yuppie-Generation werden konnte, hängt nicht zuletzt mit den Algen zusammen, in die sie gehüllt sind; verfügen diese doch über einen hohen Gehalt an Eisen, Kalzium, Jod und den Vitaminen A, B 12 und C sowie hochwertigem Eiweiß, womit sie sich angeblich im Kampf gegen typische Managerkrankheiten wie Arterienverkalkung und Bluthochdruck als wahre Wunderdrogen erweisen.[316]

Im heutigen Japan unterscheidet man vor allem drei verschiedene Arten von *Sushi:* Die *nori-maki* sind nach dem Seetang, in den sie gerollt wurden, benannt und werden, je nach Größe, weiter in *hosomaki* (dünne Rollen) und *futomaki* (dicke Rollen) eingeteilt. Für die ohne Seetang auskommenden und als *chirashi-sushi* bezeichneten Bällchen wird der Klebreis – er ist wie bei allen *Sushi*-Arten mit Essig gewürzt – mit Zutaten wie Fisch oder Gemüse vermengt. Ebenfalls algenlos sind die *nigiri-sushi,* jene länglich-ovalen Reisbällchen, die mit ihren Zutaten nicht gefüllt, sondern nur belegt werden.

Abb. 23: *Sushi,* heute Inbegriff moderner japanischer Esskultur, stammen ursprünglich aus China, wo die Sung-Dynastie (960–1279) sogar als »goldenes Zeitalter der chinesischen *Sushi*-Kultur« galt.

Zu einer klassischen *Sushi*-Mahlzeit gehören neben den pikanten Röllchen und Bällchen auch der obligatorische grüne und stechend scharfe *wasabi*-Kren, der entweder selbst eine *Sushi*-Zutat ist oder aber mit der ebenfalls essenziellen Sojasoße verrührt werden muss, die sowohl als Dip-Sauce für *Sushi* als auch für *Sashimi* dient. Um den pikanten Grundgeschmack dieser typischen Finger-Food-Happen noch weiter zu verstärken, werden dazu saure und scharfe Pickles wie eingelegter Ingwer und Meerrettich, aber auch milde Tofu- (Sojaquark-)Scheiben serviert. Als klassisches Getränk gilt neben Tee vor allem Reiswein, der – je nach Klima und Jahreszeit – entweder gekühlt oder auf Körpertemperatur erhitzt kredenzt wird.

Nach Europa gelangte der *Sushi*-Boom nicht direkt, sondern auf dem Umweg über die Vereinigten Staaten, wo Geschäftsreisende und Austauschstudenten in den achtziger Jahren die ersten *Sushi*-Bars kennen lernten und dabei wohl von ähnlichen Gefühlen erfasst wurden, wie sie die Journalistin Ruth Reichl in der *New York Times* zu Papier brachte: »Das erste Mal, als ich *Sushi* aß«, schrieb sie, »verliebte ich mich sofort in sie. Ich konnte kaum glauben, dass ich bereits zwanzig Jahre ohne diese unglaubliche Köstlichkeit auf diesem Planeten zugebracht hatte. Erst später erfuhr ich, dass es Leute gibt – sogar eine ganze Menge –, für die allein die Idee, rohen Fisch zu essen, etwas Ekel Erregendes an sich hat. Ich hingegen liebte den reinen, klaren Geschmack des Fischs ebenso wie die samtige Art, in der er sich anfühlte. Ich liebte (...) die Nahrhaftigkeit des Gelbschwanzfischs, den robusten, fast schon rindfleischartigen Geschmack von Thunfisch, die Subtilität des Heilbutt, (...) die butterige Weichheit des Red Snapper, die Glätte des Tintenfischs und den federnden Widerstand, den die Riesenmuschel dem Biss entgegensetzte. Ich hatte nur einen einzigen Gedanken: Wie bald könnte ich wieder zurückkommen?«[317]

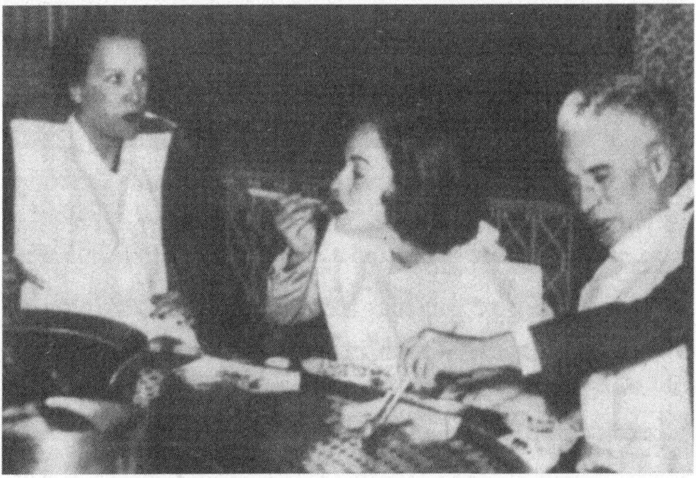

Abb. 24: Nicht erst die New Yorker Yuppies entdeckten die *Sushi*-Bars. Schon Charlie Chaplin galt in den 30er-Jahren als besonderer Liebhaber der kleinen Happen made in Japan.

Auch in Japan selbst sind die *Sushi* als schnelle Massennahrung eher eine Erfindung jüngeren Datums. Wer immer nämlich in einer *Sushi*-Bar oft eine halbe Stunde und länger auf seine Portion gewartet oder gar einmal selbst versucht hat, die runden kleinen Dinger in der eigenen Küche herzustellen, der wird bei dem Gedanken, es handle sich dabei um ein »schnelles Essen«, nur schmunzeln können.

Wirklich zum Fast Food werden konnten die Röllchen erst, als es möglich wurde, sie auch maschinell zu wickeln und zu füllen. Die Wartezeit konnte jedoch schon wesentlich verkürzt werden: Mittlerweile gibt es bereits so genannte *Sushi*-Roboter, die es auf einen Output von immerhin 1 200 Stück *Sushi* pro Stunde bringen und damit sogar den japanischen Rekordhalter im *Sushi*-Schnell-Rollen ums Sechsfache übertrumpft haben: Er brachte nämlich »nur« 200 *Sushi* pro Stunde aufs Zedernholztablett.

DAS DREHMOMENT IN DER SCHNELLEN KÜCHE

Döner, Schaschlik und andere Spieße

In der französischen, italienischen und deutschen Küche wird der Spieß – so häufig er sich immer noch auf den Speisekarten finden mag – gern in die Nähe so genannter »wilder Völker« gerückt. Immer wieder liest man von Hunnenspießen, Mongolenspießen, Zigeunerspießen und allenfalls noch von Hirtenspießen. Niemals ist jedoch von einem Pariser, Mailänder oder Münchner Spieß die Rede – und das, obwohl das Braten am Spieß in ganz Zentraleuropa seit der Antike und dem frühen Mittelalter eine mindestens ebenso große Tradition hat wie in Osteuropa und Asien.

Seine Entstehung als Küchengerät verdankt der Spieß nämlich keineswegs ethnischen, sondern rein praktischen Gründen, erwies er sich doch als veritables Mehrzweckgerät: Da er als Wurfgeschoss für die Jagd diente, lag es geradezu auf der Hand, nach Erlegen des Wilds auch dessen Kadaver darauf aufzuspießen, um ihn zur nächsten Feuerstelle zu transportieren. Dort brauchte man das Tier – so es im Ganzen gebraten werden sollte – nur noch zu häuten

Abb. 25: Die Sitte, ein Stück Fleisch im Ganzen am Spieß zu braten, geht auf die alten Jagdgesellschaften zurück, in denen der Wurfspeer praktischerweise auch gleich als Bratspieß benutzt wurde.

und den Spieß über den Flammen in der Halterung zweier Astgabeln zu befestigen.

Gewiss verdanken, ähnlich wie der Spieß, auch Messer und Gabel ihre Ursprünge atavistischen Verhaltensweisen, die der Mensch sich als Jäger und Sammler aneignete. Weit mehr noch als Messer und Gabel, die erst in der Renaissance tafelfein wurden, ist jedoch der Spieß mit dem Beutemachen und der Unterwerfung der »essbaren Welt« unter die gierigen Bedürfnisse des *Homo sapiens* verbunden. Die Faszination, die der Spieß auch und gerade auf zivilisierte Tafeln ausübt, muss daher wohl in engem Zusammenhang mit diesen Urinstinkten gesehen werden, und zwar umso mehr, als das Braten am Spieß eigentlich keinerlei Geschmacksverbesserung mit sich bringt. Man könnte ja dieselben Stücke in gleicher Größe problemlos auch ohne Spieß auf einem Rost oder in einer Pfanne braten bzw. grillen. Manch kultivierter Feinschmecker verbindet mit Spießen daher auch etwas Barbarisches, was wohl mit ein Grund dafür ist, warum Spießgerichte zumeist eher mit kargen Tundren und freudlosen Steppen als mit stolzen Palästen und stattlichen Bürgerhäusern assoziiert werden. Historisch gesehen sind die Spieße allerdings keineswegs erst durch brandschatzende Hunnen oder mongolische Reiterhorden über uns gekommen. Der erste Spieß der Welt wird – wie so viele Errungenschaften der Küche – bereits in Homers *Ilias* erwähnt.[318] Und auch in Ovids kannibalischer Metamorphose von *Prokne und Philomela* liest man: »Bald hüpfet ein Teil im gehöhleten Kessel. Anderes zischt um den Spieß.«[319]

Womit die beiden wesentlichen Gartechniken, die auch heute noch die Zubereitung unserer Gerichte bestimmen, bereits definiert wären: Dem Braten entspricht dabei der Spieß, dem Kochen der Topf oder Kessel. Während der Kessel eher den Frauen zugeordnet wurde (nicht zuletzt deshalb gilt das Kochen im Haushalt bis heute als vorwiegend »weibliche« Tätigkeit), wurde der Bratspieß in alten Darstellungen fast immer von einem Küchenjungen gedreht. (Und es ist in diesem Zusammenhang wohl ebenfalls kein Zufall, dass die Betätigung des Gartengrills, aller Emanzipation zum Trotz, eine klassische Männerdomäne geblieben ist.) Tatsächlich – man mag das geschlechtsspezifisch zuordnen oder nicht – ist der Kochtopf der Inbegriff von sorgsamer und schonender Garung, während der Spieß stets die Aggressivität des scharfen Anbratens impliziert.

Je nach Verwendungszweck und Anzahl der zu Bekochenden unterschied man bereits sehr früh einfache Spieße aus Wacholder-, Haselnuss- und Ebenholz oder Eisen, zu denen sich aber schon bald auch technologisch ausgefeilte Spieße mit Handkurbeln, Windflügeln und Federwerken gesellten. Um Spießtrommeln für größere Tischgesellschaften betreiben zu können, setzte man zuweilen sogar Hunde in Tretmühlen ein, oder man schloss den Spieß kurzerhand an ein mit Wasserkraft betriebenes Radwerk an.[320] Dass ein so genialer Konstrukteur wie Leonardo da Vinci es nicht versäumte, seinen Beitrag als Erfinder eines selbst drehenden Bratspießes zu leisten, unterstreicht die Bedeutung, die man diesem Küchengerät beimaß.

Auch in Deutschland scheint der Bratspieß schon relativ früh Eingang in die Grundausstattung jeder Küche gefunden zu haben: Karl der Große beispielsweise war dafür bekannt, dass er sich die Jagdbeute täglich auf dem Bratspieß zubereiten ließ.[321] Ein altes deutsches Symbol für den Fasnachtssonntag – das übrigens bereits der Augsburger Barockprediger Leo Wolff (1640-1708) als Ausbund besonderer Liederlichkeit geißelte – war »der Wein-Gott Bachus, sitzend auf einem Vaß / in einer Hand haltend ein Glas angefüllet mit Wein / oder Bier (...) in der anderen Hand ein Brat-Spieß mit angestecktem guten schweinenen Braten und etlicher Bratwürst«[322].

Die Braterei am Spieß war, so betrachtet, also durchaus eine zentraleuropäische Gartechnik. Originär osteuropäisch und asiatisch ist demnach keineswegs der unter neuzeitlichen Meisterköchen etwas in Misskredit geratene Bratspieß selbst, sondern allenfalls dessen, vor allem am Holzkohlenfeuer eingesetzter Diminutiv, mit dem wir unseren auf die Schnelle aufgespießten Snacks aus der Küche des Balkans und der Türkei schon wesentlich näher kommen. Selbstverständlich muss man in diesem Zusammenhang auch die indonesisch-malayischen *Satay*-Spießchen erwähnen, die – für gewöhnlich in eine Mischung aus Kokosmilch und Chilipfeffer getunkt – als geradezu klassisches fernöstliches Fast-Food-Gericht gelten dürfen, wie es in tausenden von Garküchen zwischen Bali, Singapur und Kuala Lumpur erhältlich ist.

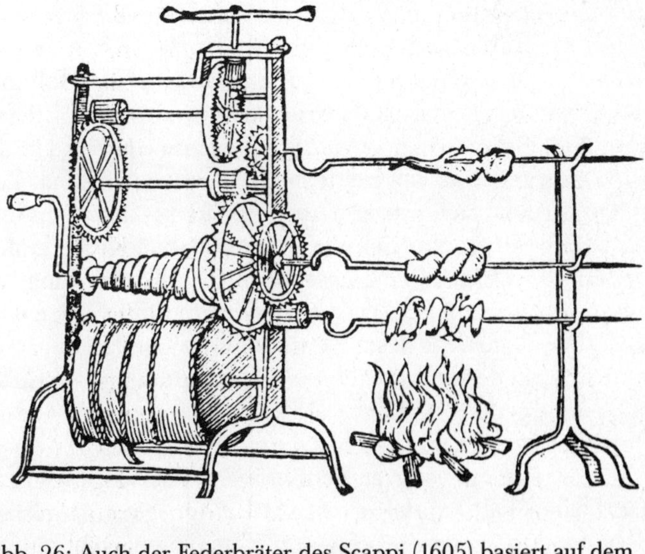

Abb. 26: Auch der Federbräter des Scappi (1605) basiert auf dem Prinzip des Drehspießes.

In Deutschland oder Österreich sind es jedoch vor allem die beiden Spießvarianten *Döner Kebab* und *Schaschlik,* die in den letzten Jahrzehnten im Gefolge der Gastarbeiterströme zu wahrhaft multikulturellen Snacks geworden sind und keineswegs nur von den türkischen oder serbokroatischen Einwanderern geschätzt werden. Die etwas voreingenommene Auffassung vieler West- und Mitteleuropäer, dass der Döner Kebab so etwas wie das Nationalgericht der Türken sei und allein deshalb überall dort Verbreitung finde, wo außerhalb der Türkei ein neues *Little Istanbul* entsteht, ist freilich falsch. In der türkisch-byzantinischen Küche, in welcher die Kochkunst der Antike wie kaum in einem anderen Land weiterlebt, kommt dem Döner Kebab, wie die Byzantinistin Hanne Egghardt schreibt, allenfalls der Stellenwert eines »Leberkäses des Orient« zu, weshalb »die letzten feinsinnigen, eleganten Türken« den Döner Kebab auch als »Niedergang ihrer Kultur« begreifen, »die von aus Osten anstürmenden rohen, unkultivierten Massen überrollt wird«[323].

Geographisch lässt sich die Heimat des Döner Kebab nicht so genau eingrenzen. Auf der arabischen Halbinsel findet man ihn ebenso wie zwischen Schwarzmeerküste und Bosporus, im Irak ist er so verbreitet wie im Iran, und in den Karawansereien an der Seidenstraße zwischen China, Zentral- und Kleinasien war er dem Vernehmen nach nicht minder beliebt als in den Zeltküchen wohlhabender Beduinenfürsten. *All-Oriental-Fast-Food* wäre die Bezeichnung, die diesem im gesamten Einzugsbereich des Islam verbreiteten (und daher garantiert schweinefleischfreien) Gericht vermutlich am ehesten gerecht wird. Der Name Döner Kebab ist freilich genuin türkisch. *Döner* bedeutet so viel wie »es dreht sich« und *kebab* ist ein Übergriff für jede Art von gegrilltem (im Gegensatz zu gedünstetem) Fleisch. Im gegenständlichen Fall handelt es sich dabei um ein rübenartiges Gebilde von vielerlei auf einem Spieß übereinander geschichteten Lagen aus Lamm- und Kalbfleisch, die vor einer bis oben hin mit glühenden Holzkohlen gefüllten Kachel- oder Drahtwand rotieren. Bis zu vierzig Kilo schwer kann so ein »Fleischprügel« sein, von dem der Döner-Koch schließlich mit einem langen, scharfen Messer die feine, knusprige Außenschicht herunterschabt und sie entweder mit Pilafreis serviert oder aber in einen vorgewärmten Döner-Sandwich mit Zwiebeln, Tomaten und Gewürzen füllt.

In einer gut gehenden türkischen Garküche wird der Döner-Spieß zweimal am Tag mit entsehntem Kalb- und Lammfleisch aufgefüllt, wobei etwa ein Drittel davon als Hackfleisch verwendet wird. Die restlichen Fleischscheiben werden über Nacht in eine Mischung aus Zwiebelsaft, Pfeffer, Öl, Milch und Ei mariniert, bevor man sie – abwechselnd mit den Hackfleischlagen – so auf den Spieß schichtet, dass das Fleisch die Form eines umgekehrten Zuckerhuts erhält. Damit die Oberfläche entsprechend glatt gerät, werden abstehende Teile weggeschnitten und von oben her erneut aufgeschichtet, bevor das ganze Stück mit einer Zwiebel abgeschlossen wird. Während des Bratens wird es zudem möglichst häufig mit Zwiebelmarinade bestrichen, was nicht nur der Sauce, die sich unter dem Spieß ansammelt, einen unverwechselbaren Geschmack verleiht, sondern auch dafür sorgt, dass die Duftschwaden aus den meist zur Straße hin offenen Spießbratereien gewöhnlich den Charakter eines ganzen Straßenzugs prägen.

Der Döner Kebab ist allerdings nicht das einzige Gericht, das in Kebab-Häusern angeboten wird, die sich längst auch bei Mittel- und Westeuropäern, die einen schnellen Mittagsimbiss suchen, größter Beliebtheit erfreuen. Zum Standardrepertoire dieser Schnellrestaurants zählt etwa der *Iskender Kebab,* für den das Fleisch vom Döner-Spieß auf Weißbrotscheiben mit Tomatensauce, Jogurt und Petersilie angerichtet wird. Auch *Köfte* – so nennt man die orientalischen und daher etwas würzigeren Verwandten des Hamburger-Laibchens – werden angeboten. Und schließlich darf hier die Urform des »Spießchens vom Holzkohlengrill«, der *Sis Kebab,* nicht fehlen. In Deutschland ist dieses Spießchen freilich unter dem – ebenfalls türkischen – Namen *Schaschlik* noch wesentlich populärer geworden, obgleich das Schaschlik hierzulande bereits Verbreitung fand, als es noch kaum türkische Gastarbeiter gab. Der Schaschlik, der nicht zufällig auch oft zum *Schaschlick* eingedeutscht wurde, ist nämlich im Vergleich zum Döner bereits ein »Oldie« der deutschen Imbisskultur und findet sich, in trauter Nachbarschaft von Hotdog und Currywurst, beim »Wurstmaxe« viel häufiger als beim Türken um die Ecke. In deutsche Lande kam der Schaschlik im Gefolge der ersten Balkanlokale, die sich vor allem in den fünfziger und sechziger Jahren etablierten.

Mit dem klassischen türkischen *saslik*-Rezept hat das, was da an der Imbissbude mit Pommes, Bratkartoffeln, Ketchup und Mayo angeboten wird, allerdings wenig zu tun. Kaum je besteht der Schaschlik aus Lammfleisch, und schon gar nicht aus Lammnieren. Dafür schleicht sich immer öfter das Allah so ganz und gar nicht wohlgefällige Schweinefleisch, und sei's nur in Form von Räucherspeck, ein. Auch Zwiebeln, Paprika und sogar Dosen-Ananas sind mit von der Partie und scheinen allesamt nur darauf zu warten, vor dem Servieren mit Currypulver oder Grillgewürz aufs Ausgiebigste bestreut zu werden. Wie weit sich der deutsche Schaschlik von seinen türkischen Vorfahren mittlerweile bereits entfernt hat, das lässt sich nicht zuletzt daran erkennen, dass die deutsche Nahrungsmittelindustie längst eine eigene Schaschlik-Fertigsauce offeriert, die nichts mit türkischer Küche, dafür aber umso mehr mit Ketchup zu tun hat, und aus Tomatenmark, Zwiebeln, Essig und allerlei Geschmacksverstärkern »komponiert« wurde.

Während Schaschliks jedoch mittlerweile im Supermarkt sogar schon als Konserve angeboten werden, scheint sich die Döner- und Sis-Kebab-Kultur der Vereinnahmung durch systemgastronomische Ansätze bis dato auf listige

Weise entzogen zu haben. Auch wenn es kleinere »Döner-Imperien« von meist allerdings nur regionaler Reichweite geben mag, so konnte die Döner-Welle den Hamburger- und Pizza-Ketten bislang noch nichts von auch nur annähernd vergleichbarer ökonomischer Bedeutung entgegensetzen. Vielleicht liegt das lediglich daran, dass der Döner Kebab zu sehr in der Alten Welt verankert ist und noch eines »Marketing-Anstoßes« aus der Neuen bedarf. Der könnte sich freilich schon bald einstellen. Denn *Mongolian Barbecue,* so hört man, soll in den USA zurzeit der letzte Renner sein.

TAPAS, TACOS UND TORTILLAS

Fast Food von Indios und Konquistadoren

Die transatlantischen Wanderungsbewegungen, denen die Europäer so viele amerikanische Produkte und die Amerikaner so viele europäische Fast-Food-Ideen verdanken, haben auch die Essgewohnheiten Mittel- und Südamerikas geprägt. Und wenn heute in Deutschland oder Frankreich immer mehr Restaurants mit lateinamerikanischer Küche ihre Pforten öffnen, so liegt dies nicht nur an der derzeit grassierenden kulinarischen Multi-Kulti-Welle, sondern vor allem auch an einem interkontinentalen Nahrungsaustausch, der bereits im 16. Jahrhundert einsetzte, und den es nachzuvollziehen lohnt.

Was den USA die Pilgerväter und die europamüden Emigranten auf den Auswandererschiffen waren, das waren der lateinamerikanischen Welt die *Conquistadores,* die nicht nur Tomaten, Kartoffel, Chilis und anderes mehr in ihre Heimat zurückbrachten, sondern in Lateinamerika umgekehrt auch allerlei kulinarisches Know-how hinterließen, das letztlich zu jenem unverwechselbaren Küchenstil führte, den seit den sechziger Jahren vermehrt die Nordamerikaner für sich entdeckten. Auf dem Umweg über Kalifornien bahnten sich auf diese Weise zahlreiche mexikanische Spezialitäten ihren Weg quer über den Kontinent bis hinüber nach New York, Atlanta oder Boston, von wo sie – Schuld ist vor allem wieder einmal die reisefreudige Yuppie-Generation – zurück nach Europa gelangten.

Am Beginn dieser Entwicklung steht, so meine These, der Umstand, dass gerade die Spanier schon sehr früh ein ausgeprägtes Empfinden für den kleinen, schnellen Happen entwickelten. In kaum einem anderen Land haben die Bewohner ihre kulinarische Fantasie auf vergleichbare Weise in die Perfektionierung der kleinen Zwischenmahlzeit investiert wie auf der iberischen Halbinsel. Sie mögen Franzosen oder Italienern, was die »große Küche« betrifft, unterlegen sein. In den »kleinen Dingen« jedoch haben sie Nase und Gaumen weit vorn.

Tapas – so heißen die kleinen Appetizers, zu denen man Sherry, Malagawein oder auch Sangria trinkt. Das Wort bedeutet so viel wie Deckel und führt uns zur Quelle der spanischen Lust am winzigen Happen: Man legte nämlich – so will es zumindest die Legende – die kleinen Bissen, Brötchen oder Wursträder ursprünglich auf die Weingläser, um zu verhindern, dass Fliegen und andere Insekten mit deren wertvollem Inhalt in Berührung kamen. Eine andere Erklärung für den Namen *Tapas* könne aber auch dahingehend lauten, dass die als besonders trinkfest bekannten Spanier früher hofften, die Häppchen würden ihnen den Magen verschließen und damit die Wirkung der insgesamt doch recht beträchtlichen Alkoholmengen reduzieren, die sie in ihren Bars und Kneipen zu konsumieren gewohnt waren.

Tapas waren in Spanien schon zur Zeit der Konquistadoren im 15. Jahrhundert bekannt, ihre wirklich große Zahl brach allerdings erst an, als sie von ihrer andalusischen Heimat aus selbst die verstecktesten Winkel der Hauptstadt Madrid eroberten. Man hat die *Tapas* mitunter sogar ein Produkt der so genannten *andaluzización Madrids*[324] genannt, jener Welle, die gegen Ende des 19. Jahrhunderts einsetzte und die spanische Hauptstadt mit unzähligen Wein- und Flamencobars sowie andalusischen *Tapas*-Rezepten überschwemmte. Auch die Sitte, *Tapas* mit aufgestütztem Ellbogen direkt am Tresen zu verzehren, geht auf andalusische Einwanderer nach Madrid zurück. Wenn man weiter in die Geschichte eindringt, so haben die Andalusier das *tapeo* ihrerseits, wie es scheint, von den arabischen Beduinen übernommen, und in der Tat birgt eine opulente Auswahl spanischer *Tapas* oft eine verblüffende Ähnlichkeit mit dem arabischen *Mezza*-(= Vorspeisen-)tablett.

Der Variationsreichtum der *Tapas* übertrifft jenen französischer Canapées bei weitem. Tapas können sogar, hintereinander genossen, eine ganze Mahlzeit mühelos zur vielgängigen Gaumenfreude geraten lassen. Man beginne etwa mit Schinken- oder Käsewürfelchen und kleinen Sandwiches, lasse kalte Omelettes mit allerlei delikaten Füllungen folgen und probiere dann solche Klassiker wie schmalzgebratene Lendchen, Weinbergschnecken, Tintenfische in ihrer Tinte, Schweinsfüße oder gefüllte Paprika. Der Fantasie sind dabei jedenfalls keine Grenzen gesetzt. Und um die schwierig zwischen die Finger zu kriegenden Bissen mundgerecht zu machen und ihnen somit ihren Charakter als klassisches Fingerfood zu erhalten, serviert man sie meist mit Zahnstochern oder kleinen Spießchen in irdenen Gefäßen.

Es ließ sich wohl kaum verhindern, dass die spanischen Seeleute in jener Epoche, in der sie sich die Welt mit den Portugiesen in zwei Hälften teilten, auch ihre Ess- und Trinkgewohnheiten in die von ihnen kolonialisierten Länder mitbrachten und sie mit dem hybriden Selbstbewusstsein aller Eroberer an Ort und Stelle verbreiteten. Auf diese Weise gelangte auch die Bezeichnung *Tortilla* von Spanien nach Mexiko, bürgerte sich dort jedoch für ein Gericht ein, das die spanischen Kolonisatoren erst nach ihrer Landung in Mexiko kennen lernten. Die Spanier meinen, wenn sie von Tortillas schwärmen, nämlich nichts anderes als einen dünnen Omelettenteig, der ähnlich wie die italienische Pizza mit allerlei Köstlichkeiten wie Garnelen, Muscheln oder Hühnerfleisch belegt oder auch – als beliebtes Dessert namens *Tortilla al ron* – mit Rum flambiert wird. In Mexiko verwendeten die Konquistadoren das Wort *Tortilla,* das ursprünglich Törtchen bedeutete, indessen auch für jene ähnlich aussehenden indianischen Brote, die von der mexikanischen Urbevölkerung aus Masa- (= Mais-)mehl geknetet und mithilfe eines *metate* genannten Steins zu kreisförmigen Fladen von 20 cm Durchmesser und 3 mm Dicke geschnitten wurden. So wenig wie die mexikanischen Indianer das Wörtchen *Tortilla,* kannten die spanischen Konquistadoren allerdings den Mais, der in Mittelamerika schon seit etwa 3500 v. Chr. kultiviert wurde und neben *Huexolotl* (Truthahn), *Tomatl* (Tomate), *Ayotli* (Ölkürbis), *Chili, Ahuacatl* (Avocado), *Cacahuatl* (Kakako) und *Tlilxochitl* (Vanille) der wichtigste indianische Beitrag zur Entwicklung des internationalen Speisezettels war.[325]

Umgekehrt wäre die mexikanische Küche ohne den spanischen Einfluss auch nicht annähernd das, was sie heute ist. Schweine, Ziegen, Schafe und Rinder wurden ebenso in die Neue Welt gebracht wie Milch, Käse und Eier. Den indianischen Ureinwohnern, die bis zur Unterwerfung durch die »weißen Götter« gewohnt waren, fettfrei zu kochen, wurde schließlich auch erst von den Spaniern das Kochen mit Fett – im konkreten Fall mit Schweineschmalz – beigebracht. Obwohl in Mexiko die indianische Urbevölkerung nach der Eroberung durch die Spanier innerhalb eines knappen Jahrhunderts durch Massaker, Seuchen und Hungersnöte von geschätzten fünfzehn Millionen auf eine Dreiviertelmillion dezimiert wurde, entwickelte sich aus der Wechselwirkung von alter einheimischer und neu importierter Esstradition eine der wichtigsten Keimzellen dessen, was wir heute mit Fug und Recht als Weltküche bezeichnen können – eine Tatsache, die im europäischen Abendland noch keineswegs genügend gewürdigt wird. Es ist also nur folgerichtig, dass Mexiko einen wesentlichen Beitrag zur industrialisierten Massennahrung unseres Jahrhunderts geleistet hat. Womit wir also wieder bei der *Tortilla* angelangt wären, und zwar nicht bei der spanischen[326], sondern bei jenen Maisfladen, die von den Indios auf heißen Tonplatten fettfrei ausgebacken wurden und ursprünglich *Tlaxcalli* hießen, bevor die Konquistadoren sie *Tortillas* tauften.

Nach *Tortillas* aus mobilen Garküchen duftete es bereits allenthalben auf jenen legendären Märkten der alten Inka-Hauptstadt Tenochtitlan, wo oft bis zu 60 000 Menschen zusammenkamen, und über die der Eroberer Hernán Cortés gleich nach seiner Machtübernahme im Jahr 1521 den Vorsitz und die Gerichtsbarkeit übernahm. Seither sind *Tortillas* schlicht und einfach ein Synonym für jedes ohne Zuhilfenahme von Sauerteig zubereitete Brot geworden, das auf einer heißen Platte gebacken wird und als Grundlage für die unterschiedlichsten Arten von Snacks, Vorspeisen und Lunchpaketen dient. Von *Tortillas* kann man sich in Mexiko ernähren, und für viele bilden sie – zum Frühstück mit Bohnen, zum Mittagessen mit Avocados und zum Abendessen mit Truthahn- oder Hühnerfleisch – bis heute das wichtigste Nahrungsmittel. Ein Stapel Tortillas gehört in Mexiko zur Mahlzeit wie bei uns das Brotkörbchen.

Es blieb allerdings keineswegs bei dieser wohlschmeckenden gegenseitigen Befruchtung von spanischer und indianischer Küche. Zu den Einflüssen der Indio-Küche gesellten sich, als im 19. Jahrhundert zahlreiche Chinesen über San Francisco nach Mexiko einwanderten, auch asiatische Geschmacksnuancen, und sogar deutsche Einwanderer hinterließen ihre Spuren, indem sie die heute noch besten Ruf genießende mexikanische Biertradition begründeten, die den scharfwürzigen Gerichten der mexikanischen Küche auch ein passendes und erfrischendes Massengetränk zur Seite stellte.

Dass aus einer auf diese Weise besonders fassettenreich geratenen Ethnoküche jedoch auch Kapital für erfolgreiche Fast-Food-Ketten geschlagen werden konnte, hängt in erster Linie mit den immer enger werdenden und nicht immer nur gutnachbarschaftlichen Wirtschaftsbeziehungen zwischen Mexiko und den USA zusammen. Mexiko diente seinem nördlichen Nachbarn traditionell als Reservoir für Billigarbeitskräfte und entwickelte sich wegen der niedrigen Lohnkosten zu einem Lieblingsstandort von Filialbetrieben der amerikanischen Nahrungsmittelindustrie. Die engen, wenngleich von den Mexikanern nicht immer ganz freiwillig geknüpften kulinarischen Bande schlugen sich bald nicht nur auf den Etiketten mexikanisch beeinflusster Fertigprodukte in den Supermärkten nieder, sondern bildeten auch die Grundlage für eine bilaterale Küche: Die *Tex-Mex-Küche,* als deren wohl berühmtestes Gericht das *Chili con Carne* gelten darf, verstand es nicht nur, eine Brücke zwischen Indio- und Western-Style-Gerichten zu schlagen, sondern entdeckte darin zugleich eine enorme Vermarktungschance.

Durch die enge Verschränkung kulinarischer und wirtschaftlicher Interessen konnte daher auch die Entstehung einer spezifischen Form von *Mexican Fast Food* nicht ausbleiben, die von cleveren amerikanischen Geschäftsleuten in den Garküchen der mexikanischen *Fondas* entdeckt und in den USA – vor allem in Kalifornien – zur Marktreife gebracht wurde. Während die mexikanischen Einwanderer bei ihren amerikanischen Arbeitgebern die *Hamburguesas* kennen- und lieben lernten, machten ihre eigenen traditionellen Spezialitäten bei den Amerikanern, die sonst reichlich scheel auf die Kultur des südlichen Nachbarlandes herabsahen, zunehmend Furore.

Tacos, in Mexiko auch *Antojitos* genannt, weil sie den Appetit zwischen den *Antojos* genannten Hauptmahlzeiten zu stillen vermögen, sind als Weiterentwicklung der einfachen *Tortilla* sowohl den *Burgers,* den Sandwiches als auch den Pizzas verwandt und unterscheiden sich von diesen vor allem durch ihren pikanten, oft scharfen Geschmack. Die Urform des *Taco* ist eine zusammengeklappte Maistortilla, wobei man in den USA zwischen in Fett ausgebackenen *crisp tacos* (cross gebackenen Tortillas) und *soft tacos* unterscheidet, bei denen der Teig an die Konsistenz von Hamburger-*Buns* erinnert. Gefüllt werden die Tacos mit Rind-, Hühner- oder Schweinefleisch sowie Tomaten, Salat, Zwiebeln und Käse. Besonders beliebt sind auch Tacos mit brennend scharfer *Chorizo*-Wurst, die – mit einer scharfen Salsa-Sauce oder heißen Bohnen serviert – auch als *Enchiladas* oder *Chilaquilas* bezeichnet werden. Eine andere Taco-Spezialität, und nach Meinung mancher Kulinarhistoriker die ursprünglichste Form dieses Gerichts, sind Maisfladen, die mit mexikanischer *Guacamole* – einem Gemisch aus pürierten Avocados, Limettensaft und viel Chilipfeffer – gefüllt werden. Ein wenig *Cilantro* vermag manchen Taco erst so richtig abzurunden, indem es ihm die unverwechselbare exotische Würze von frischem Koriandergrün verleiht.

Den *Tacos* verwandt sind auch die in vielen Tex-Mex-Ketten ebenfalls offerierten *Burritos,* die zunächst mit ähnlichen Zutaten wie die *Tacos,* besonders aber mit *Chili con carne* gefüllt, dann allerdings nicht zusammengeklappt, sondern eingerollt und gratiniert werden. Eher zur Pasta- als zur *Taco*-Familie zählen indessen die ebenfalls in vielen einschlägigen Restaurants angebotenen *Empanadas,* die jedoch weder geklappt noch gerollt, sondern bereits gemeinsam mit ihrer Fisch-, Meeresfrüchte- oder Fleischfüllung ausgebacken werden.

Die Geschichte der *Tacos* als All-American-Fast-Food ist noch verhältnismäßig jung und reicht in die frühen sechziger Jahre unseres Jahrhunderts zurück. Wie der Name Ray Kroc mit den Hamburgern, so ist der Name Glen Bell dabei untrennbar mit den *Tacos* verbunden, und zwar umso mehr, als die Entdeckung der *Tacos* als schnelles *Meal-in-the-Hand* nichts anderes als eine Reaktion auf den Erfolg von *McDonald's* war. Als Glen Bell 1946 bei der Marine abgemustert hatte, stieg er nach seinen Anfängen als Hotdogverkäufer ins nämliche Drive-in-Business ein wie die Gebrüder McDonald und eröffnete wie sie sein erstes großes Etablissement in San Bernardino. Bevor Glen Bell im darauf folgenden Konkurrenzkampf mit *McDonald's* den Kürzeren zu ziehen drohte, hielt er jedoch nach Alternativen Umschau und kam, indem er Tacos und Burritos auf ähnliche Weise »beschleunigte« wie zuvor Hotdogs und Hamburger, auf eine unverwechselbare, neue Fast-Food-Variante. 1962 fand schließlich die wundersame Metamorphose von *Bell's* zu *Taco Bell* statt, das heute mit rund 4 000 Filialen und einem Umsatz von drei Milliarden US-Dollar die siebtgrößte Fast-Food-Kette der USA ist. Im Vertrauen auf die zunehmende internationale Popularität von Ethnofood im Allgemeinen und Tex-Mex-Küche im Besonderen, hat das Management bis zum Jahr 2001 einen Soll-Stand von 10 000 *Taco-Bell-Restaurants* ins Auge gefasst.

Die mexikanischen Indios, die die Tacos dereinst erfunden haben, werden davon freilich kaum profitieren können. Denn *Taco Bell* ist – gemeinsam mit *Burger King* und *Pizza Hut* – längst eine hundertprozentige Tochter von *PepsiCo Inc.* und gilt mittlerweile als jene Fast-Food-Kette, die in Sachen Gastronomie-Hightech am weitesten ausgereift ist.

Manche *Taco Bell-Restaurants* sehen aus wie Raststationen auf dem Datenhighway: »Drinnen können Kunden, die schnell ihre Tacos und Burritos bekommen wollen, ihre Bestellung selbst in einen Touch-Screen-Computer eintippen«, hieß es in einer Unternehmensaussendung. »Draußen sehen die Kunden, die den Autoschalter benutzen, ihre Bestellung zur Bestätigung auf einem Videomonitor, damit Fehler vermieden werden. Zum Bezahlen dient ein Druckluftrohr, wie es auch Banken am Autoschalter einsetzen. Essen und Wechselgeld liegen bereit, wenn sie langsam zum Abholschalter weiterfahren. Und wenn die Schlange zu lang wird, kommt ein Angestellter mit einer drahtlosen Tastatur, der die Bestellungen aufnimmt.«[327]

ZWISCHEN KENTUCKY UND WIENERWALD

Die Systematisierung des Huhns

Wenn Fast Food, wie ich in diesem Buch schon des Öfteren behauptet habe, nicht nur schnelle Massennahrung, sondern auch industrialisierte Glücksverheißung ist, so eignet sich dazu kaum eine Zutat besser als Hühnerfleisch. Spätestens seit der französische König Henri IV. als sein erklärtes politisches Ziel angab, jede französische Familie möge zumindest jeden Sonntag ein Huhn im Topf haben, steht das bereits mehr als viertausend Jahre domestizierte Hausgeflügel im Ruf, so etwas wie »vernünftiger Luxus« zu sein. Henri IV. hätte seinen Untertanen ja auch eine Lammkeule ins Rohr oder ein Spanferkel in die Kasserolle wünschen können. Allein: Er wählte das Huhn – schon deshalb, weil es immer noch realistischer war, eine ganze Nation regelmäßig mit Hausgeflügel als mit Lämmern oder Schweinen zu versorgen. Nichts symbolisiert Wohlstand so sehr wie ein knuspriges Bratenstück, zumal dann, wenn es sich dabei um ein so genanntes *grosse pièce* handelt, ein Tier also, das im Ganzen gebraten wurde. Nicht zufällig zählte zu den erfolgreichsten Filmen der harten Zwischenkriegszeit die Hans-Moser-Komödie »Schrammeln«. Man liebte die heile Welt der Heurigenmusik, die darin gespielt wurde, aber noch mehr liebte man die Selbstverständlichkeit, mit der dort »Hendln« aller Art geschmaust wurden.

Heute kostet ein Huhn – selbst wenn man die Inflationsrate mit einbezieht – wesentlich weniger als in den fünfziger und sechziger Jahren. Die Massentierhaltung machte das Huhn daher auch für Fast-Food-Unternehmer interessant, die zudem davon profitieren, dass das Huhn, mag es vielleicht auch nicht mehr das Statussymbol früherer Jahre sein, dafür als schlank machend, eiweißreich und gesund gilt. – Eine allgemeine Einschätzung, an der selbst die eindringlichsten Kampagnen der Tierschützer gegen so genannte Hühner-KZs nicht viel zu ändern vermochten. Seither hofft man, nicht ohne eine gewisse Pharisäerhaftigkeit, es möge ein »glückliches Huhn« sein, das da auf dem Teller gelandet ist. (Die Wahrscheinlichkeit, dass dies bei Fast-Food-Chicken tatsächlich der Fall ist, dürfte allerdings ziemlich gering sein.) Das Huhn fand seinen Eingang in die Welt des schnellen Essens im Verhältnis zu Rinderhack oder Würstchen erst relativ spät, und es ist sicherlich kein Zufall, dass sich dieser Erfolg etwa analog mit dem Preisverfall am Hühnermarkt einstellte, während gleichzeitig die Rindfleischpreise eher im Steigen begriffen waren.

Kentucky Fried Chicken, das nach *McDonald's* und *Burger King* auf Platz drei in den Charts der amerikanischen Fast-Food-Ketten liegt (*Pizza Hut* hat zwar mehr Filialen, macht aber weniger Umsatz), wurde 1952 vom damals bereits 66-jährigen Colonel Harland Sanders gegründet. »Der Colonel« – den Titel hatte Harland Sanders nicht fürs Vaterland erkämpft, sondern für seine Verdienste als Hähnchenbrater und Hotelier vom Gouverneur von Kentucky verliehen bekommen – begann sein Geschäft keineswegs mit einer Hühnerfarm, sondern mit einem Gewürzpulver. Als es weltberühmt wurde, war es allerdings schon ziemlich alt. »Der Colonel« hatte es nämlich bereits 1935 für sein eigenes Restaurant, das er in Corbin Kentucky führte, entwickelt und damit große Erfolge erzielt. Erst als das Etablissement zu Beginn der fünfziger Jahre durch einen Autobahnneubau ins Abseits gedrängt und unrentabel wurde, begann Harland mit der Vermarktung des Rezepts. Für dessen Verwendung warf er nunmehr unter Besitzern von Hähnchenbratereien mit dem Slogan *It's finger lickin' good* – und unterstrich damit nicht nur die besondere Eignung des Huhns als *finger food,* sondern wurde auf seine alten Tage noch zum Multimillionär.

Im Gegensatz zu Kroc, der kein besonderes Produkt, sondern lediglich Know-how anzubieten hatte, handelte Sanders mit einem so genannten Geheimrezept, vergab dessen genaue Zusammensetzung aber, genau wie Kroc, nur nach dem Franchiseprinzip. Es gibt einige auffällige Parallelen zwischen Kroc und Sanders, unter anderem die, dass es sich in beiden Fällen um ehemalige Schulversager handelte, die die Highschool vorzeitig verlassen mussten und beide – wenngleich in unterschiedlichem Alter – 1954 ins Franchisebusiness eintraten. Die Aufgaben, die Kroc seinem Clown Ronald McDonald übertrug, nahm der telegene Harland indessen lieber selbst wahr: Als weißhaariger Colonel im weißen Anzug und mit weißem Ziegenbart war er das lebendige Gegenstück zu *Uncle Sam,* nur dass er die Kids nicht in den Krieg schickte, sondern an den Hühnerpott.

Sanders vermarktete das *secret blend* seiner Gewürzmischung gegen eine Franchisegebühr von einem Vierteldollar pro verkaufter Hähnchenportion und hatte damit außerordentlichen Erfolg. Noch in den späten sechziger Jahren lag *Kentucky Fried Chicken* (heute kurz *KFC* genannt) vor *McDonald's,* weil es die Idee des Familienrestaurants für die Babyboomergeneration schon zu Zeiten hochhielt, in denen man Mister Krocs Hamburger noch im Stehen vertilgen musste. Der Erfolg erwies sich trotz der Hamburger-Konkurrenz als dauerhaft: Zu Beginn der neunziger Jahre waren unter Colonel Sanders' Hähnchen-Flagge in 8 000 weltweit gestreuten Outlets immerhin bereits mehr als fünf Milliarden *Kentucky Fried Chickens* verkauft worden.

Über die Zusammensetzung von Harland Sander's geheimnisumwitterter Gewürzmischung, die nach Firmenauskunft aus elf verschiedenen Kräutern und Gewürzen bestand, ist lange spekuliert worden, bis der Chemiker Wil-

Abb. 27: Von der Gastronomie zur Systemgastronomie: Wie aus der Weinstube zum Wienerwald in der Münchner Amalienstraße das erste Restaurant der *Wienerwald*-Kette wurde.

liam Poundstone in seinem 1983 erschienenen Buch *Big Secrets*[328] das Rätsel der Zaubermischung mit recht profanem Resultat löste: Statt der erwarteten elf »Arkana« fand Poundstone lediglich vier Zutaten: Salz, Pfeffer, Mehl und den Geschmacksverstärker Monosodium-Glutamat. Das wahre Geheimnis von *KFC* dürfte also eher in der Methode bestehen, die Hühner, anstatt sie konventionell zu frittieren, unter Druck zu frittieren, was ihnen eine gewisse Saftigkeit erhält. Die Entzauberung der Gewürzmischung tat dem Erfolg von *KFC* indes ebenso wenig Abbruch wie die Tatsache, dass Colonel Sanders, nachdem er die Kette verkauft hatte[329] und dieser nur mehr für PR-Zwecke zur Verfügung stand, häufig darüber Klage führte, dass man seine köstlichen Ur-Rezepte in der Zwischenzeit längst verfälscht[330] habe.

Mittlerweile waren auch andere Konzerne wie *Popeye's Fried Chicken, Chick-fil-A, Chicken Delight* und *Church's Chicken* erfolgreich ins Geschäft mit den scherzhaft als Gummiadler bezeichneten Industriehähnchen eingestiegen. Selbst *McDonald's* konnte schließlich, all seiner historischen Beef-Lastigkeit zum Trotz, nicht umhin, über kurz oder lang auf das Huhn zu kommen, um der zunehmenden Skepsis breiter Bevölkerungsschichten gegenüber »rotem Fleisch« mit der Einführung der *Chicken McNuggets* Rechnung zu tragen. Wie richtig diese Entscheidung war, lässt sich nicht zuletzt daran ermessen, dass *McDonald's* mittlerweile – selbstredend nach *KFC* – zum zweitgrößten Hähncheneinkäufer der Welt geworden ist und bereits kurz nach der Markteinführung der *Chicken McNuggets* einen Umsatz von einer Milliarde Dollar erzielte.

Während fast alle Fast-Food-Ideen, auch wenn ihre Ursprünge mehrheitlich in Europa liegen mögen, von den USA vor allem während der Nachkriegszeit rückimportiert wurden, kann die Geschichte des »schnellen Brathähnchens« jedoch auch auf eine genuin europäische, ja sogar deutsch-österreichische Geschichte verweisen. Sie ist unmittelbar mit dem Namen des Linzer Kellners Friedrich Jahn verknüpft und beginnt etwa um dieselbe Zeit, in der Colonel Sanders in den USA ansetzte, sein *KFC*-Imperium zu gründen.

Am 1. März 1955 machte sich Jahn selbstständig und eröffnete in der Münchner Amalienstraße zwischen Alt-Schwabing und Innenstadt ein besonders von Studenten frequentiertes Lokal namens »Linzer Stüberl«, als dessen Renner sich schon bald eine klare Hühnersuppe entpuppte. Den Grundstein zum nachmaligen *Wienerwald*-Imperium hat, wie sich Friedrich Jahn später erinnerte[331], ein Stammgast gelegt, der den damaligen Wirt ansprach: »Wissen'S, Ihna Hendlsuppn schmeckt ja net schlecht. Aber wer mag scho' jeden Tag Hendlsupp'n essen?! Könnten S' net amal die Hendln braten?« Jahn kaufte daraufhin einen Grillfix-Spieß für vier (!) Hähnchen und hatte damit vor allem auch deshalb Erfolg, weil er für dieselben eine Warmhalteplatte aus Butter- und Zeitungspapier »erfand«, in der jedermann die knusprigen Brathühner auch bequem mit nach Hause nehmen konnte. Weil das Geschäft florierte, ließ er das Wiener Riesenrad und den Stephansdom an die Wand malen und hatte – mit Hendln und Wiener Flair – bereits die Grundlagen jener Corporate Identity geschaffen, die am Beginn des lange Zeit erfolgreichsten systemgastronomischen[332] deutschen Unternehmens der Nachkriegszeit standen.

Jahns »System« eignete sich aufgrund seiner Einfachheit, wie sich schon bald herausstellte, perfekt zur Vervielfältigung. Bald gab es auch in Stuttgart und Augsburg nahezu identische Restaurants mit Öffnungszeiten bis in die Nacht und *Take-away-Outlets*. 1959 war das »Imperium« bereits auf siebzehn Filialen angewachsen. 1960 wurde mit dem Streamlining des Ambientes durch bemalte Holzhühner, Wandtafeln mit Altwiener Volkstypen und identische Dekorstoffe ein weiterer Schritt zur Systematisierung gesetzt, die sich auch in Österreich, der Schweiz und den Niederlanden als erfolgsträchtig erwies. Bei der weiteren Expansion im Ausland war Jahn allerdings weitsichtig genug, nicht nur auf das klassische Wiener Brat- und Backhuhn zu setzen, sondern auch auf die jeweiligen landestypischen Geflügelspezialitäten: So servierte er in Italien ein *Pollo olio-aglio,* in Holland ein indonesisches *Ajam Smoor* und in Brüssel *Chicorée et Volaille Bruxelloise* und hatte es zehn Jahre nach dem Linzer Stüberl bereits auf 174 Betriebe in ganz Europa gebracht. In seinen besten Zeiten verarbeitete der *Wienerwald*-Konzern allein in Deutschland 1,2 Millionen Hühner pro Jahr. Eine Expansion in die USA und sogar nach Japan konnte daher nicht ausbleiben. Und zu den Hendlbratereien des *Wienerwald*-Konzerns gesellten sich auch Hotels, Reisebüros, Diskotheken und Schnellimbiss- sowie Coffeeshopketten. Bevor eine seltsame »Wiener Melange« aus Managementfehlern, persönlichem Pech und allzugroßer Vertrauensseligkeit Friedrich Jahn 1982 in die Insolvenz stürzte, betrieb der *Wienerwald*-Konzern weltweit 1 551 Lokale in achtzehn Ländern und würde damit in der heutigen Fast-Food-Weltrangliste etwa auf Platz fünfzehn rangieren. Trotz seines letztlichen Misserfolgs kann Jahn daher mit ziemlicher Sicherheit als der erfolgreichste europäische Fast-Food-Unternehmer dieses Jahrhunderts gelten. Dabei war es, auch wenn Hühner gerne mit den Fingern gegessen werden, nicht in erster Linie klassisches Fast Food, das den Erfolg der *Wienerwald*-Kette ermöglichte. Auf Selbstbedienung und Franchising etwa hat Jahn nur in den seltensten Fällen gebaut (was sein Unternehmen allerdings auch personalintensiv und daher auch ökonomisch verwundbar machte). Der Selfmademan aus Linz folgte vielmehr einem Bausteinprinzip, mit dem er Elemente des Wiener Heurigenrestaurants mit solchen der Schnellverpflegung kombinierte und somit, ähnlich wie *McDonald's,* ein vervielfältigbares Familienrestaurant schuf, das Jahns Nachfolger in der Konzernführung nach amerikanischem Vorbild seither noch weiter systematisiert haben. Jahn begriff jedoch nicht nur als einer der ersten Europäer, dass Gastronomie ein »Produkt« ist, sondern es gelang ihm auch, die Logistik dieses Produkts perfekt in den Griff zu bekommen.[333] Ähnlich wie Ueli Prager mit seiner *Mövenpick*-Kette setzte Jahn dabei nicht nur auf neue Errungenschaften der Küchentechnik, sondern vor allem auf jene schlaraffische Fun-Atmosphäre, die letztlich wohl das Geheimnis jeder großen Gastronomiekette ist.

Die Systematisierung des Huhns wurde somit zum frühen Prototyp der Systematisierung der Gastronomie, wie sie heute der Individualgastronomie – und zwar keinesfalls nur im Fast-Food-Bereich – zunehmend gefährlicher wird.[334] Der von Henri IV. gehegte Wunsch, jede Familie möge jeden Sonntag ihr Huhn im Topf haben, ist mittlerweile längst Wirklichkeit geworden. Freilich hat der fortschrittliche Monarch wohl nicht im Traum daran gedacht, dass es überall auf der Welt ein Gardemaßhuhn aus dem Einheitstopf sein würde.

AS SWEET AS FAST

Süßes zwischen Keks und Donut

Wer schnell gibt, der gibt zunächst einmal Saures. Wenn von Fast Food die Rede ist, so denkt daher auch jeder zunächst an Hamburger, Hotdogs, Pizzas oder Sandwiches. Diese Beobachtung steht freilich in völligem Gegensatz zu so gut wie allen Erkenntnissen der Ernährungspsychologie, die in zahlreichen Studien immer wieder belegt hat, dass Menschen aller Altersgruppen dazu neigen, im Zweifelsfall unter verschiedenen zur Verfügung stehenden Nahrungsmitteln eher die süßen herauszusuchen.[335] Und wenn man bedenkt, dass alleine in den USA alljährlich 7,5 Milliarden Kilogramm Süßigkeiten verzehrt werden, so lässt sich folgern, dass das Zuckerwerk den Kampf gegen Würstchen und Buletten ohne weiteres aufnehmen kann – vom vielen Zucker, der in Ketchup, Hamburger-Buns und Dressings enthalten ist, erst gar nicht zu reden.

Aus den 41 Erfolgsrezepten der amerikanischen Fast-Food-Industrie, die Todd Wilbur in seinen *Top Secret Recipes* analysiert hat, sind daher auch 24 – also mehr als die Hälfte – der süßen Abteilung der Fast-Food-Ketten gewidmet, und es wimmelt nur so von *Cracker Jacks, Almond Rocas, Chocolate Chip Cookies, Buttermilk Biscuits, Snickers* und *Peanut Butter Dream Bars, Almond Joys, Gingersnaps, Lollipops* und *Butterscotch Krimpets,* zu denen sich auch noch die gesamte Bandbreite der Eiskrems und *Frozen Yoghurts* sowie zahlreiche süße alkoholfreie Drinks vom Milchshake über den Schokoladentrunk bis zur Coca-Cola gesellen. Tatsächlich machen also auch Hamburger-Ketten längst einen Gutteil ihres Umsatzes mit Süßigkeiten, und wenn der Pizzabote an der Tür klingelt, so hat er immer öfter auch ein paar Becher süßes *Tiramisu* im Gepäck.

In Good Old Europe hat sich das süße Fast Food freilich noch nicht im selben Maße durchgesetzt wie Hamburger und Hotdogs. Das mag einerseits an einem gewissen kulturbedingten Misstrauen liegen, das man den zumeist seltsamerweise knallbunten amerikanischen *Candies* entgegenbringt. Es liegt aber vor allem an der uralten Tradition, die Süßigkeiten diesseits des Atlantiks schon seit den alten Ägyptern haben. Der Griff zum süßen Happen zwischendurch ist im Europa der Konditoreien, Kaffeehäuser und Patisserien längst so selbstverständlich geworden, dass kein Mensch auf die Idee käme, von Fast Food zu sprechen, wenn er Kekse zum Tee oder Kuchen, Apfelstrudel oder Bonbons zum Kaffee nimmt.

Dabei ist die »kleine süße Mahlzeit« genau genommen die klassische Fast-Food-Situation schlechthin. Sie findet – von der Kaffeejause am Wochenende einmal abgesehen – fast immer in der Arbeitspause oder während eines Stadtbummels statt. In den meisten Kaffeehäusern und Konditoreien herrscht eine ähnlich lockere Durchgangssituation wie im Fast-Food-Restaurant. Es gibt keine Kleidungs- und kaum Benimmregeln. Viele Mehlspeisen vom Nussbeugel bis zur Punschschnitte kann man genauso mit der Hand essen wie Hamburger und Sandwiches, die, nebenbei bemerkt, mittlerweile ebenfalls zum Standardrepertoire der süßen Hochburgen zählen.

Tatsächlich handelt es sich bei jenen oft schaurig-schönen Kreationen aus Germteig, Schlagsahne, Schokolade, Farbstoff und künstlichen Aromen, mit denen die internationalen Ketten ihr Geschäft machen, zumeist um industrialisierte Ableitungen von Rezepten europäischer Zuckerbäcker. Und insbesondere all die *Candies* und *Stickers,* die besorgten Eltern und vor allem Zahnärzten das Leben schwer machen, haben einen gemeinsamen Urahnen: das Keks. Der

Name wurde, nachdem der Hannoveraner Fabrikant Hermann Bahlsen einen jahrelangen Kampf für einen einheitlichen deutschen Ausdruck statt *Cakes, Keeks, Biskuits* oder gar dem von notorischen Deutschtümlern vorgeschlagenen Knusperchen geführt hatte, zwar erst 1915 in den Duden aufgenommen; was er bezeichnete, ist jedoch in Wahrheit viel älter. Kleine Honigkuchen kannte man schon im alten Ägypten. Handliche Bissen aus Nugat und Marzipan formten die Inder bereits um 3000 v. Chr. Das klassische Keks ist jedoch ein – ursprünglich ungesüßter – Verwandter des Waffelbiskuits, das als *bis coctus* im dritten Jahrhundert v. Chr. in Rom entstand und seinen Namen dem Umstand verdankte, dass es zweimal gebacken wurde und dadurch jene Haltbarkeit und Knusprigkeit erhielt, die bis heute für Kekse aller Arten charakteristisch ist. Noch immer taucht man solche trockenen Kekse vor allem in manchen südlichen Ländern gerne in Süßwein und zelebriert somit eine der sicherlich ältesten Arten, Fast Food zu sich zu nehmen.

Ihren süßen Charakter verdanken die Kekse dem Vernehmen nach erst den Niederländern, die die kleinen getrockneten Kuchen nicht nur als haltbare Seemannsnahrung zu schätzen wussten, sondern ihnen auch bei den Bauernhochzeiten eine fast schon rituelle Rolle zukommen ließen. Jeder der Gäste musste sein mitgebrachtes *koekje* auf einen großen Haufen legen, aus dem sich – in vielen übereinander gelegten Schichten – schließlich die Hochzeitstorte zusammensetzte. Mit diesem Brauchtum gelangten, so will es die Überlieferung, die *koekje* auch über den Ärmelkanal und wurden von den Briten kurzerhand in *cookies* umbenannt.

Die Niederlande gelten jedoch nicht nur als Keksparadies, sondern auch als Zentrum der Waffelbäckerei, die sich parallel zur Koekje-Herstellung entwickelte. Eine der ältesten Darstellungen einer Waffelbäckerin finden wir auf Pieter Brueghels *Fasnachtsmarkt*. Über offenem Holzkohlenfeuer backt sie die viereckigen Kuchen mit Hilfe einer langen Eisenzange, an deren Ende sich statt der Kniepeisen zwei längliche Backformen befinden, die mit erhabenen, honigwabenartigen Vierecken gemustert sind. Diese mit Speckschwarten oder Butter eingeriebenen Flächen wurden dann mit einem dickflüssigen Teig bestrichen, der, nachdem er auf beiden Seiten gebräunt und festgeworden war, mit einem kleinen, scharfen Messer wieder aus der Form gelöst und mit Zucker und Zimt serviert wurde. Aus Belgien stammt schließlich die Sitte, Waffeln mit frischen Beeren und Schlagsahne zu bestreichen oder zu füllen. Die Erfindung des elektrischen Waffelgrills ermöglichte auch die systematisierte Produktion von Waffeldesserts sowie die Erfindung eines unbestrittenen süßen Fast-Food-Hits, der Eiswaffel.

Mindestens ebenso wie *cookies* und *waffles* (die übrigens, ähnlich wie die ihnen verwandten *pancakes* oder *crêpes,* auch mit pikanten Füllungen angeboten werden), gilt in den USA die *apple pie* als Inbegriff der süßen Imbisse für zwischendurch. *Apple Pie Contests* wie jener auf dem *Buchanan County Fair* in Independence, Iowa, erfreuen sich nicht nur bei den Erstellern des *Guinness Books of Records* großer Beliebtheit, sie zählen auch sonst zu den buntesten Erscheinungen des nicht gerade grauen amerikanischen Alltags. Obgleich die Amerikaner ihre unverwechselbaren *Apple-pie*-Rezepte entwickelt haben mögen, so ist freilich auch dieses Gericht in seinen Ursprüngen europäisch. An mehr oder minder verwandten Vorgängern – ob Apfelstrudel, Äpfel im Schlafrock, Apfelschlangen oder Apfelkuchen – fehlt es keineswegs. Im angelsächsischen Raum findet sich der erste Hinweis auf eine Obstpastete bereits im 16. Jahrhundert, als die englische Königin Elizabeth I. ausdrücklich verlangte, man möge ihre Pasteten mit eingelegten Kirschen statt mit Fleisch oder Fisch füllen. Der Weg zur *apple pie* dürfte danach kein besonders weiter mehr gewesen sein.

Während die gebackenen Apfeltaschen, die sich heute im Repertoire einiger Fast-Food-Ketten befinden, in Europa daher durchaus nicht als typisch amerikanisch betrachtet werden, gilt der *donut* (auch *doughnut* geschrieben) als Inbegriff von amerikanischem Junk. Im Gegensatz zu *apple pies,* Waffeln oder *chocolate chips* haben die Donuts in den Vereinigten Staaten nämlich gleich einer ganzen Fast-Food-Kette ihren Namen gegeben. Und *Dunkin Donuts* ist – mit weit über 2 000 Filialen und einer knappen Milliarde US-Dollar Umsatz an dreizehnter Stelle der Fast-Food-Charts liegend – ein beachtlicher Marktfaktor. *Donut*-Fetischisten haben in den USA sogar ihren eigenen Krimihelden. Denn für die von John Lutz geschaffene Figur des zu entsprechenden Jahresringen neigenden Detektivs Alo Nudger sind ein halbes Dutzend *MunchaBuncha-Donuts* so lebensnotwendig wie ein Gimlet-Cocktail für Philippe Marlowe.

Fast zwangsläufig hat daher auch *McDonald's* die *donuts* entdeckt und sie – gemeinsam mit Pfannkuchen, Würstchen, Kaffee und Spiegeleiern – vor allem im seither ständig boomenden Frühstücksgeschäft eingesetzt. Über diesen Umweg haben die *donuts* in den letzten Jahren auch nach Europa gefunden, oder besser: zurückgefunden. Sind sie doch im Grunde nichts anderes als der amerikanische Beitrag zu den besonders in Süddeutschland und Norditalien bereits seit dem Mittelalter vielfältig abgewandelten Fasnachts- oder Faschingskrapfen, die sich lediglich durch das fehlende Loch in der Mitte von ihnen unterscheiden. Dessen Entstehung lässt sich übrigens auf einer Gedenktafel in Rockport, Maine, nachlesen, wo man von einem Kapitän Hanson Gregory erfährt, der 1847 angeblich erstmals deswegen ein Loch in den *donut*-Teig bohren ließ, weil das ein gleichmäßigeres Ausbacken ermöglichte.[336]

Der Krapfen ist eine in Schmalz herausgebackene Köstlichkeit, auf dessen »Copyright« von vielerlei Seiten her Anspruch erhoben wird. So reklamieren ihn beispielsweise die

Venezianer für sich, die mit dem venezianischen Karneval auch ihre alten *krafen* und *fritole* wieder entdeckten und diese seither in allen Trattorien und Osterien der Stadt dekorativ aufgeschichtet anbieten. Selbstverständlich bestehen auch die Franzosen auf dem Urheberrecht, indem sie auf ihre durchaus ähnlich mundenden *Beignets* aus Hefeteig verweisen. An der Spree macht man es auf *Berliner Pfannkuchen* geltend, die sich – ebenfalls aus Hefeteig bestehend – von allen anderen Pfannkuchen dadurch unterscheiden, dass sie in schwimmendem Fett ausgebacken werden. Und es wäre nicht Wien, hätte nicht auch die alte Donaumetropole ihre eigene, unverwechselbare Ursprungslegende zu diesem Thema, die deswegen sogar eine gewisse Glaubhaftigkeit besitzt, weil die »Erfinderin« der auch *Cillykugeln* genannten Wiener Faschingskrapfen tatsächlich auf den Namen Cäcilie Krapf hörte. Die Altwiener Hofratsköchin soll zu Beginn des 19. Jahrhunderts die Hofbälle jedenfalls auf die süßeste Weise zu verzaubern gewusst haben, und zwar mit so durchschlagendem Erfolg, dass allein 1815, im Jahr des Wiener Kongresses, an die zehn Millionen Krapfen bei offiziellen Empfängen und Bällen verspeist wurden. Krapfeninserate füllten die amtliche *Wiener Zeitung* damals spaltenweise wie heute etwa die Insolvenzen und Konkurse. Dennoch lässt sich die Legende von der Namenspatronin Cäcilie Krapf nicht aufrechterhalten. Mehr als drei Jahrhunderte vor ihr werden nämlich in einer Wiener Kochordnung des Jahres 1486 bereits »Krapfenpacherinnen« erwähnt. Und auch ein Blick ins etymologische Lexikon bestätigt, dass es den Krapfen schon gab, als in ganz Europa noch niemand wusste, was ein Hofrat ist.

Das berühmte Schmalzgebäck, das die Römer bereits bei ihren Frühlingsbacchanalien als Gebildbrot gebacken haben und das, sirup- und honiggetränkt, auch in der türkisch-arabischen Küche eine große Rolle spielt, trug schon zur Zeit Karls des Großen den Namen *crapho,* was so viel wie

Haken oder Kralle bedeutet – eine Form also, die in den Krapfen und *donuts* von heute nur noch mit einiger Fantasie erkennbar ist. In England und Frankreich trifft man in Handschriften aus dem 14. und 15. Jahrhundert bei Krapfenrezepten auch zuweilen auf den etwas exotisch anmutenden Namen *Mistembecs,* den man entweder als *mise en bec* (»Schnabelfutter«), möglicherweise aber auch auf eine verballhornte arabische Wurzel zurückführen kann.[317] Welche der beiden Lesarten stimmt, sei dahingestellt. Nur Alo Nudger wüsste gewiss, wie er entscheiden würde: mit einem *MunchaBuncha-Donut* im Schnabel …

DES TEUFELS SCHWEIF

Eis zwischen Stiel und Tüte

Eiskrem ist Fast Food in des Wortes ursprünglichstem Sinn. Isst – oder besser: schleckt – man es nämlich nicht schnell genug, so schmilzt es in Windeseile dahin. Andererseits allerdings erfüllt das Speiseeis die längste Zeit seiner fast viertausendjährigen Geschichte ein wesentliches Fast-Food-Kriterium ganz und gar nicht: Sein Ursprung waren keineswegs die Straßen und Märkte des einfachen Volkes, sondern viel eher die Paläste und Landhäuser der Oberschicht. Eis war, bevor es erst gegen Ende des 19. Jahrhunderts für einen Massenmarkt entdeckt wurde, alles, bloß nicht volkstümlich. Im Gegenteil: Man kann es mit Fug und Recht als ein auf die recht frivolen Bedürfnisse einer luxusverliebten Oberschicht zugeschnittenes Exklusivvergnügen mit aphrodisischem Charakter bezeichnen. Zumindest galt das, solange die Herstellung und Lagerung von Speiseeis kompliziert, materialaufwendig und daher auch sündhaft teuer war. Erst als die industrielle Revolution die Kühltech-

Abb. 28: Neapolitanischer Eisverkäufer (Stich aus dem 19. Jahrhundert).

nologie erfasste, konnte das Eis zur süßen Massennahrung und somit, ganz im Gegenteil zu seiner aristokratischen Vergangenheit, zum kühlenden Nektar des kleinen Mannes werden.

Seine erotischen Konnotationen hat es deshalb freilich keineswegs verloren. Im Gegenteil: Wirklich populär wurde das Eis erst, als ein gewisser Harry Burt aus Youngstown, Ohio, zu Beginn der zwanziger Jahre erstmals auf die Idee kam, ein Stück Gefrorenes auf ein Holzstäbchen zu stecken und es sich am 9. Oktober 1923 in den USA als »Eis am Stiel« patentieren zu lassen. *Good Humor Sucker* nannte er die über einen Stiel gezogene Vanilleeiskrem mit Schokoglasur nicht ohne eine gewisse Zweideutigkeit, die bis heute ein wenig mitschwingt, wenn man die New Yorker Eisverkäufer als *Humor Men* bezeichnet.

Der Stoff, der Harry Burt zum reichen Mann machte, zählt freilich in Wahrheit zu den ältesten kulinarischen Errungenschaften der Menschheit. Schon lange bevor Sigmund Freud die frühkindlich-orale Phase und Mister Burt die gefrostete Konsequenz aller Schlecklust entdeckte, wussten beispielsweise die alten Chinesen schon ganz genau, was es bedeutet, sich aufs Glatteis der höheren Schleckerei zu begeben. In diesem Zusammenhang führt nahezu jede kulturgeschichtliche Auseinandersetzung mit dem Thema Eiskrem den chinesischen Philosophen und Religionsstifter Konfuzius (551–479 v. Chr.) an, der dafür berühmt gewesen sein soll, dass in seinen Kellern Unmengen von unterschiedlichsten Fruchtsorbets lagerten. Wohlmeinendere Interpreten der Legende sind überzeugt, dass er mit den kühlen Leckereien seinen Jüngern lediglich die Pausen zwischen den philosophischen Gesprächen des *Lun-yü* versüßen wollte, weil er hoffte, dadurch ihre Aufmerksamkeit für weitere Diskurse zu schärfen. Eis – davon war der alte Chinese nämlich überzeugt – erfrische den Geist und erhöhe die Fähigkeit des analytischen Denkens. Weniger Wohlmeinende unterstellen Konfuzius freilich, dass er das Eis weniger als Lehrmittel denn als Näscherei für die zahlreichen Kurtisanen bereithielt, die in seinem Hause aus- und eingingen.

Was an dieser Legende stimmt und was nicht, lässt sich heute nicht mehr so leicht nachprüfen. Als ziemlich sicher angenommen werden kann lediglich, dass Eis in China bereits um 2000 v. Chr., also vor etwa viertausend Jahren, bekannt war, wobei es sich allerdings nicht um Eiskrem in unserem Sinn, sondern um das heute *Sorbet* genannte, geeiste Obst handelte.[338] Aus dem Jahr 1110 v. Chr. ist schließlich auch ein schriftliches Dokument überliefert: In einer Hymne an die Göttin der Kälte wurde damals unter anderem auch der Transport des Eises in spezielle Eishäuser erwähnt. Gemeint ist damit freilich noch keineswegs das Speiseeis selbst, sondern vielmehr die Urform allen Eises, der Schnee. Allerdings erkannte man schon bald, dass Schnee, mit Fruchtsaft vermischt, ein ebenso köstliches wie kühlendes Getränk ergab, das – gerade in Gegenden, in denen die Hitze allgegenwärtig war, mit Recht als Luxus galt. Aufgrund der Größe und der verschiedenen Klimazonen ihres Landes waren die Chinesen in der Lage, Schnee aus Gebirgsgegenden in die Täler und Ebenen zu transportieren, um ihn in Kühlkellern zu Frierzwecken zu verwenden.

Die technischen Voraussetzungen dafür, dass das keineswegs cremige, sondern aus Eiskristallen bestehende Fruchteis aufbewahrt werden konnte, wurden in China ebenfalls auffallend früh geschaffen. Hier wurde nämlich bereits im achten Jahrhundert v. Chr. das Prinzip der Verdampfung angewandt, das auch den in den dreißiger Jahren des vorigen Jahrhunderts aufgekommenen ersten Kältemaschinen zugrunde lag. Bis dieselben die Industrialisierung des Eisschleckens möglich machten, musste freilich noch so mancher Schnee dahinschmelzen. Die kalte Köstlichkeit erfreute als *Scherbet* die Bewohnerinnen persischer Harems, türkischer

Serails und arabischer Frauenzelte, füllte als »erquicklicher Schnee zur Zeit der Ernte« (Spr 25,13) die Keller König Salomons und diente Alexander dem Großen schließlich auch als »eisige Ration« zur Aufrechterhaltung der Truppenmoral. Er ließ seine stets wohlgefüllten Eisgruben sogar vor den Toren der von ihm belagerten Städte anlegen.

Auch wenn das Speiseeis seinen Ursprung im Fernen Osten haben mag, so dehnte sich seine Verbreitung doch immer weiter westwärts aus. Es zog der untergehenden Sonne[339] entgegen und fand daher schon bald seine abendländischen Chronisten: »Dieser trinkt Eis, jener Schnee«, schrieb etwa der römische Naturforscher Plinius d. Ä. und fügte hinzu: »Man bewahrt auch das Eis für den Sommer auf und hat Mittel gefunden, sogar in den heißesten Monaten Schnee zu erzeugen. Manche kochen gar das Wasser und kühlen es dann wieder, denn dem Menschen sagt kein Ding zu, wie die Natur es gibt.«[340] Mit Roheis gehandelt wurde vor allem auch im ost-römischen Reich. In Konstantinopel wusste man den gewaltigen Eisbedarf des Kaiserhofs schon zu byzantinischer Zeit vom Mysischen Olymp bei Brussa zu decken, von wo noch gegen Ende des 19. Jahrhunderts jährlich mehr als anderthalb Millionen Kilogramm Eis in den Sultanspalast von Istanbul transportiert wurden. Auffallend oft ist von Speiseeis im Zusammenhang mit Aristokratengeschlechtern und Herrscherhäusern, aber auch mit Philosophen, Dichtern und anderen Intellektuellen die Rede. Das Volk spielt historisch als Eiskonsument nie eine nennenswerte Rolle. Die Könige von Frankreich entdeckten etwa, dass es billiger kam, ihre Privatflotte zu bemühen, um Eis aus dem Sonnefjord in Norwegen über den Seeweg einzuschiffen, als zum Zwecke der königlichen Kühlung Wagen auf den ebenso beschwerlichen wie holprigen Weg zu den verschneiten Gipfeln des Juragebirges zu schicken.

Wenn Legendenbildung ein Merkmal für Erfolg ist, so zählt das Speiseeis jedenfalls zu den erfolgreichsten Gerichten aller Zeiten. Der venezianische Abenteurer Marco Polo soll das Eis beispielsweise in Kublai Khans Peking kennen gelernt und von dort nach Italien gebracht haben. Katharina von Medici soll neben ihren zahlreichen mehr oder weniger kulinarischen Aktivitäten auch zur Eisgeschichte Wesentliches beigetragen haben, indem sie anlässlich ihrer dreißig Tage währenden Hochzeitsfeier täglich eine neue Sorte Fruchteis auftragen ließ. Don Carlos, der Infant von Spanien, soll 1569 während seiner Gefangenschaft in Madrid daran gestorben sein, dass er zu viel Wassereis zu sich nahm. Der englische König Charles I. ließ dem Vernehmen nach sein Lieblingsrezept sogar offiziell zum Staatsgeheimnis[341] erklären. Und von Königin Marie-Antoinette erzählt man, sie habe im heute noch bestehenden Pariser *Café Procope* im Kreise ihrer Hofdamen mit Vorliebe handspannengroße Eisstangen gelöffelt, wobei manche Damen dazu neigten, statt des dafür vorgesehenen Löffels die Zunge zu verwenden und damit die galante Pariser Männerwelt in schieren Aufruhr versetzten.

Angesichts solcher Erzählungen scheint Marie-Antoinettes Mutter, die österreichische Kaiserin Maria Theresia, also keineswegs nur von dem ihr oft genug unterstellten, fast krankhaften Biedersinn geplagt gewesen zu sein, als sie ihre Keuschheitskommissionen anwies, auf die Eisschleckerei ihrer Untertanen ein besonders gestrenges Auge zu haben. Schließlich lebte man anno dazumal in einer Zeit, in der der alte Aberglaube, dass der Schwanz des Teufels mit süßem Leim überzogen sei, der wie Eis schmecke, noch tief verwurzelt war. Man sollte sich von all diesen Geschichten freilich nicht allzu sehr verwirren lassen. Die wenigsten davon sind historisch wirklich stichhaltig[342], und ihr gemeinsamer Nenner besteht lediglich darin, dass reiche und adelige Kreise ein auf Natureisbasis hergestelltes Dessert, das starke Ähnlichkeiten zu dem, was im Küchenlexikon als *Granité* firmiert, aufweist, teuer zu bezahlen gewillt waren.

Das änderte sich erst, als ein Monsieur Carré 1857 in Paris seine kontinuierlich wirkende Absorptionsmaschine mit Ammoniak und damit die erste wirklich brauchbare Eismaschine vorführte.[343] Als dann auch noch Carl von Linde 1876 die Kompressionskältemaschine erfand, begann sich die für Eiskrem infrage kommende Zielgruppe allmählich zu verbreitern. Vor allem von Norditalien[344] ausgehend, entstand in den folgenden Jahrzehnten sogar eine neue Berufsgruppe, die aus dem Straßenbild vieler Städte wie Wien, Berlin, Paris oder New York bald nicht mehr wegzudenken

Abb. 29: Die Eisesser (Lithographie von Bailly 1825).

war: der Eismann. In London ertönten die ersten Gelati, *Ecco-un-poco-* (= hier gibt's ein wenig Eis-) Rufe um 1870 und schrieben dort sogar Sprachgeschichte: Weil man die italienischen Eisverkäufer in London nicht verstand, wurde das *Ecco un poco* schlicht und einfach zum *hokey-pokey* verballhornt, und der Eisverkäufer hieß bald nur noch *hokey-pokey-man*.

Auch in den USA verlief die Karriere des Speiseeises zunächst ähnlich wie in Europa. Als luxuriöse Köstlichkeit war das Eis, wenn wir Brillat-Savarin Glauben schenken dürfen, schon 1794 von einem Hauptmann Collet nach Amerika gebracht worden, der die Eiszubereitung noch vor der französischen Revolution in den Pariser Faubourgs kennen gelernt hatte und danach in die USA emigrierte. Sowohl die Präsidenten George Washington als auch Thomas Jefferson hatten in ihren Privathäusern in Mount Vernon bzw. Monticello bereits eigene Eiskeller anlegen lassen. Es existiert allerdings ein noch älterer Bericht über den Haushalt eines Gouverneurs Bladen aus Maryland, von dem ein Gast bereits in der Zeit um 1740 schrieb, er habe dort eine Eiskrem aus Erdbeeren und Milch vorgesetzt bekommen. Dass »Eiskrem ein Teil der amerikanischen Folklore werden«[345] konnte, verdankt es nicht zuletzt der Konstruktion einer speziellen Eismaschine durch die Amerikanerin Nancy Johnson im Jahre 1846. Auch diese fand freilich zunächst nur in Klein- und Kleinstbetrieben Verwendung. Die ohnedies nur äußerst zögerlich voranschreitende Industrialisierung der Eiskremherstellung setzte erst gegen Ende des 19. Jahrhunderts ein und sorgte langsam aber sicher dafür, dass die englische Wortschöpfung *hokey-pokey-man* bald auch jenseits des Atlantik verstanden wurde.

Eng verbunden mit der Karriere des Speiseeises als Massennahrung ist auch die Geschichte seiner Verpackung. Um das Urheberrecht der Eistüte, die die Eiskrem erst richtig »massenfähig« machte, bewerben sich jedenfalls eine Menge Kandidaten. Einer der ernst zu nehmenden darunter dürfte ein syrischer Emigrant namens Ernest A. Hamwi gewesen sein, der dünn ausgerollte persische Zalabia-Waffeln mit einer Eiskugel unter dem Namen *The World's Fair Cornucopia* erstmals auf jener Weltausstellung von St. Louis im Jahre 1904 anbot, die unter anderem auch Lion Feuchtwangers »Dackelwürstchen« und damit den Hotdog populär machte. Anspruch auf die Erfindung der Eistüte erhebt jedoch auch Frank Menches, den wir schon als einen der drei, vier meistzitierten »Geburtshelfer« des Hamburgers kennen gelernt haben.

Nur fünf Jahre nach *The World's Fair Cornucopia* wurde bereits die erste Tütenrollmaschine entwickelt, der ein solcher Erfolg beschieden war, dass damit allein bis ins Jahr 1924 insgesamt 245 Millionen Tüten vom Förderband abgingen. Gleichzeitig wurde – ursprünglich, um die Hygiene in den immer fashionabler werdenden *Soda Fountains* zu steigern – der auch *Dixie Cup* genannte Wegwerf-Papierbecher erfunden, dessen Eignung für die Massenvermarktung von Speiseeis sich bald herumgesprochen hatte. 1923 erhielt er dann noch den klassischen runden Deckel mit der kleinen, zungenartigen Lasche, die diesem »klugen Produkt« bis heute zu ungebrochener Marktgeltung verholfen hat. Spätestens jetzt ist es freilich angebracht, noch einmal Mister Harry Burt Senior ins Spiel zu bringen, der mit dem Eisschlecker sicherlich den größten unter den eisgekühlten Fast-Food-Coups landete. Auch seine Erfindung hatte freilich ihre Vorläufer. 1919 war es nämlich allmählich in Mode gekommen, Eisziegel mit Schokoladenmasse zu überziehen und die so entstandenen Riegel als *I-Scream-Bars* zu vermarkten. Das einzige Problem bei dieser durchaus wohlschmeckenden Erfindung war allerdings, dass sich der Riegel, wenn man ihn erst einmal in der Hand hielt, nur äußerst beschwerlich und unter größter Tropf- und Fleckengefahr handhaben ließ. 1920 war daher das große Jahr des Harry Burt, der sich die Idee des Zuckerschleckers zunutze machte und den Eisblock kurzerhand auf ein Holzstäbchen bugsierte, um das Schlecken daran zu erleichtern. Und da Harry Burt nicht nur ein findiger Bursche, sondern auch ein guter Geschäftsmann war, begann er – lange vor *McDonald's* – ein Franchising- und Merchandisingkonzept für den *Good Humor Sucker* zu entwickeln, für dessen Vermarktung er, wie später Ray Kroc, sogar ein eigenes Handbuch auflegte.[346]

In seinen drei populärsten Verpackungen – als Schlecker, Becher und Tüte – näherte sich das *Ice-Cream-Business* dem Fast-Food-Business zunehmend an, ja, es nahm sogar manches vorweg, was sich bei Hotdogs und Hamburgern erst später herausbilden sollte. Interessant ist in diesem Zusammenhang jedoch, dass der bis heute größte Speiseeis-Konzern der Welt – *Wall's* – nicht amerikanischen Ursprungs ist, sondern auf einen Briten namens Thomas Wall zurückgeht, der – weil sein Pastetengeschäft im Sommer nicht so recht gehen wollte – von den Italienern die Gewohnheit übernahm, mit einem Dreirad durch die Straßen Londons zu tingeln und Tüteneis zu verkaufen. Das »Eis-Monopol« mochte Europa also offenbar doch nicht ähnlich leichten Herzens den Amerikanern überlassen, wie es dies etwa bei Buletten, Würstchen und sogar bei Sandwiches oder Pizza getan hat.

Trotz der Vorreiterrolle, die Europa in Sachen Eiskrem, vor allem aber auch in Sachen Eiskultur, bis heute ziemlich unangefochten innehat, sind die USA dennoch zum *Icecream-Country* schlechthin geworden. Dass sie die Eiskrem, ähnlich wie Hamburger und Coca-Cola, als eine der tragenden Säulen des *American Dream* für sich vereinnahmt haben, fällt in Europa nur deshalb nicht so auf, weil das Eis, im Gegensatz zu Hamburgern und Hotdogs, nicht reimportiert werden konnte, da es in Europa ohnehin einen ständigen Ehrenplatz hatte. Vielleicht hat die Eiskrem aber auch in den USA noch stärker als in Europa, wo man Eis bis heute mindestens ebenso als Delikatesse wie als Massennahrungsmittel betrachtet, gemeinschaftsstiftend gewirkt. Es ist sicherlich kein Zufall, dass der Ausspruch *A party without ice cream would be like a breakfast without bread* bereits 1850 in den Vereinigten Staaten geprägt wurde. Es wirft auch ein bezeichnendes Licht auf den geradezu mythenbildenden Charakter der kalten Köstlichkeit, dass den Emigranten, die in den zwanziger Jahren in die USA kamen, nachdem der Dampfer auf Ellis Island angelegt hatte, als Willkommensgruß ausgerechnet Eiskrem serviert wurde. Und da das Speiseeis schon 1917 vom amerikanischen Kriegsministerium als *essential foodstuff* für den Ersten Weltkrieg klassifiziert wurde, verwundert es auch nicht, wenn Paul Dickson in seinem *Great American Ice Cream Book* sogar von einer Bomber-Eiskrem zu erzählen weiß, die von den Kampffliegern in großen Dosen aufbewahrt wurde und aufgrund der Vibrationen des Flugzeugs und der klirrenden Kälte der Luft als besonders köstlich gegolten haben soll.[347]

Dabei – und das ist einer der vielen Widerhaken in der Kulturgeschichte des *American Way of Life* – war die Liebe der Amerikaner zum Eis zunächst auf eine Distanz, da ihr zunächst die landestypische Prüderie und Biederkeit entgegenstanden. Noch in den neunziger Jahren des vorigen Jahrhunderts galt ein Mädchen als so gut wie gefallen, wenn es in der Öffentlichkeit an *Sucking Soda* nuckelte. Freilich konnten auch solche Ressentiments langfristig nichs dagegen ausrichten, dass das Eisschlecken gemeinsam mit Roll- und Schlittschuhlaufen oder einem Besuch auf Coney Island schon bald zum klassischen Sonntagnachmittagsvergnügen wurde. Fruchteisbecher wurden sogar kurzerhand *Sundays* genannt. Erst als die Eisindustrie zunehmend daran interessiert war, ihre Eiscoupes auch wochentags unter die Leute zu bringen, wurde aus dem *Sunday* ein weniger verfänglicher *Sundae* gemacht, der überdies den Vorteil hatte, dass der Eismann von strengen Baptistenpredigern nicht mehr der Gotteslästerung geziehen werden konnte.

Mittlerweile ist die Frage der Frivolität allen Eises längst ebenso wenig von Belang wie jene der Kostspieligkeit. Eis gilt als Billigprodukt und hat seinen Weg daher zunehmend von den Eissalons in die Haushalte genommen. Auch Neuentwicklungen wie das 1945 von Tom Clarvek erfundene und seit 1947 weltweit vermarktete Automaten-Softeis vermochten wenig daran zu ändern, dass Eiskrem vom sommerlichen Wochenendspaß der Wirtschaftswunderjahre zum jederzeit aus der Tiefkühltruhe verfügbaren Ganzjahresdessert wurde. Am Erfolg der Eiskrem selbst hat das freilich nichts geändert. Drei Milliarden US-Dollar jährlich werden mittlerweile allein in den USA für Eiskrem ausgegeben, was im Klartext bedeutet, dass jeder Amerikaner im Durchschnitt mehr als 13 Liter Eiskrem pro Jahr verspeist.

Allerdings hat auch die Gesundheitswelle vor dem von Ernährungsexperten nicht eben befürworteten Speiseeis keinesfalls Halt gemacht. Und wer in aktuellen Lebensmittelhandbüchern blättert, der muss schon ein fanatischer Konfuzianer sein, damit ihm angesichts der dort genannten Ingredienzen nicht das Lächeln der Vorfreude auf eisige Genüsse zu einem säuerlichen Grinsen gefriert. Was in Speiseeis und Halbfabrikaten nämlich an Stabilisatoren, Farbstoffen und Emulgatoren enthalten sein darf, liest sich keineswegs wie ein Rezept-, sondern schon eher wie ein Chemiebuch. Da findet man etwa Zungenbrecher wie Natriumkarboxymethylzellulose oder Natriumalginat und Kaliumalginat. Carrageen und Carrageenate sind ebenso zugelassen wie Pektin und Tragant.[348] Wer jedoch eine Liebe für weit hergeholte Zutaten hat, den wird die Beimengung von Guarkernmehl, Guargummi, Karayagummi oder Johannesbrotkernmehl vielleicht sogar erfreuen. Das alles ist zwar, so steht zumindest zu hoffen, nicht wirklich gesundheitsschädlich, aber doch geeignet, die Freude am coolen Genuss der heiteren Sommertage ein wenig zu trüben.

Die Alternative heißt allerdings keineswegs Eisverzicht, sondern führt geradewegs zur Kreation einer neuen Eisspezialität: *Frozen Yoghurt* macht in den USA bereits über eine halbe Milliarde US-Dollar Umsatz pro Jahr und ist gerade in der Fast-Food-Gastronomie weiter im Steigen begriffen. Und obwohl sich das (lebensmittel)farbenfrohe »Eis am Stiel« nach wie vor unverminderter Beliebtheit erfreut, findet man mittlerweile selbst in der Tiefkühltruhe des Supermarktes so manches Produkt, das nicht nur vor den Augen eines anspruchsvollen Patissiers Gnade finden, sondern vielleicht auch dem guten alten Konfuzius und seinen Kurtisanen durchaus Freude bereiten würde.

GESCHENKTE ZEIT

Bequemlichkeit, die aus der Dose kommt

Wenn Gott gewollt hätte, dass wir aus Konserven essen«, sagte der Eigentümer des bekannten New Yorker Biorestaurants *The Source* einmal zur Presse, »dann hätte er die Lebensmittel auch in Konserven erschaffen.«[349] So polemisch dieser Satz gemeint sein mag, so sicher trifft er auch ins Schwarze, und keiner, der seine fünf Sinne beieinander hat, schon gar nicht jemand, der auch nur über einen einigermaßen ausgeprägten Geschmackssinn verfügt, wird ihm widersprechen können.

Ersetzt man das Wörtchen Konserve indessen sinngemäß durch das Wort *Vorratshaltung,* so verliert der spöttische Aphorismus freilich gleich einiges an Biss. Müsste er doch etwa folgendermaßen lauten: »Hätte Gott gewollt, dass wir uns Lebensmittel auf Vorrat halten, so hätte er uns auch eine Vorratskammer geschaffen.«

Das überzeugt schon weniger.

Ohne übertrieben theologisch zu wirken, könnte man diesen Gedanken nämlich weiterspinnen und zu dem Schluss kommen, dass Gott sehr wohl die ganze Welt als eine einzige Vorratskammer erschaffen hat. Die Schöpfung ist keineswegs auf jederzeitige Verfügbarkeit ihrer Gaben abgestellt. Fast alle Geschenke der Natur haben ihre Saison, und kein Jäger wäre jemals in der Lage gewesen, das von ihm erlegte Großwild an Ort und Stelle mit einem Ma(h)l aufzuessen. Wenn Gott nicht wollte, dass wir unsere Lebensmittel sinnlos vergeuden, so muss er ganz einfach auch gewollt haben, dass wir unsere Lebensmittel sinnvoll aufbewahren, indem wir sie *konservieren.* Dies soll nun keine spitzfindige Apologie der Konservenbüchse werden, sondern lediglich unseren – angesichts des ungeheuren Nahrungsschrotts, der in Konservenform angeboten wird – verstellten Blick dafür frei machen, um uns dem Thema Konserve auf unvoreingenommene Weise nähern zu können. Immerhin verdanken wir der Kunst der Konservierung einige unserer größten Delikatessen vom Parmesan über den San-Daniele-Schinken bis zur Marmelade oder dem Dijon-Senf. Und letztlich ist jeder Käselaib, jede Salami und jedes Kompott nichts anderes als ein Lebensmittel, das zum Zwecke längerer Lagerung konserviert wurde – demnach also eine Konserve. Es waren erst Büchsen und Dosen (und in ihrem Gefolge die Tiefkühlkost), es war, um genau zu bleiben, der mit ihrer Hilfe betriebene Missbrauch, der uns den Begriff Konserve zunehmend inakzeptabel erscheinen ließ.

Beginnen wir daher in jenem »Goldenen Zeitalter«, in dem die Konserve ihre Unschuld noch nicht an die Nahrungsmittelindustrie verloren hatte, und betrachten wir sie zunächst als einen der wenigen geglückten Versuche des Menschen, sich den Faktor Zeit gefügig zu machen. Das Aufbrechen des Raum-Zeit-Kontinuums zählt schließlich neben dem Fliegen zu den ältesten Menschheitsträumen. Die Grundprinzipien der Konservierung waren allesamt bereits im Altertum bekannt und gehen, wie etwa das Trocknen und das Kühlen, zum Teil sogar schon auf das Paläolithikum[350] zurück. Doch auch Räuchern, Marinieren, Beizen und Einsalzen sind uralte Kulturtechniken, mit deren Hilfe nicht nur Fleisch, Fisch und Würste haltbar gemacht wurden, sondern auch Würzsoßen wie das römische *Liquamen,* das dadurch sogar zur unentbehrlichen Zutat der antiken Kochkunst werden konnte. Bereits die Römer kannten den Zusatz von Schwefeldioxid und kratzten Salpeter von Keller- und Stallwänden, um ihn zum Pökeln zu verwenden, und selbst das Salz wurde ursprünglich weit weniger als Gewürz denn als Konservierungsstoff genutzt. Vor allem wurden damals Fische und Schweinefleisch eingesalzen; aber auch Kräuter und Gemüse wurden durch den Zusatz von Essig konserviert.

Im Mittelalter mag manches von diesem Know-how wieder verloren gegangen sein, doch wurde es einerseits durch das Studium der alten naturkundlichen Schriften, andererseits wohl aber auch durch *learning by doing* wieder entdeckt. Man erkannte, dass sich Gemüse in Essig und Gansleber in Gänseschmalz länger hält, man dörrte das Obst, verwendete Honig für Konservierungszwecke und machte Eier mithilfe von Kalkmilch haltbar. Erst in jüngerer Zeit gesellten sich dazu noch Methoden wie das Einwecken und Einrexen in speziellen Gläsern sowie die Haltbarmachung durch Erhitzen, Frosten oder Kondensieren.

Nahrung wurde auf diese Weise immer schneller und bequemer verfügbar und jederzeit griffbereit gemacht. Die Verbesserung der Konservierungstechnik steht damit auch am Beginn jeder schnellen, insbesondere aber auch jeder industrialisierten und entsprechend rationalisierten Küche. Vor allem führt sie in letzter Konsequenz dazu, was Rolf Schwendter, ohne diesen Begriff freilich allzu schmeichelhaft zu meinen, einmal als *Weltmarktstrukturküche* bezeichnet hat. Zuerst, so schreibt er, werden Naturprodukte technisch behandelt. Das zieht dann zwangsläufig die industrielle Produktion herkömmlicher Lebensmittel nach sich, der die zunehmende Verwendung von Lebensmittelsurrogaten auf dem Fuß folgt. Das Ganze endet schließlich in einer radikalen Monopolisierung der solchermaßen entstandenen »ausgebleichten, ballaststoffarmen, denaturierten Lebensmittel«[351], einzelne Nahrungsmittelversatzstücke also, die dadurch überdies aus ihrem regionalen Kontext herausgerissen werden. Demzufolge erblickt der britische Anthropologe Jack Goody in der Erfindung der Konservenbüchse auch den wesentlichen Schritt in der Entwicklung vieler

Regionalküchen hin zu dem, was er schon einige Jahre vor Rolf Schwendter als »Weltküche«[352] bezeichnet hat.

Die Voraussetzungen für diese Entwicklung wurden vor allem durch Neuerungen auf dem Gebiet der christlichen Seefahrt und der weniger christlichen Kriegführung geschaffen. Die langen Reisezeiten, die schon seit dem 15. Jahrhundert mit der Erschließung neuer Seewege verbunden waren, brachten kreative Weltumsegler und Schiffsköche auf immer neue Ideen der Haltbarmachung von Lebensmitteln (und ließen beispielsweise Captain Cook das Sauerkrautfass erfinden). Der Begriff der so genannten »eisernen Reserve« beim Militär bezieht sich sogar ganz konkret auf die Erfindung der blechernen Konservenbüchse. Es ist vor diesem Hintergrund vielleicht auch kein Zufall, dass einer der wichtigsten Schritte auf dem Weg von der Konserve zur Konservendose von einem Physiker gemacht wurde, der vor allem als Schiffsbauingenieur Bedeutung erlangte und unter anderem das erste Schiff mit Schaufelradantrieb konstruierte. Im Jahre 1681 entdeckte der Franzose Denis Papin (1647–1712) bei Versuchen in London, dass sich verschiedene Fleischstücke unter Dampf schneller garen ließen. Aus dieser Beobachtung entwickelte er schließlich den bereits mit einem Druckmessgerät und einem Thermometer ausgerüsteten *Papinschen Topf,* der bei intensiverer Benutzung noch andere nützliche Fähigkeiten offenbarte. So ließen sich Speisen darin nicht nur garen, sondern auch konservieren – womit ein Grundprinzip der Konservendose bereits erschlossen war.

Für den Küchenalltag adaptierbar gemacht hat dieses Prinzip – wenngleich wohl ebenfalls nicht ohne Seitenblicke auf eine allfällige Verwendung für die Soldatenverpflegung – der Leibkoch Nicolas-François Appert (1750–1841), der dafür von einer durch Napoleon Bonaparte eingesetzten Jury im Jahre 1809 mit 12 000 Goldfranken belohnt wurde, die er, nebenbei bemerkt, in die Weiterentwicklung des

Suppenwürfels investierte. Appert konservierte seine Lebensmittel allerdings noch, indem er sie nach dem »Appertisieren« (Sterilisation durch Erhitzen) in versiegelte Glasgefäße einschloss.

Den Schritt vom Glas hin zum Blech und damit zur kommerziellen Verwertbarkeit dieser Idee tat dann freilich erst der Engländer Bryan Donkin, der 1812 die erste Konservenfabrik errichtete und darin neben Suppen, Hammel-, Rind- und Kalbfleisch das erste Corned Beef in Büchsen herstellte. Seit 1817 wurden auch in den USA immer mehr Konservenfabriken eröffnet, wo vor allem die wochen- und monatelang gen Westen ziehenden Siedlertrecks das neue Verfahren zu schätzen wussten. 1830 war es offenbar schon für höchste Ansprüche perfektioniert worden: Damals trat zumindest die erste getrüffelte Hasenpastete ihren Weg vom britischen Mutterland zu einem kolonialen Außenposten im Himalaja an. Dennoch erwies sich die Technologie der Konservierung in den ersten zwei Dritteln des 19. Jahrhunderts immer wieder als unzuverlässig. Im Jahre 1850 mussten in einem britischen Marinestützpunkt sogar mehr als 100 000 Pfund Fleisch für ungenießbar erklärt werden, weil es in den Dosen verfault war.

Endgültig Abhilfe schufen diesen Missständen erst die Erkenntnisse Louis Pasteurs, der den komplexen Bakterienstämmen, die die ersten Konservierungsversuche immer

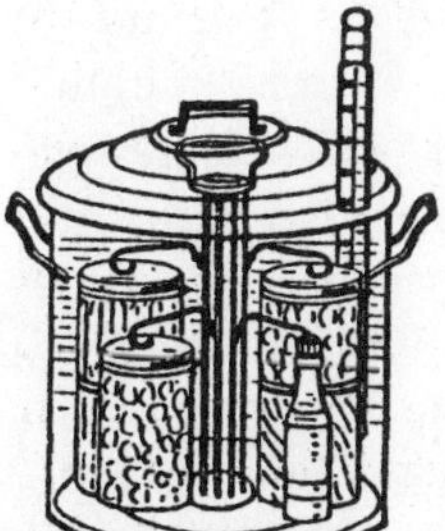

Abb. 30: Erhitzen unter Ausschluss von Luft ist die Grundlage des 1809 von Appert erfundenen Konservierungsverfahrens, das in weiterer Folge – etwa durch die Erfindung des Rex-Konservierungsapparates – noch verfeinert wurde.

wieder zunichte machten, nicht nur mittels Pasteurisierung zu Leibe rückte, sondern 1879 auch vorschlug, die verwendeten Lebensmittel mit Benzoesäure, Borsäure und Salizylsäure zu konservieren. Etwa in diese Zeit lässt sich auch der Aufschwung der deutschen Konservenindustrie[353] datieren, wenngleich die Massennachfrage nach Fleischkonserven erst so richtig im Anschluss an den Ersten Weltkrieg begann.[354]

Seit es die Konservendose gibt, sind die Meinungen über die Qualität dessen, was sie beinhalten, durchaus geteilt. Grimod de la Betonière, der als Begründer der Restaurantkritik gilt, schwärmte 1810 in seinem *Almanach des Gourmands* von den Vorzügen der Appertschen Konservierungsmethode in den höchsten Tönen, würdigte die dadurch möglich gewordene »Annäherung der Saison der Früchte an die des Eises« und fand von der Gemüsesuppe bis zum Braten kaum ein Gericht, das nicht »in vorzüglicher Qualität« herstellbar wäre.[355] Auf Grimod scheinen sich übrigens einige der erfolgreichsten Köche der Nouvelle Cuisine berufen zu haben, als etwa Paul Bocuse und Michel Guérard in den siebziger Jahren das von ihnen selbst zur Maxime erklärte Gebot unbedingter Frische umgingen und einige ihrer Kreationen als Dosen- und Tiefkühlware im Supermarktregal anboten. Immerhin fand auch der amerikanische Gastrojournalist Poppy Cannon schon 1952 nichts mehr dabei, ein *Can-Opener Cookbook* auf den Markt zu bringen, dem wegen des großen Erfolgs ein *New* und ein *New New Can-Opener Cookbook* folgten. Später verblüffte dann der renommierte deutsche *Gourmet-Guide*-Herausgeber Johann Willsberger seine Leser eines Tages mit der Empfehlung von Dosenschnecken aus der Épicerie Georges Blanc und San-Marzano-Dosentomaten: »Bevor Sie sich noch einmal über geschmacklos wässrige Holländer oder nicht viel bessere (nur teurere) Kanaren ärgern«, stand da 1988 – auf dem Höhepunkt der Gourmetwelle – zu lesen,

»sollten Sie zur richtigen Dose (...) greifen. Für ein Tomatencoulis, eine Suppe oder Soße sind die in der Gegend um den Vesuv vollreif geernteten Eiertomaten das Beste, was Sie nehmen können. Sie sind geschmacksintensiv und werden in verschieden großen Dosen angeboten.«[356]

Die Konservenbefürworter können neben dererlei Anekdoten allerdings auch das Argument ins Treffen führen, dass etwa Kaviar nicht nur der Inbegriff von Gourmandise, sondern ein klassisches Dosenprodukt ist. Auch die – mittlerweile verpönte – Schildkrötensuppe Lady Curzon sowie zahlreiche Trüffel- und Gänseleberkonserven lassen durchaus den Schluss zu, dass Konserven keineswegs zwangsläufig billiges Junk Food enthalten.[357]

Abb. 31: In einer Hamburger Fleischkonservenfabrik um 1917, als die Konserve als Grundlage der Soldatenkost des Ersten Weltkrieges internationale Verbreitung fand.

Andererseits wird die Riege der rigiden Konserven-Gegner von keinem Geringeren als Anthelme Brillat-Savarin angeführt, von dem der berühmte Ausspruch stammt, dass jemand, der einen Hasen aus dem Romey-Tal von einem aus den Ebenen von Paris auseinander schmecken könne, an einer Konserve wohl kaum Gefallen zu finden vermöchte. Dem lässt sich alleine schon deswegen relativ wenig entgegensetzen, weil die meisten Konserven – wie übrigens auch viele Tiefkühlfertiggerichte – genauso schlecht sind wie ihr Ruf. Meistens enthalten sie zu viel Aufgussflüssigkeit und zu viel Geschmacksverstärker, und fast immer wurden die enthaltenen Gemüse, Fische, Nudeln oder Fleischstücke vor der Konservierung zu Tode gegart.

Konservenbüchsen vermitteln – und daran ändern auch Kaviardosen und Schneckenkonserven kaum etwas – eine Ästhetik des Hässlichen, die gleichwohl ein Faszinosum sein kann. Das beste Beispiel dafür lieferte einmal mehr Andy Warhol, als er die *Campbell*-Tomatensuppe auf seinen Multiples im Siebdruck vervielfältigte und damit ein Verfahren anwandte, das er etwa auch Mao Tse-tung oder Marilyn Monroe angedeihen ließ. Ähnlich wie Claes Oldenburg den Hamburger, machte Warhol die Konservendose ikonenfähig, das heißt, er entrückte sie ihrem Alltagsumfeld, um sie dadurch, unabhängig von ihrem Inhalt, durch fortgesetzte Reduplikation zum Mythos zu adeln. Es ist (und das trifft auf Mao wohl ebenso zu wie auf Marilyn und die *Campbell*-Dose) einmal mehr der Mythos vom schnell verheißenen Glück, mit dem wir es hier zu tun haben. Bereits 1924 schrieb ein von der amerikanischen Konservenindustrie beauftragter Historiker den bemerkenswerten Satz, die Konserve gäbe der amerikanischen Durchschnittsfamilie »einen Küchengarten, in dem all die guten Dinge wachsen, und in dem immer gerade Erntezeit ist«. Und er fügte hinzu: »In einer Dose um zehn Cent gibt es mehr Tomaten, als man für etwa denselben Betrag am Markt erstehen könnte, wenn die Tomaten gerade am billigsten sind.«[358]

Die Konservendose stellt, so schreibt der Gastro-Historiker Claus-Dieter Rath folgerichtig, »durch Design und Aufschriften Assoziationen zum Tafel- und Lebensglück her, sie ist gleichsam als Mini-Litfaßsäule das eigene Aushängeschild«[359]. Die Botschaft ist die, die auch für den Erfolg aller Fast-Food-Ketten verantwortlich ist. Sie lautet kurz und einprägsam: »Komm und nimm!«

IM BANNE DES OSMAZOMS

Fleischextrakt und gekörnte Brühe

»Die Entdeckung oder vielmehr die Sicherstellung des Osmazoms ist der größte Dienst, welchen die Chemie der Nahrungswissenschaft erwies.«[360] Der das schrieb, war der Gastrosoph Anthelme Brillat-Savarin, und jeder Feinschmecker, der heute (oft durchaus mit Recht) über Fleischextrakte und gekörnte Brühen die Mundwinkel verzieht, sollte sich dieser Tatsache bewusst sein. Denn nichts anderes als der Inbegriff von Convenience Food steckt hinter dem geheimnisvollen Wörtchen Osmazom, das – ganz im Gegensatz zu dem, was es beinhaltet – heute so gut wie vergessen ist.

Freilich war Brillat-Savarin[361], als er diese Zeilen in den zwanziger Jahren des vorigen Jahrhunderts schrieb, nicht auf dem letzten Stand der chemischen Forschung. Die stoffliche Eigenständigkeit des Osmazoms wurde nämlich schon vor dem Erscheinen der *Physiologie du goût* infrage gestellt und kurz danach aus dem Register der chemischen Elemente gestrichen, weil man dasselbe als Gemenge erkannte, das seinerseits wiederum in neue Stoffe zerlegt werden konnte, zu denen allerdings auch die wichtigsten Fleischbestandteile zählten. Brillat-Savarin hatte also – wenngleich nicht in exakter wissenschaftlicher Terminologie – dennoch Recht, als er in seiner fünften Meditation und damit an prominenter Stelle seines gastrosophischen Grundlagenwerks schrieb: »Das Osmazom ist das verdienstliche Element der guten Suppen. Es liefert beim Anbrennen das Braune des Fleisches, ihm verdankt man die Röstungsrinde der Braten. Es gibt endlich den eigenthümlichen Wildgeruch der Jagdthiere.«[362] Carl Vogt, der Übersetzer und Herausgeber der ersten deutschen *Brillat-Savarin*-Ausgabe, hat in diesem Zusammenhang darauf hingewiesen, dass »die bekannte Liebigsche Fleischbrühe, welche wesentlich aus kaltem Wasserauszug feingehackten Fleisches besteht und fast alle im Magen löslichen Bestandteile des Fleisches enthält, (...) dem hier Osmazom genannten Stoffe entsprechen würde«[363].

Fassen wir, bevor wir Liebig selbst zu Wort kommen lassen, noch einmal die – rückblickend betrachtet recht kurze – Geschichte des Osmazoms zusammen. Als seine Entdecker gelten zwei Chemiker der zweiten Hälfte des 18. Jahrhunderts, nämlich der Mineralwasserinspekteur und Leibarzt König Ludwigs XVI., Pierre Thouvenel und sein Kollege Hilaire-Marin Rouelle, die sich beide mit Extraktionen von Fleisch und deren Gesetzmäßigkeiten befassten, welche geradewegs in die Herstellung so genannter *tablettes de bouillon* mündeten, die man heute durchaus als »Ur-Suppenwürfel« bezeichnen könnte.[314] Der wohlklingende und durchaus appetitliche Name Osmazom (zusammengesetzt aus den griechischen Wörtern *osme* = Geruch und *zomos* = Suppe) wurde allerdings von einem Chemiker namens Louis Jacques Thenard geprägt, der 1806 trotz seiner zahlreichen Vorläufer behauptete, den Stoff selbst erfunden zu haben und die neue Bezeichnung im Bulletin der Pariser Medizinischen Fakultät erstmals publizierte.

Zweifellos hat zum Siegeszug des Osmazoms in der kulinarischen Welt auch die Tatsache nicht unwesentlich beigetragen, dass Antoine Carême, der berühmte Küchenchef Talleyrands, in seinem Standardwerk über die französische Küche meinte: »Bei maßvoller Hitze bildet sich über dem Suppentopf eine Schaumhaube; das Osmazom, also der wohlschmeckendste Teil des Suppenfleisches, löst sich mehr und mehr auf und macht die Bouillon fett, während das Eiweiß in einer Schaumkrone an die Oberfläche steigt.« Carêmes Aussagen gipfeln schließlich in der Bemerkung über die fertige Bouillon: »Da ist es also, das geglückte Resultat dieses chemischen Prozesses.«[365] Dass selbst der große Carême das entscheidende und geschmacksbildende Element dieses Prozesses im Osmazom wähnte, hat der Popularität dieses Stoffes bei der kochenden Zunft gewiss nicht geschadet. Vor allem war es die Möglichkeit der Auflösung des so entstandenen Extrakts in Wein, die die Köche immer wieder wegen der damit verbundenen geschmacksintensivierenden Wirkung fasziniert hat.[366] Dennoch währte die steile Karriere des Osmazoms als selbstständiges Element nicht lange. Bereits bevor 1826 Savarins *Physiologie* erschien, hatte die wissenschaftliche Fachwelt den Stab über dem darin so hymnisch besungenen Grundstoff gebrochen und ihn als Mischung aus Salzen, Säuren und Fibrin entlarvt. Das Osmazom siedelte somit endgültig aus den medizinischen Lexika und der chemischen Fachliteratur in die Kochbücher über, wo es seither in Pastenform recht gut aufgehoben ist.

Die Technologie, aus dem mysteriösen Innenleben des Fleisches auch tatsächlich eine probate Küchenhilfe für jedermann zu machen, wurde allerdings erst 1847 vom Gießener Chemiker Justus Liebig (1803–1873) nachgeliefert.[367] Bei dem von ihm entdeckten Fleischextrakt handelt es sich um einen eingedickten, albumin-, leim- und fettfreien wässrigen Auszug aus frischem Rindfleisch, der für sich beanspruchen darf, eines der ersten Convenience-Produkte der neueren Ernährungsgeschichte zu sein. Seinen Forschungen lagen Experimente mit 102 Hühnern zugrunde, von denen er, wie Liebig einmal an einen Freund schrieb, rund 300 Pfund Fleisch verarbeitet hatte, um die chemischen Prozesse im Tierkörper zu studieren. Eher ein Nebenprodukt dieser Forschungen war ein recht simples »Kochrezept«: Als Liebig, der übrigens auch das Backpulver erfunden hat, fein gehacktes Fleisch in kaltem Wasser ansetzte und dort langsam erhitzte, schöpfte er ständig das ausflockende Eiweiß ab, um die Brühe klar zu halten, und ließ sie schließlich vollends eindampfen, bis nur noch ein konservierbarer Extrakt übrig war.

Bevor Liebig diese Rezeptur für bequeme Köche und in weiterer Folge auch für gestresste Hausfrauen perfektionieren konnte, versorgte er damit zunächst einmal die Münchner Hofapotheke, weil er der richtigen Ansicht war, dass der von ihm erfundene Extrakt vor allem Bleich- und Schwindsüchtigen sowie anderen Rekonvaleszenten zu neuer Farbe und Lebensfreude verhelfen könnte.[368] »Seit der Einführung dieses Fleischextracts (welcher nicht mit den so genannten Consommé oder den Bouillontafeln verwechselt werden darf) in die bayerische Pharmacpöe«, schrieb Liebig 1866 in einem Nachwort zur ersten deutschen Brillat-Savarin-Ausgabe[369], »hat sich in der That dessen große Wirksamkeit in Fällen von gestörter Ernährung und Verdauung

Abb. 32: Nach langen Korrespondenzen fand Justus von Liebig heraus, dass Uruguay eine Überproduktion an Rindern hatte. In Südamerika stand daher auch die erste Fleischfabrik, die mithilfe von in Berlin angefertigten Maschinen *Liebigs Extract of Meat* herstellte, der in Europa billig verkauft werden konnte.

sowie bei körperlicher Schwäche bewährt, und es genügt vielleicht, um einen Begriff von dem ausgedehnten Gebrauche des Fleischextracts als Arzneimittel zu geben, wenn ich hier anführe, dass in der Hofapotheke zu München jährlich nahe an 5 000 Pfund Rindfleisch für diesen Zweck verwendet werden.« Die Idee, den Extrakt auch für Armenküchen zu verwenden, scheiterte zunächst allerdings daran, dass es alles andere als billig war, dieses Kraftpaket aus schierem Rindfleisch herzustellen. Immerhin sind, um ein Kilo der zähflüssigen dunkelbraunen Paste aus Fleischsalzen und Stickstoffverbindungen herzustellen, zwischen 18 und 32 Kilogramm mageres junges Rindfleisch notwendig.

Liebig, der nicht nur Chemiker, sondern auch stark sozial engagiert war[370], schielte daraufhin nach Übersee und hörte nach Korrespondenzen mit Podolien, Buenos Aires und Australien von einem Hamburger Ingenieur namens Giebert, dass die Rinder in Uruguay nur ihrer Häute wegen geschlachtet wurden, während man das Fleisch achtlos in die Flüsse warf. Giebert beschaffte tatsächlich die nötige Menge Billigfleisch und konservierte es ab 1864 mit in Berlin angefertigten Maschinen nach der Liebigschen Methode in einer Fleischwarenfabrik im uruguayischen Fray-Bentos. Unter dem Markenzeichen *Liebigs Extract of Meat* wurde die Fleischpaste dann nach Europa verschifft und hier, wie mit Liebig vereinbart, für etwa ein Drittel des bisher üblichen Preises für Fleischextrakt angeboten. Am Lebensmittelmarkt löste diese Entwicklung fast ein kleines Erdbeben aus: In der Zeit zwischen 1865 und 1906 konnte die *Liebigs Extract of Meat Company* ihre Produktion um 860 Prozent steigern.

Zu diesem Erfolg trug wohl nicht zuletzt auch die Tatsache bei, dass der Liebigsche Fleischextrakt von der zeitgenössischen deutschen Kochbuchliteratur nahezu euphorisch angenommen wurde. Die berühmte Kochbuchautorin Henriette Davidis beispielsweise sekundierte dem Suppenchemiker aus Gießen: »Der unersetzliche Werth des Liebig'schen Fleischextractes beim Hungertyphus, für Krankenhäuser, Hospitäler und Armeen ist längst bekannt (...) Neben so wichtigen Zwecken ist der Fleischextract ein großes Hilfsmittel für Hôtels, Bahnhofs- und andere Restaurationen, Gahrküchen, Wohltätigkeitsanstalten, sowie auch für Reisende, besonders auf Schiffen.«[371]

So sehr der Fleischextrakt jedoch mit dem Namen Justus von Liebig verbunden blieb, so prompt stellte sich auch die Konkurrenz ein. Besonders erfolgreich vorangetrieben wurde die Industrialisierung von Liebigs Erfindung in den siebziger Jahren des vorigen Jahrhunderts durch Carl Heinrich Knorr (1800–1875), der in seinem Heilbronner Werk den Extrakt mit Zusatz von präparierten Mehlen aus Grünkern, Erbsen, Linsen, Bohnen, Sago und Tapioka unter der Schutzmarke *Bienenkorb* vertrieb. Und 1882 begann auch Michael Johannes Julius Maggi (1846–1912) in der Schweiz mit so genannten »Leguminosenmehlen« zu experimentieren und brachte 1886 die ersten Suppen aus Erbsen- und Bohnenmehlen auf den Markt. Knorr reagierte 1889 mit seiner berühmten Erbswurst, die ihre Erfindung dem deutsch-französischen Krieg verdankt, in dem die vom Berliner Koch Grüneberg entwickelte Substanz 1870/71 wieder einmal zur Truppenverpflegung eingesetzt wurde. Man füllte sie durch einen blechernen Fülltrichter in einen befeuchteten Naturdarm ein, band sie mit der Hand ab und trocknete sie anschließend. Nicht ohne Stolz konnte Knorr 1897 darauf hinweisen, dass mit dieser Erbswurst nicht nur Kriege geführt, sondern auch Länder erkundet wurden, befand sie sich doch auch im Tornister des Naturforschers Fridtjof Nansen (1861–1930), der auf seinen Forschungsreisen zwischen Äquator und Nordpol so manches schnell hingezauberte Erbswurstmenü genoss.

Zwei Ursachen waren es vor allem, die zur Erfindung und zum Siegeszug des Fleischextraktes sowie zahlreicher

Abb. 33: Ab 1875 begann die Produktion von »Knorr-Suppen« auf der Basis von Gemüsemehlen.

daraus abgeleiteter Produkte führten: Einerseits erwiesen sich das Bemühen um eine Verbesserung der Soldatenverpflegung sowie die soziale Idee einer funktionierenden Suppenküche für die arme Bevölkerung als wesentliche Katalysatoren des Osmazoms und seiner Nachfolger. Andererseits bewirkte die Suche elaborierter Gaumenabenteurer wie Carême oder Brillat-Savarin nach dem »Geist des Fleisches« die Aufnahme des Osmazoms in den Kanon der Großen Küche. In dieser gilt die Verwendung von Fleischextrakt (auch wenn viele große Küchenchefs, teils eingestandenermaßen, teils klammheimlich immer wieder zu Extrakt oder gekörnter Brühe greifen) mittlerweile allerdings als obsolet, da sich die Ansicht durchgesetzt hat, dass vor allem in der Soßenküche selbst der beste Extrakt keinen Fond[372] zu ersetzen vermag. Als Klassiker unter »Mother's Little Helpers« ist, was als Osmazom begann und heute in keinem Supermarktregal mehr fehlt, jedoch unumstritten.

FINGERLUST

Über Popcorn, Crackers, Salzmandeln und andere Fast-Food-Konfetti

Wenn einer ein »schlimmer Finger« ist, so braucht er nicht unbedingt erotische Absichten zu hegen. Die Lust am Tändeln und Herumfingern ist eine der ältesten Formen des Be-Greifens und somit auch die vielleicht urtümlichste Art und Weise, sich die Welt in Form von Nahrung einzuverleiben. Elfas Canetti hat in *Masse und Macht* (Frankfurt 1980) zu Recht darauf hingewiesen, dass »die Einverleibung der Beute im Mund beginnt«, und hinzugefügt: »Dorthin führte ursprünglich der Weg all dessen, was genießbar war, von der Hand in den Mund.«

Die Hand, das sind in diesem Zusammenhang vor allem die Finger. Und *Finger Food,* das in der einschlägigen Literatur gern auch als Synonym für Fast Food verwendet wird, ist demnach zunächst nicht schnelles Essen, sondern es beschreibt den archaischen Essakt schlechthin und damit jenes haptische Erleben, das mit dem Essen – neben Schmecken, Sehen und Riechen – eben auch verbunden ist.

Fingerfood ist jedoch auch die Weiterentwicklung einer der beiden ältesten Kulturtechniken der Menschheit. Während das Schneiden, Transchieren und Zerlegen eher eine Fortführung des Jagens ist, lebt im Fingerfood die Lust, die Leidenschaft, ja der Trieb des Sammelns fort. Wir sind es nun einmal gewohnt, Dinge aufzupicken und uns als Vorrat anzulegen, auf den wir in jeder Situation zurückgreifen können.

Wer beim Fernsehen nach Kartoffelchips, Popcorn, Soletti, gefüllten Oliven oder Salzmandeln greift, der stellt zunächst einmal eine Situation her, in der er sich seiner

Vorräte sicher sein kann. Eine prall gefüllte Schüssel voller Käsegebäck oder Salzstangen hat in diesem Sinn nicht nur etwas Appetitanregendes, sondern auch etwas Beruhigendes. Auch in diesem Kontext wird, wie so oft bei Fast Food, Glück, Zufriedenheit, Wohlstand und Behaglichkeit suggeriert. Es ist freilich nur ein kleines Glück, das da suggeriert wird, und man kann es zwar, wie dies häufig getan wird, bequem zur Selbstbelohnung einsetzen, wenngleich man damit rechnen muss, dass diese Belohnung in weiterer Folge zur »Selbstbestrafung« durch Fettleibigkeit führt. Auch das hat es mit den meisten Produkten der Fast-Food-Ketten gemeinsam.

Finger Food ist jedoch noch mobiler als Fast Food von *McDonald's* oder aus der Würstchenbude. Es ist an keine bestimmten Essplätze gebunden. Man kann es auf der Straße, im Park, im Fauteuil, im Bus oder am Arbeitsplatz verzehren, da es – im Gegensatz etwa zu Hamburgern, Hotdogs oder Pizzas – keine Zubereitung erfordert. Es vermittelt, auch wenn es fast immer industriell vorgefertigt und verpackt ist, den Anschein, einfach da zu sein wie das Korn auf dem Feld, die Frucht auf dem Baum, die Muschel in der Schale. Die Verpackungsindustrie hat, so scheint's, nur einen durchsichtigen Zellophanvorhang zwischen uns und unsere allzeit verfügbare Nahrung geschoben.

Popcorn beispielsweise ist ein Fingerfood mit ganz besonderer Bodenhaftung. Die Indianer Neu-Mexikos ließen die Puffmaiskörner, wie eine Radiocarbonuntersuchung ergab, schon vor 5 600 Jahren platzen und verwendeten sie als Schmuck ebenso wie als Nahrung. Auch die Pilgerväter wurden, als sie 1621 aus Plymouth nach Amerika kamen, der Legende nach an ihrem ersten Thanksgiving-Fest von den Wampanoag-Indianern mit mehreren Tüten – genau genommen waren es Hirschlederbeutel – voller Popcorn begrüßt.

Seither beschwört Popcorn vor allem Fantasiewelten. Es ist in Kinderreimen *(This is Little Betty Bopper, She has popcorn in the popper)* ebenso vorhanden wie überall dort, wo Träume vorgegaukelt oder wahr werden: im Kino, am Rummelplatz, in Disneyland, vor dem Fernseher. Popcorn war und ist eine Billigstnahrung, die man auch in Zeiten der Depression nicht missen musste. Man benötigt, um es selbst herzustellen, lediglich eine Hand voll Maiskörner mit mindestens vierzehn Prozent Wassergehalt (sie platzen durch Verdampfung), eine Pfanne, etwas Fett und Salz. Doch trotz des billigen Images lassen sich daraus auch verschiedene süße »Luxusvarianten«, etwa mit Karamell oder Schokoguss verfertigen.

Mit zunehmendem Wohlstand wird Popcorn freilich immer seltener am eigenen Herd zubereitet. Man holt sich lieber ein paar Tüten aus dem Supermarkt. Und von der Kino- und Jahrmarktsattraktion ist Popcorn in den letzten Jahrzehnten immer mehr zur Kalorienkeule für notorische *Couch Potatoes* geworden. Längst werden mehr als siebzig Prozent des amerikanischen Popcorns zu Hause vor dem Fernseher geknabbert. Und auch regelmäßige Warnungen von Ärzten und Ernährungsorganisationen, dass eine Großpackung Popcorn so viele gesättigte Fette wie sechs *Big Mäcs* beinhaltet, vermögen daran nur wenig zu ändern.

Die Welt des Fingerfood ist, auch wenn in ihr noch so gewaltige Kalorienmengen umgesetzt werden, eine Welt im Kleinen, und darin liegt wohl auch ein Teil ihres Reizes. Man isst doch nur »ein paar von diesen niedlichen Dingern« und befriedigt damit allenfalls einen geschwinden Appetit und keinesfalls den großen Hunger. Als besonders erfolgreich haben sich daher auch alle Diminutiva von großen, bekannten und populären Lebensmitteln erwiesen: Das »Soletti« ist nichts anderes als ein Minimal-Art-Bierstangen, und zündholzgroße Kartoffel-Stickers sehen aus wie Pommes unter dem Mikroskop. Die Pizza-Crackers vermitteln einem durch geballten Oregano-Einsatz das Gefühl, in einer Pizzeria zu sitzen, ohne deswegen gleich einen mühlsteingroßen Pizzafladen mampfen zu müssen. Viele Brezelchen scheinen lange nicht so auf den Magen zu schlagen wie eine große Brezel. Was sind ein paar Tortilla-Chips gegen eine ganze Tortilla? Und wer denkt schon daran, dass man eine Stunde spazieren gehen muss, um den Kalorienwert von ein paar Cashew-Nüssen zu verbrennen? Die Winzigkeit des Genusses verheißt trügerisch einen »Genuss ohne Reue«. Erdnüsse, Knabbermischungen, Pralinen, Schokoriegel, Gummibärchen, Bubble-Gums, Lollipops – das alles sind doch nur Kleinigkeiten, die sich zu einer ganzen Mahlzeit verhalten wie Konfetti zu einem Zwölf-Bogen-Plakat.

Dabei liegt der Ursprung all dieser wahlweise übersalzenen oder picksüßen, in jedem Fall aber zum Greifen nahen Köstlichkeiten in einer Ernährungsform, die jedermann für gesund hält – nämlich in der Rohkost. Tatsächlich bestand die einfachste und älteste Art der Ernährung vor der Erfindung des Feuers darin, nach einer Frucht oder Pflanze, wenn sie sich einmal als genießbar erwiesen hat, zu greifen und sie roh zu verschlingen. So gesehen erwies sich auch der Müslierfinder Oskar Bircher-Benner, als er die Nahrungsmittel nach ihrem »Sonnenlichtwert« klassifizierte, als Propagandist des Fingerfood, zu dem der »ganze Apfel« ebenso wie das »ganze Korn« zählt. Auch Rohköstlis, die statt der Popcorntüte einen Vorrat an grob geschabten Möhren und Selleriescheiben anlegen, können problemlos als Finger-Food-Adepten bezeichnet werden.

Mittlerweile sind auch viele Finger-Food-Produzenten dazu übergegangen, auf ihren bunten Tüten zu vermerken, dass es sich bei ihren Produkten um fett- und cholesterinreduzierte, natriumarme oder auf sonst eine Weise »gesunde« Lebensmittel handle.

Doch Gesundheit hin, Ernährungsbewusstsein her: Tatsächlich folgt, wer während des Werbeblocks im TV zum

Müsli- statt zum Schokoriegel und zu Cornflakes statt zu Chips greift, dem nämlichen Prinzip. Ist das Liebäugeln mit der Solettitüte oder der Schüssel mit den Salzmandeln doch letztlich nichts anderes als eine Rückkehr in die Vorgeschichte, als die Zivilisation noch nicht erfunden und alles Essbare noch frei verfügbar war.

Somit ist das Schnappen nach dem begehrenswerten Finger Food, das zum Greifen nah auf dem Fernsehtischchen steht, auch ein Rück-Griff auf jene kurze Spanne der eigenen Kindheit, in der sich die Welt noch als ein Garten Eden präsentierte, in dem von Sündenfällen aller Art noch nicht die Rede war.

SLOW FOOD CONTRA FAST FOOD

Lässt sich das schnelle Essen überhaupt noch verlangsamen? *Ein Nachwort*

Dieses Buch erzählte die Geschichte einer Glücksverheißung. Auch wenn manche Imbissbuden schmuddelig, manche Fast-Food-Filialen freudlos und manche Garküchen wenig hygienisch sein mögen, so schwingt doch in allen Schilderungen der Traum vom Schlaraffenland, von einer Welt, in der alle jederzeit zu essen haben, mit.

Selbstverständlich kann und will dieses Buch auch nicht verschweigen, dass die Glücksverheißung kaum jemals eingelöst wird und der Traum wohl bis auf weiteres Schimäre bleibt. Dafür ist das um die Welt gegangene Bild des Mannes aus São Paulo, der sterbend Wasser aus dem Rinnstein trinkt, während keine zwanzig Meter weiter das Firmenschild der Filiale einer Hamburger-Kette leuchtet, zu eindringlich. Dafür sind die Einwände der Fast-Food-Skeptiker aus dem Öko-, Bio- und sonstigen Lagern allen noch so beachtlichen PR-Budgets zum Trotz zu wenig überzeugend widerlegt. Auch die Kontroverse um Hamburger und Regenwald ist niemals wirklich beigelegt worden, und was für die einen eine abweichende Auslegung dieser Statistiken gewesen sein mochte, blieb für andere eine glatte Lüge.

Das schnelle Essen, das aus den Hightechküchen der Konzerne kommt, kann durch noch so viele freundliche Clownsgesichter und neonfunkelnden Talmiglanz nicht darüber hinwegtäuschen, dass es nicht von guten, sondern in erster Linie von geschäftstüchtigen Menschen zum Erfolg geführt wurde. In keiner anderen gastronomischen Branche wird heute mit annähernd vergleichbaren Gewinnen gearbeitet wie im Fast-Food-Business, wo die Gewinnspanne im

Schnitt vierhundert Prozent beträgt: Ein Hamburger, der für etwa zwei US-Dollar verkauft wird, hat, so rechnete jedenfalls Todd Wilbur in seinen *Top Secrets* nach, tatsächliche Entstehungskosten von 50 Cent.[373] Nirgendwo verhält sich der Wareneinsatz auch nur annähernd so reziprok zum Umsatz wie im Buletten-Business. In keiner anderen Gastronomieform, auch (und wegen der hohen Eigenkosten oft sogar gerade) nicht im Luxussegment, wird Geld in so Schwindel erregendem Tempo verdient. Das alles berechtigt, vor allem gemeinsam mit ernährungsphysiologischen Bedenken, sicherlich zu einer gesunden Skepsis gegenüber den Frikadellengrillern, Würstchensiedern und Hähnchenbratern in aller Welt. Allein: Ähnlich wie das aus durchaus vergleichbaren Gründen viel geschmähte Fernsehen ist der Begriff Fast Food keine absolute Größe, sondern zunächst einmal ein wertfreies Medium der Warenvermittlung. Und genauso wie auf der Mattscheibe infantile Gameshows, Softpornos und Rambo-Schlächtereien gleichermaßen stattfinden können wie kluge Diskussionen, hintergründig-intellektuelle Features und alte Godard-Filme, genauso ist die Bühne des Fast-Food-Business zwar schon rammelvoll, aber immer noch offen für fantasievolle Neuerungen.

Um zu verstehen, was Fast Food sein kann, ist es freilich notwendig, den Begriff des schnellen Essens von der Fixierung auf das Konzerndenken zu befreien bzw. entsprechend zu erweitern. Fast Food findet man heute keineswegs nur im Fast-Food-Lokal. Auch wer sich zwischendurch ein Lachsbrötchen reinschiebt, wer an der Hafenmole eine Tüte Krabben auspuhlt, wer im Euro-City frühstückt, sich seine Geburtstagsparty catern lässt, beim Spanier um die Ecke auf ein paar Tapas reinschaut, in der Konditorei Kaffee und Kuchen bestellt, zwischen zwei Terminen auf offener Straße ein halbes Dutzend Austern schlürft – auch der isst Fast Food.

Eine Gesellschaft, die immobil, träge und statisch ist, benötigt keine ausgefeilten Techniken des schnellen Essens.

Dem Nationalsozialismus, der das Heim und die Familie als wichtigste Pflegestätte aller Geselligkeit und Gastfreundschaft, als »Befruchtung völkischen Gemeinschaftslebens«[374] propagierte, waren alle »amerikanischen« Ernährungsformen vom Fünf-Uhr-Tee bis zur Schnellverpflegung suspekt und entsprangen, wie es in einem am 18. 8. 1937 erschienenen Artikel in der Zeitschrift »SAMann« hieß, einer »modernen, von jüdischem Geist bestimmten Lebensführung«, ja sogar »jüdischem Vagabundentum«.

Aus anderen, aber strukturell nicht unähnlichen Gründen konnte der Fast-Food-Gedanke auch in den ehemaligen Ostblockstaaten erst im Lichte von Glasnost und Perestroika Fuß fassen. Ihrem Wesen nach marktwirtschaftlich geprägt, waren die großen Fast-Food-Ketten schon von der Ökonomie her die Antithese zur Planwirtschaft, und der Stalinismus begegnete McDonald's und Coca-Cola im Kalten Krieg so, als handle es sich um einen kulturell-kulinarischen Vorposten der Pershing-Raketenbasen. Zudem galt Fast Food als Inbegriff jener westlichen Freizeitgesellschaften, welche die kommunistische Funktionärsgesellschaft gar nicht so grundlos als Bedrohung ihrer eigenen Existenz erkannte.

Fast Food kann nur gedeihen, wo Mobilität und Fluktuation positiv besetzte Werte sind. Erst wo erstarrte Strukturen aufbrechen, wo Urbanität die Blut-und-Boden-Haftung ersetzt, spiegelt sich die neue Durchlässigkeit der Lebensformen auch im Essverhalten wider. Fast Food wird auf solchem Nährboden zunächst denkbar, dann möglich – und schließlich sogar notwendig.

Gerade in letzterem freilich liegt auch die Gefahr, dass Fast Food seinerseits das Gebot der Durchlässigkeit durchbricht und dadurch eines Tages just jenes totalitäre, starre Denken befördern könnte, aus dessen Umklammerung sich die Gesellschaft ja ursprünglich lösen wollte. Nehmen wir nur an, PepsiCo, heute bereits Eigentümer von Burger King,

Pizza Hut und Taco Bell (und damit, wie bereits erwähnt, tatsächlich der größte Fast-Food-Konzern der Welt), würde sich eines Tages auch noch McDonald's und Coca-Cola einverleiben. Wenn die Massennahrung auf diese Weise dann weitgehend monopolisiert wäre – in einem solchen Fall wäre es wohl nur eine Frage der Zeit, bis die anderen mittelgroßen Konzerne »geschluckt« würden –, wo bliebe dann jene viel gepriesene freie Marktwirtschaft, die Fast Food im Land der unbegrenzten Möglichkeiten erst wirklich möglich machte. Was aus demokratischen Werten wie Individualität, Mobilität, Pluralität und Flexibilität entstand, würde dann sehr bald – als »verordnete« Massennahrung – zum Vorzeichen einer neuen Variante von Totalitarismus. Plötzlich wäre ein Punkt erreicht, an dem die Schnelligkeit der Zwischendurchverpflegung die ihr bislang innewohnende Bewegung verlieren und ihrerseits zum Zustand würde. Es fragt sich, ob man die »Zeitmaschine«, wenn dieser Punkt erst einmal erreicht und aus der Schwendterschen »Weltmarktstrukturküche«[375] endgültig eine »Massenmonopolküche« geworden sein wird, noch nachjustieren oder gar zurückdrehen kann.

Was folgt daraus?

Wir sollten unsere neuen Ess- und Lebensgewohnheiten, ob *slow* oder *fast*, nicht nur den einschlägigen Markenartiklern anvertrauen, sondern es muss uns gelingen, Fast Food als das wieder zu entdecken, was es ursprünglich für uns gewesen ist: als eine Möglichkeit, dem Diktat der Zeit zu entrinnen, indem wir die Nahrungsaufnahme, den ungeregelten Attacken unseres Appetits folgend, in Stücke teilen und ihr dadurch etwas von ihrer mitunter lähmenden Schwerfälligkeit nehmen. Der Essakt wird – egal wie lange er dauert – ganz ähnlich wie das Fest zum Moratorium des Alltags.

Marktstudien belegen immer wieder, dass wir uns genau auf einen solchen Zustand hinbewegen. Dass ein und dieselbe Person in unterschiedlichen gastronomischen Umfeldern höchst unterschiedliche Verhaltensweisen annehmen kann, ist dabei ein Phänomen, das nicht nur Sozialwissenschaftler und Psychologen, sondern auch die Gastronomen selbst beschäftigen sollte. Schließlich ist es der Gast der Zukunft, der sowohl bei McDonald's als auch im Drei-Sterne-oder-Vier-Mützen-Restaurant verkehrt und sich da wie dort, dem Anlass entsprechend, zu benehmen weiß.[376] In Zukunft wird es, wie uns die Zukunftsforscher verheißen, bereits selbstverständlich sein, Luxusmenüs und Speisen mit ernährungsphysiologischem Zusatznutzen in Form von Fast Food einzunehmen. »Je hungriger ein Mensch ist«, schreibt die Tischsitten-Forscherin Anita Homolka, »desto größer wird seine Gier und desto eher schwinden seine Manieren. Man muss also darauf achten, dass diese unbeschreibliche sittenverwildernde Fressgier gar nicht erst entsteht. Dabei helfen uns moderne gastronomische Einrichtungen wie Imbissstände, Metzgerimbisse und Fast-Food-Restaurants. Sie erlauben diese notwendigen kleinen und schnellen Zwischenmahlzeiten, die einem extremen Manierenverfall vorbeugen.«[377]

Mit anderen Worten: Wir *brauchen* Fast Food, und wir brauchen es in einer möglichst schillernden, multikulturellen Formenvielfalt. Wir brauchen Fast Food allein schon deswegen, weil es als Katalysator dient, damit wir uns die unleugbaren Freuden seines Gegenteils weiter leisten können. Das einvernehmliche Nebeneinander von Silberbesteck und Papierserviette, Platzteller und Styroportüte, Sommelier und Coladose ist für das Essverhalten im urbanen Milieu heute geradezu konstitutiv.

Der Begriff *Slow* Food erweist sich auf diese Weise als wesentlich inniger mit jenem des Fast Food verschränkt, als es seinen Erfindern vermutlich lieb ist. Gerade deshalb lohnt es sich freilich, den »Lebensentwurf von umfassender Tragweite«[378], den Peter Jirak, Slow-Food-Philosoph der ersten

Stunde, postuliert hat, zum Abschluss eines Buches über Fast Food noch ein wenig auf seine Ursprünge hin zu untersuchen: Aus zwei Gründen ist das Jahr 1968 für die Slow-Food-Bewegung von eminenter Bedeutung. Damals konstituierte sich einerseits die 68er-Bewegung, andererseits wurde im selben Jahr der *Club of Rome* als lockere Verbindung von Gelehrten, Politikern und Ökonomen gegründet, dessen 1972 in *Die Grenzen des Wachstums* veröffentlichte Erkenntnisse die aufkeimende Alternativbewegung mit scharfer argumentativer Munition ausstattete.

Gewiss: Die Slow-Food-Bewegung wurde erst im Dezember 1989 gegründet. Doch die »sympathischste revolutionäre Bewegung der Weltgeschichte« (Wolfgang Pauser) wählte den Tagungsort Paris durchaus mit Bezug auf die Funktion dieser Stadt als Kristallisationspunkt des Jahres 1968. Und die Delegierten aus 22 Ländern waren keineswegs kulinarische Snobs, sondern fast ausschließlich umwelt- und ernährungsbewusste Intellektuelle. Dass die Slow-Food-Bewegung zunächst vor allem in Italien verankert war und in der »Gambero-Rosso«-Beilage der linken Tageszeitung *Il Manifesto* ein mediales Podium fand, ist in diesem Zusammenhang eher programmatisch als zufällig zu verstehen. Einmal mehr wurde der Traum vom kulinarischen Glück für alle geträumt. Es ist auch kein Zufall, dass Exponenten der 1989 um einen Großteil ihrer Illusionen gebrachten Linken nach dem Zusammenbruch des kommunistischen Systems ihre ideologische Zukunft ausgerechnet in einer Bewegung suchten, die sich mit dem Essen und Trinken beschäftigte. Nachdem der Marxismus als Erklärungsmodell zumindest bis auf weiteres ausgedient hatte, ließen sich die gesellschaftlichen Widersprüche nämlich kaum anderswo so einleuchtend herausfiltern wie bei Tisch. Das Auseinanderklaffen der sozialen Abgründe zwischen Erster und Dritter Welt konnte man, so argumentieren die Slow-Food-Erfinder mit Recht, beim Thema Massennahrung wesentlich schlüssiger aufzeigen als an der wohlgedeckten Tafel eines einsamen Schlemmers in Mailand oder Paris. Und wo das Bewusstsein für die Erschöpfbarkeit der Ressourcen dieser Welt erst einmal entsprechend geschärft ist, da hat der Hamburger-Konzern wesentlich mehr Argumentationsprobleme als der Chefkoch eines Feinschmeckerrestaurants, der sich auf die Zubereitung naturbelassener Produkte in höchster Vollendung spezialisiert hat.

Obwohl sich Slow Food zunächst als eine arme Bewegung verstand und von einfachen Genüssen träumte, näherte sie sich fast zwangsläufig immer mehr der Welt der gehobenen Gourmandise an. Die Restaurants, die in Slow-Food-Bibeln wie dem *Gambero Rosso,* dem Guide für die Auberges de Provence oder die Osterie d'Italia angepriesen werden, sind in zahlreichen Fällen identisch mit jenen, die auch der *Guide Michelin* oder *Guide Gault Millau* hervorhebt. Und in der Tat enthalten die Slow-Food-Postulate oft ganz ähnliche Forderungen wie jene, die Henri Gault und Christian Millau vor mehr als einem Vierteljahrhundert für die damals noch funkelnagelneue, mittlerweile schon etwas angejahrte *Nouvelle Cuisine* erhoben. Während Christian Millau jedoch einmal scherzhaft meinte, McDonald's sei das einzige Restaurant der Welt, das keine Qualitätsschwankungen aufweise (wobei über den Begriff Qualität freilich zu diskutieren wäre), definierte und definiert sich die Slow-Food-Bewegung vor allem über die Gegnerschaft zu seinem Alter Ego, dem Fast Food, dessen Anhänger man allesamt als von der *Junk-Food-Disease*[379] befallen geißelt.

Doch die so Angegriffenen hatten nicht nur einen breiten Rücken, sondern es verpufften auch manche Slow-Food-Argumente mit atemberaubender Geschwindigkeit. Beispielsweise jenes vom Primat der einfachen und schlichten Produkte aus der Umgebung: Biobauern, umweltbewusste Winzer und kleine Züchter erlebten zwar tatsächlich zu Beginn der neunziger Jahre einen Boom wie nie zuvor. Allerdings stellte sich sehr bald heraus, dass sich der neue Qualitätsstandard nur mit einer Hochpreispolitik halten ließ, die den Slow-Food-Gedanken in gefährliche Nähe zum elitär-egoistischen Gourmetbegriff all jener rückte, die ohne Rücksicht auf soziale und sonstige Begleiterscheinungen ganz einfach gut essen wollen. Auch das ewige Drücken auf die Essgeschwindigkeit, in dem man sich in trauter Eintracht mit den Forderungen des Deutschen Tanzlehrerverbands nach mehr Etikette wissen durfte, erwies sich nicht als wirklich durchsetzbar, da sich schon bald herausstellte, dass nicht jeder, der ewig an einer Mahlzeit herumdrückt, ein Genießer und keineswegs jeder andere, der sein Steak aufisst, solange es noch warm ist, ein Fast-Food-Junkie sein muss.

Dazu kam, dass sich – nicht zuletzt unter dem Druck der Slow-Food-Bewegung – auch die Fast-Food-Industrie allmählich zu ändern begann und Besserung gelobte. Plötzlich erinnerte man sich wieder an die vom amerikanischen Bio-Papst John Harvey Kellogg postulierte *Good-for-You*-Maxime und überschwemmte den Markt mit Salatbars, kalorienarmen und cholesterinfreien Produkten, Diät-Pizzas, fettfreien und sogar Sojahotdogs.[380] »Auch die Alternativen haben inzwischen Fast Food entdeckt«, konstatierten daher mit Recht auch die beiden Ernährungswissenschaftler Arens-Azevedo und Hamm in ihrem *Plädoyer für eine neue Esskultur.* »In Naturkostläden, Vollkornbäckereien oder auf Wochenmärkten findet man Imbissstände mit Vollkorngebäck, Aufläufen, Eintöpfen, Salaten, vegetarischen Burgern und anderen kleinen Gerichten, serviert mit frisch gepressten Obst- und Gemüsesäften.«[381] Kurzum: Fast Food konnte plötzlich sogar aus dem Reformkostladen stammen und, wie es die Mitte der achtziger Jahre in Mode gekommenen Light-Hamburger-Kette *D'Lites* mit dem Slogan »More of a Good Thing, And Less« suggerierte, sogar diätetisch wirken. Es hat der Slow-Food-Bewegung nicht eben genützt, dass ihr ursprüngliches Feindbild, das Fast Food, unerwarteterweise zwischen Gut und Böse zu differenzieren begann. Spätestens seit dem Einsetzen der Ethnowelle stellte sich außerdem heraus, dass einige der begehrtesten – und durchwegs gesundheitszuträglichen Köstlichkeiten aus den verschiedensten Ländern, vom *Falafel* bis zum *Taco,* ihrem Wesen nach klassische Fast-Food-Gerichte waren, und zwar unabhängig davon, ob man sie schnell hinunterschlang oder langsam genoss. Inspirationen für »gutes Fast Food« lieferte schließlich auch noch der *Soul-Food*-Ableger der *Black-Power*-Bewegung, die bereits Ende der sechziger Jahre Maisbrot, Rübenkraut und ähnliche Gerichte vom einstigen frugalen Speisezettel der Plantagensklaven als »Mahlzeit für den schwarzen Mann« propagierte.

Die allmähliche Versöhnung von Fast und Health Food fand sogar in der Fachliteratur ihren Niederschlag. In der Zeitschrift *Neuform-Kurier* erschien bereits im Oktober 1987 ein bemerkenswerter Artikel zum Thema »Fast Food, Esskultur und Gesundheit«, in dem es unter anderem hieß: »Fastfood, die kleine, schnelle, unkomplizierte Mahlzeit von genormter Qualität, zu erschwinglichem Preis, die man im Stehen und aus der Hand verzehren oder verpackt mitnehmen kann, kommt dem modernen Lebensstil sehr entgegen. (...) Daran wäre auch nichts auszusetzen, wenn ernährungsphysiologisch höherwertige Mahlzeiten angeboten würden. Das meiste, was heute über die Theken wandert, ist nach dem Urteil von Ernährungswissenschaftlern zu reich an Kalorien, Fett und Salz und zu arm an Vitaminen und Ballaststoffen. Mehr Milch, Milchprodukte, Obst, Salat, Gemüse und Vollkornprodukte wären wünschenswert. Dann könnte das Essen ›auf die Schnelle‹ zu einer ausgewogenen, gesunden Ernährung beitragen. Die Beliebtheit dieser Verpflegungsform böte zudem die Chance, Kinder und Jugendliche in Richtung auf eine gesundheitsbewusste Ernährung zu erziehen.«

Dass die Fast-Food-Industrie diesen Forderungen mittlerweile in vielerlei Hinsicht Rechnung getragen hat, nahm zahlreichen berechtigten Slow-Food-Forderungen ihre Spitze und führte letztlich dazu, dass Slow Food heute ein durchaus ehrenwerter Verein ist, dem allerdings nach nur einem halben Jahrzehnt der revolutionäre Elan vollends abhanden gekommen zu sein scheint.

Von der schwungvollen Anti-Fast-Food-Kampagne der späten achtziger Jahre droht Mitte der neunziger nicht viel mehr übrig zu bleiben als eine elitäre Antimodernisierungsbewegung. Das Slow Food hat dabei, um es ein wenig überspitzt zu formulieren, fast schon den Weg allen Fast Foods genommen: Was McDonald's die goldenen Bögen sind, das ist den Befürwortern der kulinarischen Langsamkeit ihr Schnecken-Logo. Merchandisingideen wie Hamburger-Memorabilien hier entsprechen goldene und silberne Schnecken-Anstecknadeln dort. Und auch mit dem Namen Slow Food werden mittlerweile, etwa über eine geschickte Verlags- und Buchvertriebsorganisation sowie die Organisation von Verkostungen erlesener Weine, recht gute Geschäfte gemacht. Der Slogan »Slow Food öffnet die Sinne« könnte jedenfalls durchaus auch in einer jener kreativen Werbestuben gebastelt worden sein, in denen ansonsten die lockeren Sprüche für McDonald's geklopft werden.

So einfach, wie sich die Slow-Food-Gründerväter das vorgestellt haben, lassen sich unseren Lebens- und somit auch unseren Essgewohnheiten offenbar keine Bremsklötze anlegen.

»Reality doesn't have to bite«[382], übertitelte Newsweek-Autorin Laura Shapiro daher auch in Anlehnung an den bekannten Kultfilm der Generation X ihren Artikel über Esstrends der Zukunft und fragt, ob Fast Food nicht schon bald auch köstlich statt giftig sein könnte. Sie setzt ihre Hoffnung dabei nicht nur auf leichtes und appetitliches *Best Mexican Food,* sondern etwa auch auf die Tatsache, dass in Ikea-

Cafeterias ein guter Räucherlachs bereits für weniger als sechs Dollar angeboten und demzufolge durchaus »fastfood-fähig« geworden ist. In diesem Zusammenhang zitiert sie auch Tim Zagat, den Mitherausgeber des auf Gourmetbedürfnisse zugeschnittenen *Zagat-Guide,* dem der rasche Zuwachs preisgünstiger und dennoch auf Qualität achtender »schneller« Essplätze, die keineswegs immer einer Fast-Food-Kette angehören müssen, ebenfalls aufgefallen ist: »Es ist tatsächlich ein Phänomen, aber wahrscheinlich sind diese Lokale lediglich die Antwort auf das Bedürfnis vieler arbeitender Menschen, denen einfach die Zeit zum Kochen fehlt, die aber dennoch etwas Anständiges und der Gesundheit Zuträgliches zu essen bekommen wollen.«

Ob deshalb gleich Laura Shapiros Vision von der Tankstelle, an der man auch einen hervorragenden Spargelrisotto bekommt, Wirklichkeit werden kann, sei freilich dahingestellt. Doch kann man ihr durchaus beipflichten, wenn sie ihre Fast-Food-Utopie mit den Worten beschließt: »Ja, es besteht *tatsächlich* Grund zur Hoffnung.«

ANMERKUNGEN

1 Der Ausdruck *junk food* ist noch relativ jung und tauchte erstmals am 18. Dezember 1972 im *Time Magazine* auf. Damals wurde ein anonymer Besucher eines Naturkostladens in Los Angeles mit den Worten zitiert: »Es regt mich auf, wenn ich die Leute Müll (*junk;* Anm. d. Verf.) essen sehe. Es ist nur eine Flucht, genauso wie Drogen oder Alkohol.« Ein Jahr später tauchte der Begriff Junk Food dann bereits in der Fachliteratur auf, nämlich im *Journal of Nutrition:* »Studenten essen, was sie selbst als Junk bezeichnen: Pommes, Bretzel, Chips, Eiskrem, Zuckerl und Hotdogs.« Mittlerweile hat die Bezeichnung Junk Food auch bereits ins *Oxford Dictionary* Eingang gefunden und wird dort als »Nahrungsmittel, das sich an einen populären, vor allem jugendlichen Geschmack richtet und wenig ernäh-rungsphysiologischen Wert hat« definiert. Vgl. dazu auch Lee Edwards Benning: *The Cook's Tales,* Connecticut 1992, S. 82 (Übersetzungen v. Autor).

2 Snacks aus dem Meer haben eine alte Tradition. Schon in den *Les Cris de Paris* von Janequin (1485–1559) werden »frische, heute nacht gefangene Heringe« als Imbisse angepriesen. Und Samuel Pepys konnte es sich, wie Braudel (in: *Sozialgeschichte des 15.–18. Jahrhunderts, 1. Band: Der Alltag,* München 1985, S. 226) bemerkt, trotz seiner Sparsamkeit ohne weiteres leisten, mit Frau und Freunden ein Fässchen voller Austern zu verspeisen. Reay Tannahill (in: *Food in History,* London 1988, S, 222) weist indessen auch auf das heute noch in den USA übliche, seinem Wesen nach aber prähistorische *clambake* hin – ein Strandpicknick, bei dem Muscheln auf heißen Steinen gebacken werden.

3 Vgl. *Grimmsches Wörterbuch* Bd. 10, Sp. 2064; Albert Hauser (in: *Vom Essen und Trinken im alten Zürich,* Zürich 1962, S. 68) bezeichnet den Imbiss darüber hinausgehend als Vorläufer des heutigen Mittagessens, zu dem er sich erst im 17. Jahrhundert entwickelte, nachdem er zuvor eine Art von zweitem, zwischen zehn und elf Uhr eingenommenem Frühstück gewesen war.

4 Karl Friedrich von Rumohr: *Geist der Kochkunst,* München 1922, S. 305 ff.

5 Den Zusammenhang zwischen Ästhetik und Nahrungsaufnahme hat bezugnehmend auf unser Thema, Peter Sloterdijk (in: *Kopernikanische Mobilmachung und ptolemäische Abrüstung,* Frankfurt 1987, S. 12) hergestellt: »Die cleveren Vögel des Westens trillern über den Köpfen des Publikums, dass künftig als avancierte Kunst gelten wird, was auch immer von den Dächern gepfiffen wird. (...) Nach *fast food* nun auch *fast aesthetics.*«

6 Franz Werfel: *Stern der Ungeborenen. Ein Reiseroman,* Frankfurt 1967, S. 239 u. S. 509, vgl. dazu auch Alois Wierlacher: *Vom Essen in der deutschen Literatur,* Stuttgart 1987, S. 219.

7 Wilhelm Johannes Schwarz: *Der Erzähler Heinrich Böll,* Bern-München 1973, S. 46, zit. nach Wierlacher S. 30.

8 Zit. nach Ulrich Tolksdorf: »Der Schnellimbiss«, in: *Oikos. Von der Feuerstelle zur Mikrowelle,* Ausstellungskatalog, Gießen 1992, S. 300.

9 Robert Walser: *Aschinger,* zitiert nach Karin Kiwus/Henning Grunwaldt (Hg.): *Vom Essen und Trinken,* Frankfurt 1978, S. 65 ff.

10 Wierlacher, S. 30.

11 Zur Sozialform der Mahlzeit vgl. Georg Simmel: »Soziologie der Mahlzeit«, in: ders.: *Brücke und Tür,* Frankfurt 1988.

12 Detlev Claussen: *Kleine Frankfurter Schule des Essens und Trinkens,* Bremen 1987, S. 17. In der jederzeit überall auf der Welt nachvollziehbaren »Geschmacklosigkeit« des Hamburger steckt nach Claussen nämlich das Universalitätsprinzip der Ware schlechthin und damit »die Abstraktion von Zeit und Raum. Ohne dieses Universalitätsprinzip gäbe es keine Wahrheit, aber es ist selbst Wahrheit nicht. Eine schreckliche Vorstellung, dass die Wahrheit geschmacklos wäre« (ebd. S. 9).

13 Vgl. Claus-Dieter Rath: *Reste der Tafelrunde.* Das Abenteuer der Esskultur, Reinbek 1984, S. 249 ff.

14 Bemerkenswert ist in diesem Zusammenhang, dass auch der Begriff Restaurant auf ein klassisches Fast-Food-Gericht zurückgeht. Es war nämlich ein gewisser Monsieur Boulanger, der 1765 auf die Idee kam, Passanten sogenannte »restaurants divins« – göttliche Erquickungen – anzubieten. Es handelte sich dabei um eine »Consommé restaurant«, also eine Suppe, die verlorene Lebenskräfte wiederherstellen sollte und zunächst im Stehen geschlürft werden musste. Erst 1786 wurde eine Verfügung erlassen, die den Stadtköchen nicht nur erlaubte, Suppen zum Mitnehmen zu produzieren, sondern den Gästen auch gestattete, die zubereitete Speise an Ort und Stelle zu verzehren. (vgl. dazu auch Eugen Droste: »Speise(n)folgen und Speise(n)karten im historischen Kontext«, in: Bitsch, I., Ehlert T. und v. Ertzdorff, X. (Hg.): *Essen und Trinken in Mittelalter und Neuzeit,* Sigmaringen 1987, S. 257).

15 Richard Sennett: *Civitas,* Frankfurt 1991, S. 227.

16 2 Mos, 10–11.

17 Sennett, S. 235.

18 Vgl. ehe., 236 f.

19 Vgl. Arie de Ruijter: *Claude Lévi Strauss,* Frankfurt 1991, S. 45.

20 Österreichischer Ausdruck für Hausdurchgänge, im übertragenen Sinn auch für Galerien und Passagen.

21 Vgl. dazu auch Ludwig Friedlaender: *Sittengeschichte Roms,* Wien 1934, S. 298 ff.

22 Ein multikulturelles Umfeld scheint, wie später noch zu zeigen sein wird, ein nicht minder wichtiger Nährboden für die Entstehung von Fast Food zu sein als die Faktoren Zeitdruck und Öffentlichkeit.

23 Zit. n. Norbert Ohler: *Reisen im Mittelalter,* München-Zürich 1986, S. 110.

24 Zit. nach: R. S. Lopez/I. W. Raymond (Hg.): *Medieval Trade in the Mediterranean World,* New York 1955, S. 76–77.

25 Die Agora war, ebenso wie das römische Forum, ursprünglich kein kommerziell-ökonomischer, sondern ein politischer Platz, der sich erst allmählich auch zum Handelszentrum entwickelte (vgl. dazu Hardach/Schilling: *Das Buch vom Markt,* Luzern-Frankfurt, S. 36).

26 Eubulos, zit. nach H. Döbler: *Von Babylon nach New York,* München-Gütersloh-Wien 1973, S. 46.

27 Ähnlich wie in Rom sollten zweitausend Jahre später auch die amerikanischen Baseball- und Footballstadien zu wahren Katalysatoren des Fast-Food-Gedankens werden. Der Begriff »Hot Dog« beispielsweise verdankt seine Entstehung vermutlich einem Baseball-Spiel (s. auch Kapitel »Hotdogs«).

28 Sueton, zit. nach Weber, S. 200 f.

29 Friedlaender/Wissowa: *Darstellungen aus der Sittengeschichte Roms,* Bd. 2, S. 2, zit. nach Weber, S. 274.

30 Als Fancy Food bezeichnet man mittlerweile auch in Europa einen vor allem in der sogenannten »Erlebnisgastronomie« zu findenden Kochstil, der auch außergeschmackliche Stilmerkmale wie Design, Optik, Exotik und Kombination verschiedener ethnischer Küchen miteinbezieht.

31 Vgl. Sennett, S. 33.

32 Italo Calvino: *Die unsichtbaren Städte,* München-Wien 1984, S. 40

33 Zit. nach Curt Sigmar Gutkind: *Das Buch der Tafelfreuden,* Leipzig 1929, S. 122 f.

34 G. Geist: *Reisen, Abenteuer und Erlebnisse in Asien, Afrika und den indischen Meeren,* Dresden 1864, S. 201.

35 Homer: *Ilias* 18, 497.

36 Vgl. dazu auch das Kapitel »Der Markt in der bildenden Kunst« in: Hardach/Schilling, S. 202 ff.

37 Der Kuttelfleckstand als frühe Form der Imbissgastronomie ist freilich keine rein italienische Erfindung. Auch der Philosoph Karl Rosenkranz schrieb 1842 in seinen *Königsberger Skizzen:* »Ein Haufen Arbeiter versammelte sich am frühen Morgen um eine stämmige Frau, die mehrere Tragkörbe neben sich auf die Straße gestellt und zu ihrem Sitz einen Prellstein erkoren hat. Das ist die Fleckkocherin. Fleck werden hier die Eingeweide, insbesondere Gedärme, Kutteln der Tiere genannt, das Wohlfeilste, was der Fleischer liefern kann. Während der Nacht wird davon mit Kartoffeln und einigen Kräutern in großen Kesseln gekocht. Die Speise ist schmackhaft und nahrhaft. In kleinen Schalen wird sie ausgeteilt. Die ziemlich reichliche Portion, die der Arbeiter stehend verzehrt, kostet gewöhnlich einen Kupfergroschen, d. h. vier Pfennige. Zu Mittag und zu Abend erscheinen die Volksmütter wieder, rechts und links ihr Mahl auszuspenden. Sie führen allerdings auch Brot, Wurst und anderes mit sich« (zit. nach Albrecht Jenn: *Die deutsche Gastronomie. Eine historische und betriebswirtschaftliche Betrachtung,* Frankfurt 1993, S. 169).

38 J. W. Goethe: *Italienische Reise,* Werke Bd. 8, Berlin 1883, S. 388 f.

39 Vgl. Rath, S. 202, der darauf hinweist, dass »der Imbiss zumeist ungeschützt der Zugluft und dem Licht der Öffentlichkeit ausgesetzt« ist.

40 Der Brauch steht offensichtlich noch in der Tradition jener im neunzehnten Jahrhundert in London gegründeten viktorianischen »Picnic-Society«, in der durch das Los bestimmt wurde, wer für den Kaviar und wer für den Hummer zu sorgen hatte.

41 Das Glyndebourne-Picknick vor der Oper ist insofern sogar klassisches »Fast Food«, als es nicht nur in aller Öffentlichkeit stattfindet, sondern über ihm auch der Zeitdruck der demnächst beginnenden Opernaufführung bzw. der Pausenklingel lastet.

42 Tatsächlich ist das Picknicken, wie eine US-Studie ergab, bei Leuten mit Collegeabschluss doppelt so populär wie bei Hauptschulabgängern. Vgl. dazu: Irena Chalmers: *The Great Food Almanac,* San Francisco 1994, S. 285.

43 Vgl. dazu Pamela Kay und Susie Ward: *The Art o f Picnic,* London 1988, S. 12.

44 Das Picknick bezeichnet im Englischen sowohl einen Sommerhut als auch eine Gedichtsammlung. Der Oxford Dictionary definiert Picknick indessen als ursprünglich »modische Form der Geselligkeit, bei der jeder Anwesende seinen Anteil am Proviant mitzubringen hatte; heute eine gesellige Vergnügung, verbunden mit einem Ausflug aufs Land und einer Mahlzeit im Freien. Entscheidend war früher der individuelle Beitrag; heute ist es die *Al-fresco*-Form der Mahlzeit.« *Meyers Lexikon* spricht 1993 schlicht von einer »gemeinsamen Mahlzeit im Freien.« 1928 wusste es noch etwas blumiger von einem »geselligen Ausflug mit ungezwungener Mahlzeit« im Freien zu berichten.

45 2 Mos 15, 25-27.

46 Vgl. dazu Christoph Wagner: *Alles was Gott erlaubt hat,* Wien 1994, S. 41 ff.

47 Vgl. dazu J. Carcopino: *Das Alltagsleben im alten Rom,* 1949, S. 408-425.

48 Charles Camp: *American Foodways,* Little Rock 1989, S. 55.

49 Zit. nach Gutkind.

50 Zit. nach Kay/Ward, S. 12 f.

51 Vgl. Sennett, S. 102.

52 Vgl. Ursula Becher: *Geschichte des modernen Lebensstils. Essen- Wohnen- Freizeit-Reisen,* München 1990, S. 125.

53 Vgl. dazu Wolfgang Schivelbusch: *Geschichte der Eisenbahnreise,* Frankfurt 1979, S. 9 ff.

54 Vgl. dazu Warten J. Belasco: *Appetite for Change,* New York 1989, S. 206-210.

55 Schalenfunde in prähistorischen Muschelhaufen beweisen, dass Austern bereits vor rund 7 000 Jahren für jedermann erreichbar waren und, etwa in Siedlungen entlang der Nord- und Ostseeküste, aber auch in Nordamerika, Brasilien, Feuerland und Australien geschlürft wurden. Vgl. dazu Peter Lempert: *Austern,* Düsseldorf 1988, S. 11.

56 Vgl. Belasco, S. 186. Essgewohnheiten wie aus einem Sozialporno beschreibt übrigens auch der französische Soziologe Pierre Bourdieu, wenn er darauf verweist, dass die Tatsache, ob ein Lebensmittel gesund ist oder nicht, für die unteren Klassen von wesentlich geringerer Bedeutung ist als für die Oberschicht. In: *Die feinen Unterschiede,* Frankfurt 1984, S. 180.

57 Auch Karl Marx hat in diesem Zusammenhang darauf hingewiesen, dass jeder Stand seine besondere Weise des Genießens habe. »Der Adel war der zum ausschließlichen Genießen privilegierte Stand«, schreibt er in *Die deutsche Ideologie,* während bei der Bourgeoisie schon die Spaltung zwischen Arbeit und Genuss existierte. (...) Die Genüsse des Proletariats erhielten einerseits durch die lange Arbeitszeit, die das Genussbedürfnis aufs Höchste steigerte, und andererseits durch die qualitative und quantitative Beschränkung der dem Proletarier zugänglichen Genüsse, die gegenwärtig brutale Form.« (zit. nach Tolksdorf, S. 307).

58 Becher, S. 88.

59 Teuteberg, H. J. und Wiegelmann, G.: *Der Wandel der Nahrungsgewohnheiten unter dem Einfluss der Industrialisierung,* Göttingen 1972, S. 75 f.

60 Vgl. dazu H. Bien: *Schnellverzehr,* Rundfunkmanuskript Deutschlandfunk, Köln 1983 (zit. nach Rath, S. 192): »Erste Brücken zwischen Fabrik und Küche werden von der Stulle geschlagen, doch der hart Arbeitende braucht etwas Warmes. Das Problem der Warmmahlzeiten lösen technische Erfindungen. Die Thermoskanne und der Henkelmann machen die Mahlzeiten von der Küche mit ihren Töpfen und Pfannen unabhängig. Kochen und Verzehren treten räumlich auseinander. Die Imbissstände, -stuben, -buden, Trinkhallen entlang der Verkehrswege gehen eine Symbiose ein.«

61 Egon Erwin Kisch: *Marktplatz der Sensationen,* München 1961.

62 Eine Untersuchung aus dem Jahre 1976 stellte fest, dass nur noch in fünfzehn Prozent aller deutschen Familien alle Mitglieder zu allen Mahlzeiten erschienen. Vgl.: *Matreier Gespräche,* Wien-Heidelberg 1984, S. 251.

63 Becher, S. 94.

64 Es bleibt allerdings abzuwarten, wie sich die Ernährungsgewohnheiten weiterentwickeln, wenn Arbeits- und Lebenszeit durch zunehmende Datenvernetzung wieder räumlich aneinandergeführt werden können und der Wiederaufnahme der traditionellen Tischgemeinschaft dann plötzlich keinerlei ökonomische Hindernisse mehr entgegenstehen würden.

65 Kleinspehn, S. 384.

66 Vgl. Baumann, Kimpel, Kniess: *Schnellimbiss. Eine Reise durch die kulinarische Provinz,* Marburg 1980, S. 53: »Der Schnellimbiss ermöglicht das entritualisierte Essen. Indem er seinen Kunden das totale Abschneiden aller zivilisatorischen Traditionen nicht nur ermöglicht, sondern abverlangt, offeriert er einen sozialen Handlungsraum, der den individuell angesammelten Ballast an affektkontrollierten Verhaltensweisen beim Essen hinfällig macht. Wo dieses Beiseitelassen aller elaborierten Essgewohnheiten nicht nur unbewusst vonstatten geht, sondern bei der Konsumentscheidung zugunsten des Imbissstandes bewusst eingesetzt wird, fungiert der Schnellimbiss als Ort der Verweigerung, kann sein Besuch als Akt der Obstruktion verstanden werden.«

67 Nicht zuletzt aus diesem Grund wurden beispielsweise die sogenannten Erfrischungsräume in Warenhäusern, in denen auch Imbisse gereicht wurden, als »unerwünschte Betriebsform« verboten. Vgl. dazu Jenn, S. 58.

68 Ebd.

69 Ot Hoffmann: »Über das allmähliche Verschwinden des Haushalts«, in: *Oikos,* S. 182.

70 Vgl. ebd.

71 Belasco, S. 124.

72 Die Entwicklung in Deutschland, wo 1960 bereits ein Drittel aller Frauen berufstätig war, verlief ganz ähnlich. Vgl. dazu Jenn, S. 73.

73 Zit. nach Belasco, S. 124.

74 Jenn, S. 73.

75 Zit. nach ebd., S. 36.

76 Vgl. John Walton: *Fish & Chips & the British Working Class 1870-1940,* Leicester 1992 sowie Gert v. Paczensky, Anna Dünnebier: *Leere Töpfe, volle Töpfe. Die Kulturgeschichte des Essens und Trinkens,* München 1994, S. 129.

77 Karl Rosenkranz: *Königsberger Skizzen,* Danzig 1842, zit. nach Jenn, S. 169.

78 In: Jenn, S. 171.

79 Vgl. Tolksdorf, S. 302.

80 Ulrich Kubisch: *Laube auf Rädern. Die Geschichte des Wohnwagens.* Braunschweig 1989, S. 164.

81 Ebd., S. 164.

82 Ebd., S. 165.

83 Vgl. dazu auch Rath, S. 193, der darauf hinweist, dass in den beiden Weltkriegen dafür andere Arten der Schnellverpflegung aufkamen: »Erbswürste, die Gulaschkanone, das Kommissbrot, also haltbare, leicht transportierbare und nährwertreiche Nahrung.«

84 Kubisch, S. 166.

85 Vgl. Rath, S. 192: »Dem Restaurant gegenüber nimmt sich die Imbissbude wie eine Puppenküche aus, sie erinnert an Kleingarten und Camping: eine Miniwelt von Schneewittchen und den sieben Zwergen, eine Art Jahrmarkt inmitten der Großstädte und Betonschluchten. Der Imbisswirt erscheint nicht als Koch, eher als (amateurhafter, ehrenamtlicher) Schausteller, der – in leicht erhöhter Position auf seinem Podest oder Lattenrost stehend – im Tages- oder Scheinwerferlicht hantiert.

86 Vgl. Jenn, S. 171.

87 Vgl. Schremp, S. 32.

88 Raymond Chandler: *Die kleine Schwester,* Zürich 1975, S. 91. Auch James M. Cains Roman *The Postman Always Rings Twice* (dt. *Die Rechnung ohne den Wirt,* München 1978, S. 5) beginnt in einem solchen Restaurant am Straßenrand: »So kam ich zu dieser Taverne ›Zu den zwei Eichen‹. Es war nichts weiter als eine von diesen Sandwich-Buden an der Straße, genau wie Millionen andere in Kalifornien. Auf der einen Seite war die Gaststube und darüber die Wohnung, daneben die Tankstelle und dahinter ein halbes Dutzend Kabinen, die sich Autohof nannten.«

89 Vgl. Schremp, S. 33.

90 Der Unterschied zwischen einem *Coffee House* und einem *Coffee Shop* besteht u. a. auch darin, dass im *Coffee House* nur Kaffee und Mehlspeisen angeboten werden, während man im *Coffee Shop* auch kleine warme Mahlzeiten einnehmen kann.

91 Vgl. dazu Marc Edelman: »From Costa Rican Pasture to North American Hamburger«, in: *Food and Evolution. Towards a Theory of Human Food Habits,* Philadelphia 1987, S. 541–561 sowie Christiane Grefe u. a. (Hg.): *Das Brot des Siegers. Die Hamburger-Konzerne,* Göttingen 1985.

92 In den Salatbars fand die Fast-Food-Industrie nicht nur eine probate Möglichkeit vor, um auf die neue Healthfood-Welle zu reagieren, sie entdeckte auch gleichzeitig deren systemgastronomische Bedeutung. Wie kaum eine andere Schnellimbissabteilung eignet sich die Salatbar nämlich zur Rationalisierung von Arbeitsprozessen und Personalreduktion. Der Gast macht den überwiegenden Teil der anfallenden Arbeit – Salatkomposition und Wahl des Dressings – alleine.

93 Es handelt sich um die Holding von *Burger King* und *Steak and Ale.*

94 Levenstein weist in diesem Zusammenhang auf den enormen Marktdruck und die gnadenlosen Machtkämpfe unter den einzelnen Ketten in den 70er Jahren hin, in denen kleinere Unternehmer letzlich chancenlos waren. *Burger King* schluckte sowohl *Carrol's* als auch *Burger Chef,* bevor das Unternehmen selbst im PillsburyKonzern aufging. Und selbst ein so erfolgreicher Konzern wie *Pizza Hut* konnte nur überleben, weil er von *Pepsico* aufgekauft wurde.

95 Statistisches Material zit. nach Schremp, S. 128.

96 Dass für den Erfolg von Fast-Food-Ketten beim Konsumenten nicht nur der Umsatz maßgeblich ist, beweist eine Meinungsumfrage, die das Magazin *Restaurants & Institutions* für das Jahr 1993 nach Produktgruppen durchführen ließ. Bei Hamburgern lag *Wendy's* unangefochten an der Spitze, bei mexikanischem Fast Food *Chi-Chi's,* bei Pizza *Pizza Hut,* bei Sandwiches *Rax Restaurants,* bei Seafood *Red Lobster* und bei Desserts *Baskin-Robbins.*

97 *Burger King* erzielte einen seiner größten Marketingerfolge beispielsweise mit einer Werbekampagne, die versprach, eine komplette Hamburger-Mahlzeit in fünfzehn Sekunden zu servieren. Vgl. dazu Levenstein, S. 227.

98 Zit. nach Grawert-May, S. 70 f.

99 Zit. nach Grefe, S. 92.

100 Jena Baudrillard: *Der symbolische Tausch und der Tod,* München 1982, S. 137

101 Vgl. dazu das Kapitel »Die dekorierte Kiste« in Baumann, Kimpel, Kniess, S. 56–66.

102 Das bekannteste Beispiel dafür ist das Burger-Restaurant, das die Architekten Solberg und Lowe 1989 in der Melrose Avenue von Los Angeles erbaut haben.

103 Tolksdorf, S. 301.

104 Wörtlich übersetzt: Riegel, Schranke, Barriere.

105 Vgl. Wolfgang Schivelbusch: *Das Paradies, der Geschmack und die Vernunft. Eine Geschichte der Genussmittel,* München-Wien 1980, S. 206.

106 Tolksdorf, S. 302.

107 Vgl. Leo Moulin: *Augenlust und Gaumenfreuden,* Steinhagen 1989, S. 61: »Fast Food (...) kommt dem plötzlichen Appetit entgegen, der sofort befriedigt werden muss, genau so wie der sexuelle Trieb oder der Wunsch nach einer ›irren‹ Reise oder die Vergnügungssucht.«

108 Die hier beschriebene Situation in den USA ist jener in Deutschland nicht unähnlich. Vgl. dazu Baumann, Kimpel, Kniess, S. 51: »Das Vergnügen am Schnellimbiss hat weite Teile der Bevölkerung infiziert. Eine ganze Werbekonzeption bemüht sich darum, den lustbetonten Aspekt der Schnellmahlzeiten durchzusetzen: ›Essen mit Spaß.‹«

109 Vgl. dazu Bien: »Der Hamburger ist ein visuelles Phänomen. Zwischen die Sesam-›Buns‹ geklemmt wird beim Whopper das Tomaten-Rot, das mit dem komplementären Grün des Salatblatts kontrastiert. Dazwischen die Synthese: der braune Hackfleischklops. Das Auswickeln regt die Phantasie an, die sphärischen Klänge der funktionalen Musik komplettieren als akustische Nahrung das Menü« (zit. nach Rath, S. 212).

110 Engl. Originalzitat nach Baumann u. a., S. 69.

111 Elfriede Gerstl: »Schöner Schein oder echt Talmi«, in: *Freibord* (hg. von Gerhard Jaschke), Nr. 68, 14. Jg., Wien 1989, S. 40.

112 Österreichischer Ausdruck für eine bestimmte, auch »Burenhaut« genannte Brühwurst.

113 Vgl. Gerstl, ebd.

114 Karl Markus Michel: »Gefühl als Ware. Zur Phänomenologie des Kitsches«. In: *Neue Deutsche Hefte 57,* 1959, S. 31.

115 Jeffrey Tennyson: *Hamburger Heaven,* New York 1993, S. 110–117.

116 Rosenkranz, S. 5.

117 Vgl. Belasco, S. 37 ff., der in diesem Zusammenhang auch Susan Sontags Diagnose zitiert, dass Krankheiten ziemlich genau die Übel der Gesellschaft anzeigten. Demzufolge sei die Angst, durch Essen krank zu werden, auch eine Angst, dass die Gesellschaft erkranken könnte.

118 Ulrich Raulff: »Chemie des Ekels und des Genusses«, in: D. Kamper und Ch. Wulf (Hg.): *Die Wiederkehr des Körpers,* Frankfurt 1982, S. 249.

119 Vgl. zu diesem Thema auch den Aufsatz von J. P. Courbeau: »›Nouvelle Cuisine‹, ›Fast Food‹ et vision du monde technocratique«; Vortragsmanuskript von 1982, wo vor allem auch auf die auffälligen Parallelen in der Designverliebtheit der Fast-Food- und der Gourmetküche hingewiesen wird.

120 Vgl. Margaret Visser: *The Rituals of Dinner,* London 1991, S. 341.

121 Vgl. Frederick J. Simoons: *Eat Not This Flesh. Food Avoidances from Prehistory to the Present,* Wisconsin 1994 und Marvin Harris: *Wohlgeschmack und Widerwillen. Die Rätsel der Nahrungstabus,* Stuttgart 1989.

122 Vgl. Anita Homolka: *Zück die Finger und iss. Ein Streifzug durch die Geschichte unserer Tischsitten von den alten Ägyptern bis heute,* Frankfurt 1989, S. 219. Dort wird indessen auch einschränkend bemerkt: »Allerdings musste man sich die Finger in einer gewissen Reihenfolge abschlecken: Zuerst den Mittelfinger, dann den Zeigefinger und zuletzt den Daumen. Ringfinger und kleiner Finger wurden beim Essen mit den Händen nie bekleckert, also hinterher auch nicht mit der Zunge gesäubert. Die alten Araber wischten sich ihre Hände nach dem Fingerabschlecken auch noch an ihren Fußsohlen ab.«

123 Norbert Elias: *Über den Prozess der Zivilisation. Soziogenetische und psychogenetische Untersuchungen,* 2 Bände, Frankfurt 1976.

124 Elias, Bd. 1, S. 89.

125 Vgl. dazu Hans Peter Duerr: *Der Mythos vom Zivilisationsprozess,* 3 Bände, Frankfurt 1988–1993.

126 Vgl. Grawert-May, S. 72.

127 Vgl. dazu Konrad Ehlich und Jochen Rehbein: »Zur Konstitution pragmatischer Einheiten in einer Institution: Das Speiserestaurant«; in: Dieter Wunderlich (Hg.): *Linguistische Pragmatik,* Frankfurt 1972, S. 209–254 (hier: S. 209).

128 Die anderen acht Merkmale sind nach Tolksdorf »schnell, öffentlich, Schau-Effekt, funktional, stehend (ambulant), elementar, standardisiert, eingeebnetes Verkäufer-Konsument-Verhältnis«, vgl. *Oikos,* S. 303 ff.

129 *Oikos,* S. 306.

130 Österreichischer Ausdruck für Burenwurst, eine Art Brühwurst.

131 Bazon Brock: »Essen als Weltaneignung«, in ders.: *Ästhetik der Vermittlung. Arbeitsbiographie eines Generalisten,* Köln 1977, S. 540.

132 Zit. nach *Oikos,* S. 306.

133 Becher, S. 105.

134 In ihrem Nachwort zu *The Rituals of Dinner* weist Margaret Visser mit Recht darauf hin, dass auch Fast-Food-Ketten eine Form von »Heimat« sind, und zwar eine »Heimat fern der Heimat«: »Schmückende Formalitäten sind zwar verschwunden, Tische und Sessel am Boden festgenagelt, und Besteck ist entweder nicht vorhanden oder nicht einmal wert, gestohlen zu werden. Doch die Tischsitten – im Sinne von Benehmen und Erwartungshaltungen nach vorgegebenen Regeln – sind dabei längst nicht außer Kraft gesetzt. Menschen, die auf einen Hamburger bei Wendy's, Harvey's, McDonald's oder Burger King reinschauen, wissen genau, wie es da drinnen aussehen sollte. Architektonische Unterschiede variieren lediglich dasselbe streng vorgegebene Thema. Denn die Leute wollen, ja müssen sogar ihre Filiale wieder erkennen, um im Voraus zu wissen, was sie darin erwartet« (S. 346).

135 Vgl. Ulrike Arens-Azevedo und Michael Hamm: *Fast Food – Slow Food. Plädoyer für eine neue Esskultur,* Reinbek, 1992, S. 79 ff.

136 Ulrich Tolksdorf: »Nahrung – Not und Überfluss«, in: Köstlin, K. und Bausinger, H. (Hg.): *Umgang mit Sachen,* Regensburg 1983.

137 Ulrich Tolksdorf: »Der Schnellimbiss und The World of Ronald McDonald's.« In: *Kieler Blätter zur Volkskunde,* Heft 13, Kiel 1981, S. 147.

138 Odo Marquard: »Kleine Philosophie des Festes«, in Uwe Schultz: *Das Fest,* München 1988, S. 475.

139 Vgl. Gerd Bergfleth: *Theorie der Verschwendung,* München 1985, S. 19

140 Es ist in diesem Zusammenhang von nicht geringzuschätzender Bedeutung, dass viele Kinder heute den Begriff des Festes erstmals in Zusammenhang mit einer Geburtstagsparty bei McDonald's kennen lernen.

141 Marquardt, S. 415.

142 Engl.: *food event,* vgl. dazu Camp, S. 55 ff.

143 Ebd., S. 55.

144 Horst Schreiter-Schwarzenfeld: »Kicker, Cola und Computer. Europas Fußball in amerikanischen Stadien«, in: *Frankfurter Rundschau,* 28.6.1980 (zit. nach Baumann, Kimpel, Kniess, S. 91).

145 Vgl. »Psycho-Würstchen«, in: *Stern,* Nr. 31, 24.7.1980, S. 206–207.

146 Ebd.

147 Ebd.

148 Vgl. dazu »Yuppies' Willing to Pay«, in: *Advertising Age* (AA), 25. Juni 1984, S.14; »The Next Trend« in: *AA,* 11. Juli 1985, S.18 und »Yockin with Yuppies«, in: *AA,* 8. Juli 1985, S. 18.

149 Vgl. dazu Stephen Mennell: *Die Kultivierung des Appetits,* Frankfurt 1988, S. 416, wo der Autor die rasche Aufeinanderfolge von Kochmoden mit jener Mischung vergleicht, »die aus den verschiedenen Stilelementen entsteht« und »oft als Kitsch bezeichnet« wird.

150 Vgl. dazu Raymond Sokolov: *Why We Eat What We Eat. How Columbus Changed the Way the World Eats,* New York 1991, S. 92.

151 Vgl. Sokolov, S. 91, wo es im Kapitel »The New World Reshapes the Old« heißt: »Die erste Phase der Revolution in der Küche, die mit der Entdeckung Amerikas einsetzte, fand in den neuen europäischen Kolonien statt. Die zweite Phase spielte sich überall dort auf der Welt ab, wohin sich die neuen Nahrungsmittel von Amerika aus in alle Himmelsrichtungen verstreuten und ein Eigenleben entfalteten. Dieser Prozess begann mit den neuartigen Samenkörnern, mit denen Columbus nach Spanien zurückkehrte, und er hält bis heute an.«

152 Vgl. dazu Nelson Foster und Linda S. Cordell: *Chilies to Chocolate. Food the Americans Gave the World,* Tucson-London 1992, S. 163–167.

153 Vgl. Sokolow, S. 147.

154 Vgl. Sokolow, S. 172 f.

155 Vgl. dazu Amal Naj: *Scharfe Sachen. Reisen, wo der Pfeffer wächst,* Reinbek 1995.

156 Vgl. E. N. Anderson: *The Food of China,* New Haven-London 1988, S. 213.

157 Anderson, S. 212.

158 Anderson, S. 210.

159 Vgl. Sokolov, S. 147 f.

160 Vgl. Belasco, S. 45.

161 Vgl. Belasco, S. 62 f.

162 Schremp, S. 20.

163 Dass die Ethnowelle keineswegs nur die Küche von Drittweltländern, sondern etwa auch die deutsche Küche erfasste, erfahren wir in einem Artikel der Zeitschrift *Fast Service* vom März 1978, wo es heißt: »Um irgendetwas Deutsches zuzubereiten, brauchen Sie keinen deutschen Koch zu engagieren. Richten Sie einfach Ihr Roastbeef mit deutschem Sauerkraut an, d. h. mit Dosensauerkraut, dem Sie etwas Kümmel hinzufügen« (zit. nach Levenstein, S. 233).

164 Zit. nach Schremp, S. 21.

165 Ähnliche Trends finden sich praktisch zeitgleich, wenn auch nur sehr bedingt, in der Imbissgastronomie Europas. Man denke etwa an die besonders im Westdeutschland der Wirtschaftswunderzeit verbreiteten Hunnenspieße, Maharadschatöpfe und Hawaii-Schnitzel. Stephen Mennell etwa erinnert sich nicht ohne einen gewissen Abscheu daran, in Finnland eine Pizza mit Rentierfleisch gegessen zu haben (vgl. Mennell, S. 416). Ganz allgemein hat die Ethnowelle in Europa, wenn man von den ebenfalls eher der traditionellen Gastronomie als der Fast-Food-Gastronomie

zugehörigen Pizzerias und Billig-Chinesen einmal absieht, vor allem über die gehobene Küche Einzug gefunden. Als einer der ersten Europäer experimentierte der französische Drei-Sterne-und-Vier-Mützen-Koch Louis Outhier in seinem »L'Oasis« in La Napoule mit exotischen Aromen. Zahlreiche andere (darunter für Deutschland und die Schweiz besonders maßgeblich André Jaeger von der »Fischerzunft« in Schaffhausen und Albert Bouley vom »Waldhorn« in Ravensburg) folgten nach. Die postmodern-exotisch inspirierte Spätform der Nouvelle Cuisine wiederum beeinflusste maßgeblich die neuere amerikanische Fusion-Welle mit ihrem eklektizistischen Anspruch, während die mittlerweile selbst von McDonald's entdeckte Exotik in der Fast-Food-Gastronomie von den USA wieder zurück nach Europa flutete. Das kulinarische Ping-Pong-Spiel zwischen Alter und Neuer Welt scheint also längst noch nicht abgeschlossen (vgl. dazu auch Michael Hamm: *Euro-asiatische Küche,* Weil der Stadt 1990).

166 Vgl. Benning, S. 85 f.

167 Vgl. *Grimm'sches Wörterbuch,* Sp. 379: »spira pistoria panis figuram brachiorum plicatorum habens«: gewundene Brotbäckerei von der Gestalt verschränkter Arme.

168 Vgl. ebd.

169 Hanns Bächtold-Stäubli: *Handwörterbuch des deutschen Aberglaubens,* Berlin-Leipzig 1927, Sp. 1561 f.

170 Ebd.

171 Ebd.

172 Vgl. Benning, S. 86.

173 Vgl. Norbert Brieke: *Köstlichkeiten aus Frankfurts Küche & Keller,* Frankfurt 1991, S. 81.

174 Jenifer Harvey Lang (Hg.): *Larousse Gastronomique,* New York 1990

175 Baron Eugen von Vaerst: *Gastrosophie oder die Lehre von den Freuden der Tafel,* Leipzig 1851, Neuauflage München 1975, Bd. 2, S. 253; vgl. dazu auch: Frank Wesel: »Pastetengeschichte«, in: Friedrich W. Ehlert u. a.: *Das große Buch der Pasteten. Die Geheimnisse der Patés, Bouchées, Terrinen und Pies,* Füssen 1980. S. 9–25 (hier S. 9).

176 Vgl. Wesel, S. 10.

177 Dieser Meinung schließt sich auch Karl Friedrich von Rumohr in seinem *Geist der Kochkunst* (S. 144) an, wo er meint: »Die Pasteten sind in unseren Hauptstädten Gegenstand eines wahrhaft ärgerlichen Luxus. An und für sich sollten sie billig so gemein sein, als Würste und andere für eine längere Aufbewahrung geeignete Speisen. In jeder Haushaltung, welche Gastfreiheit ausübt, sollte man aus den vielfältigen Stoffen, welche sich dazu eignen, schmackhafte und dauerhafte Pasteten zu bereiten wissen.«

178 Das nämliche Backwerk wird auch als »Urahn« der berühmten Linzer Torte mit Marmeladenfüllung unter einem Mürbteiggitter betrachtet.

179 Vaerst, Bd. 2, S. 253.

180 Vgl, Panati, S. 194.

181 Vgl. Homolka, S. 218.

182 Rumohr, S. 144.

183 Zit. nach Erna Horn (Hg.): *Köstliches und Curieuses aus alten Kloster- und Pfarrküchen,* München 1979, S. 92.

184 Vgl. Martin Elkort: *The Secret Life of Food,* Los Angeles 1991, S. 62.

185 Über den großen Erfolg der süßen Pasteten, insbesondere der Apple-Pie siehe Kapitel »Sweet Fast Food«.

186 Braudel, S. 218.

187 Salcia Landmann: *Bittermandel und Rosinen.* Geschichten und Rezepte, München,1984, S. 361 ff.

188 Vgl. Martin Elkort: *The Secret Life of Food,* Los Angeles 1991, S. 78–81.

189 Massimo Alberini und Anna Martini: *Pasta & Pizza,* Mailand 1974.

190 Vgl. Levenstein, S. 229 ff.

191 Chalmers, S. 287.

192 Panati etwa weist ausdrücklich darauf hin, dass bereits die Römer einen sandwichähnlichen Imbiss als *offula* bezeichneten und denselben zwischen den Mahlzeiten einzunehmen pflegten (S. 221).

193 Vgl. H. D. Renner: *The Origin of Good Habits,* London 1944.

194 Alan und Jane Davidson (Hg.): *Dumas an Food. Recipes and Anecdotes from the Classic Grand Dictionnaire de Cuisine,* Oxford-New York 1987, S. 251, Übers. v. Autor.

195 Vgl. Elisabeth David: *English Bread and Yeast Cookery,* London 1977.

196 James Joyce: *Ulysses,* Frankfurt 1981, S. 244.

197 Viele Fast-Food-Ketten wie etwa *Taco Bell* oder *Hardee's* haben mittlerweile auch das Do-it-yourself-Sandwich entdeckt. Der Kunde holt sich nur noch die essentiellen Rohprodukte (beispielsweise ein Rindfleisch-Patty) am Counter und muss sein Sandwich dann an einer weiteren Station – der sogenannten *Fixin'Bar* – mit Zutaten seiner Wahl (Salate, Gemüse, Dressing etc.) selbst »montieren«, was dem Betrieb weitere Arbeitskapazität erspart.

198 Vgl. Craig Claiborne: »It Started with an Onion Sandwich.« in: C*raig Claibornes Favorites from The New York Times,* New York 1978, Vol. 3, S. 133–136.

199 Zit. nach Panati, S. 268.

200 Zu den ersten Gerichten, die von den Brüdern McDonald in ihren Drive-ins der 40er-Jahre angeboten wurden, gehörten neben Hotdogs, Spareribs und Hamburgern auch Rind- und Schweinefleischsandwiches.

201 Vgl. dazu Craig Claiborne: »The Reuben Sandwich«, in: *Craig Claibornes Favorites from The New York Times,* New York 1978, Vol. 3, S. 97–99.

202 Vgl. Chalmers, S. 313.

203 Das Grimmsche Wörterbuch weiß von dieser immer wieder zitierten Entstehungslegende nichts zu berichten. Es führt das Wort Pumpernickel einerseits auf einen polternden Kobold zurück, meint aber andererseits, dass die Benennung vermutlich aus der Gestalt seines dicken, langen, vierkantigen und oft bis zu 60 Pfund schweren Laibes sowie aus der »pumperharten« Rinde desselben hervorgegangen ist.

204 Homer: *Odyssee,* 17. Gesang, Vers 44–46 (vgl. auch 20. Gesang, 24–27).

205 Die Feste des Wolfsgottes Lupercus begannen in der Lupercal-Grotte am römischen Palatin mit der feierlichen Opferung eines Ziegenbocks und eines Hundes durch die bis ins 5. Jahrhundert n. Chr. bestehende Luperci-Bruderschaft. Zwei Bruderschaftsmitglieder, die mit dem Opferblut in Berührung gekommen waren, liefen dann lauthals lachend und nur mit ei-

nem Schurz aus Ziegenfell bekleidet, rund um den Palatin und schlugen mit einem Riemen, der aus dem Fell des geopferten Bocks geschnitten worden war, auf alle Frauen, die ihnen entgegenkamen und sich dadurch Fruchtbarkeit erhofften. Vgl. dazu auch Carle Andresen u. a. (Hg.): *Lexikon der Alten Welt,* Sp. 1784 sowie Panati, S. 119 ff.

206 Rezepte zit. nach Elisabeth Alföldi-Rosenbaum: *Das Kochbuch der Römer.* Rezepte aus der Kochkunst des Apicius, Zürich-München 1970, S. 27–30.

207 Zit. nach Vaerst, Bd. 1, S. 107.

208 Immerhin wurde auch noch der Verzehr einer guten alten Bratwurst in Dresden unter Herzog Georg II. mit Kerker bestraft.

209 Fritz von Herzmanovsky-Orlando: *Maskenspiel der Genien,* hg. von Friedrich Torberg, Wien 1957, S. 280 f.

210 Vgl. Odile Redon u. a. (Hg.): *Kochkunst des Mittelalters,* Frankfurt 1993, S. 154 ff. Im *Universallexikon der Kochkunst* (Leipzig 1893) wird die Entwickung der Wurstrezepte präzisiert: »Im 13. Jahrhundert [wurden] die Würste nicht bloß aus Schweinefleisch, sondern auch aus Rind-, Hammel- und Schweinefleisch gemischt [...] und mit Fenchel nebst anderen »guten Gewürzen« [gefertigt]. Im 14. und 15. Jahrhundert machte man auch Kalbswürste, mit Safran und Zimmt gewürzt, und im 17. Jahrhundert galten als feinste Würste solche von Kalbs- und Hühnerfleisch, mit Milch, Gewürzen aller Art, sowie Moschus und Ambra angemacht.«

211 Zit. nach Françoise Salvetti und Emil M. Bührer: *Der Metzger. Eine Kulturgeschichte des Metzgerhandwerks,* München 1988, S. 160.

212 Zit. nach Bächthold-Stäubli, Bd. 9, Sp. 871.

213 Vgl. Peter Breitschopf:» *Würst. Standl. Kollegienkirche*« in: Christoph Wagner und Robert Sedlaczek: *Österreich für Feinschmecker.* Das kulinarische Jahrbuch 1995, Wien 1994, S. 27–29.

214 Zit. nach Ulrike Zischka u. a. (Hg.): *Die gewöhnliche Lust,* Ausstellungskatalog Münchner Stadtmuseum 1993, S. 503.

215 Die Legende will wissen, dass dem Wirt und Metzger Sepp Moser damals die Schafsdärme für die Erzeugung von Bratwürsten ausgingen. Also stopfte er das vorrätige Kalbsbrät in die – dickeren – Schweinsdärme, musste aber erkennen, dass diese Würste ungeeignet zum Braten waren, weswegen er sie in siedendem Wasser garte – und somit die Weißwurst kreierte.

216 Vgl. Werner Fuchs-Hartmann: *Gastmahl der Völker,* Stuttgart 1941, S. 153; die angegebene Jahreszahl ist allerdings nur eine unter mehreren. 1987 wurde beispielsweise in Frankfurt ebenfalls der 500. Geburtstag der Frankfurter gefeiert.

217 Walter E. Richtartz: *No face – Nimm was du brauchst,* München 1976, S. 46 f.

218 Zit. nach Brieke, S. 70.

219 Zit. nach Baumann u. a., S. 61.

220 Zit. nach Brieke, S. 71.

221 Vgl. Panati, S. 120.

222 Brieke, S. 60 f.

223 So bezeichnet man in Wien das zweite Frühstück, das zumeist aus einem pikanten kleinen Gericht wie Gulasch, Beuschel oder eben Würstel besteht.

224 Vgl. dazu Eva Blimlinger u. a. (Hg.): *Frankfurter, Wiener & Heiße Hunde.* Ausstellungskatalog des Bezirksmuseums Wien-Neubau, August 1994 sowie Eva Blimlinger und Manfred Lang: »Frankfurter. Das Gabelfrühstück der Wiener«, in: Wagner/ Sedlaczek, S. 30–39.

225 Die Idee, Würstel in Brot »einzupacken«, war in Wien damals freilich nicht wirklich neu. Schon 1845 liest man beispielsweise im Memoirenband eines Franz Gräffer: »Die Wurstbraterin nahm eine halbe [...] glatte Semmel (= Brötchen), ganz in Form eines Achters, machte einen weiten Schnitt hinein, dann nahm sie eine große Leber- oder Blutwurst, schob sie in die Öffnung der Semmel, goß etwas geschmolzenes Fett darauf und bediente somit den Kunden« (zit. nach Blimlinger u. a., S. 14).

226 Zit. nach Rath, S. 208; vgl. dazu auch Gerd Rüdiger: *Currywurst,* Berlin 1995.

227 Vgl. Salvetti/Bührer, S. 160.

228 Zit. nach Claudia Schmölders (Hg.): *Einladung zum Essen. Buch für Gäste,* Frankfurt 1989, S. 100.

229 Vgl. dazu vor allem Elkort, S. 168–172 und Benning, S. 88–89.

230 Aus diesem Ausruf soll sich in der Folge die heute noch in den USA gebräuchliche Bezeichnung *Red Hots* für Hot Dogs entwickelt haben. Diese Bezeichnung muss allerdings nicht unbedingt amerikanischen Ursprungs sein: »Heiße Rote« kann man etwa auch auf so manchem Tingel-Tangel-Markt im Schwäbischen erstehen.

231 Der Linguist Stuart B. Flexner verweist in seinem Werk *I Hear America Talking* in diesem Zusammenhang darauf, dass etwa die Bezeichnung *hot diggety dog* im Amerikanischen erfreute Überraschung signalisiert und man einen Teufelskerl auch *hot dogger* nennt.

232 Zit. nach Chalmers, S. 208.

233 Vgl. Cindy Pawlcyn: *Fog City Diner Cookbook,* Berkeley 1993, S. 98.

234 Vgl. Belasco, S. 142 und 170.

235 Hans-Dieter Bahr: *Missgestalten. Über das bürgerliche Leben,* Hießen/Lollar 1976, S. 22.

236 Ebd.

237 In seinem *Song Talkin World War III Blues.*

238 Das Gericht trägt seinen Namen nach dem griechischen *Tartaros,* jenem Titanenkerker und Aufenthaltsort der Verdammten in der Unterwelt, nach dem man im Mittelalter unter dem Eindruck der Mongoleneinfälle ganz Mittelasien benannte.

239 Vgl. Jeffrey Tennyson: *Hamburger Heaven,* New York 1993.

240 Vgl. Alföldi-Rosenbaum, S. 27 ff.

241 Craig Claiborne: »Hamburgers with Class«, in: *Craig Clairbornes Favorites from The New York Times,* New York 1978, Vol. 3, S. 72–77.

242 Heidi Kabel: *Tafelfreuden in Hamburg und an der Waterkant,* München 1993, S. 201 f.

243 Die Schrippe ist ein Berliner Brötchen, über welches das Grimmsche Wörterbuch zu berichten weiß: »Name eines Weißbrotes mit aufgerissener Rinde; in streng hochdeutscher Form Schripfe. (...) Die Form Schrippe ist von Norddeutschland, namentlich von Berlin aus, jetzt allgemein schriftgemäß geworden.« Schon zu Kaiser Wilhelms Zeiten wurden beim Galopp-

rennen in der Spreemetropole Berlin im Hoppegarten Bratklopse aus durchgedrehtem Fleisch und Schrippenzusatz (oder umgekehrt) als hausgemachte Spezialität angeboten, die im Volksmund »Bierwellenbrecher« hieß.

244 Die Bezeichnung *Hamburger Fleisch* findet sich bereits auf der Speiseliste jenes Superintendenten Deyling, über dessen ausgiebiges Diner vom 13. August 1721 Friedlaender berichtet. Eine der sieben als erster Gang aufgetragenen Schüsseln enthielt damals Hamburger Fleisch mit Bohnen.

245 F. L. Gillette und Hugo Zieman: Das *»Weiße Haus«* – Kochbuch, New York 1891 bzw. 1899.

246 Frank Menches gilt auch als »Erfinder« der Eistüte.

247 Elisabeth Rozin: *The Primal Cheeseburger. A generous belping of food history served up an a bun,* New York-London 1994.

248 Levenstein, S. 229.

249 Vgl. Belacso, S. 177ff.

250 Drive-ins im Stil der dreißiger und vierziger Jahre dürfen in diesem Zusammenhang nicht mit den McDonald's-Autoschaltern verwechselt werden, die ganz im Gegensatz dazu eine weitere Rationalisierung ermöglichen und vor allem im Autobahnbereich zunehmend an Beliebtheit gewinnen.

251 Vgl. Jeremy McClancy: *Consuming Culture,* London 1992, S. 188.

252 Vgl. Arens-Azevedo, S. 56.

253 *McDonald's* steht zu seinen »proletarischen« Wurzeln. Bis heute ist es einer der wenigen multinationalen Konzerne, in denen ein Universitätsdiplom keine Voraussetzung für eine Führungsposition ist. (Weder Kroc noch sein Nachfolger Ted Turner hatten eines.) Mehr als die Hälfte der Angehörigen der gehobenen Führungsebene (immerhin vom Vizepräsidenten aufwärts) haben kein Abitur. Und wie Love in seinem Unternehmensporträt schrieb, gab es in der Firma, die sich immerhin eine eigene »Hamburger-Universität« leistet, zur Zeit seiner Recherchen nur einen einzigen Harvard-Abgänger – was in keinem vergleichbaren amerikanischen Unternehmen auch nur vorstellbar wäre (vgl. John F. Love: *Die McDonald's Story. Anatomie eines Welterfolges,* München 1993, S. 98).

254 Die HMU (Hamburger University) ist in den USA seit 1982 als Ausbildungszentrum offiziell anerkannt. Mit der BKU (Burger King University) hat übrigens auch die Konkurrenz nachgezogen.

255 Vgl. Max Boas und Steve Chain: *Big Mac: The Unauthorized Story of McDonald's,* New York 1976.

256 Vgl. dazu Todd Wilbur: *Top Secret Recipes. Creating Kitchen Clones of America's Favorite Brand-Name Foods,* New York-London 1993, S. 14: »Der Hot Dog zeugte den Hamburger.«

257 Unter Franchising versteht man eine besondere Form des Pachtvertrags, in welchem der Franchisegeber dem Franchisenehmer gegen Entgelt das Recht einräumt, bestimmte Waren und Dienstleistungen unter Wahrung der Markenschutzreche sowie unter Nutzung von Organisations- und Infrastruktur in Anspruch zu nehmen. Als *McDonald's* begann, dieses System zu perfektionieren, hatte es sich in anderen Branchen – z. B. bei Singer-Nähmaschinen – bereits bestens bewährt.

258 Wilbur, S. 16.

259 Love, S. 38.

260 Die Verkaufssumme, die Kroc 1961 an die Brüder McDonald für die endgültige Übernahme der Rechte zahlte, war mit 2,7 Millionen US-Dollar für Krocs damalige Verhältnisse ziemlich hoch bemessen. Man muss sie allerdings auch in Relation dazu setzen, dass *McDonald's* heute (nach Todd Wilbur) rund 50 Millionen US-Dollar am Tag umsetzt.

261 Zit. nach Wilbur, S. 16.

262 Als solche bezeichnete John F. Love das von ihm gezeichnete *Unternehmensporträt.*

263 Amerikanisch: 1 billion = 1 Milliarde.

264 George Ritzer: *Die McDonaldisierung der Gesellschaft,* Frankfurt 1995

265 Vgl. Mark Pendergrast: *Für Gott, Vaterland und Coca-Cola,* Wien 1993, S. 461 f.

266 McClancy, S. 190.

267 Wilbur, S. 81 f.

268 Bis zum Jahr 2000 wird bei *McDonald's* ein Gesamtwerbevolumen von anderthalb Milliarden US-Dollar prognostiziert.

269 Claussen, S. 5.

270 Vgl. Grefe u. a., S. 2 10.

271 Wolfram Siebeck: *Liebe auf den ersten Biss.* Neue kulinarische Notizen, München 1985, S. 32.

272 Ritzer, S. 10 f.

273 Vgl. *Bunte* vom 27. 6. 1991, S. 70.

274 Vgl. Arens-Azevedo, S. 54 f.

275 Vgl. Rozin, S. 3.

276 Der chinesische Name des Restaurants lautet *Ye-Li,* was auf deutsch soviel bedeutet wie: Rechtschaffenheit und Profit.

277 Die Lebensmittelkonzerne haben freilich umgekehrt auch keine Mühen gescheut, die positiven Seiten der Kartoffel immer wieder besonders herauszustreichen. Als eines von vielen Beispielen sei jenes der Firma *Frito-Lay* angeführt, die im Rahmen der zunehmenden Anti-Natrium-Stimmung damit begann, in einer wohlvorbereiteten Kampagne darauf hinzuweisen, dass eine Unze Potato-Snacks weniger Natrium als zwei Stück Brot und überdies weniger Kalorien als acht Unzen Vollmilch aufwiesen. Fazit: Im Gegensatz zu Brot und Milch könnten Potato-Chips mit Fug und Recht als »Health Food« annonciert werden (vgl. dazu auch Belasco, S. 144).

278 Genau genommen handelte es sich bei den Pommes frites des von König Louis Philippe gegebenen Diners um *Pommes soufflés,* für deren Zubereitung man spezielle, besonders mehlige Kartoffeln benötigt, die dann beim Fritieren »soufflieren«, wobei zwischen der krustig-gewellten Oberfläche und dem weichen Kern der Kartoffel ein Luftraum entsteht.

279 Vermutlich handelte es sich dabei um Süßkartoffeln.

280 Elsholtz, Johann Sigismund: *Diaeteticon,* Cölln 1682 (Reprint: Leipzig 1984), S. 31 f.

281 Generell wissen die Amerikaner mit dem britischen Ausdruck *Chips* wenig anzufangen. Als sich Kentucky Fried Chicken 1968 an der Einführung von *Fish and Chips* versuchte, führte dies zu einem ökonomischen Desaster: Die amerikanischen Konsumenten wussten nämlich nicht, dass es sich bei den *Chips* um *French Fries* handelte.

282 Vgl. Panati, S. 141.
283 Vgl. Sokolow, S. 121.
284 Vgl. Sokolow, S. 121, der dazu meint, dass die ersten *French Fries* auf den britischen Inseln den amerikanischen *Saratoga Chips* ähnlicher waren als den heutigen englischen *Chips*.
285 Vgl. Benning, S. 83 ff.
286 Roland Barthes: *Mythen des Alltags*, Frankfurt 1964, S. 38.
287 Vgl. Moulin, S. 163.
288 Ebd.
289 Vgl. Rozin, S. 138.
290 Vgl. Sharon Tyler Herbst: *Food Lover's Companion*, New York 1990, S. 181
291 Tatsächlich hat Ray Kroc den Pommes frites von *McDonald's* von Anfang an mindestens ebensoviel Aufmerksamkeit wie den Hamburgern geschenkt. Er inverstierte in den ersten drei Jahrzehnten des Unternehmens mehr als drei Millionen Dollar in die Produktionsverbesserung, und der heutige Firmenchef Ted Turner pflegte bei Filial-Inspektionen stets ein Thermometer in der Tasche zu tragen, um die genaue Öltemperatur in den Friteusen zu überprüfen. Auch Love betont in seinem Unternehmensporträt ausdrücklich, dass die Pommes frites als wichtigster Teil der Produktionspalette wesentlich zur qualitativen Abgrenzung gegenüber der Konkurrenz und damit zum Erfolg von *McDonald's* beigetragen haben.
292 Bei *Hardee's'* Pommes frites ist man aus demselben Grund dazu übergegangen, die vorgeschnittenen Pommes zunächst fünfzehn Minuten in einer Zuckerlösung zu weichen, bevor sie dann durch kurzes Eintauchen in Öl blanchiert, ausgekühlt und dann erst fertigfritiert werden (vgl. dazu Wilbur, S. 43 f.).
293 Vgl. Love, S. 331.
294 Die Sojapflanze selbst findet bereits im chinesischen Schrifttum im Jahre 2838 v. Chr. Erwähnung.
295 Vgl. Anderson, S. 82.
296 Vgl. Ken Hom: *The Taste of China*, London 1990, S. 45.
297 Tatsächlich lautet die korrekte japanische Bezeichnung für Sojasauce *shoyu*, während man sie in China als *jiang yong* bezeichnet.
298 Sojasaucenverkostungen in Japan gleichen europäischen Weinverkostungen und unterliegen strengen Ritualen. Grundsätzlich geht man dabei von drei Proben aus: einer Farbenprobe, einer Geruchsprobe und der für die Geschmacksbeurteilung maßgeblichen Fingerprobe, während derer der Finger nur mit einem Tropfen Sojasoße benetzt wird, die man dann auf der Zunge und im Gaumen analysiert. Da Sojasoße jedoch – wie fast alle Aromaten – in unterschiedlichen Geschmackszusammenhängen verschiedene Verkostungsergebnisse erbringt, werden an die ersten Proben auch etliche Kombinationstest, etwa mit *Tofu*, *Sashimi* und *Sushi* oder Fleisch und Gemüse angeschlossen, deren Mittelwert zum abschließenden Verkostungsergebnis führt.
299 Vgl. Terrien de Lacouperie: »Ketchup, Chatschup, Catsup«, in: *Babylonian and Oriental Record*, Vol. III, Nov. 1889 sowie ders.: »The Etymology of Ketchup«, in: Vol. IV, Feb. 1890.
300 Vgl. Panati, S. 146.

301 Vgl. Alföldi-Rosenbaum, S. 12.

302 Zit. nach Vince Staten: *Can You Trust a Tomato in January? The Hidden Life of Groceries and Other Secrets of the Supermarket,* New York 1994, S. 78 (dt.: Der Dampf ersetzt das Segel, aber keine Soße hat Lea & Perrins, die echte Original-Worcestershire überflüssig gemacht. Ein wunderbares, flüssiges Stärkungsmittel, das Ihr Haar herrlich wachsen lässt.«

303 Zit. nach Panati, S. 148.

304 Henry Heinz verwendete die beiden Schreibweisen *ketchup* and *catsup* zunächst parallel, bis sich dann jedoch *ketchup* endgültig durchsetzte. Seine Konkurrenten benötigen länger für die Umstellung: J. W. Hunt verkaufte sein *Catsup* bis 1960, und Del Monte passte sich der heute überall geläufigen Schreibweise erst 1988 an.

305 Vgl. Rath, S. 126.

306 Vgl. Irene Bandhauer-Schöffmann: »Coca-Cola im Kracherlland«, in: Roman Sandgruber und Harry Kühnel (Hg.): *Genuss und Kunst,* Ausstellungskatalog des NÖ Landesmuseums, Innsbruck 1994, S. 92.

307 In: *Centralblatt für die gesamte Therapie,* Wien (1884), 2, 289–314.

308 Zit. nach Pendergrast, S. 26.

309 Zit. nach Pendergrast, S. 43.

310 Vgl. Chalmers, S. 106.

311 Laut *Afri-Post* vom 9.1.1965 hielt Afri-Cola in den 30er- und 40er-Jahren in Deutschland gleich große Marktanteile wie Coca-Cola.

312 Becher: S. 312.

313 Vgl. Anderson, S. 172 ff.

314 Vgl. Yong Yap Cotterell: Die Kultur der chinesischen Küche, Bern 1987, S. 43.

315 Zit. nach Anderson, S. 82.

316 Algen-Skeptiker behaupten demgegenüber, dass Algen viel zu viel Jod beinhalten und sich allenfalls als Badezusatz eigneten. Vgl. dazu: C. R. Haidinger: »Gemüse aus dem Meer«, in: *Der Standard,* Wien, 9. April 1995, Wochenendbeilage S. 4.

317 Zit. nach Chalmers, S. 339.

318 Vgl. Ilias 1. Gesang, 464–466: »Als sie die Schenkel verbrannt und die Innereien gejostet, / Schnitten das andre sie klein und steckten es über die Spieße, / Brieten es drauf mit Bedacht und zogen dann alles herunter« (zit. nach der Übersetzung von Roland Hampe, Stuttgart 1979).

319 Zit. nach Gutkind, S. 528.

320 Vgl. Gertrud Benker: *In alten Küchen. Einrichtung – Gerät – Kochkunst,* München 1987, S. 39–41.

321 Vgl. Massimo Montanari: *Der Hunger und der Überfluss. Kulturgeschichte der Ernährung in Europa,* München 1993, S. 38 und 76.

322 Vgl. Elfriede Moser-Rath: *Dem Kirchenvolk die Leviten gelesen … Alltag im Spiegel süddeutscher Barockpredigten,* Stuttgart 1991, S. 234.

323 Hanne Egghardt: »Döner Kebab. Ein Türke für zwischendurch.« In: Gault Millau: *A la Carte, Heft* 1/90, Wien, S. 28–31.

324 Vgl. Winfried Jenior: *Tapas. Spezialitäten aus Spanien,* Kassel 1991, S. 10 f.

325 Vgl. Beate Engelbrecht und Ulrike Keyser: *Mexikanisch kochen. Gerichte und ihre Geschichte,* St. Gallen 1986, S. 7–26.

326 Eine spanische Tortilla heißt in Mexiko heute *Tortilla de huevos.*
327 Zit. nach Ritzer, S. 74.
328 William Poundstone: *Big Secrets: The Uncensored Truth About All Sorts of Stuff You Never Supposed to Know,* New York 1983.
329 Mittlerweile befindet sie sich, ebenso wie *Pizza Hut* und *Taco Bell* im Besitz von *PepsiCo.,* das mit diesen drei Ketten sogar das McDonald's Imperium überflügelt hat und dadurch die geheime Nummer eins im Fast-Food-Business ist.
330 1991 wurde sogar ein fettreduziertes *Skin-free-Crispy-Chicken* auf den Markt gebracht.
331 Vgl. Friedrich Jahn: *Ein Leben für den Wienerwald. Vom Kellner zum Millionär und zurück,* München 1993.
332 Jenn unterscheidet beim Begriff Systemgastronomie – je nach Warenangebot und Spezialisierung – zwischen produkt- und sortimentorientierten Betrieben. *Wienerwald* zählt gemeinsam mit *Nordsee, Pizza Hut, Maredo, Block House* und *Whitbread* zu den produktorientierten, *Mövenpick, Kaub & Kuffner* oder *Casserolle* hingegen zu den sortimentorientierten Anbietern. Als typisches Kennzeichen der Systemgastronomie erwähnt er neben »Verbundeffekten« vor allem auch die Tatsache, dass jedes Gericht vor der Produktreife und Markteinführung umfangreichen Tests unterzogen wird. Vgl. Jenn, S. 151 f.
333 Vgl. Jenn, S. 85 ff.
334 Der Anteil der systematisierten an der Gesamtgastronomie hat sich allein in Deutschland seit 1982 verdreifacht und beträgt zur Zeit 17 Prozent (Quelle: Jenn, S. 140).
335 Vgl. A. W Logue: *Die Psychologie des Essens und Trinkens.* Heidelberg-Berlin-Oxford 1995, S. 126 ff.
336 Panati weist in diesem Zusammenhang darauf hin, dass das Loch im *doughnut* etwa zeitgleich auch von den Pennsylvania-Holländern »erfunden« wurde, wie er die *doughnuts* generell auf die niederländischen Ölkuchen namens *olykoek* aus dem 16. Jahrhundert zurückführt, was freilich nur eine von vielen Wahrheiten zum vielfältigen Thema des schmalzgebackenen Krapfens ist.
337 Vgl. Odile Redon u. a. (Hg.): *Die Kochkunst des Mittelalters. Wiederentdeckt für den Genießer von heute,* Frankfurt 1993, S. 305.
338 Panati spricht von einem »pastenartigen Milcheis«, das seine Beliebtheit dem Umstand verdankte, dass Milch damals ein echtes Luxusprodukt war, S. 79.
339 Ähnliche Erfahrungen wie die Chinesen haben bei der Eiszubereitung offensichtlich auch die Azteken gemacht, die das *Agua de nieve* (mit Eis gekühltes Wasser) schon lange kannten, bevor die Spanier es so benannten.
340 Zit. nach Habs-Rosner: *Appetitlexikon,* München 1977, S. 109.
341 Der Urheber des Rezepts war, wie es heißt, ein französischer Patissier namens Gérard Tissain, dem von König Charles eine Leibrente von 20 Pfund pro Jahr dafür ausgesetzt wurde, dass er das Geheimnis nicht verriet. Erst als der König 1649 enthauptet wurde, verkaufte Tissain die Rezeptur an eine Gruppe von Aristokraten.

342 Elisabeth David: *Harvest of the Cold Months. The Social History of Ice and Ices,* London 1994.

343 Kunsteis gibt es laut David allerdings in Europa bereits, seit 1607 ein neapolitanischer Physiker herausfand, dass man den Kühlvorgang mithilfe von Salpeter beschleunigen konnte. 1692 servierte dann ein Zuckerbäcker namens Audiger dem jungen Sonnenkönig Ludwig XIV. erstmals eine geeiste Creme, die bereits während des Gefriervorgangs gerührt worden war.

344 Insbesondere handelte es sich dabei um Bewohner des Zoldo-Tals in den Dolomiten, die sich nach dem allmählichen Aussterben der dortigen Nagelindustrie ein neues Betätigungsfeld suchten und klingende Eisnamen wie Torrone, Gianduia, Amaretto, Stracciatella oder Tartuffo auch außerhalb ihrer italienischen Heimat populär machten.

345 Margaret Visser: *Much Depends an Dinner,* Toronto 1986, S. 302.

346 Vgl. ebd., S. 305.

347 Vgl. Schremp, S. 13.

348 Die Angaben beziehen sich auf den *Codex Alimentarius Austriacus,* der immer noch zu den strengsten europäischen Lebensmittelbüchern zählt.

349 Zit. nach Belasco, S. 164.

350 Reay Tannahill führt die Erfindung des Dörrens auf die trockenen Winde zurück, die zwischen 30000 und 20000 v. Chr. über einen großen Teil der nördlichen Erdhalbkugel fegten. Vgl. dies.: *Kulturgeschicbte des Essens. Von der letzten Eiszeit bis heute,* Zürich 1973, S. 22.

351 Rolf Schwendter: *Scbwendters Kochbucb,* Frankfurt 1988, S. 18.

352 Jack Goody: *Cooking, Cuisine and Class. A Study in Comparative Sociology,* Cambridge 1982, S. 154 ff.

353 Anfänge wie etwa den 1852 erfolgten Versuch des Braunschweiger Klempnermeisters Philipp Wilhelm Daubert, Spargel in der Dose auch über die Saison hinaus haltbar zu machen, gab es allerdings schon früher.

354 Vgl. Becher, S. 94.

355 Grimod de la Reinère: *Almanacb des Gourmands,* Paris 1810.

356 Johann Willsberger: *Gourmet Guide,* Zürich 1988, S. 190 f.

357 In verstärktem Maße gilt dies auch für Tiefkühlprodukte, deren Siegeszug zwar wesentlich später als jener der Konservendose begann und die speziell zu Nouvelle-Cuisine-Zeiten auf ähnliche Weise verrufen waren. Mittlerweile zieren freilich Konterfeis von Spitzenköchen auch Tiefkühlprodukte, und zahlreiche Spitzenköche geben offen zu, dass sie bestimmte Convenience-Produkte auch in ihren Restaurants verwenden. Vgl. dazu Michael Fink: »Drei Hauben aus der Tiefkühltruhe«, in: *Gault-Millau-Magazin* 1/91, Wien, S. 46–50.

358 Zit. nach Belasco, S. 123.

359 Rath, S. 255.

360 Brillat-Savarin, S. 44.

361 Nicht minder euphorisch hat sich zum Thema Osmazom Carl Friedrich von Rumohr, das deutsche Pendant zu Brillat-Savarin, geäußert. In seinem *Geist der Kochkunst* bezeichnet er das »Osmazoma« als »die feinste, nahrhafteste Substanz des Fleisches« (S. 48). Beim Braten spricht er von einem »leichten Schweiß aus jener schmackhaften und zuträglichen Sub-

stanz, welche die neuere Chemie Osmazoma nennt. Dieser Schweiß nimmt gegen den Ablauf der Bereitung das Salz auf, welches man, fein zerstoßen, reichlich und wiederholt auf alle Teile der Oberfläche ausstreuen muss. Wollte man dasselbe früher darauf streuen, so würde der Braten sogleich Saft lassen, träufen und sein Bestes, eben das Osmazoma, verlieren« (S .71 f.).

362 Ebd.

363 Ebd.

364 Es handelte sich dabei allerdings keineswegs um die einzigen Versuche, Suppe einzudicken und durch Verdampfen zu konzentrieren. Ähnliches probierten im 18. Jahrhundert Du Boisson in Frankreich, Degner in Deutschland, Westrumb in England und Berzelius in Schweden, die allesamt mit so genannten »Bouillontafeln«, also Suppen in getrockneter Tafelform, experimentierten, wobei in erster Linie Knochenleim und nicht Fleisch verwendet wurde. Vor allem wurden diese Produkte zur Feldverpflegung und in Krankenhäusern verwendet.

365 Vgl. Marie-Antoine Carême: *L'Art de la cuisine francaise au XIXème siècle*, Vol. I, Paris 1833

366 Auch in der deutschen Fachdiskussion wurde das Osmazom außerordentlich geschätzt. Durchweg seriöse Köche wie Johann Rottenhöfer nahmen die neue Entwicklung des so genannten Osmazoms mit Begeisterung auf: »Die Entdeckung oder vielmehr die Sicherstellung des Osmazoms ist der größte Dienst, welchen die Chemie in neuerer Zeit geleistet hat. (...) Das Osmazom ist das verdienstliche Element der guten Suppen. (...) Endlich ist zur Sparung dieser freilich noch sehr unbekannten Substanz der Grundsatz eingeführt worden, dass zur Herstellung einer guten Fleischbrühe der Topf nur lächeln soll« (vgl. Ruf [Bitsch], S. 179).

367 Die Technologie beschrieb Liebig so: »Ein halbstündiges Kochen des feingehackten Fleisches mit der 8- bis 10fachen Wassermenge reicht hin, um alle wirksamen Bestandtheile desselben aufzulösen. Die Brühe muss vor dem Abdampfen von allem Fett (welches ranzig werden würde) auf das Sorgfältigste befreit und das Abdampfen im Wasserbade bewerkstelligt werden. Das Fleischextract ist niemals hart und brüchig, sondern weich und zieht die Feuchtigkeit der Luft stark an. Das Auskochen des Fleisches kann in reinen kupfernen Kesseln geschehen, zum Abdampfen sollen hingegen Gefäße von Porcellan gewählt werden« (vgl. Brillat-Savarin, S. 397 f.).

368 Die diesbezügliche Wirkung des Fleischextrakts hat übrigens auch schon der Apotheker Antoine Auguste Parmentier (1737–1817) erkannt, der dazu meinte: »Im Gefolge eines Truppencorps bietet das Fleischextract dem schwer verwundeten Soldaten ein Stärkungsmittel, welches mit etwas Wein seine durch großen Blutverlust geschwächten Kräfte augenblicklich hebt und ihn in den Stand setzt, den Transport ins nächste Feldspital zu ertragen« (vgl. Brillat-Savarin, S. 395). Liebig selbst empfahl ein Pfund Fleischextrakt aus 30 Pfund reinem fettfreien Muskelfleisch, um für 128 Soldaten im Feld eine Fleischsuppe herzustellen.

369 Brillat-Savarin, S. 394.

370 Von ihm stammt u. a. der Ausspruch: »Ein Hungernder geht nicht in die Kirche, und ohne ein Stück Brot geht kein Kind in die Schule. Der Fortschritt des Landwirthes hingegen lindert die Noth und die Sorgen der Menschen, und macht sie empfindungsfähig für das Gute und Schöne, was Kunst und Wissenschaft erworben« (zit. nach einem Prospekt der Firma Liebig).

371 Henriette Davidis: *Kraftküche aus Liebig's Fleischextrakt für höhere und unbemittelte Verhältnisse,* Braunschweig 1870, S. 13.

372 Seit die Tiefkühltechnologie entsprechend perfektioniert wurde und sich Fonds daher ebenfalls haltbar machen lassen, hat der Fleischextrakt an Stellenwert zweifellos eingebüßt.

373 Zit. nach Wilbur, S. 19.

374 Vgl. dazu das Kapitel »Die nationalsozialistische Tischgemeinschaft«, in: Rath, S. 176–186.

375 Vgl. Schwendter, S. 17 f.

376 Vgl. dazu Margret Tränkle: *Fliegender Wechsel zwischen Fast Food und Feinkost. Zur Entritualisierung des Essens,* in: Oikos, S. 393.

377 Vgl. Homolka, S. 219.

378 Vgl. Wolfgang Pauser: »Die Revolution frisst«, in: Gault Millau: *A La Carte* 1/90, Wien, S. 130–132 sowie Peter Jirak: *Erotik & Gourmandise. Ein gastrosophischer Exkurs vom menschlichen Glück,* Wien 1992.

379 *Junk-Food-Disease* ist hier nicht nur als Metapher gemeint, sondern bezeichnet tatsächlich auch ein Krankheitsbild: den Vitamin-B1-Mangel, der vor allem bei Jugendlichen zu Schlaflosigkeit, Angstträumen und erhöhter Aggressivität führen kann. Vgl. dazu auch Grefe, S. 222 und Arens-Azevedo, S. 85.

380 Diese Entwicklung hatte interessanterweise etwa zeitgleich mit den Aktivitäten des *Club of Rome* eingesetzt. Der in dieser Hinsicht geradezu programmatische Arlo-Guthrie-Film *Alices Restaurant* kam 1967 heraus und versprach wie das Titelbild *anything you want.* Es war auch die Zeit, in der die alternativen Food-Kolumnen en vogue wurden, allen voran Alice Water's »Alices Restaurant« in der *San Francisco Express Times,* »Eat it« im *Detroiter Fifth Estate,* Sally Soybean und Annie Avocado im Kaleidoscope von Milwaukee und viele andere mehr. 1974 erschien Jacqueline Verrett's und Jean Carper's nicht nur in Alternativkreisen berühmt gewordenes Buch *Eating May Be Dangerous to Your Health.* Vgl. dazu auch Belasco, S. 29.

381 Arens-Azevedo, S. 18.

382 Vgl. *Newsweek* vom 26. Dezember 1994, S. 71 f.

GLOSSAR

Apple-Pie (engl.): Apfelkuchen
Artokreas (altgriech.): antike »Urpastete«
Asink (afrik.): Hirsebrot der Tuaregs

Bagel (am.): aus dem jiddischen *Bejgl* und dem deutschen Beugel entwickeltes Rundgebäck aus Laugenteig mit einem Loch in der Mitte, wird gefüllt (lox and cream bagel) oder belegt (pizza bagel) angeboten
Baked Potato (am.): gebackene Kartoffel mit unterschiedlichen Füllungen und Sauerrahm-Topping
Bami goreng (indon.): auch: *Bahmi goreng;* stark gewürztes Nudelgericht
Bancone (ital.): Marmortresen in neapolitanischen Pizzerias
Barbecue (am.): auch kurz *BBQ* genannt, ursprünglich ein Begriff für im Ganzen gegrillte Tiere, der auf das französische »barbe à queue« zurückgeht, was soviel wie »von den Schnauzhaaren bis zum Schwanz« bedeutet. Heute wird Barbecue immer häufiger als allgemeiner Begriff für Gerichte vom Holzkohlengrill verwendet
Beisel (österr.): Kneipe
Beiz (schweiz.): Kneipe
Bejgl (jüd.): s. Bagel
Bifteck Frites (franz.): gilt als französisches Nationalgericht, obwohl das Bifteck aus England und die Frites vermutlich ursprünglich aus Belgien stammen
Blini (russ.): Buchweizenlaibchen
Blintze (jüd.): überbackene, mit Cottage Cheese gefüllte und mit Sauerrahm servierte Omelettes aus Eiern und Mazzemehl (s. dort)
Bockwurst (dt.): (zumeist besonders lange) Brühwürstchen
Brezel (dt.): aus dem lateinischen »brachiorum plicatorum figura« (Form verschränkter Hände) hervorgegangenes Brauchtumsgebäck aus Brühteig, das als Bierhappen dient und vor allem in den USA auch gefüllt oder belegt als Snack erhältlich ist
Bun (am.): Brothälfte, vor allem bei Hamburgern und Hotdogs
Burenhäutl (österr.): s. Haße

Burgoo (am.): groß angelegte Fondue-Party rund um einen Fleischtopf, vor allem in Kentucky üblich. Usprünglich bezeichnete *burgoo* jedoch eine Art Haferbrei aus der Seemannsküche
Burritos (mex.): gerollte Tacos, häufig mit Chili con carne gefüllt

Californian Pizza (am.): Gourmetpizza mit Fantasiezutaten
Calzone (ital.): auch: Mezzaluna; zusammengeklappte und gefüllte Pizza
Car-Hopper (am.): (zumeist) weibliches Bedienungspersonal, das auf Rollschuhen in den Drive-ins der 30er- und 40er-Jahre unterwegs war
Catering (engl.): Außer-Haus-Verpflegung bzw. Partyservice durch einen professionellen Gastronomen *(Caterer)*
Chapati (ind.): auf einem gefetteten Blech oder im Tandoori-Ofen ausgebackenes Fladenbrot aus Mehl und Salz
Cheeseburger (am.): Hamburger mit geschmolzenem Käse
Chili con Carne (am.): s. Tex-Mex-Küche
Chili-cook-off (am.): Texanische Party mit Chiligerichten
Chirashi-sushi (jap.): Bällchen aus mit Essig gewürztem Klebreis
Chop Suey (am.): erst in den USA entstandener Klassiker der chinesischen Küche, der sich aus kleingeschnittenem, pfannengerührtem Fleisch (meist Huhn), Shrimps, Nüssen, Sojabohnensprossen, Bambusschößlingen, Wasserkastanien, getrockneten Pilzen und Gemüsen zusammensetzt; wurde angeblich als »Resteessen« erfunden und ist in China völlig unbekannt
Chorizo (mex.): scharfe Wurst, beliebte Füllung für Tacos (s. dort)
Chowder (am.): dicke, sahnige Suppe aus Meeresfrüchten
Chutney (engl.): pikante Pickles, aus dem indischen *chatni* hervorgegangen, werden häufig zu Currygerichten gereicht
Chwun-iywan (chin.): Frühlingsrolle
Club Sandwich (am.): mehrstöckiges, getoastetes Sandwich
Cole slaw (am.): aus dem Holländischen (koolsla) abgeleiteter »Schnellsalat« aus kleingeschnittenem Weiß- oder Rotkraut, Möhren, Essig, Öl, Salz, Pfeffer und Mayonäse (ersatzweise: Sauerrahm oder Joghurt)
Continental Sandwich (engl.): gefüllte Baguettehälften
Convenience Food (am.): Oberbegriff für alle vorgefertigten, industriell hergestellten Lebensmittel, die die Arbeit in der Küche bequemer (convenient) machen. In den USA auch in speziellen C-Stores (= Convenience Stores) erhältlich
Cookies (am.): Kekse
Corned Beef (engl.): gepökeltes, gekochtes und zu körniger Konsistenz zerkleinertes Rindfleisch aus Dosen; in den USA ist frisch zubereitetes C.B. eine beliebte Sandwich-Zutat

Cornish Pasty (engl.): Fleischpastete der Zinngrubenarbeiter in Cornwall

Couscous (nordafrik.): Grießgericht aus gemahlenen Getreidekörnern, Bruchreis, Hirse und Kichererbsen

Crab-Cakes (am.): knusprig gebackene Küchlein aus klein gehackten Meerestieren, Eiern, Paniermehl und Gewürzen

Crêpe (franz.): Omelette

Crisps (engl.): s. Saratoga Chips

Croissant (franz.): gebuttertes Hörnchen aus Blätterteig, ursprünglich ein klassisches Frühstücksgebäck, als *Croissanwich* mit verschiedenen Füllungen auch eine französisch-amerikanische Fast-Food-Variante

Croque Madame (franz.): mit einer Wein-Käse-Mischung gefülltes Sandwich, in Ei ausgebacken

Croque Monsieur (franz.): Käse-Schinken-Sandwich in Ei ausgebacken

Curry (engl.): von den Briten aus ihren Kolonien nach England importiertes exotisches Misch- und Allroundgewürz, ursprünglich: ein Fleisch- oder Gemüsegericht in würziger Soße

Currywurst (dt.): 1949 in Berlin entstandene Wurstspezialität mit einer speziellen Mischung aus Curry und Ketchup

Dachshound Sausages (am.): wörtlich: Dackelwürstchen, früher Name für Hotdogs

Dan dan mian (chin.): scharfes Nudelgericht aus der Provinz Sichuan

Deep Dish Pizza (am.): 1942 in Chikago erfundene Pizzavariante aus der Pfanne

Deli (am.): Abkürzung für *Delicatessen Shop,* was in den USA oft keine Delikatessenhandlung, sondern eine Sandwich-, Hamburger- und Bagels-Bar bedeutet

Dian xin (chin.): (zumeist) süße kleine Happen aus der nordchinesischen Mandarinküche

Dim Sum (chin.): dt.: Herzensfreude; gedämpfte oder fritierte kleine Klößchen, Bällchen und andere Happen, zumeist im Bambuskörbchen serviert

Diner (am.): eine der Urformen des amerikanischen Fast-Food-Lokals, ursprünglich in ausrangierten alten Eisenbahnwaggons untergebracht, deren Umrisse und Design viele Diners bis heute beibehalten haben

Döner Kebab (türk.): geschichtetes Grillfleisch (Kalb und Lamm) vom Drehspieß

Döner-Sandwich (türk.): Sandwich mit Döner Kebab (s. dort) gefüllt

Doughnut (am.): auch: *donut;* schmalzgebackenes Hefeteiggebäck mit kleinem Loch in der Mitte, s. auch Krapfen

Drive-in (am.): ursprünglich in den späten dreißiger und vierziger Jahren, eine auf automobilisierte Gäste abgestimmte Snack-Bar mit mobiler Bedienung (auf Rollschuhen); neuerdings ein Fast-Food-Outlet, bei dem Autofahrer ihre Mahlzeit bei einem Schalter bestellen und beim nächsten abholen

Dru (tunes.): Buchweizenmehlfladen

Ebbelwei (dt.): »frankforterischer« Ausdruck für Apfelwein oder Most

Einspänner (dt.): einzelnes Frankfurter Würstchen

Empanadas (mex.): Fleisch-, Fisch- oder Meeresfrüchtepasteten

Enchiladas (mex.): auch: Chilaquilas; Tacos mit Salsa und Bohnen

Ethnofood (am.): unterschiedliche Landesküchen, für ein internationales Publikum adaptiert

Falafel (arab.): fritierte Bällchen aus Kichererbsenmehl

Fancy Food (am.): Fantasieküche, meist aus einem multikulturellen Stilgemisch, zuweilen auch als *fun food* bezeichnet

Fegatelli (ital.): Leberwürste, bereits im 14. Jahrhundert bekannt

Finger Food (engl.): ursprünglich nur kleine Happen wie Oliven, Anchovis, Mandeln, Erdnüsse, Kartoffelchips etc., die an der Bar gereicht werden oder als »Fernsehnahrung« dienen; im übertragenen Sinn Bezeichnung für alles, was nicht mit Besteck, sondern mit den Fingern gegessen wird

Fish-and-Chips (engl.): typisch britisches Fast-Food-Gericht aus Backfisch (meist Schellfisch, Kabeljau und Scholle) und dick geschnittenen Pommes frites

Focaccia (ital.): Fladenbrot mit Öl, Zwiebeln, Oliven und Gewürzen

Fonda (mex.): Kneipe

Franchising (am.): besondere Form des Pachtvertrags, bei welcher der Franchise-Partner zwar die volle unternehmerische Verantwortung übernimmt, aber Ware, Know-how und Unternehmensrichtlinien vom Franchisegeber übernimmt. Klassisches Beispiel: *McDonald's*

Frankfurter (dt.): lt. Oetkers Lebensmittellexikon feingekutterte und heiß geräucherte Brühwürstchen aus Schweinefleisch; muss aus dem Wirtschaftsraum Frankfurt am Main kommen oder ansonsten »Würstchen nach Frankfurter Art« heißen – woran sich allerdings kaum jemand hält, der in den USA *franks* oder *frankforters* verkauft.

French Fries (am.): Pommes frites

Frikadellen (dt.): Bratklöpse, Bouletten
Frozen Yoghurt (am.): erfolgreiche Antwort der Gesundheitswelle auf das kalorienreiche Speiseeis
Fun Place (am): Restaurant, in dem es weniger auf die Küche als auf den »Erlebnisfaktor« ankommt
Fusion (am.): Stilgemisch unterschiedlichster ethnischer, vor allem fernöstlicher, mediterraner, mexikanischer und französischer Küche; auch als *eclectic cuisine* bekannt

Gaokwei (chin.): mit Colza-Öl bestrichenes Weizenmehl-Brot
Giros (griech.): auch Gyros; s. Döner Kebab
Good Humor Sucker (am.): Eisschlecker
Granité (franz.): aus Eiskristallen bestehendes Gefrorenes, meist mit Fruchtgeschmack
Grosse pièce (franz.): im Ganzen gebratenes Tier
Groundbeef (am.): gehacktes Rindfleisch
Guacamole (mex.): Gemisch aus pürierten Avocados, Limettensaft und viel Chilipfeffer

Hakaw (chin.): Garnelenklößchen
Hamburger Rundstück warm (dt.): hanseatischer Hamburger-Vorläufer aus Schweinefleisch
Hamburger Steak (dt.): Hacksteak
Hamburger: Bulette zwischen zwei Brothälften, u. a. mit Tomate, Pickles, Schmelzkäse und Ketchup garniert
Haße (österr.): Wiener Ausdruck für Brühwurst, auch: Burenhäutl
Henkelmann (dt.): tragbares Warmhalte-Essgeschirr, das vor allem von Industriearbeitern für die Verpflegung während der kurzen Arbeitspausen in der Fabrik benützt wurde
Hokey-Pokey-Man (engl.): Eisverkäufer
Hotdogs (am.): (häufig enthäutete) Würstchen im Brötchen, garniert mit Pickles, Sauerkraut, Senf und/oder Ketchup
Humor Man (am.): Eisverkäufer

I-Scream-Bar (am.): Vanille-Eisriegel mit Schokoüberzug
Indjera (äthiop.): graues Fladenbrot aus Eragrostis abyssinia
Iskender Kebab (türk.): gegrilltes Fleisch vom Döner-Spieß, wird auf Weißbrotscheiben mit Tomatensauce, Joghurt und Petersilie serviert
Jiaotzou (chin.): auch *jiaozi* genannt, *Dim Sum* (s. dort) mit Fleischfülle
Junk Food (am.): Slang-Ausdruck für »Müll«-Küche, ähnliche Bedeutung haben auch *shit food* oder *plastic food*

Keks (dt.): von Hermann Bahlsen vorgeschlagener und erst 1915 in den Duden aufgenommener deutscher Begriff für *Cookies* oder *Cakes*
Ketchup (asiat.): ursprünglich der Sojasoße verwandte Würzsauce, die erst später mit Tomatenmark versetzt und dadurch zum heute weltbekannten Tomato-Ketchup wurde
Köfte (türk.): gewürzte Hackfleischbällchen
Krapfen: vermutlich bereits auf die Antike zurückgehendes Brauchtumsgebäck mit vielen regionalen Varianten (Wiener Faschingskrapfen, Berliner Pfannkuchen etc.)
Kreplach (jüd.): dreieckige Klöße mit Käse-, Innereien- oder Hackfleischfüllung, für gewöhnlich in einer Suppe serviert

Liquamen (lat.): auch: garum; antike Würzpaste
Lox (am.): Lachs oder Lachsersatz, vor allem als Füllung oder Auflage für Bagels beliebt
Lucanicae (lat.): antike Hackfleischwürstchen
Lunch Counter (am.): Snack-Bar, die ursprünglich meist an Drogerien angeschlossen war, Eis verkaufte und zuweilen sogar als Leihbücherei fungierte

Maroni (ital.): geröstete Edelkastanien
Mayonnaise (franz.): nach der Hafenstadt Mahón auf Menorca benannte kalte Tafelsoße aus der klassischen Küche, deren Rezeptur von der Nahrungsindustrie aufgegriffen und für den Massenverbrauch adaptiert wurde. Klassische Fast-Food-Soße
Mazze (jüd.): sauerteigloses, knuspriges Brauchtums- (Pessach-)Brot aus Mazzemehl, das auch (mit Eiern) für Mazzeknödel und andere Mazzegerichte verwendet wird
Meal-in-the-hand (am.): ein Gericht, das man mit den Fingern isst
Mechoui (arab.): Hammelbraten unter freiem Himmel
Mezza (arab.): Vorspeisenauswahl
Mother-Earth-Food (am.): gesundheitsbewusste vegetarische, für gewöhnlich sogar makrobiotische Küche
Muffin (engl.): kleiner Brotkuchen

Nachos (mex.): Tortilla-Chips
Nasi goreng (indon.): vor allem in Garküchen erhältliches, stark gewürztes Reisgericht
Nigiri-sushi (jap.): länglich-ovale Reisbällchen, die mit ihren Zutaten nicht gefüllt, sondern nur belegt werden
Nori-maki (jap.): mit Seetang umhüllte Sushi; man unterscheidet *hosomaki* (dünne Rollen) und *futomaki* (dicke Rollen)

Nuggets (am.): fritierte Hühnerbällchen (ursprüngl.: Goldstücke)
Nuoc-mam (vietn.): Würzsoße, auch »Fischwasser« genannt, dem antiken *garum* oder *liquamen* verwandt

Ombra (ital.): »Schatten« genanntes Gläschen Wein oder Prosecco, das man in der Osteria zu Tramezzini und Panini trinkt
Onion Sandwich (am.): mit roten Zwiebeln, Mayonnaise und Petersilie gefülltes Sandwich
Osmazom (griech.): Suppenreduktion
Outlet (am.): allgemeine Bezeichnung für eine eigene Kücheneinheit, meist: Filiale

Pan Bagnat (franz.): üppig gefülltes Brötchen
Pan de ramerino (ital.): Rosmarinbrot
Pancake (engl.): Omelette
Pane pomodoro (ital.): geröstete Brotscheiben mit Tomaten und Olivenöl
Panini (ital.): gefüllte Brötchen
Papas (indian.): Kartoffeln
Pastrami (am.): gesalzenes, stark gewürztes, trocken geräuchertes und gekochtes Rindfleisch; besonders beliebt als Füllung für Sandwiches in koscheren Delis
Pate de Campagne (franz.): grobe Landpastete
Pattie (am.): Boulette, Klops, Frikadelle
Pau (chin.): gedämpfte Brötchen
Pilaf (türk.): orientalisches Reisgericht, wird häufig mit Bulgur (= getrockneten Weizen-)Körnern serviert
Pita (arab.): »Taschenbrot«-Fladen aus dem Nahen Osten, gilt als Vorläufer der Pizza
Pizza-Bagel (am.): s. Bagel
Pizza-in-a-hurry (am.): durch einen Pizzadienst zugestellte Pizza
Pizza Parlor (am.): Pizzastube
Pizzaiolo (ital.): Pizzakoch
Placenta (lat.): altrömischer Kuchen aus Weizen und Roggenmehl mit Schafkäsefüllung
Plowman's Lunch (engl.): einfache Mittagsmahlzeit aus Cheddarkäse, Zwiebelringen, Ale und Weißbrot
Polpette (ital.): Fleischbällchen
Pommes de terre paille (franz.): wie Gemüsejulienne in Zündholzgröße geschnittene Pommes frites
Pommes de terre Pont-Neuf (franz.): dick geschnittene Pommes frites
Pommes frites (fr.): fritierte Kartoffelstäbchen, am. *French Fries,* engl. *chips*

Pommes frites chip, en liards (franz.): dünne, zweimal fritierte Pommes frites
Popcorn (am.): auch: Puffmais; klassisches Fingerfood (s. dort) aus erhitzten und geplatzten Maiskörnern; geht vermutlich auf die indianische Urbevölkerung zurück und wird seit dem ersten Erntedankfest der aus Plymouth eingereisten Pilgerväter im Jahre 1621 auch von Weißen geschätzt
Proja (serbokroat.): Balkan-Maisbrot
Pumpernickel (dt.): Roggenvollkornschrotbrot, häufig für Klappstullen verwendet

Quesadillas (mex.): in Öl ausgebackene Tortillas in Röhren- oder Hörnchenform

Red Hots (am.): andere Bezeichnung für Hotdogs
Reuben Sandwich (am.): berühmtes Roggenbrot-Sandwich mit Corned Beef und Pastrami oder Sauerkraut, Emmentaler Käse und Senf
Roadside Food (am.): Essen an der Autobahn oder am Straßenrand
Rot-weiß (dt.): Imbissbuden-Kommando für »mit Ketchup und Mayonnaise«

Salsa (mex.): (meist scharfe) Sauce
Sandwich (engl.): Klappstulle
Sandwich-Spread (engl.): mayonnaisenartiger Sandwichaufstrich
Saratoga Chips (am.): hauchdünn geschnittene runde Kartoffelscheiben (in England: *crisps*)
Sardenaria (ital.): Pizza mit Anchovipaste
Sashimi (jap.): Rohfischscheiben
Satay (indon.): Spießchen aus Fleisch oder Fisch, die in eine Mischung aus Kokosmilch, Erdnüssen und Chilipfeffer getunkt werden
Schaschlik (türk.): Lammfleischspieß
Shaobing (chin.): Pastetchen, Kuchenstücke und gefüllte Klößchen
Shoestring Potatoes (am.): Pommes frites in Zündholzform
Sis Kebab (türk.): Fleischspießchen
Siumai (chin.): Fleischklößchen
Slacker (am.): Slangausdruck für jemanden, der gerne nutzlos (vor allem in Fast-Food-Lokalen) herumhängt
Slow Food (engl.): ursprünglich sozialwissenschaftlich begründete Gegenbewegung zu den Fast-Food-Konzernen; mittlerweile ein vor allem in Italien, Deutschland und Österreich aktiver Markenschutzverband ernährungs- und umweltbewusster Produzenten und Restaurants

Smörrebröd (dän.): belegtes Vollkornbrot
Soiaburger (am.): Hamburger mit Sojalaibchen
Sojasauce (asiat.): fernöstliche Würzsauce aus vergorenen Sojabohnen
Sorbet (franz.): geeiste Frucht, von arabisch *scherbet*
Suvlaki (griech.): Fleischspießchen
SoyBoyNotDogs (am.): Hotdogs aus Tofu
Steak Fries (am.): dick geschnittene Pommes frites
Steamboat (am.-chin.): chinesisches Fondue
Submarine Sandwich (am.): auch: *Hero Sandwich;* Riesensandwich mit Polpetti, Tomaten und geschmolzenem Mozzarella
Sukiyaki (jap.): in Sojasauce und Reiswein gedünstetes Fleisch und Gemüse
Sundae (am.): Fruchteiscreme, ursprüngl. Sunday (weil man sie meistens am Wochenende genoss)
Sushi (jap.): längliche Reisbällchen mit Rohfischbelag- oder Einlage, häufig auch in Seetang gerollt

Tabasco-Sauce (am.): 1868 vom Pfefferhändler Edmond McIhenny in Louisiana erfundene Würzsoße aus Essig, Salz sowie geschrotetem spanischen Pfeffer, von extremer Schärfe
Taco (mex.): aus zusammengeklappten mexikanischen Tortillas zubereiteter Klappsandwich mit kalter oder warmer Füllung; vor allem in den USA populäres »Mexican Fast Food«
Tajine (marokk.): nach einem charakteristischen Tontopf benanntes Schmorgericht mit Fleisch, Gemüsen und Getreide
Take-away-Food (engl.): Essen zum Mitnehmen
Tapas (span.): die kleinen Appetizer, zu denen man Sherry, Malagawein oder auch Sangria trinkt, lagen ursprünglich als »Deckel« auf den Gläsern, um Insekten zu vertreiben
Tartine à l'anglaise (franz.): klassisches Sandwich aus 24 Scheiben
Tex-Mex-Küche (am.): Mischung aus Indio- und Western-Style-Gerichten, zu denen auch das berühmte *Chili con Carne* (scharf gewürztes Ragout mit Bohnen) zählt
Tiramisu (ital.): von Harry's Bar-Besitzer Arrigio Cipriani erfundenes Mascarpone-Dessert
Tofu (jap.): Sojaquark
Tortilla (span.): der spanische Ausdruck für Omelette wird im Mexikanischen für alle Arten von dünnen, ohne Hefe zubereiteten Maisbrotfladen verwendet
Tramezzini (ital.): quadratische Sandwiches
Trippe (ital.): Kutteln, wurden früher häufig an Straßenecken als kleiner Happen angeboten

Vin Mariani (franz.): Vorläufer von Coca-Cola im 19. Jahrhundert; eine mit Kokain versetzte Rotweinspezialität

Waffel (dt.): ursprüngl. mit einem Waffeleisen über Holzkohlenfeuer gebackener Omeletteteig; heute auf elektrischen Waffelöfen erzeugt

Wan Tun (chin.): auch *Chengdu Huntuns* genannte Teigtaschen aus der Sichuan-Küche

Wasabi-Kren (jap.): grüne, stechend scharfe Zutat für Sushi und Sashimi; wird entweder mit der Sojasoße vermischt oder direkt auf die Happen aufgetragen

Weißwurst (dt.): Institution aus Kalbsbrät, der Legende nach 1857 in der Münchner Gastwirtschaft zum »Ewigen Licht« am Marienplatz erfunden

Welsh rabbit (engl.): Cheddar- oder Cheshire-Sandwich, in Port, Whisky oder Ale getunkt

White-Table-Cloth-Restaurant (am.): (klein)bürgerliches Mittelklasserestaurant vor Einsetzen der Fast-Food-Welle, auch Mom-und-Pop-Restaurant genannt

Wiener (dt.): in Wien als »Wiener Frankfurter« entstandenes Brühwürstchen; heißt in Wien kurz Frankfurter; Wiener findet man in Wien indessen nicht

Wimpy (am.): Nach dem gleichnamigen Comic-Helden aus der Serie Popeye the Sailor geprägter Ausdruck für Hamburger, nach dem auch eine ganze Restaurantkette benannt wurde

Worcestersauce (engl.): Würzsoße nach indischem Vorbild, wird vor allem für Steaks verwendet

Würstel im Schlafrock (österr.): die in Wien bereits um die Jahrhundertwende populären Frankfurter Einspänner im Brötchen gelten mit Recht als europäische Vorläufer des Hotdog

Wurstmaxe (dt.): vor allem um die Jahrhundertwende gebräuchlicher Ausdruck für eine Würstchenbude

Xiao chi (chin.): kleine Schnellimbisse

Yufka (türk.): Brot ohne Sauerteig

LITERATUR

Alberini, Massimo/Martini, Anna: *Pasta & Pizza,* Mailand 1974.

Alföldi-Rosenbaum, Elisabeth: *Das Kochbuch der Römer. Rezepte aus der Kochkunst des Apicius,* Zürich-München 1970.

Anderson, E. N.: *The Food o f China;* New Haven-London 1988

Arens-Azevedo, Ulrike/Hamm, Michael: *Fast Food – Slow Food. Plädoyer für eine neue Eßkultur,* Reinbek 1992.

Bandhauer-Schöffmann, Irene: »Coca-Cola im Kracherlland«, in: Sandgruber, Roman/Kühnel, Harry (Hg.): *Genuß und Kunst,* Ausstellungskatalog des NÖ Landesmuseums, Innsbruck 1994.

Bächtold-Stäubli, Hanns: *Handwörterbuch des deutschen Aberglaubens,* Berlin-Leipzig 2927 ff.

Barthes, Roland: *Mythen des Alltags,* Frankfurt 1964.

Baumann, Wolfgang/Kimpel, Harald/Kniess, Friedrich W.: *Schnellimbiss. Eine Reise durch die kulinarische Provinz,* Marburg 1980.

Becher, Ursula: *Geschichte des modernen Lebensstils. Essen – Wohnen – Freizeit – Reisen,* München 1990.

Benker, Gertrud: *In alten Küchen, Einrichtung – Gerät – Kochkunst,* München 1987.

Benning, Lee Edwars: *The Cook's Tales,* Connecticut 1992.

Belasco, Warten J.: *Appetite for Change,* New York 1989.

Bien, H.: *Schnellverzehr,* (Rundfunkms.) Deutschlandfunk, Köln 1983.

Blimlinger, Eva/Lang, Anfred: »Frankfurter. Das Gabelfrühstück der Wiener«, in: Wagner, Christoph/Sedlaczek, Robert (Hg.): *Österreich für Feinschmecker. Das kulinarische Jahrbuch 1995,* Wien 1994, S. 30–39.

Blimlinger, Eva u. a. (Hg.): *Frankfurter, Wiener & Heiße Hunde.* Ausstellungskatalog des Bezirksmuseums Wien-Neubau, August 1994.

Boas, Max/Chain, Steve: *Big Mac: The Unauthorized Story of McDonald's,* New York 1976.

Bourdieu, Pierre: *Die feinen Unterschiede,* Frankfurt 1984.

Braudel, Fernand: *Sozialgeschichte des 15.–18. Jahrhunderts,* 1. Band: »Der Alltag«, München 1985.

Brock, Bazon: »Essen als Weltaneignung«, in: ders.: *Ästhetik der Vermittlung. Arbeitsbiographie eines Generalisten,* Köln 1977.

Breitschopf, Peter: »Wurst. Standl. Kollegienkirche«, in: Wagner, Christoph/Sedlaczek, Robert (Hg.): *Österreich für Feinschmecker. Das kulinarische Jahrbuch 1995,* Wien 1994, S. 27–29.
Brieke, Norbert: *Köstlichkeiten aus Frankfurts Küche & Keller,* Frankfurt 1991.
Camp, Charles: *American Foodways,* Little Rock 1989.
Carcopino, J.: *Das Alltagsleben im alten Rom,* 1949.
Carême Marie-Antoine: *L'Art de la cuisine francaise au XIXème siede,* Vol. I, Paris 1833.
Chalmers, Irena: *The Great Food Almanac,* San Francisco 1994.
Claiborne, Craig: »Hamburgers with Class«, in: *Craig Clairbornes Favorites from The New York Times,* New York 1978, Vol. 3, S. 72–77.
Claiborne, Craig: »It Started with an Onion Sandwich«, in: *Craig Claibornes Favorites from The New York Times,* New York 1978, Vol. 3, S. 133–136.
Claiborne, Craig: »The Reuben Sandwich«, in: *Craig Claibornes Favorites from The New York Times,* New York 1978, Vol. 3, S. 97–99.
Claussen, Detlev: *Kleine Frankfurter Schule des Essens und Trinkens,* Bremen 1987.
Cotterell, Yong Yap: *Die Kultur der chinesischen Küche,* Bern 1987.
David, Elisabeth: *English Bread and Yeast Cookery,* London 1977.
David, Elisabeth: *Harvest of the Cold Months. The Social History of Ice and Ices,* London 1994.
Davidis, Henriette: *Kraftbrühe aus Liebig's Fleischextrakt für höhere und unbemittelte Verhältnisse,* Braunschweig 1870.
Davidson, Alan and Jane (Hg.): *Dumas an Food. Recipes and Anecodtes from the Classic Grand Dictionnaire de Cuisine,* Oxford-New York 1987.
Droste, Eugen: »Speise(n)folgen und Speise(n)karten im historischen Kontext«, in Bitsch, I./Ehlert T./v. Ertzdorff, X. (Hg.): *Essen und Trinken in Mittelalter und Neuzeit,* Sigmaringen 1987.
Duerr, Hans Peter: *Der Mythos vom Zivilisationsprozess,* 3 Bände, Frankfurt 1988–1993.
Edelman, Marc: »From Costa Rican Pasture to North American Hamburger«, in: *Food and Evolution. Towards a Theory of Human Food Habits,* Philadelphia 1987.
Egghardt, Hanne: »Döner Kebab. Ein Türke für zwischendurch«, in: Gault Millau: *A La Carte,* Heft 1/90, Wien, S. 28–31.
Ehlich, Konrad/Rehbein, Jochen: »Zur Konstitution pragmatischer Einheiten in einer Institution: Das Speiserestaurant«; in: Dieter Wunderlich (Hg.): *Linguistische Pragmatik,* Frankfurt 1972, S. 209–254.
Elias, Norbert: *Über den Prozess der Zivilisation. Soziogenetische und psychogenetische Untersuchungen,* 2 Bände, Frankfurt 1976.

Elkort, Martin: *The Secret Life of Food,* Los Angeles 1991.
Elsholtz, Johann Sigismund: *Diaeteticon,* Cölln 1682 (Reprint: Leipzig 1984).
Engelbrecht, Beate/Keyser, Ulrike: *Mexikanisch kochen. Gerichte und ihre Geschichte,* St. Gallen 1986.
Fink, Michael: »Drei Hauben aus der Tiefkühltruhe«, in: *Gault-Millau-Magazin* 1/91, Wien, S. 46–50.
Foster, Nelson/Cordell, Linda S.: *Chilies to Chocolate. Food the Americans Gave the World,* Tucson-London 1992.
Friedlaender, Ludwig: Sittengeschichte Roms, Wien 1934.
Fuchs-Hartmann, Werner: *Gastmahl der Völker,* Stuttgart 1941.
Gerstl, Elfriede: »Schöner Schein oder echt Talmi«, in: *Freibord* (hg. von Gerhard Jaschke), Nr. 68, 14. Jg., Wien 1989.
Gillette, E L./Zieman, Hugo: *Das ›Weiße Haus‹ Kochbuch,* New York 1891.
Goody, Jack: *Cooking, Cuisine and Class. A Study in Comparative Sociology,* Cambridge 1982, S. 154 ff.
Grawert-May, Erik: »Fast Food und Horror vacui. Über einige Tischmanieren«, in: *Freibeuter* 47, Berlin 1991.
Grefe, Christiane u. a. (Hg.): *Das Brot des Siegers. Die Hamburger-Konzerne,* Göttingen 1985.
Gutkind, Curt Sigmar: *Das Buch der Tafelfreuden,* Leipzig 1929.
Habs-Rosner: *Appetitlexikon,* München 1977.
Haidinger, C. R.: »Gemüse aus dem Meer«, in: *Der Standard,* Wien, 9. April 1995.
Hamm, Michael: *Euro-asiatische Küche,* Weil der Stadt 1990.
Hardach, Gerd/Schilling, Jürgen: *Das Buch vom Markt,* Luzern-Frankfurt 1980.
Harris, Marvin: *Wohlgeschmack und Widerwillen. Die Rätsel der Nahrungstabus,* Stuttgart 1989.
Hauser, Albert: *Vom Essen und Trinken im alten Zürich,* Zürich 1962.
Herbst, Sharon Tyler: *Food Lover's Companion,* New York 1990.
Homolka, Anita: *Zück die Finger und iss. Ein Streifzug durch die Geschichte unserer Tischsitten von den alten Ägyptern bis heute,* Frankfurt 1989.
Horn, Ken: *The Taste o f China,* London 1990.
Horn, Erna (Hg.): *Köstliches und Curieuses aus alten Kloster- und Pfarrküchen,* München 1979.
Jahn, Friedrich: *Ein Leben für den Wienerwald. Vom Kellner zum Millionär – und zurück,* München 1993.
Jenior, Wilfried: *Tapas. Spezialitäten aus Spanien,* Kassel 1991.
Jenn, Albrecht: *Die deutsche Gastronomie. Eine historische und betriebswirtschaftliche Betrachtung,* Frankfurt 1993.

Jirak, Peter: *Erotik & Gourmandise. Ein gastrosophischer Exkurs vom menschlichen Glück,* Wien 1992.
Kabel, Heidi: *Tafelfreuden in Hamburg und an der Waterkant,* München 1993.
Kay, Pamela/Ward, Susie: *The Art o f Picnic,* London 1988.
Kiwus, Karin/Grunwaldt, Henning (Hg.): *Vom Essen und Trinken,* Frankfurt 1978.
Kubisch, Ulrich: *Laube auf Rädern. Die Geschichte des Wohnwagens,* Braunschweig 1989.
Landmann, Salcia: *Bittermandel und Rosinen. Geschichten und Rezepte,* München 1984.
Lang, Jenifer Harvey (Hg.): *Larousse Gastronomique,* New York 1990.
Lacouperie, Terrien de: »Ketchup, Chatschup, Catsup«, in: *Babylonian and Oriental Record,* Vol. III, Nov. 1889.
Lacouperie, Terrien de: »The Etymology of Ketchup«, in: *Babylonian and Oriental Record,* Vol. IV, Feb. 1890.
Lempert, Peter: *Austern,* Düsseldorf 1988.
Levenstein, Harvey: *Paradox of Plenty. A Social History of Eating in Modern America,* New York-Oxford 1993.
Logue, A. W.: *Die Psychologie des Essens und Trinkens,* Heidelberg-Berlin-Oxford 1995.
Lopez, R. S./Raymond, I. W. (Hg.): *Medieval Trade in the Mediterranean World,* New York 1955.
Love, John E: *Die McDonald's Story. Anatomie eines Welterfolgs,* München 1993.
Marquard, Odo: »Kleine Philosophie des Festes«, in: Uwe Schultz: *Das Fest,* München 1988.
McClancy, Jeremy: *Consuming Culture,* London 1992.
Mennell, Stephen: *Die Kultivierung des Appetits,* Frankfurt 1988.
Montanari, Massimo: *Der Hunger und der Überfluss. Kulturgeschichte der Ernährung in Europa,* München 1993.
Moser-Rath, Elfriede: *Dem Kirchenvolk die Leviten gelesen ... Alltag im Spiegel süddeutscher Barockpredigten,* Stuttgart 1997.
Moulin, Leo: *Augenlust und Gaumenfreuden,* Steinhagen 1989.
Naj, Amal: *Scharfe Sachen. Reisen, wo der Pfeffer wächst,* Reinbek 1995.
Ohler, Norbert: *Reisen im Mittelalter,* München-Zürich 1986.
Oikos. *Von der Feuerstelle zur Mikrowelle,* Ausstellungskatalog, Gießen 1992.
Paczensky, Gert v./Dünnebier, Anna: *Leere Töpfe, volle Töpfe. Die Kulturgeschichte des Essens und Trinkens,* München 1994.
Panati, Charles: *Geschichte der ganz gewöhnlichen Dinge,* Frankfurt 1994.
Pauser, Wolfgang: »Die Revolution frisst«, in: *Gault Millau: A La Carte* 1/90, Wien, S. 130–132.

Pawlcyn, Cindy: *Fog City Diner Cookbook,* Berkeley 1993.
Pendergrast, Mark: *Für Gott, Vaterland und Coca-Cola,* Wien 1993.
Poundstone, William: *Big Secrets: The Uncensored Truth About All Sorts of Stuff You Never Supposed to Know,* New York 1983.
Rath, Claus-Dieter: *Reste der Tafelrunde. Das Abenteuer der Esskultur,* Reinbek 1984.
Raulff, Ulrich: »Chemie des Ekels und des Genusses«, in: D. Kamper/Ch. Wulf (Hg.): *Die Wiederkehr des Körpers,* Frankfurt 1982.
Redon, Odile u. a. (Hg.): *Die Kochkunst des Mittelalters. Wiederentdeckt für den Genießer von heute,* Frankfurt 1993.
Renner, H. D.: *The Origin of Good Habits,* London 1944.
Rozin, Elisabeth: *The Primal Cheeseburger. A generous helping of food history served up an a bun,* New York-London 1994.
Rüdiger, Gerd: *Currywurst. Ein anderer Führer durch Berlin,* Berlin 1995.
Rumohr, Karl Friedrich von: *Geist der Kochkunst,* München 1922.
Salvetti, Françoise/Bührer, Emil M.: *Der Metzger. Eine Kulturgeschichte des Metzgerhandwerks,* München 1988.
Schivelbusch, Wolfgang: *Das Paradies, der Geschmack und die Vernunft. Eine Geschichte der Genussmittel,* München-Wien 1980.
Schmölders, Claudia (Hg.): *Einladung zum Essen. Buch für Gäste,* Frankfurt 1989.
Schreiter-Schwarzenfeld, Horst: »Kicker, Cola und Computer. Europas Fußball in amerikanischen Stadien«; in: *Frankfurter Rundschau,* 28.6.1980.
Schremp, Gerry: *Kitchen Culture. Fifty Years of Food Fads,* New York 1991.
Schwendter, Rolf: *Schwendters Kochbuch,* Frankfurt 1988, S. 18.
Sennett, Richard: *Civitas,* Frankfurt 1991.
Siebeck, Wolfram: *Liebe auf den ersten Biss. Neue kulinarische Notizen,* München 1985.
Simmel, Georg: »Soziologie der Mahlzeit«, in ders: *Brücke und Tür,* Frankfurt 1988.
Simoons, Frederick J.: *Eat Not This Flesh. Food Avoidances from Prehistory to the Present,* Wisconsin 1994.
Sokolov, Raymond: *Why We Eat What We Eat. How Columbus Changed the Way the World Eats,* New York 1991.
Staten, Vince: *Can You Trust a Tomato in January? The Hidden Life of Groceries and Other Secrets of the Supermarket,* New York 1994.
Tannahill, Reay: *Food in History,* London 1988.
Tennyson, Jeffrey: *Hamburger Heaven. The Illustrated History of the Hamburger,* New York 1993 (dt.: *Hamburger Heaven. Burger-Kult-Total,* Frankfurt-Berlin 1995).

Teuteberg, H. J./Wiegelmann, G.: *Der Wandel der Nahrungsgewohnheiten unter dem Einfluss der Industrialisierung,* Göttingen 1972.
Tolksdorf, Ulrich: »Der Schnellimbiss und The World of Ronald McDonald's«, in: *Kieler Blätter zur Volkskunde,* Heft 13, Kiel 1981.
Tolksdorf, Ulrich: »Der Schnellimbiss«, in: *Oikos,* S. 300–307.
Tolksdorf, Ulrich: »Nahrung-Not und Überfluss«, in: Köstlin, K. und Bausinger, H. (Hg.): *Umgang mit Sachen,* Regensburg 1983.
Tränkle, Margret: »Fliegender Wechsel zwischen Fast Food und Feinkost. Zur Entritualisierung des Essens«, in: *Oikos,* S. 393–408.
Vaerst, Baron Eugen von: *Gastrosophie oder die Lehre von den Freuden der Tafel,* Leipzig 1851, Neuauflage München 1975.
Visser, Margaret: *Much Depends an Dinner,* Toronto 1986.
Visser, Margaret: *The Rituals of Dinner,* London 1991.
Wagner, Christoph: *Sternstunden der Kochkunst,* Salzburg 1987.
Wagner, Christoph: *Alles was Gott erlaubt hat. Essen und Trinken im Alten und Neuen Testament,* Wien 1994.
Walton, John: *Fish & Chips & the British Working Class 1870–1940,* Leicester 1992.
Weber, Carl W.: *Panem et Circenses. Massenunterhaltung als Politik im alten Rom,* Düsseldorf/Wien 1983.
Wesel, Frank: »Pastetengeschichte«, in: Friedrich W. Ehlert u. a.: *Das große Buch der Pasteten. Die Geheimnisse der Patés, Bouchées Terrinen und Pies,* Füssen 1980.
Wilbur, Todd: *Top Secret Recipes. Creating Kitchen Clones of America's Favorite Brand-Name Foods,* New York-London 1993.
Willsberger, Johann: *Gourmet Guide,* Zürich 1988, S. 190 f.
Zischka, Ulrike u. a. (Hg.): *Die anständige Lust. Von Esskultur und Tafelsitten,* Ausstellungskatalog, München 1993.

ABBILDUNGSNACHWEIS

Schwarz-Weiß-Abbildungen

Abb. 1 aus: Katalog »documenta 5« Kassel 1977, S. 15.56.
Abb. 2 aus: Christoph Wagner, Alles was Gott erlaubt hat, Wien 1994.
Abb. 3 aus: Walker Evans, Amerika, München 1990.
Abb. 4 Syndication International Library.
Abb. 5, 16, 17 aus: Jeffrey Tennyson, Hamburger Heaven, Frankfurt/M./Berlin 1995.
Abb. 6 (oben) Foto: Dieter Mayer-Gürr 1980.
Abb. 6 (unten) Foto: Eva Mench 1995.
Abb. 7 The Library of Congress.
Abb. 8 Charles Jencks, Die Sprache der postmodernen Architektur, Stuttgart 1977, Abb. 108.
Abb. 9 Foto: Udo Thomas, Garp, Hamburg.
Abb. 10 Museum für Römische Kulturgeschichte.
Abb. 12 Münchener Stadtmuseum.
Abb. 13, 33 aus: Oikos: Von der Feuerstelle zur Mikrowelle, Gießen 1992.
Abb. 14 aus: Eva Blimlinger et al., Frankfurter, Wiener und Heiße Hunde, Wien 1994.
Abb. 15 Diane Waldmann, Roy Lichtenstein, New York (um 1974), Abb. 43.
Abb. 18 aus: John E Love, Die McDonald's Story, München 1988.
Abb. 19 aus: Todd Wilbur, Top Secret Recipes, New York, 1993.
Abb. 20, 32 aus: G. Birnbaum et al., Das neue Buch der Erfindungen, Gewerbe und Industrien, Leipzig 1873.
Abb. 21 Foto: Sammlung Hellmann.
Abb. 22 aus: Gert v. Paczensky, Anna Dünnebier, Leere Töpfe, volle Töpfe, München 1994, S. 126.
Abb. 23, 24 aus: Kaneko Tezuka, Japanese Food, Tokyo 1936.
Abb. 25 Sammelhandschrift, Bayern 15. Jahrhundert, Bayerische Staatsbibliothek München.
Abb. 27 aus: Friedrich Jahn, Ein Leben für den Wienerwald, o. O. 1993.

Abb. 28 aus: Gerd Hardach, Jürgen Schilling, Das Buch vom Markt, Luzern 1980.
Abb. 29 aus: Leo Moulin, Augenlust und Tafelfreuden, Steinhagen 1989, S. 65.
Abb. 30 Foto: Museum der Arbeit, Hamburg.

Farbabbildungen

Abb. I Bernd-Peter Keiser, Braunschweig.
Abb. II Edition Staeck, Heidelberg.
Abb. III, XIX Musée Carnavalet, Paris.
Abb. IV © MCA Records.
Abb. V Collection of Richard Seidelman.
Abb. VI, VII, VIII, XI, XV aus: Jeffrey Tennyson, Hamburger Heaven, Frankfurt/M./Berlin 1991.
Abb. IX Bild von Verena Stummer 1995, Zürich.
Abb. X, XXI aus: Leo Moulin, Augenlust und Tafelfreuden, Steinhagen 1989. Abb. XII Postkarte (Farblithographie); Privatsammlung.
Abb. XIII aus: Norbert Brieke, Köstlichkeiten, Frankfurt/M 1991.
Abb. XIV Farbfotografie Christoph Wagner.
Abb. XVI Plakat- und Zeitungsanzeigenmotiv von 1936; Wien Coca-Cola GmbH.
Abb. XVII Plakatvorlage »TET-Verkäufer« von Heinrich Mittag (1859–1920); H. Bahlsens Keksfabrik K.G., Archiv.
Abb. XVIII Kunsthistorisches Museum, Wien.
Abb. XXI Museum Boymans-van-Beuningen, Rotterdam.
Abb. XXII Knorr Sammelbild um 1900; Knorr/Maizena, Heilbronn.
Abb. XXIII Reklameblechschild um die Jahrhundertwende; Foto: Maggi, Frankfurt/M.

Wir danken für die freundliche Genehmigung zum Abdruck. In einigen Fällen konnten trotz größter Sorgfalt die Urheber nicht ermittelt werden; wir bitten gegebenenfalls um Benachrichtigung.